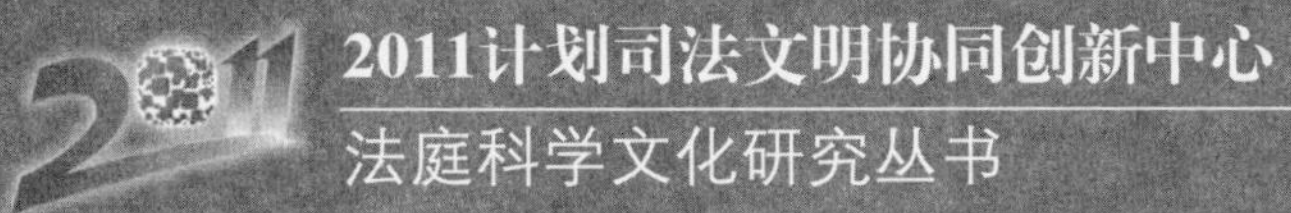

2011计划司法文明协同创新中心

法庭科学文化研究丛书

# 司法鉴定管理模式比较研究

主编 / 霍宪丹　副主编 / 李仁真　郭　华

 中国政法大学出版社

2014 · 北京

图书在版编目（CIP）数据

司法鉴定管理模式比较研究/霍宪丹主编.—北京：中国政法大学出版社，2014.7
ISBN 978-7-5620-5417-7

Ⅰ.①司…　Ⅱ.①霍…　Ⅲ.①司法鉴定－管理模式－对比研究　Ⅳ.①D916

中国版本图书馆CIP数据核字(2014)第136591号

---

出 版 者　中国政法大学出版社

地　　址　北京市海淀区西土城路25号

邮寄地址　北京100088信箱8034分箱　邮编100088

网　　址　http://www.cuplpress.com（网络实名：中国政法大学出版社）

电　　话　010-58908289(编辑部)　58908334(邮购部)

承　　印　北京鑫海金澳胶印有限公司

开　　本　720mm×960mm　1/16

印　　张　23

字　　数　410千字

版　　次　2014年7月第1版

印　　次　2014年7月第1次印刷

定　　价　49.00元

# ❈作者简介❈

**霍宪丹** 司法部司法鉴定管理局局长，研究员，法学教授。先后兼任第一届全国法律硕士专业学位教育指导委员会秘书长、教育部法律职业教育教学指导委员会主任委员、全国高等教育自学考试指导委员会法学专业委员会副主任、中国法学教育研究会副会长、中国卫生法学会副会长及中国法医学会顾问。曾任司法部法学教育司副司长、中央司法警官学院院长。主要从事法学教育、法律职业、司法考试、司法鉴定、证据科学和社会系统工程等研究。2002 年以来主持完成了司法部、教育部、环保部、中国科学技术协会等 9 项科研课题，出版个人专著 5 部，主编多部著作、教材，公开发表论文上百篇。

**李仁真** 武汉大学法学院教授，湖北省司法厅副厅长，全国政协委员，法学博士，博士生导师。主持了国家社会科学基金、教育部人文社会科学基金等 10 多项科研项目；在《中国法学》、《法学评论》等专业刊物上发表研究论文 60 多篇，出版学术著作和教材 20 多部；代表作有《国际金融法》、《国际金融法新视野》等。

**郭　华** 中央财经大学法学院教授、博士生导师，中央财经大学预防金融证券犯罪研究所所长。中国政法大学诉讼法学博士，中国社会科学院法学研究所诉讼法学博士后。中国刑事诉讼法学研究会理事，兼任华东政法大学研究员、贵州民族大学教授。主持了最高人民检察院、教育部、公安部、司法部等 11 项部级科研项目。在《法学研究》、《法学家》、《政法论坛》等期

刊发表论文90余篇。代表作有《鉴定结论论》、《案件事实认定方法》等。

**徐景和** 国家食品药品监督管理总局法制司司长，北京大学法学博士，中国社科院法学所博士后，中国法学会常务理事，国家行政学院公共管理部、西北大学、西南科技大学兼职教授，北京大学法学院法硕兼职导师，中国人民大学法制信息研究中心高级研究员，清华大学及中国政法大学卫生法学研究中心研究员。编写了《司法鉴定制度改革探索》、《中国判例制度研究》等专著，发表《食品安全综合监督探索研究》等论文。

**刘友江** 湖北省戒毒管理局党委副书记、政委。曾任武汉市洪山区委政法委副书记、区司法局局长，湖北省司法厅办公室主任、政治部副主任，武汉警官职业学院院长、党委书记，湖北省司法鉴定人协会第一届理事会常务理事。主编了《中国刑法的罪与非罪》、《中国刑法的此罪与彼罪》、《司法行政工作概论》等著作；发表论文30余篇。

**刘卫平** 湖北省司法厅副巡视员、省司法鉴定协会副会长、华中科技大学兼职教授。《计算机取证与司法鉴定》副主编，在《中国司法鉴定》、《湖北司法》等刊物发表论文近10篇。

**祁建建** 中国社会科学院法学研究所副研究员，中国社会科学院研究生院副教授，硕士生导师。北京大学法学博士，韩国刑事政策研究院博士后，美国哥伦比亚大学法学院访问学者。主持中国社会科学院青年科研启动基金项目等；在《法学研究》、《中国法学》、《环球法律评论》等刊物上发表多篇论文；代表作有《美国辩诉交易研究》、《附带民事诉讼精神损害赔偿问题研究》等。

**李　禹** 司法部司法鉴定管理局副巡视员，中国法医学会副秘书长，中国卫生法学会常务理事。参与《全国人民代表大会常务委员会关于司法鉴定管理问题的决定》的立法调研、起草、论证工作，参与起草、制定《司法鉴定机构登记管理办法》、《司法鉴定人登记管理办法》、《司法鉴定程序通则》、《司法鉴定执业活动投诉处理办法》等规章和规范性文件及其组织工作，公开发表文章多篇。

**刘少文** 司法部司法鉴定管理局综合处处长、工程师、中国合格评定国

家认可委员会（CNAS）法庭科学专业委员会委员、中国合格评定国家认可委员会（CNAS）实验室和检查机构认可评审员、国家级资质认定评审员。参编了《司法鉴定学》、《司法鉴定机构资质认定指南》等著作。

**刘　涛**　中国人民公安大学侦查系副教授、法学博士。主持参与国家社科基金、国家反恐怖软科学、上海市哲学和社会科学“八五”重点规划、司法部等科研项目。在《中国法学》、《法商研究》等刊物上发表论文20余篇。代表作有《刑事诉讼主体论》等。

**栗　峥**　国家“2011计划”司法文明协同创新中心、中国政法大学诉讼法学研究院副教授、硕士生导师；法学博士，清华大学法学博士后；北京市人民检察院第二分院二审监督处副处长、美国国务院“国际访问者领导项目”访问学者、中国民事诉讼法学研究会理事。在《中国法学》、《法学研究》等期刊发表论文40余篇；代表作有《超越事实》、《司法证明的逻辑》等。

**张亚军**　原司法行政学院助理研究员，法学硕士，律师。2010年赴西班牙萨拉哥萨大学攻读博士学位。在丹麦哥本哈根大学法律系以访问学者身份研修丹麦和欧盟法律。编写了《明朝的诏狱》、《科技对法律发展的影响》、《行政监察法释义》、《民法疑难案例评析》、《金融法律法规全书》、《丹麦人及其法律传统》等著作。

**商　洁**　司法部司法鉴定管理局综合处主任科员，硕士，参与多项司法鉴定制度建设、科研课题研究工作，发表多篇论文。

# ※编写说明※

《司法鉴定管理模式比较研究》是在2009年完成的司法部“法治建设与法学理论研究部级科研项目”（05SFB4003）专项报告的基础上，根据司法鉴定新发展、新实践、新问题开展进一步研究的最终成果。

自2005年2月28日第十届全国人大常委会第十四次会议颁布《关于司法鉴定管理问题的决定》以来，我们针对如何科学地管理司法鉴定以及如何管理好司法鉴定问题进行课题申请，本课题被批准后由司法部司法鉴定管理局霍宪丹局长和湖北省司法厅副厅长、武汉大学法学院李仁真教授主持开展课题研究。为了深入探讨和研究司法鉴定的管理模式，主持人组织了从事司法鉴定管理的工作人员和从事学术研究的专家学者对课题的有关问题进行理论研讨和实际调研，并在获得了研究的第一手感性资料的基础上，按照参与人员的分工写出了每个专题的初稿。对初稿的内容进行反复的讨论和磋商的时候，正逢2012年《刑事诉讼法》、《民事诉讼法》的修改以及2013年11月12日党的十八届三中全会《中共中央关于全面深化改革若干重大问题的决定》的颁布，又由霍宪丹、郭华对原有的内容进行了修改，最后由霍宪丹统稿并审定。

我们尽管在本课题研究中提出了一些创新管理模式思路，因我国司法鉴定管理模式研究还处于研究的初期，司法鉴定管理工作的实践也在边探索、边总结、边思考的阶段，有些想法和观点有可能还存在不完善的地方，请专家、学者多提宝贵意见。

课题分工：

绪　论　霍宪丹；

第一章　霍宪丹、刘涛、栗峥；

第二章　郭华；

第三章　祁建建；

第四章　李仁真、刘友江、刘卫平；

第五章　霍宪丹、栗峥、李禹、张亚军、商洁；

第六章　霍宪丹、刘少文、刘涛、郭华；

第七章　徐景和、栗峥、霍宪丹、郭华。

编　者

2014 年 2 月 17 日

# 绪 论

《司法鉴定管理模式比较研究》是2005年司法部“法治建设与法学理论研究部级科研项目”，是对在推进司法鉴定体制改革过程中遇到的一个理论和实践交集进行探索后产生的课题成果之一，更是为我国未来完善司法鉴定管理模式而进行的理论预设模式架构。我们期待通过对本课题的研究和探索能够进一步明确以下问题：

## 一、研究司法鉴定管理模式的动因

随着司法改革的深化与司法鉴定管理体制改革的创新，司法鉴定事业得以蓬勃发展，尤其是随着社会创新管理向社会创新治理观念的转变，司法鉴定的管理也应当创新，以适合观念的转型与变化，这更需要对司法鉴定管理模式进行研究与探索。研究司法鉴定管理模式的主要动因如下：

### （一）司法鉴定管理模式是推进司法鉴定体制改革的需要

2004年初，针对司法鉴定领域中存在的突出问题和问题产生的基本原因，中央在21号文件中明确提出了建立统一的司法鉴定管理体制的改革目标和相关要求。之后，2005年2月28日，全国人大常委会颁布了《关于司法鉴定管理问题的决定》（以下简称《决定》），进一步从法律意义上确立了司法鉴定统一管理体制的基本框架和基本内容，确立了侦查职能、起诉职能、审判职能和鉴定管理职能相分离的基本原则，明确了司法鉴定的行政主管部门和人民法院在诉讼活动中的中立地位，从总体上将司法鉴定纳入规范化、法制化、科学化的发展轨道上来。要保障司法鉴定发展的规范化、法制化、科学化，需要的不仅仅是科学的体制，还需要司法鉴定管理模式的科学化、本土化，因此需要对司法鉴定应有的管理模式以及我国应当如何构建这种管理模式进行积极探索。

### （二）司法鉴定管理模式是保障诉讼活动尤其是司法审判活动顺利进行的需要

近年来，社会高度关注的陕西周老虎案、上海杨佳袭警案以及2007年广西桂林“黎朝阳法官死因鉴定案”、2008年贵州瓮安县“李树芬死因鉴定案”、2008年福建福州闽清“严晓玲死因鉴定案”、2009年湖北界首“涂远高死因鉴定案”等因鉴定引发的社会事件，以及2009年黑龙江黑河市“代力以身试药”鉴定案、2009年河南“张海超开胸验肺”鉴定案、2009年云南昆明市“邢鲲死因鉴定案”、2009年湖南武冈副市长“杨宽生死因鉴定案”、2010年辽宁本溪南芬区公安局长“谢志冈死因鉴定案”、2011年湖北荆州纪检干部谢亚新11刀“自杀死”案以及天津的“许庭鹤案”鉴定等考验司法鉴定制度的一系列有社会重大影响的案件或者社会事件的背后都关系到司法鉴定问题，[1] 其中不仅涉及司法鉴定的基本定位、鉴定意见的科学性、可靠性以及司法鉴定机构的社会公信力等因素，也涉及司法鉴定管理模式的有效性以及能否有效保障诉讼顺利进行的问题。

在现代法治国家，诉讼活动的中心和主导是审判，法院开庭审理案件的基本任务，一是认定案件事实；二是正确适用法律；三是程序监控。认定案件事实的基本手段就是证据。人类社会的证明活动经历了从“神证”到人证、从人证到物证、从物证到司法鉴定的发展阶段。在很长一段时期内，物证是一种在侦查活动中运用的技术侦查手段，随着改革开放和民主法制建设的发展，物证从侦查阶段进入审判阶段后，已经从一种技术手段转化成一种诉讼证据，主要服务于审判活动。自此，它作为科学证据已成为国家法定的一种证据形式和司法证明制度。正因如此，它在司法审判中的地位越来越重要，作用越来越大，甚至被称为“科学时代的证据之王”。当代社会，在司法文明、司法民主和人权保障等观念的推动下，那种主要依赖人证（尤其是犯罪嫌疑人、被告人口供）作为证明手段的时代早已过去，而物证较之人证则具有更为重要的证明价值和社会公信力。但由于绝大多数物证中蕴含的证据信息都需要通过司法鉴定活动“提炼”出来，因此司法鉴定对于发现案件事实真相和司法证明愈加具有极端重要性，[2] 故司法鉴定管理模式与审判活动关系密切。

---

〔1〕 参见郭华：《鉴定意见争议解决机制研究》，经济科学出版社2013年版，第3页。

〔2〕 徐静村：“证据理论革命与司法鉴定——以刑事证据为视角”，载《中国司法鉴定》2008年第1期。

（三）司法鉴定管理模式源自司法鉴定本质属性和行业特点

司法鉴定是一种运用科技手段、专门知识、职业技能和特别经验为诉讼活动提供技术保障和专业化服务的司法证明活动。因此，从参与诉讼的角度看，其应当是鉴定主体的合法性、诉讼地位的中立性和诉讼程序的正当性的统一；从技术活动的角度看，它应当是仪器设备的专业性、技术的成熟性、操作的规范性和鉴定人职业性的统一；从制度设计的预期来说，建立统一的管理体制是为了实现鉴定公正，进而通过实体公正、程序公正与鉴定公正的统一和适配，促进并实现司法公正。鉴于司法鉴定既是一种科学技术实证活动，同时也是依法参与诉讼的活动，因此，司法鉴定人从事司法鉴定活动时，既不是对当事人负责，也不是对委托人负责，而是对法律负责、对科学负责、对执业行为负责，最终是对案件的事实负责；司法鉴定活动既要遵守司法活动的程序和要求，也要遵循科技工作的客观规律和技术规范，这种本质属性决定了司法鉴定的发展方向、管理体制和管理模式。

司法鉴定的本质属性和内在要求还决定了其依据的基本原理和使用的仪器设备、技术方法、技术标准等涉及自然科学、社会科学和工程技术三大领域，所面对的鉴定事项和要求不少也具有跨学科、跨领域和综合交叉的特点。因此，如何综合运用法律手段、行政手段和技术手段进行管理，以及如何通过科学合理的管理体制、机制，有效整合有限的鉴定资源以发挥最佳效用也是当前必须面对和解决的问题。

《决定》所规定的新的管理体制，是在打破以往建立在人、财、物隶属关系基础上的部门或地区所有制的体制，以“行为管理理论”为基础建立起来的，即不论鉴定机构和鉴定人在所有制上隶属于谁或者是由哪一个机关、部门、组织、法人或者公民个人设立的，只要实施了《决定》第1条规定的行为，均应当毫不例外地纳入《决定》的调整范围，这完全符合我国《宪法》法制统一原则的基本要求。

## 二、司法鉴定管理模式的内涵

### （一）司法鉴定的制度构成

基于司法鉴定的本质属性和执业特点，规范司法鉴定活动，不仅涉及审判制度、诉讼程序制度和证据制度，而且涉及行政管理制度和科技管理制度。本课题主要研究行政管理制度，同时也涉及科技管理的内容，重点突出司法鉴定的管理

模式。

（二）司法鉴定的管理模式

本课题所采用的管理模式是一种相对确定的含义，主要包括两个方面：

1. 司法鉴定的管理体制在宏观改革取向上的统一性。中央“建立统一的司法鉴定管理体制”的改革目标与《决定》确立的统一管理体制在宏观上具有共同的指向，是党的政策法律化的具体体现。统一的司法鉴定管理体制的基本制度框架包括：一是统一的司法鉴定机构及司法鉴定人准入管理制度；二是统一的国家法定司法鉴定机构和司法鉴定人名册管理制度；三是统一的司法鉴定执业类别规范管理制度（其系统结构可分为鉴定种类、鉴定类别、鉴定事项和鉴定项目等四个层级）；四是统一的司法鉴定活动实施程序、技术标准和操作规范制度；五是统一的司法鉴定执业活动监督、检查和评价制度；六是统一的司法鉴定机构规范管理制度；七是统一的司法鉴定收费管理制度的统一性；八是司法鉴定人教育培训制度。

2. 在具体管理机制上，其含义主要指管理主体和客体之间的作用机制和运行机制在管理上体现出的协调性。这大体涉及三个方面：一是在管理上如何保持政府部门与行业协会关系的协调性；二是在管理上如何保障司法鉴定行业主管部门与技术鉴定业务主管部门关系的适应性；三是国家统一司法鉴定管理与侦查机关部门管理关系的层次性。当然，还应当看到，司法鉴定行政管理机关与司法鉴定主要应用者司法审判机关如何形成互相协调、互相衔接、互相适应的运行机制也是一个重要方面。在上述关系的基础上需要构建与之相适应的三种管理机制：一是行政管理与行业管理相结合的管理机制；二是主管部门与业务部门相配合的双重管理机制；三是国家司法鉴定管理部门的行业管理与侦查机关对所属鉴定机构、鉴定人的直接管理相衔接的管理机制。

（三）司法鉴定管理模式的基本内容

司法鉴定管理模式主要涉及四个方面：①司法鉴定管理主体。司法鉴定管理主体大体可分为依据法律规定设立的国家司法鉴定主管部门、依据部门规章设置的部门管理机构和相关技术鉴定的业务主管部门。②司法鉴定的客体。如司法鉴定机构、司法鉴定人及其执业活动。③主体和客体之间的基本关系和相互作用机制。④司法鉴定的管理方法、管理手段等。

### 三、司法鉴定管理基本定位的思索

#### （一）司法鉴定管理的定位

鉴于司法鉴定既是一种科学技术实证活动，也是诉讼参与活动，其基本性质是法律性与科学性的高度统一。因此，除了要把握好司法鉴定意见在证据制度中的定位、司法鉴定制度在司法制度中的定位外，还必须正确把握司法鉴定管理在国家管理中的基本定位，可分为三个层面：

1. 国家管理。《决定》以法律决定的形式赋予司法行政部门代表国家行使司法鉴定管理的职能，这是一种跨地区、跨部门的全行业、全过程和动态化的统一管理。司法行政机关不是诉讼职能部门，履行管理司法鉴定职能不存在法律和制度上的冲突，与诉讼双方更无利害关系。

2. 社会公共管理。司法鉴定在国家司法体系中的定位是一种司法保障和司法辅助制度。诉讼活动是一种由国家强制力保障的公共活动，司法鉴定活动作为一种诉讼参与活动，提供的是一种公共产品，不仅涉及当事人利益和第三方利益，同时涉及社会公共利益，具有社会公共属性。司法鉴定人只对受委托的鉴定事项负责，并非对当事人的利益或委托人的职能负责，更不能为权力、金钱、关系服务。由于司法鉴定的管理具有社会管理和公共服务相统一的特点，属于社会治理的范畴，因此，必须不断提高政府的公信力和服务能力，也正因如此，《决定》才将其纳入政府管理的范畴。

3. 行政许可管理。《决定》实行的是行为管理模式，设定为行政许可管理。根据《行政许可法》的规定，登记是一种法律概念，登记管理是一种法律行为。登记是行政许可的五种形式之一，根据《行政许可法》有关“谁许可，谁负责，谁登记，谁管理”的规定，司法鉴定登记管理既是一种行政许可的行为，也是一种行政管理的行为。

#### （二）司法鉴定管理是社会管理与公共服务的统一

公共利益是社会最高的诉求，政府最大的产出就是公共服务。公共服务具有三个特点：一是为社会服务，具有广泛的覆盖面，而不是仅对特殊阶层和特殊人群；二是基本的和基础的服务；三是非营利性服务，即不以营利为目的，其服务所得不用于利益分配，而用于公共事业发展。在现代社会中，政府应当真正成为经济活动的调节者、市场秩序的维护者、社会管理的责任者和公共服务的提供者。这在客观上要求政府必须从人治型向法治型转变，从管理型向服务型转变，

从全能型向公共服务型转变，说到底就是从经济增长型向科学发展型转变（即从以物为本转为以人为本），在此基础上，逐步建立起决定、执行、监督相协调、相衔接的一体化的行政管理体制。对此，要科学配置政府职能，进一步强化和注重履行社会管理和公共服务职能，加快以民生为重点的社会建设。公益性是司法鉴定的基本属性之一，司法鉴定管理是社会管理与公共服务的统一。在社会主义制度下实行的是社会优先的原则，各种社会行为和个人行为都要受到公共理性和公共原则的制约。公共服务的目的在于：通过提供公共服务，使全体社会成员都能够均等地享受发展和改革的成果。公共服务主要由政府组织、非营利性组织和企业承担，而政府是公共服务责无旁贷的提供主体。

**四、改革司法鉴定管理模式的目标要求**

我国现有的司法鉴定管理模式需要进一步改革和完善。基于司法鉴定管理结构的不同，司法鉴定管理模式的改革目标主要有以下几方面：

1. 党的十七大提出了坚持依法治国基本方略，树立社会主义法治理念，实现国家各项工作法治化，保障公民合法权益的总要求。党的十八大报告要求“全面推进依法治国，实现国家各项工作的法治化”，党的十八届三中全会《中共中央关于全面深化改革若干重大问题的决定》明确提出，“建设法治中国，必须坚持依法治国、依法执政、依法行政共同推进，坚持法治国家、法治政府、法治社会一体建设。深化司法体制改革，加快建设公正高效权威的社会主义司法制度，维护人民权益，让人民群众在每一个司法案件中都感受到公平正义”。这是从宏观到微观的变化。在中国特色社会主义法律体系形成后，需要构筑中国特色社会主义法治体系。从法律体系到法治体系是目前中国法治进程的一大特点。当法治体系构筑起来之时，就是全面推进依法治国局面形成之时，全面建成小康社会目标中的法治目标就会实现。下一步的司法体制改革将更注重满足人民群众的诉讼要求，更强调解决人民群众反映强烈的突出问题，更关注解决影响司法公正的体制性问题，这对于司法行政工作和司法鉴定工作都提出了新任务。

2. 党的十七大提出了加强宪法和法律实施，坚持公民在法律面前一律平等，维护社会公平正义，维护社会主义法制的统一、尊严、权威。党的十八大报告用“确保审判机关、检察机关依法独立公正地行使审判权、检察权”来表述深化司法体制改革的目标，这是司法改革的新任务，也是我们对法治如何最终实现路径的新探索。深化司法体制改革，优化司法职权配置，规范司法行为，建成公正、高效、权威的社会主义司法制度的目标，给司法鉴定工作提出了新要求。司法鉴定制度是司法制度的重要组成部分，担负着保障司法活动、促进司法公正的职责，必须进一步深入改革，理顺外部关系，建立健全制度，完善工作机制，提高工作水平，保证质量，为诉讼活动提供可靠的技术保障和优质高效的专业化服务。

3. 党的十七大提出了建设法治政府、责任政府、服务政府，深化行政管理体制改革，健全政府职责体系，完善公共服务体系，推进电子政务，强化社会管理和公共服务，形成权责一致、分工合理、决策科学、执行顺畅、监督有力的行政管理体制。在推进平安中国、法治中国、和谐中国建设过程中，党的十八大报告在提出全面推进依法治国方略，实现国家各项工作法治化和法治建设新方针的同时，要求各级领导干部必须提高运用法治思维和法治方式深化改革、推动发展、化解矛盾、维护稳定的能力。法治思维是以合法性为起点，以公平正义为中心的一个逻辑推理过程。党的十八大报告要求领导干部要提高运用法治思维和法治方式的能力，其实是要用法治思维来替代过去的领导思维、管理思维和行政思维，司法鉴定作为一种公共产品，既要保障司法机关正确履行诉讼职能，又要保障当事人诉讼权利的实现。

4. 必须加大公共服务领域的投入，培育和组建一支司法鉴定的国家队，充分发挥国家队主渠道作用，不断提高政府提供基本公共服务的能力。为了主动适应上述要求，满足诉讼和社会发展的需要，依据司法鉴定的基本属性和发展规律，主要从四个方面推动司法鉴定管理模式的进一步改革、完善和创新：一是积极稳妥地推进规范化、法制化、科学化建设；二是为推动司法鉴定行业实现健康持续发展提供法制保障、政策保障、科技保障；三是建立三大支撑体系，即重大贵重仪器设备支撑体系，技术规范、管理制度和程序规则支撑体系，专家库支撑体系，实现鉴定资源的重新整合、优化配置、开放运营、社会共享；四是构建三大平台，即司法鉴定行业协会、司法鉴定技术标准委员会和司法鉴定研究学会，以此保障司法鉴定可持续的健康发展。

第一章

# 司法鉴定管理模式的理论解析

## 第一节　司法鉴定管理模式概述

### 一、司法鉴定的概念与特征

司法鉴定的含义可以分为广义和狭义两种。广义的司法鉴定，是指鉴定人运用科学技术或者专门知识对纠纷解决过程中涉及的专门性问题进行鉴别、判断并提供鉴定意见的活动。广义的司法鉴定为诉讼、仲裁、调解、公证等多种争议解决方式提供科学实证活动。狭义的司法鉴定则是指，鉴定人运用科学技术或者专门知识对诉讼中涉及的专门性问题进行鉴别、判断并提供鉴定意见的活动。从服务领域上看，狭义的司法鉴定只是诉讼中的科学技术实证活动。

我国司法鉴定的改革在立法上采用了狭义的概念。《决定》第 1 条规定："司法鉴定是指在诉讼活动中鉴定人运用科学技术或者专门知识对诉讼涉及的专门性问题进行鉴别和判断并提供鉴定意见的活动。"这里的诉讼活动，既包括刑事诉讼中的侦查、起诉、审判、执行等活动，也包括民事诉讼和行政诉讼活动中的审判、执行等活动。我们认为，随着社会的进步与发展，司法鉴定的业务范围和服务领域将不断拓展，采用广义的概念更符合国家和社会对司法鉴定的需求，也更符合鉴定行业和鉴定业务发展的实际情况以及司法鉴定改革的方向。

从《决定》的规定来看，司法鉴定既不是行政行为，也不是司法行为，而是一种为诉讼活动提供技术保障、技术辅助和专业化服务的活动，是诉讼活动与科学技术实证活动的统一，因此具有法律性和科学性相统一的本质特点：

（1）司法鉴定活动的法律性。司法鉴定活动的法律性是指司法鉴定活动要纳入法律、法规的规范和管理之下。具体体现在：司法鉴定的准入应当按照法律规定的条件和程序依法进行；司法鉴定程序要严格遵守诉讼法的规定，比如依照《刑事诉讼法》的规定，鉴定只能在诉讼过程中提起，只能由承办案件的公安司法机关作出决定，司法鉴定不是市场行为，不能因个人意愿随时启动和实施；司法鉴定机构和司法鉴定人员必须经过国家司法鉴定主管部门批准和授权或经司法机关临时指聘；[1] 鉴定客体（对象）仅限于案件中经过法律或法定程序确认需要解决的某些专门性问题；鉴定主体必须是具有鉴定人执业资格的自然人，而不是某个鉴定组织或业务部门及技术部门；鉴定人作为诉讼活动的参与人，应当依法出庭接受询问和质证；鉴定意见是法定的证据种类之一；等等。

（2）司法鉴定的科学性。司法鉴定的科学性是指司法鉴定活动本质上是在诉讼中以科学技术手段或专门知识查明事实真相和核实证据的一种科学技术活动，必须遵循科学中的客观规律和客观必然性。[2] 司法鉴定是运用科学技术认识案件事实的重要方法和手段，以科学技术为根本。抛开法律性因素，司法鉴定过程实质上就是一个科学认知过程，司法鉴定意见往往就是科学探索和科学认知的结果。人类社会经过上千年的实验和探索，发展、归纳和总结出的科学理论、科学规律、科学定理、科学知识，构成了司法鉴定的基本理论、基本方法、基本知识和基本技能，以及进行鉴定的基础设备和设施。显然，建立在人类社会公认的科学规律、科学定理和科学结论基础上的司法鉴定意见比证人证言等言词证据

---

〔1〕 根据2004年7月1日《行政许可法》的规定，司法鉴定机构的设立以及从事司法鉴定活动资格的取得均属于需要行政许可的事项。《行政许可法》第12、29、54、62、67、68条等条款，以基本法的形式规定了鉴定机构的设立程序、鉴定人的选拔方式以及鉴定机构的法律责任等内容，这在一定程度上有助于结束司法鉴定在管理上政出多门，各搞一套的混乱状态，也为建立统一的司法鉴定管理体制提供了基础。之后，国务院2004年第412号令《国务院对确需保留的行政审批项目设定行政许可的决定》确认了司法鉴定机构和司法鉴定人的设立审批纳入500项确需保留的行政许可事项内容，负责的部门为司法部和省级人民政府司法行政主管部门（参见其中的第76、77项）。2007年8月9日国务院行政审批制度改革工作领导小组办公室又对此进行了审核，同意保留并将其行政审批项目名称调整为："司法鉴定人审核登记、司法鉴定机构审核登记。"

〔2〕 需要指出的是，从哲学意义上讲，司法鉴定结论无疑也有其主观性的一面，这是由主体的多样性、认识能力的局限性、认识水平的高低不一、采用的设备和技术标准不统一、鉴定对象的多样化（如生物体、精神状况的鉴定与物体鉴定就有很大差异）以及时间上的差异等因素造成的。但与其他证据形式相比较而言，它的客观性因素大大超过其主观性因素，因而具有更高的可靠性和合理性。

更具合理性和可靠性，更能体现证据证明案件事实的价值和效用。随着人类司法鉴定技术的发展，人类社会的司法证明模式也从以“人证”转向以“物证”为主的模式以及从物证转向科学证据的模式。

（一）科学性与法律性相统一的本质特点

1. 司法鉴定活动具有双重属性。司法鉴定活动既是一种科学技术实证活动，同时也是依法参与诉讼的活动。

2. 司法鉴定机构具有双重属性。除一部分专门设立的司法鉴定机构外，大批的行业鉴定机构，既是本行业的技术鉴定机构，又是司法鉴定主管部门依法核准并授权的司法鉴定机构，可以在诉讼中开展鉴定活动。

3. 司法鉴定人具有双重属性。鉴定人既是本行业、本部门的专业技术人员，同时经司法鉴定管理部门审核登记后，其在开展司法鉴定活动时又是具有司法鉴定人执业资格的司法鉴定人员。

4. 调整司法鉴定活动的规范具有双重属性。调整司法鉴定的规范既包括以法律法规内容为主的行政管理规范，也包括以技术内容为主的技术管理规范。

5. 司法鉴定管理活动中的权力配置具有双重属性。司法鉴定中的权力配置既涉及司法权，又涉及行政权，司法鉴定管理是国家行政部门对司法鉴定活动实施的管理，司法鉴定管理权在性质上是一种为司法活动服务的行政管理权。

6. 司法鉴定制度具有双重属性。司法鉴定制度既涉及司法制度，如司法鉴定的实施制度，司法鉴定意见的举证、质证、认证和采信制度；又涉及司法行政管理制度，如司法鉴定人职业的准入、监督和管理，鉴定机构的设立、授权和资质管理，司法鉴定人的教育培训，司法鉴定技术标准和技术规范的制定，司法鉴定活动的监督评估，等等。[1]

（二）其他属性

除法律性和科学性相结合、相统一这一基本特点之外，司法鉴定活动还有一些其他的属性，如服务性、公益性、社会性等。其中，服务性是指司法鉴定机构和司法鉴定人员提供的一种有偿服务。首先，司法鉴定活动不仅需要耗费人力资源、物质技术设备资源等，而且需要有充足的科研经费进行研发，推动鉴定技术和鉴定水平的进步；其次，司法鉴定机构和人员本身也需要消耗一定的成本。因

〔1〕 参见张军主编：《中国司法鉴定制度的改革与完善研究》，中国政法大学出版社2008年版，第1章第2节。

此，除了少数侦查机关设立的鉴定机构以外，社会司法鉴定机构和司法鉴定人员开展司法鉴定活动必然要计算成本，收取一定鉴定费用。公益性则是指司法鉴定机构的收费在一定程度上应当遵守非营利性原则，在特定情况下应当承担一定的减免的义务。社会性是指司法鉴定机构和司法鉴定人员的鉴定活动应当遵循诚实信用原则，面向社会公众，为国家的相关活动，为刑事、民事和行政诉讼活动提供技术保障和优质服务。

## 二、司法鉴定管理模式的界定

在界定司法鉴定管理模式的含义之前，有必要简要解释管理与模式的含义。被誉为当代管理学之父的管理学大师彼得·F. 德鲁克（Peter F. Drucker）认为："管理是一种工作，它有自己的技巧、工具和方法；管理是一种器官，是赋予组织以生命的、能动的、动态的器官；管理是一门学科，一种系统化的并到处适用的知识；同时管理也是一种文化。"[1] 一般认为，管理是以计划、组织、指挥、协调及控制等职能为要素组成的活动过程，是社会组织为了实现预期目标，以人为中心进行的协调活动。它包括以下含义：①管理的目的是为了实现预期目标；②管理的本质是协调；③协调必定产生在社会组织之中；④协调的中心是人；⑤协调的方法是多样的，需要定性的理论和经验，也需要定量的专门技术。[2] 管理具有非常重要的价值，在任何社会中，管理都是不可或缺的社会职能。马克思指出，"一切规模较大的直接社会劳动或共同劳动，都或多或少地需要指挥，以协调个人的活动，并执行生产总体的运动——不同于这一总体的独立器官的运动——所产生的各种一般职能。一个单独的提琴手是自己指挥自己，一个乐队就需要一个乐队指挥"[3]。当代管理学家戴维·B. 赫尔茨（David Bendel Hertz）教授强调，"管理是由心智所驱使的唯一无处不在的人类活动。"

### （一）管理定义的概述

在 ISO 9000：2005 标准中（3.2.6），管理（management）是指"对组织

---

〔1〕［美］彼得·F. 德鲁克：《管理——任务、责任、实践》，孙耀君译，中国社会科学出版社 1987 年版，第 2～5 页。

〔2〕周三多等编著：《管理学——原理与方法》（第 4 版），复旦大学出版社 2005 年版，第 11 页。

〔3〕《马克思恩格斯全集》第 23 卷，人民出版社 1972 年版，第 367 页。

(3.3.1) 进行指挥与控制的协调的活动"[1]。

汉语"管理"一词，顾名思义，包括具有不同层次的两种行为——"管"+"理"：

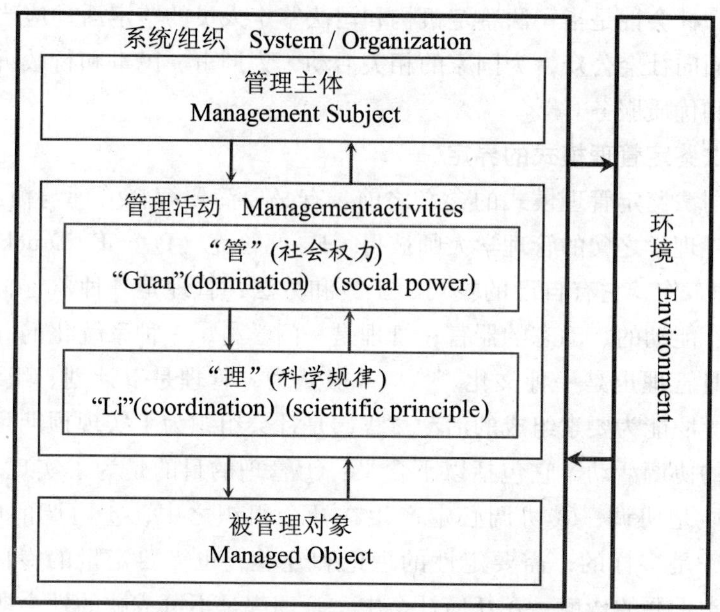


**中文语义分析："管理" = "管" + "理"**
**A Semantic Analysis of Chinese Character "Management"**
**"Guan Li"(Management)="Guan"(domination)+"Li"(coordination)**

1. "管"（domination）是高层行为，指管辖、掌管，强调的是对被管理的系统或组织拥有的社会权力。

2. "理"（coordination）是以"管"为前提的行为，指调理、理顺，强调的是遵循和运用科学规律对被管理的系统（或组织）进行相关的活动，以实现特定的目的（如上图）。在这里，汉字"理"与ISO 9000：2005标准"管理"

[1] "Management：Coordinated Activities to Direct and Control an Organization (3.3.1)." INTERNATIONAL STANDARD ISO 9000：2005, *Quality Management Systems — Fundamentals and Vocabulary*（《质量管理系统：基础与术语》）, Third edition, ISO, 2005-09-15. 该标准对术语"管理"的注解是："在英语中，术语'management'有时指人，即具有领导和控制组织的权限和职责的一个人或一组人（管理层）。当'management'用于此种含义（管理层）时，均应附有某些修饰词以免与上述'management'的定义所确定的概念相混淆。例如，不赞成使用'management shall...'['管理（管理层）应当……']，而应使用'top management (3.2.7) shall...'['最高管理层应当……']。"

(management) 定义中所使用的“协调的活动”(coordinated activities) 异曲同工。

概言之，管理，就是对特定系统（或组织）拥有管辖权(“管”) 的主体，为使特定系统（或组织）达到最佳状态及持续最佳以实现特定的价值目标而进行的协调的活动(“理”)。用系统科学的语言抽象地进行描述，管理活动无外乎增加、减少、改变被管理系统（或组织）的元素并调整各元素间的关系，或者对被管理系统（或组织）的元素及关系，进行增加、减少、改变的操作。被管理系统中，元素间的关系可具有层次性。

（二）管理要素

一般而言，管理包括以下要素：

1. 系统与环境。一般而言，系统指由若干因素基于相互关系所构成的整体。在此处，管理主体及受管理的因素或事物所构成的有机整体即系统；处于该系统边界外但与该系统有关联的其他因素或事物均属该系统的环境。

2. 管理主体。有权对系统（或其子系统）进行管理的主体，可以是个人、组织以及个人和/或组织的各种联合形式。管理主体的概念具有相对性——作为被管理者的个人、组织以及个人和/或组织的各种联合形式，既可以是其上层管理者的管理对象，也可以是其下层管理对象或被管理者的管理主体。具有智能的特殊客体，也可能充当管理主体。

3. 管理对象。指被管理的事物，一般指被管理主体（可以是个人、组织以及个人和/或组织的各种联合形式），也可以包括一般客体及具有智能的特殊客体。

4. 管理权。指管理主体对管理对象或系统进行管理的社会权力。

5. 管理活动。指管理主体为实现管理目标/管理目的对系统（或组织）进行的相关活动，或指挥与控制（direct and control）的协调的活动（coordinated activities）。

6. 管理目标/管理目的。表现为通过创造具有特定价值的成果或“广义产品”，以实现及持续实现特定的利益。

（三）管理模式

模式有很多种不同的解释，从一般语义上来讲，“模式”是指某种事物的标准形式或使人可以照着做的标准样式,[1] 在社会科学、管理科学的研究中，其基本含义是指解决某一类问题的方法，把解决某类问题的方法归纳、总结到理论高度，那就是模式。克里斯托夫·亚历山大（Christopher Alexander）对模式给出的经典定义是：每个模式都描述了一个在我们的环境中不断出现的问题，然后描述了该问题的解决方案的核心。通过这种方式，你可以无数次地使用那些已有的解决方案，无需再重复相同的工作。具体说来，模式专指某一系统结构状态或过程状态经过简化、抽象所形成的样式，其所反映的未必是系统或过程原型的全部特征，但能够描述出原型的本质特征，具有认识论和方法论的双重意义。

1. 关于模式的定义。“模式”（pattern，mode，paradigm，model）一词，在汉语中，顾名思义，为“模”+“式”，其中：①“模”的本义是铸造器物的模子（“模”、“范”、“型”三个字含义相近[2]），可以指模板、模版、模具、模本、模型、模拟、模仿、模样、模范等；②“式”的本义是规矩、法度、法式、式度、式则、式范（组成“式”的“工”字，有“矩”的意思），也指形式、样式、式样、方式等。有时，“模”与“式”具有相近或相同的含义，如楷式与楷模、模范与示范等。此外，不管是“模”还是“式”，都既可以是静态的（如形态），也可以是动态的（如途径），还可以动静兼备（如方式）。对“模”与“式”进行整合后，可以得出具有不同功能或作用的四种基本含义（见下表）：

具有不同含义的“模式”一词

| 功能/作用 | 简释 | 示例 |
|---|---|---|
| 分类功能/作用（区别功能/作用） | 指作为某种类型的形式（静态/动态）、方式（静态/动态）、途径（动态），与其他形式（静态/动态）、方式（静态/动态）、途径（动态）相区别，相当于每一种类型的形式（静态/动态）、方式（静态/动态）、途径（动态）都属于同一个“模子”或遵从同一个/一组“法式”。 | “我们将这些管理模式分为10种类型。” |

〔1〕 中国社会科学院语言研究所词典编辑室编：《现代汉语词典》，商务印书馆1996年版，第894页。

〔2〕 在汉语中，“模”、“范”、“型”都可以是铸造器物的模子，其中：木制的叫“模”（故含“木”）；竹制的叫“范”（故繁体为“範”，含“竹”），泥制的叫“型”（故含“土”）。

续表

| 功能/作用 | 简　释 | 示　例 |
| --- | --- | --- |
| 参考功能/作用 | 作为可供参考、借鉴的形式（静态/动态）、方式（静态/动态）、途径（动态）。这种含义的“模式”，既可以是分类系统中的一种（如标准的类型），也可无涉分类（强调特定性）。 | “笔迹鉴定应当比较人们在不同材质上的书写模式。” |
| 复制功能/作用 | 作为复制依据的形式（静态/动态）、方式（静态/动态）、途径（动态），即模板，主要用于客体→客体的复制。这种含义的“模式”。既可以是分类系统中的一种（如标准的类型），也可无涉分类（强调特定性）。 | “我们生产的这批光盘都是相同模式的拷贝品。” |
| 效法功能/作用 | 作为模范、典范、榜样来效法的形式（静态/动态）、方式（静态/动态）、途径（动态），即范型、范式、典范、范本（paradigm），一般用于主体间关系或含有主体因素的关系。对这种含义的“模式”，既可以是分类系统中的一种（如标准的类型），也可无涉分类（强调特定性）。 | “这就是以综合集成和持续创新实现持续进化的卓越治理模式。” |

模式有不同的领域，建筑领域有建筑模式，法学领域有法律、法治模式，政治领域有政治模式。为什么要用模式？因为模式是一种指导，在一个良好的指导下，有助于完成任务，有助于作出一个优良的设计方案，达到事半功倍的效果，而且会得到解决问题的最佳办法。在本课题中，我们主要是将模式这一范畴作为研究方法使用，将模式作为一种理论分析工具，运用于对司法鉴定管理活动的分析，以把握司法鉴定活动的基本特征，分析评判其合理性，并科学、合理地设计我国未来的司法鉴定管理模式。

在厘清上述概念之后，我们将司法鉴定管理模式界定为：司法鉴定管理模式是对特定时期、特定国家或地区司法鉴定管理活动基本特征的理论概括。具体而言，它是指以一国的司法鉴定机构、司法鉴定人员、司法鉴定程序、司法鉴定技术标准以及司法鉴定职业道德、执业纪律等内容为主的行政管理或者行业管理的体制以及司法鉴定活动的运作机制。[1] 司法鉴定管理模式的构成要素包括：管理的主体、管理的客体、管理方法和手段、管理体制、机制，等等。司法鉴定管理模式的形成通常与一国的行政权力作用领域、司法组织体系、诉讼模式、社会组织和社会权力的发育程度、司法鉴定的业务范围等方面紧密相连。司法鉴定管理模式不仅反映了特定时期、特定国家和地区司法鉴定活动的基本特征，而且也反映了特定国家或地区司法鉴定管理活动中的管理思想、价值取向等内容。

2. 管理模式的属性。作为一个理论范畴，司法鉴定管理模式具有以下几方面的属性：①社会性。司法鉴定管理模式的社会性是指它与特定历史时期、特定国家和地域的政治体制、行政体制、司法制度、诉讼制度、证据制度、科技发展水平等社会因素密切相关，在一定程度上是这些社会因素的体现和反映。②自然性。司法鉴定管理模式是客观存在的，是对特定时期、特定国家或地区司法鉴定管理活动的客观概括，是对客观存在的司法鉴定组织、司法鉴定人员、司法鉴定管理制度等内容的归纳与概括。③历史性。不同历史时期，司法鉴定管理模式有不同特征，它们仅仅是特定历史时期司法鉴定管理模式的概括和理论反映，具有明显的时代特征和时代局限性，不能超越。④地域性。司法鉴定模式是对特定国家或特定地区司法鉴定管理活动的理论概括，当然具有地域性，不同国家和地区由于历史传统、文化差异、政治体制等因素，必然形成具有地域性特征的管理模式。⑤抽象性。作为一种理论概括，司法鉴定管理模式是对已有司法鉴定管理活动基本的、主要特征的抽象概括，是作为一种研究方法运用的结果。19 世纪末德国社会学家马克斯·韦伯（Max Weber）指出，模式是一种思维建构的抽象概念，由互有联系的要素所组成，绝非随人的主观意志想象出来，而是研究者透过具体问题的经验分析，参考对现实因果关系的了解，予以的高度抽象，其目的不是单纯拷贝社会现实，而是作为比较、衡量社会现实的手段，以便成为引导人们

---

〔1〕 体制与机制是较易混淆的一对词语。按照《辞海》的解释，“体制”是指国家机关、企事业单位在机构设置、领导隶属关系和管理权限划分等方面的体系、制度、方法、形式等的总称；“机制”原指机器的构造和运作原理，借指事物的内在工作方式，包括有关组成部分的相互关系以及各种变化的相互联系。“机制”和“体制”的区别：一般而言，“机制”指的是有机体的构造、功能和相互关系，泛指一个工作系统的组织或部分之间相互作用的过程和方式，如市场机制、竞争机制、用人机制等；“体制”指的是国家机关、企业、事业单位等的组织制度，如学校体制、领导体制、政治体制等。两个词的中心语和使用范围不一样，“机制”喻指一般事物，重在事物内部各部分的机理即相互关系，“体制”指的是有关组织形式的制度，限于上下之间有层级关系的国家机关、企事业单位。制度则是体制和机制的外在的、规则化的表现形式。

达到认识社会现象的指示。[1]

3. 管理的定位。在我国，司法鉴定管理在性质定位上是一种社会公共管理，国家以法律的形式赋予司法行政部门代表国家行使司法鉴定管理职能，是一种跨部门、跨地区、跨阶段的全行业、全程的动态化管理。

首先，它是一种行政许可管理，尽管这种行政许可采用审核登记的管理模式。审核登记作为一种行政法律概念，是行政许可的五种形式之一，司法鉴定登记管理是一种行政许可管理，其登记管理最终属于司法行政部门行使行政权。

其次，它也是一种资质管理、能力管理和质量管理。司法鉴定管理的目的是通过有效的管理措施和手段，如通过统一司法鉴定技术标准、推行对司法鉴定机构和司法鉴定人员的资信评估、技术培训等不断提升司法鉴定的质量，为诉讼活动提供高质量的科学实证依据，从而通过行政管理的模式维护、保障司法公正和司法权威。

4. 对社会鉴定机构和鉴定人员实行政府行政管理和行业自律相结合的管理模式。一方面，司法行政部门对这些鉴定机构和鉴定人员的资格准入、鉴定过程、名册管理、教育培训、质量控制等活动进行全面、全程管理。另一方面，司法鉴定机构和司法鉴定人成立地区性和全国性的司法鉴定协会，这些司法鉴定协会是司法鉴定人和司法鉴定机构的行业自律组织，在司法行政主管部门的领导、管理下，协助、配合司法行政部门对司法鉴定活动进行有效的管理。在我国现阶段，司法鉴定行业发育尚不够成熟、发达，应当实行政府管理为主、行业自律为辅的管理模式，随着司法鉴定行业的发展，司法鉴定从业机构和从业人员素质的提升，作为行业自律组织的司法鉴定协会的管理权限也应当适当增加。

5. 对于《决定》予以保留的侦查机关所设置的鉴定机构，司法鉴定主管机关对其实行备案登记管理模式。《决定》第 7 条取消了原来存在的人民法院和司法行政部门设立的鉴定机构，但保留了侦查机关根据侦查工作的需要设立的鉴定机构，只是禁止其面向社会接受委托从事司法鉴定业务。[2] 在过渡阶段，法律规定对于这些鉴定机构和鉴定人员实行备案登记的管理模式：一方面，这些鉴定机构和鉴定人员主要由其上级行政主管部门实施从属性的内部管理；另一方面，这

〔1〕［德］马克斯·韦伯：《社会科学方法论》，韩水法等译，中央编译出版社 2002 年版，第 19 页。

〔2〕《决定》第 7 条规定：侦查机关根据侦查工作的需要设立的鉴定机构，不得面向社会接受委托从事司法鉴定业务。人民法院和司法行政部门不得设立鉴定机构。

些鉴定机构和鉴定人员要到国家司法鉴定主管机关备案登记，司法行政机关对其进行行业管理。对于侦查机关所设立的司法鉴定机构及其鉴定人员是否应当统一纳入全国统一的司法鉴定名册并公告的问题，《决定》第6条的规定是明确的，不能因为认识上的不一致导致对法律规定和司法鉴定体制改革目标方向的各自表述甚至否定。

2005年6月20日全国人大常委会法制工作委员会《关于司法鉴定管理问题的决定施行前可否对司法鉴定机构和司法鉴定人实施准入管理等问题的意见》（以下简称《意见》）指出，“如果公安机关有关鉴定机构及其鉴定人接受司法机关委托从事诉讼中有争议的鉴定事项则需要经过省级司法行政部门登记，列入鉴定人名册”。从全国人大法工委的《意见》可以看出，一方面，在我国，侦查机关可以根据侦查工作的需要设立鉴定机构，侦查机关应当对这些鉴定机构进行内部管理，但这种基于设立行为进行的内部管理不同于司法行政机关基于登记所进行的外部管理。也就是说，侦查机关对其设立的司法鉴定机构的内部管理，不得排斥司法行政机关对这些机构的外部管理。另一方面，《意见》明确要求如果公安机关有关鉴定机构及其鉴定人接受司法机关的委托从事诉讼中有争议的鉴定事项则需要经过省级司法行政部门登记，列入鉴定人名册。这一规定似乎表明，对于没有争议的鉴定事项，公安机关的鉴定机构及其鉴定人员不需要经过司法行政部门的登记备案也可以接受委托从事鉴定。但是，从《决定》规定、诉讼的需要和今后的发展趋势看，侦查机关等部门设立鉴定机构和鉴定人员也应纳入国家的统一管理，因为，诉讼中对鉴定发生争议是较为普遍的现象，因而，对于公安机关有关鉴定机构及其鉴定人而言，如果不纳入司法行政部门统一的司法鉴定名册并公告实际上是限制、减少了其参与诉讼中鉴定业务的资格和范围。当然，由于《决定》在侦查机关设立鉴定机构和鉴定人员上予以保留，因此，对侦查机关所设立的鉴定机构及其鉴定人员以及根据侦查需要新设鉴定机构和鉴定人员实行备案登记制，即侦查机关有权根据侦查需要设立、变更和终止鉴定机构和鉴定人员，司法行政机关并不负责审批，只是进行备案登记，国家安全机关出于保密的需要，鉴定机构和鉴定人可备案登记但并不全部对外公告。这种备案登记管理属于我国健全完善统一权威的司法鉴定管理体制中的一个过渡阶段的产物。

6. 对其他行业技术鉴定机构和人员实行二次准入的双重管理模式。尽管这些行业技术鉴定机构和鉴定人员已经有相应的行业协会和行业主管机构和部门，但是，他们要作为司法鉴定人员和司法鉴定机构开展司法鉴定业务活动必须进行二次准入的复合资格管理，即在已有的行业技术鉴定人员资格和行业技术鉴定机构资格的基础之上，通过司法鉴定主管部门再次审核登记，取得司法鉴定资格之后才能从事司法鉴定业务。在取得司法鉴定资格后，这些机构和人员在进行司法鉴定活动时必须遵循和服从国家司法鉴定主管部门的统一管理，形成了司法鉴定统一管理体制下新型管理模式（见下图）：

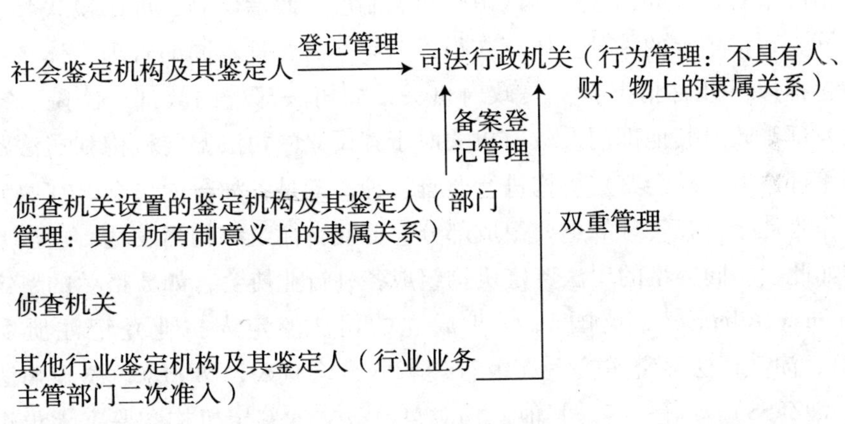


**我国的司法鉴定管理模式**

显然，现行司法鉴定管理模式具有法律性、科学性、统一性和正当性特点。法律性体现在，现行模式是《决定》为依据，而《决定》具有某种“基本法”的性质，与原来的政策性色彩浓厚的司法鉴定管理模式相比更具合理性。科学性体现在，按照科学发展观的要求，《决定》取消了人民法院和检察机关的司法鉴定职能，限制了侦查机关设置的鉴定机构的业务范围，使司法鉴定机构和司法鉴定人员具有独立性和中立性，符合司法鉴定活动作为科学认知活动的要求。而且，《决定》要求在管理体制、管理手段和管理措施等方面充分体现和贯彻科学发展观的要求，如鉴定标准科学、充分运用高科技鉴定技术，设立鉴定专家委员参与协助管理等。统一性体现在，《决定》确立了司法行政部门作为统一的司法鉴定管理机构，逐步实现对所有司法鉴定机构和司法鉴定人、所有诉讼鉴定活动实行全过程的统一管理，如统一准入资格、统一鉴定标准、统一鉴定程序、统一资质评估、统一培训，等等。总之，现行司法鉴定管理模式所具有的法律性、科学性和统一性比较充分地保障了鉴定结论的客观性、准确性和可靠性，有利于实现诉讼公正，从而提升了司法鉴定管理模式的正当性。

## 三、司法鉴定管理模式的构成

司法鉴定管理模式的构成要素主要包括以下几个方面：

### （一）司法鉴定管理的主体

司法鉴定管理的主体是指有权对司法鉴定活动进行管理的机构或组织。从国内外的情况来看，不同国家和地区由于司法制度、政治体制、诉讼模式等诸多方面的不同，司法鉴定的管理主体存在很大差异，有各种不同的管理主体。一般而言大致包括以下几种情况：一是政府机关，如司法部或内政部、法院、警察机关、工业部等政府其他部门，政府机关对于其设立的司法鉴定机构和司法鉴定人员进行管理，对于社会鉴定机构进行监督管理；二是各种行业协会，在西方法治国家，作为社会自我管理的重要组成部分，行业自律组织相当发达，司法鉴定行业同样如此，不同类型的司法鉴定机构组成各种行业协会，如苏格兰的鉴定同盟会（Forensic Alliance），英国 1999 年成立的司法鉴定人执业登记注册委员会（CRFP），澳新司法鉴定实验室高级管理者联合会（SMANZFL），澳新司法鉴定协会（ANZFSS）等等；三是其他机构对自己设立的鉴定机构和鉴定人员进行管理，如德国、日本很多大学设立的法医鉴定机构及其鉴定人员，主要由大学自己管理。

《决定》明确了国务院司法行政部门和省级人民政府司法行政部门为司法鉴定活动的登记管理主体。《决定》第 3 条规定，“国务院司法行政部门主管全国鉴定人和鉴定机构的登记管理工作。省级人民政府司法行政部门依照本决定的规定，负责对鉴定人和鉴定机构的登记、名册编制和公告。”在确定司法行政部门作为统一的管理机构的同时，取消了检察机关和司法行政机构设置的鉴定机构。第 7 条第 2 款规定，“人民法院和司法行政部门不得设立鉴定机构。”《决定》明确规定司法行政部门为司法鉴定登记管理机关的目的之一就是要建立统一的司法鉴定管理体制。除法律另有规定外，凡是从事《决定》第 1 条规定的司法鉴定活动的，均属于调整范围，实行统一的准入标准、准入条件和准入程序，统一的名册管理，统一的司法鉴定人权利、义务、责任制度、出庭制度、回避制度、收费

办法、职业道德和执业纪律、违规处罚等。[1]

对于侦查机关设置的鉴定机构和鉴定人的管理主体问题，《决定》考虑诸多因素后予以保留。《决定》第7条规定，“侦查机关根据侦查工作的需要设立的鉴定机构，不得面向社会接受委托从事司法鉴定业务。”对于这些鉴定机构的管理，侦查机关显然是设立机构的上级主管部门，而司法行政部门则是司法鉴定的行业主管部门，二者之间是部门管理与国家管理的关系。这正是中央关于司法鉴定体制改革的目标要求和《决定》的立法目的和宗旨。

（1）司法鉴定管理体制改革的目标就是要解决长期存在的多头管理混乱无序的状况，其措施是实行统一管理。《决定》第3条明确了司法行政部门是负责这一事项的专门机构。

（2）《决定》第9条规定：“在诉讼中，对本决定第2条所规定的鉴定事项发生争议，需要鉴定的，应当委托列入鉴定人名册的鉴定人进行鉴定。”如果侦查机关设置的鉴定机构不纳入司法行政部门的统一管理，按照《决定》第9条的规定，侦查机构设置的这些鉴定机构将无权对诉讼中发生争议的事项进行重新鉴定，不仅会造成这些机构本身拥有的较好的设备、设施和人员等资源浪费，也不利于这些鉴定机构和鉴定人员自身的发展。

（3）当然，司法行政机关对侦查机关设置的鉴定机构的管理不同于对一般的司法鉴定机构的登记管理，即侦查机关设置的鉴定机构向司法行政部门登记备案即可，然后编制名册并予以公告。这些机构和人员开展的司法鉴定业务活动仍然应当遵循和服从司法行政部门制定的行业规范和执业规则。

（4）对于其他行业中的鉴定活动，本身已有行业主管部门，行业主管部门当然是其业务管理主体，但是，这些行业中的鉴定机构，如果要进入到诉讼活动中，开展《决定》第2条所规定的鉴定事项，司法行政部门也就成为其管理主体，对这些鉴定机构和鉴定人员的资质实行二次准入的双重管理体制，对其从事的司法鉴定活动进行全面、全程管理。

### （二）司法鉴定管理的客体

《决定》第2条规定了司法鉴定活动的业务范围，同时也明确了司法鉴定管理涉及的业务范围。该条规定：“国家对从事下列司法鉴定业务的鉴定人和鉴定

---

〔1〕 霍宪丹：“关于我国司法鉴定体制改革的实践与探索”，载《证据科学》2007年第1~2期。

机构实行登记管理制度：①法医类鉴定；②物证类鉴定；③声像资料鉴定；④根据诉讼需要由国务院司法行政部门商最高人民法院、最高人民检察院确定的其他应当对鉴定人和鉴定机构实行登记管理的鉴定事项。法律对前款规定事项的鉴定人和鉴定机构的管理另有规定的，从其规定。”对于其他类司法鉴定活动的具体范围，《决定》没有明确规定其内容，而是采用授权机制予以解决，但是，毋庸讳言，目前这种由国务院司法行政部门依据“诉讼需要”商“两高”来进行解决的机制比较难操作。其他类鉴定活动目前的实际情况是，该类鉴定活动的管理混乱，仍然存在相关部门争着管的样态。如司法行政机构对鉴定机构和鉴定人进行登记名册的“册外册”现象。

我们认为，无论是依据《决定》的立法目的、宗旨，还是尊重司法权的基本性质及人民法院在诉讼中的中立地位，人民法院不应当再行使管理权。这在法学界早已成共识。同样，人民检察院也不适宜行使管理权，检察机关作为法律监督机关其主要是职责是履行法律监督职能，而其他类鉴定中的鉴定事项大多适用于民事诉讼，显然不适宜由检察机关来管理。对于其他类鉴定事项的管理应当站在推进司法鉴定管理法制化、规范化、科学化建设的背景下，结合司法改革逐步推行。对于司法行政主管部门而言，是否将其他类鉴定事项纳入自己的统一管理，要考虑如下因素：①是否属于《决定》所规定的“诉讼需要”；②是否符合对其管理的法制化、规范化发展趋势；③是否符合《决定》的立法目的和本身已有规定；④是否符合发展规划和合理布局的要求；⑤是否有利于统一的司法鉴定管理体制的建立。[1]

对于上述已经存在行业主管部门的其他类鉴定事项的管理，可以采取二次准入的双重管理模式。

从理论上划分，司法鉴定管理的客体包括司法鉴定人员、司法鉴定机构以及司法鉴定执业活动等三个方面：

(1) 司法鉴定人员的管理。司法鉴定人执业资格准入管理、司法鉴定人名册登记公告管理、司法鉴定人资格的审查与撤销管理、司法鉴定人执业行为规范管理、司法鉴定人培训、继续教育管理、司法鉴定人诚信等级评估管理、司法鉴定人责任追究等。

---

〔1〕 霍宪丹：“关于我国司法鉴定体制改革的实践与探索”，载《证据科学》2007 年第 1 ~ 2 期。

（2）司法鉴定机构的管理。司法鉴定机构执业资格准入管理，司法鉴定机构名册登记、公告管理，司法鉴定机构资格的审查与撤销管理，司法鉴定机构资质等级评估管理，司法鉴定机构的认证、认可，国家级重点司法鉴定机构（重点实验室及其设备）的筛选，司法鉴定机构责任追究，等等。

（3）司法鉴定执业活动的管理。司法鉴定执业活动管理是指对审核登记合格的司法鉴定机构和司法鉴定人开展司法鉴定业务活动过程中的监督和管理。对司法鉴定人员和司法鉴定机构的资格准入等管理主要是一种静态管理，是对司法鉴定主体的资格和资质的管理，但司法鉴定机构和司法鉴定人审核登记合格以后要从事司法鉴定活动，整个执业活动属于监管对象和监管范围，这是一种全过程的动态化管理。司法鉴定执业活动管理主要内容包括：制定收费、出庭、执业行为规范和执业责任等管理规章，制定司法鉴定程序、技术标准和技术操作规范，对相关规定和规范执行情况进行监督检查并予以落实，等等。

（三）司法鉴定管理模式中主体和客体之关系

《决定》初步确立了统一的司法鉴定管理模式，明确了司法鉴定的业务范围和司法行政部门的司法鉴定管理主体地位。对于司法鉴定管理主体和客体之间这种基本的管理和被管理关系，可以具体归纳为以下三种运行机制：

1. 行政部门与行业协会相结合的管理机制。对社会鉴定机构和鉴定人员实行政府行政管理和行业自律相结合的管理：一方面，司法行政部门对这些鉴定机构和鉴定人员的资格准入、鉴定过程、名册管理、教育培训、质量控制等活动进行全过程管理；另一方面，司法鉴定机构和司法鉴定人成立地区性和全国性的司法鉴定协会，这些司法鉴定协会是司法鉴定人和司法鉴定机构的行业自律组织，在司法行政主管部门的领导、管理下，协助、配合司法行政部门对司法鉴定活动进行有效的管理。

2. 鉴定主管部门与业务主管部门双重管理机制。对其他行业技术鉴定机构和人员实行双重管理。尽管这些行业技术鉴定机构和鉴定人员已经有相应的行业协会和行业主管机构，但是，要作为司法鉴定人员和司法鉴定机构开展司法鉴定业务必须接受二次准入的双重管理，即在已有的行业技术鉴定人员资格和行业技术鉴定机构资格的基础之上，经司法鉴定主管部门再次审核登记，取得司法鉴定执业资格之后才能从事司法鉴定业务；取得司法鉴定执业资格的鉴定机构和人员在进行司法鉴定活动时必须遵循和服从司法鉴定主管部门的全过程管理。

3. 国家主管部门与机构主管部门相配合的管理机制。对于《决定》予以保留的侦查机关所设置的鉴定机构，侦查机关对人、财、物的具体管理和司法行政部门的全行业统一管理相互配合。在资格准入方面，对这些鉴定机构和鉴定人员实行登记备案制，即侦查机关自己负责这些鉴定机构的设立、变更和终止，无需司法行政部门的审核登记，但在设立、变更和终止时这些鉴定机构和鉴定人员要到相应的司法鉴定主管机关登记备案，纳入统一的鉴定名册，司法行政部门的行业管理和侦查机关的部门管理相互配合，共同规范。

(四) 司法鉴定管理的方法和手段

按党的十七大、十八大提出的建立责任型、服务型、法治型政府和转变政府职能的精神和改革要求，我国的司法鉴定管理必须以科学发展观为指导，积极推进政府管理创新，以规范权力运行为重点，逐步建立起结构合理、配置科学、程序严密、制约有效的公共权力运行机制。同时，还要依据国家治理体系建设和社会治理结构调整的要求，进一步建立、完善政府与社会组织的分工合作机制。因此，在司法鉴定管理模式的指导思想上要把握三个方面：一是要在现代司法理念指导下，依法管理、依法办事、依法行政；二是要转变传统管理观念，从直接管理向间接管理转变；三是管理的手段要从单一的行政管理手段向多元（政策、法律法规、技术规范）管理手段转变，在分工专业化和职能资源有效配置的背景下，充分发挥两结合管理机制和双重管理机制的作用。[1] 具体而言，司法鉴定管理模式的方法和手段包括以下三个方面：

1. 法律层面的规范管理。法律层面的规范管理明确了管理主体、管理客体以及主客体之间管理与被管理之基本关系。《决定》从基本法的高度确立了司法行政机关作为全国司法鉴定活动主管机关的法律地位，明确了司法鉴定管理的对象和范围。

2. 行政层面的规范管理。行政层面的规范管理是对司法鉴定机构、司法鉴定人员以及司法鉴定执业活动的规范管理，具体包括如下方面：

(1) 制定统一、完善的司法鉴定机构和司法鉴定人员管理制度。对此需要明确司法鉴定机构和司法鉴定人员执业资格准入、名册登记和公告、资格审查与撤销、司法鉴定人培训和继续教育管理、司法鉴定人员诚信等级评估制度、司法

〔1〕 霍宪丹："关于我国司法鉴定体制改革的实践与探索"，载《证据科学》2007 年第 1～2 期。

鉴定机构资质等级评估制度，等等。目前，司法部已经制定和发布了《司法鉴定人登记管理办法》和《司法鉴定机构登记管理办法》。

（2）制定司法鉴定职业道德、执业纪律、执业行为规范和执业责任制度。司法鉴定职业道德、执业纪律、执业行为规范和执业责任是现代司法鉴定制度的重要组成部分，对于保障司法鉴定活动的规范、公正、有序和高效具有重要作用，其内容主要包括司法鉴定活动中的职业道德、执业纪律、执业责任和执业责任保险等。司法鉴定职业道德是从职业道德这一宏观角度对司法鉴定这一特定社会职业进行伦理上的规范的。执业行为规范、执业纪律和执业责任规定了从事司法鉴定执业活动的司法鉴定机构和司法鉴定人，在具体执业活动中应当遵循的纪律规范和法律义务规范，以及违反后所承担的相应法律后果。执业责任保险则是为分担损失，降低司法鉴定执业活动风险而确立的一种社会职业保险制度。司法鉴定职业道德是指司法鉴定作为一种特殊的执业活动本身所要求和应当具有的道德规范。就广义而言，司法鉴定职业道德包括了非强制性的道德要求和具有强制性的纪律要求，以及相应的惩戒机制。就狭义而言，司法鉴定职业道德仅指非强制性的对司法鉴定执业活动的道德要求。司法鉴定执业纪律是司法鉴定主管机关和司法鉴定行业协会在司法鉴定职业道德的基础上，依据相关法律、法规和部门规章制定的具有强制性的管理规范，它具有一定的强制性约束力，是司法鉴定管理部门和司法鉴定行业协会对司法鉴定机构和司法鉴定人员进行管理、处罚的直接依据。司法鉴定职业道德和执业纪律适用的对象既包括司法鉴定人也包括司法鉴定机构，也就是说，司法鉴定职业道德和执业纪律的承担主体是司法鉴定机构和司法鉴定人员。

司法鉴定活动中的执业责任主要是指司法鉴定人员和司法鉴定机构在执业活动中应当遵循的法定义务，以及在违反法定义务的情况下其所应承担的法律上的后果。司法鉴定活动中法律责任的承担主体既包括开展司法鉴定业务的司法鉴定机构，也包括从事具体司法鉴定活动的司法鉴定人。依据所承担的法律责任的性质不同，司法鉴定法律责任可以分为刑事责任、民事责任、行政责任以及在诉讼过程中对诉讼机关所承担的程序性法律责任。刑事责任是指鉴定人依据《刑法》规定所承担的责任，依据目前我国《刑法》的规定，鉴定人这一特殊主体能够构成的犯罪主要是鉴定人的伪证罪。民事责任是指鉴定机构和鉴定人在鉴定活动中或者鉴定结果给当事人造成损失而承担的赔偿责任。行政责任则是指司法鉴定

活动的主管行政机关对违规的鉴定机构和鉴定人实施的行政处罚或制裁。鉴定人作为诉讼参与人参与诉讼活动时，不履行诉讼法所规定的义务如不出庭、妨碍法庭审判活动的顺利进行时法庭给予的制裁，这主要由诉讼法进行规定，这一责任的性质不属于行政责任，[1] 应当属于司法行政责任或诉讼法上的程序性责任。[2]

(3) 建立、完善司法鉴定机构的认证、认可和能力验证（动态评估）制度。作为司法鉴定活动实施的载体，司法鉴定机构可以凭借独立、中立的诉讼地位和社会公益性，依法独立实施鉴定活动，保障鉴定结论的合法性和公正性。但是仅仅满足这些是远远不够的，司法鉴定机构还要保障鉴定的可靠性和准确性，司法鉴定机构的管理水平、技术能力是鉴定结论具有可靠性、权威性的保障。比如，中国合格评定国家认可委员会（CNAS）进行的实验室/检查机构认可，提供了对各行业机构是否达到国际标准的权威评价机制。“实验室/检查机构认可”是中国合格评定国家认可委员会按照科学、公正的原则，根据国际实验室/检查机构认可准则的要求，对被审核的实验室/检查机构的管理水平和技术能力的正式承认（认可），而建立质量管理体系是实验室/检查机构管理的核心内容，是实验室/检查机构认可的前提和基础。根据司法部《司法鉴定机构登记管理办法》和《司法鉴定人登记管理办法》的有关规定，司法鉴定等级评估制度包括司法鉴定机构资质等级评估、司法鉴定质量管理评估、司法鉴定人诚信等级评估以及司法鉴定教育培训等内容。

建立司法鉴定机构资质等级评估制度的意义在于：①对各司法鉴定机构的实际鉴定水平、能力、服务质量进行综合评价，督促各鉴定机构严格自律、积极向上，不断提高他们的鉴定能力和水平。②通过这样一种客观的评价机制，对司法鉴定机构和司法鉴定人员进行评估，引导司法鉴定行业健康发展。③建立一种市场化的竞争机制，评估结果向社会公布，引导社会选择鉴定机构和鉴定人，优胜劣汰，保留和鼓励先进，淘汰一批技术水平有限和管理水平低的司法鉴定机构和鉴定人。

司法鉴定人诚信等级评估是对司法鉴定人的职业品德素质的动态评价：“诚

---

〔1〕 传统法理学中关于刑事、民事、行政责任的划分具有局限性，并没包括违宪责任、国家赔偿责任、诉讼法上的法律责任等，换句话说，传统法理学这种关于法律责任的划分在逻辑上没有合理地涵盖所有部门法。我们认为，这些类型的法律责任应当视为具有独立性的法律责任类型。

〔2〕 我们认为将其归结为诉讼法上的程序性责任更为妥当一些。

信”即诚实信用，不仅是一种道德品质，同时也是一种人格利益，在现代社会中，良好的信用、信誉不仅会给鉴定人带来一定的财产利益，而且有利于整个鉴定行业的健康发展。诚实信用在司法鉴定活动中的最根本要求就是，作为司法鉴定的主体，必须尊重客观规律，尊重客观事实，遵守委托鉴定合同，诚实守信。不诚实、不守信用的鉴定人逐渐会被淘汰在市场之外。通过法律手段确立司法鉴定人诚信等级评估制度，有助于督促司法鉴定人严于律己、尽职尽责，维护当事人的合法权益，实现司法公正。

3. 技术层面的规范管理。技术层面的规范管理主要包括司法鉴定管理的实施程序、司法鉴定的技术标准和司法鉴定操作规范等内容，具体内容如下：

（1）制定科学、规范、合理的司法鉴定实施程序。司法鉴定实施程序是指按照司法鉴定活动的客观规律所制定的规范司法鉴定行为的具体步骤和环节的规范。司法鉴定实施程序的制定在于通过规范司法鉴定的具体工作，实现司法鉴定工作的公正和效率目标。由于大陆法系国家与英美法系国家的诉讼制度、证据制度存在较大差异，司法鉴定的程序也存在不小差异。但总体说来，司法鉴定程序的要素包括鉴定的申请、鉴定的决定、鉴定的委托、鉴定的受理、鉴定的实施、鉴定结论的出具、鉴定人出庭作证等环节。[1] 如司法部发布了《司法鉴定程序通则》、《司法鉴定文书规范》等部门规章、规范性文件，作出了相关规定。

（2）制定统一、完善的司法鉴定行业技术标准规范。司法鉴定技术标准体系是由一系列涉及司法鉴定活动过程的，覆盖法医类、物证类、声像类等鉴定专业的标准，按其内在联系形成的科学有机整体。它是行业标准化工作的指导性文件，是各鉴定专业科学合理地制定技术标准的基本依据。如为进一步加强人身损伤程度鉴定的标准化、规范化工作，2013 年 8 月 30 日最高人民法院、最高人民检察院、公安部、国家安全部、司法部共同发布了《人体损伤程度鉴定标准》（与之配套的《人体损伤致残程度鉴定标准》也将于 2014 年上半年颁布），自 2014 年 1 月 1 日起施行，《人体重伤鉴定标准》（司发［1990］070 号）、《人体轻伤鉴定标准（试行）》〔法（司）发［1990］6 号〕和《人体轻微伤的鉴定》（GA/T 146－1996）同时废止。这表明司法鉴定技术标准规范的制定逐步走向统一化。

---

〔1〕 参见张军主编：《中国司法鉴定制度的改革与完善研究》，中国政法大学出版社 2008 年版，第 2 章。

《决定》明确了司法鉴定的统一管理体制和主要内容，将国务院司法行政部门作为司法鉴定行业的主管部门。制定司法鉴定技术标准体系是建立完善、统一的司法鉴定管理体制的核心内容之一，是司法鉴定行业规范、协调、可持续发展的技术支撑，它对于促进司法鉴定技术进步、技术创新和保障司法公正具有决定性意义。司法鉴定技术标准规范体系总体包括基本体系和推行体系两大部分。基本体系是整个司法鉴定技术标准体系建设的主体，涉及司法鉴定活动的所有要素，覆盖法医类、物证类、声像类等所有鉴定专业，具体分为强制性标准体系和推荐性标准体系。推行体系涉及与法律法规的协调配套问题，与强制性技术规范体系的衔接问题，与推荐性标准体系的有机结合问题，以及推行体系内部的管理体制、运行体制、监督体制和保障体制等。[1]

（五）建立和完善司法鉴定管理平台

1. 建立全国司法鉴定工作管理和检案管理数据库。将司法鉴定人和鉴定机构的资格、等级、执业情况、违法违纪的处理情况以及检案办理情况等信息通过互联网、新闻媒体等向社会公布，便于社会公众监督和利用。

2. 建立与侦查机关、公诉机关、审判机关、和其他行业主管部门的定期协商和信息反馈制度，及时发现问题、反映问题、解决问题，从执业环节上加强对司法鉴定工作的监督和管理。

3. 为实施有效的管理，促进司法鉴定技术进步，司法鉴定管理需要在司法行政部门下面设立三大支撑平台：

（1）综合平台：司法鉴定行业协会。由符合司法鉴定管理要求的司法鉴定人员和司法鉴定机构组成全国性和地方性的司法鉴定协会，开展行业自律，加强内部监管，协助政府司法行政部门进行监督管理；维护司法鉴定人和司法鉴定机构的合法权益；完善行业自律管理机制，对司法鉴定机构和司法鉴定人的职业道德和执业纪律进行监督检查以及行业处理；参与制定司法鉴定操作规程、技术规范和鉴定标准、司法鉴定机构资质评估标准以及司法鉴定质量、诚信考核办法；组织会员开展学术交流、理论研讨、典型疑难案例分析等活动；组织会员进行继续教育与培训，沟通业务信息，编印司法鉴定资料、书籍；等等。

（2）技术平台：司法鉴定认证、认可和标准化技术委员会。设立司法鉴定

〔1〕 参见张军主编：《中国司法鉴定制度的改革与完善研究》，中国政法大学出版社2008年版，第6章。

认证认可委员会，对司法鉴定机构的资质和能力展开认证、认可工作，对司法鉴定人员的诚信等级进行评估，有助于提高司法鉴定机构和司法鉴定人员的业务能力。设立司法鉴定技术标准委员会，由各行业顶尖专家组成，充分运用现有先进科技成果和理论，结合诉讼实践，制定不同类型司法鉴定的技术标准，实现司法鉴定技术标准的规范化、统一化，有助于推动司法鉴定技术进步，实现诉讼公正。

(3) 研究平台：司法鉴定学研究会。这一研究会的会员主要为司法鉴定技术专家，诉讼法学、司法制度、证据法学专家。司法鉴定本身是法律性和科学性的统一，这一研究会将法学专家和司法鉴定技术专家整合在一起，通过共同的交流与探讨，推动司法鉴定技术进步，实现司法鉴定活动和诉讼活动的无缝结合。

## 四、司法鉴定管理模式的类型

从不同角度按照不同标准对司法鉴定管理模式进行划分，有利于深入探讨司法鉴定管理模式的本质、特征和意义，进而推动构建和完善我国的司法鉴定管理模式。我们认为，以下几种类型划分对于司法鉴定管理的研究和制度完善具有较高的理论价值和实践意义：

### (一) 政策性管理模式和法治化管理模式

按照管理权的来源不同，司法鉴定管理模式可以划分为政策性管理模式和法治化管理模式。政策性管理模式是指司法鉴定管理主体的管理权限来源于各种不同的政策，法治化管理模式则是指司法鉴定管理主体的管理权限来源于法律的明确授权。政策性管理模式由于管理权限来源于政策，容易政出多门，形成多头管理，在管理内容上也难以统一，如司法鉴定机构和司法鉴定人员从业资格不一、司法鉴定的技术标准不一致等，不利于司法鉴定行业的进步和司法鉴定技术水平的提高，不利于实现司法公正。在《决定》出台以前，我国的司法鉴定管理模式具有较强的政策性。相比较而言，由于法治化管理模式的管理权限来源于法律的明确授权，管理主体、管理对象和内容更为明确、统一、稳定、规范，有利于实现司法鉴定的客观性和准确性，维护司法公正，符合法治国家建设之要求。《决定》的出台，标志着我国的司法鉴定管理模式由政策性管理模式向法治化管理模式的转型，体现了我国依法治国、建设社会主义法治国家的治国方略，是我国社会主义民主法制建设的重要成果之一，司法鉴定管理模式随着我国法治化的进程不断完善。

（二）行政管理模式、行业自律管理模式以及行政管理与行业自律相结合管理模式

按照管理主体不同，司法鉴定管理模式可以划分为行政管理模式、行业自律管理模式以及行政管理和行业自律相结合的管理模式。行政管理模式即政府管理模式，是指对鉴定人和鉴定机构以及鉴定活动等由专门负责的国家机关进行管理，这种管理司法鉴定活动的政府机关一般是司法行政部门，如大多数国家的司法部，只有个别国家由法院负责管理，如法国。行业自律管理模式是指鉴定人和鉴定机构成立司法鉴定行业协会、各种专业委员会、专家委员会对行业内部的活动如资格准入、考评、培训、惩戒等事项进行自我管理。纯粹采取行政管理模式或者行业自律管理模式的国家和地区很少，大都采取了行政管理和行业自律管理相结合的模式。其中，行政管理是主要、核心内容，司法鉴定活动中的主要问题如司法鉴定人员和司法鉴定机构的资格、司法鉴定技术标准、司法鉴定程序等由国家机关管理，行业自律组织如司法鉴定协会则负责一些司法鉴定人的考评、技术交流、轻微违法行为的惩戒等。

（三）集中型管理模式、分散型管理模式和混合型管理模式

按照管理主体和管理内容的集散程度不同，司法鉴定管理模式可以分为集中型管理模式、分散型管理模式以及集中与分散相结合的混合型管理模式。

1. 集中型管理模式也称之为统一管理模式，是指由一个政府部门集中管理鉴定机构、鉴定人员和鉴定活动的管理体制。理想状态下的统一管理模式是指，在管理主体上统一于一个主体，在管理客体上包括所有鉴定机构和鉴定人，在管理对象上包括所有司法鉴定活动，在管理的主客体关系上统一于相同的法律规范、技术标准，等等。但是，由于现代社会中的司法鉴定领域十分广泛，所谓管理对象的“集中”或“统一”并不泛指各类司法鉴定，而主要是指传统意义上的司法鉴定，即法医类、声像资料类和物证类司法鉴定。

一般认为，当前英国的司法鉴定管理模式属于典型的集中型管理模式。自20世纪90年代以来，英国进行了一系列的司法改革，将英格兰的两大鉴定机构[“司法鉴定服务局”（The Forensic Science Services，简称FSS）和工业贸易部设立的“政府化学实验室”（Laboratory of the Government Chemist，简称LGC）]从警方和政府中剥离出去，成为独立的、股份化的市场中介机构。1995年4月英国对司法鉴定机构又进行了一系列的改革，将全国7个大型法庭科学实验室收归内

政部管理，建立了相对统一的司法鉴定管理模式。这种司法鉴定统一管理机构是由内政部、检察机关、警察局共同成立的法庭科学管理委员会，该委员会设在内政部，独立于法院、检察和警察机构。苏格兰也效仿英格兰的做法，决定于2007年4月将4个警方实验室与警方脱离，成为社会的中介机构。[1] 英国的司法鉴定改革形成了司法鉴定的统一管理体制，构建了集中型的司法鉴定管理模式。法国、德国等国对司法鉴定机构和司法鉴定人的管理模式也可以认为是集中型管理模式。如《法国刑事诉讼法典》第157条规定，专家应从最高法院办公厅制作的全国专家名册中所列的自然人和法人中选取，或者从各上诉法院与总检察长商定提出的名册中选取。[2] 登录进名册及从名册中注销的程序由行政法院政令规定之。[3] 在特殊情况下，各级法院可以作出附理由的决定，从列入上述任何名册的专家中选取。在德国的鉴定人名册制度中，由司法部领导的专门机构通过特定的考评和登录程序，将全国具有司法鉴定资格的专家根据行业登记造册，并注明各自的教育程度、学术成就、专业经历等内容，供法官根据案件的需要从中选任。荷兰的司法鉴定管理也属于集中型管理模式，由司法部统一负责管理全国的司法鉴定活动。我国《决定》出台的目标也是建立统一的司法鉴定管理模式。

集中型管理模式的优点是统一、高效、权威、便民，能够促进体系完整、结构合理、权责分明、运行高效的司法鉴定运行机制的形成；能够实现司法鉴定政策、法律、标准、规划、准入、实施等方面的统一，有利于司法鉴定的统一性、规范性、公平性、科学性、权威性目标的实现；能够优化鉴定资源的配置，避免多头鉴定与重复鉴定，从而提高鉴定资源的使用效益；有利于保障司法鉴定的独立性、中立性，提高司法鉴定的权威性；便于诉讼当事人选择和利用司法鉴定资源。当然，集中型管理体制也具有一些缺点，如机构与人员过于集中，容易形成垄断与封锁，难以形成有效的竞争和监督制约机制，且当这种体制发育到较为成熟时，过分集中的管理体制也会弱化司法鉴定机构与司法鉴定人员的活力，同时也可能增大司法鉴定的运行成本。

2. 分散型管理模式是指由多个政府部门或者行业组织分别管理相关类别的司法鉴定机构、司法鉴定人员和司法鉴定活动的管理模式。美国的司法鉴定管理

〔1〕 参见王公义：“我国司法鉴定管理体制的改革与完善”，载《中国司法》2006年第11期。

〔2〕 1975年8月6日第75～701号法律。

〔3〕 1960年6月4日第60～529号法令。

属于分散型管理模式；在2005年《决定》出台以前，我国的司法鉴定管理模式也是典型的分散型管理模式。美国的司法鉴定管理较为分散，鉴定人的资格主要由行业协会认定，鉴定活动的管理主体较为分散，但也有相对统一的管理机构，如美国司法部的国家执法与矫正技术中心负责建立统一的司法鉴定标准，对鉴定机构进行评估和认证工作，目前已建立了DNA、电器、武器、毛发、车灯等数据库。分散型的管理模式具有一定的优点，如有利于培养专业化的司法鉴定机构，提高司法鉴定的质量；有利于形成相互竞争、相互促进的局面。当然，分散型管理体制也会存在司法鉴定资源使用效率低下，司法鉴定标准、程序的混乱以及司法鉴定机构和人员趋利寻租的弊端。[1]

3. 混合型管理模式是指对司法鉴定的某些方面实行统一管理，而在其他一些方面则实行分散管理。在理论上，混合型管理模式可以吸收集中型管理模式与分散型管理模式的优点，调动政府和社会两个方面的积极性。如在司法鉴定机构和司法鉴定人员的资格准入、司法鉴定实施程序、司法鉴定技术标准等方面实行统一管理，而在其他方面则实行分散型管理。混合型管理模式有利于减少司法鉴定的国家管理成本，增强司法鉴定机构与人员的自我发展、自我激励、自我约束的意识和能力，但混合型管理模式在如何科学地分配统一管理与分散管理的界限上会存在交叉和冲突，难以合理区分。

（四）宏观管理模式和微观管理模式

按照管理的层次不同，可以分为宏观管理模式和微观管理模式。宏观管理模式是指国家层面的管理，是代表国家的政府通过政策、法律法规以及技术规范等方式对该国司法鉴定活动的管理。微观管理模式则是指司法鉴定机构内部对具体鉴定活动的管理。不同的司法鉴定机构内部由于其设立的性质、从业人员数量、业务范围等不同可能采取不同的管理模式，有的采取公司形式的管理模式；有的采取合伙制的管理模式；还有的采取行政化的管理模式，如侦查机关内部设置的司法鉴定机构，在这种行政化的管理模式下，鉴定人与国家机关之间有行政隶属关系，行政机关可以从纪律上和行政工作要求上管理鉴定人员，并且控制鉴定人员的职位、工资和福利待遇等一系列问题。管理者与鉴定人员之间的行政服从关系比较明显，鉴定行为容易受到管理者的行政干预，不利于维护鉴定活动本身所

---

〔1〕 参见张军主编：《中国司法鉴定制度的改革与完善研究》，中国政法大学出版社2008年版，第1章。

要求的独立性和中立性，需要其他配套制度予以监督、制约。

（五）无固定资格管理模式和有固定资格管理模式

对于司法鉴定机构和司法鉴定人员的管理，按照有无固定资格可以分为有固定资格管理模式和无固定资格管理模式。有固定资格管理模式是指有关法律或权力机关明确规定哪些人或哪些机构具有鉴定主体资格，或者将鉴定权固定地授予特定的人或机构。大陆法系国家一般采用有固定资格模式。有固定资格模式的优点是鉴定人和鉴定机构的资质有保障，鉴定质量较高，便于管理。

在英美法系国家，法律并没有明确规定哪些人或哪些机构具有鉴定资格，也不将鉴定权固定地授予特定的人或机构，这称之为无固定资格模式。在一般情况下，所有经过该学科科学教育的人或者掌握从实践经验中获得的特别或专有知识的人，都可以成为鉴定人，即“专家证人”。《美国法律词典》把专家证人解释为“在一项法律程序中作证，并对作证的客观事项具有专门知识的人。专家证人是具有普通人一般不具有的一定知识或专长的人。受教育程度可以为一个人提供专家证人的基础，但是基于经验的特殊技能或知识也可能使一个人成为专家证人”。在具体案件中，由处理该案的法官来决定他是否具有对该案的专门性问题进行鉴定并发表专家意见的能力。无固定资格模式的优点是在一定程度上有利于促进鉴定人之间的竞争，但其不足之处相当明显：其运行严重依赖于控辩双方律师，不利于司法鉴定程序和司法鉴定技术标准的统一，不利于对鉴定人和鉴定机构进行管理，等等。

通过上述司法鉴定管理模式的分类可以看出，我国的司法鉴定管理模式在《决定》出台以前属于政策性色彩浓厚的分散型管理模式，鉴定人和鉴定机构无固定资格，司法鉴定的管理主体、管理对象和业务范围、司法鉴定实施程序、司法鉴定技术标准、资格准入等都比较混乱，这种政策性色彩浓厚的分散型管理模式在实践中滋生了诸多严重的缺陷和弊端。《决定》的出台就是要克服实践中的弊端，明确了我国司法鉴定管理模式的建设目标即建立统一的司法鉴定管理模式，将宏观管理与微观管理、直接管理与间接管理、行业协会自律与政府管理相结合、主管部门协助配合管理等各种管理方式统一起来，在统一的司法鉴定管理主体（司法行政部门）的主导下，多层次地参与实施的全行业、全过程、动态化的国家管理模式。在司法鉴定管理主体、司法鉴定管理客体和对象、司法鉴定业务范围、司法鉴定资格准入、司法鉴定技术标准、司法鉴定实施程序、司法鉴

定机构资质评估、司法鉴定人诚信评估、司法鉴定执业行为规范等方面实现统一，以保障司法鉴定的科学性、准确性，不断推动司法鉴定技术进步，从而更好地促进公正司法，有效防止冤假错案。

## 第二节　司法鉴定管理模式的价值理念与基本原则

模式创新，观念先行。模式创新要有一个过程，不是一蹴而就的，多年来形成的思维模式和习惯做法还有很大惯性。首先应当转变思维模式，树立正当程序理念，根据公正和效率理念重构我国司法鉴定管理模式。

### 一、司法鉴定管理模式改革完善的价值理念

#### （一）法治化、系统化

党的十七大报告提出扩大社会主义民主，建设社会主义法治国家，发展社会主义政治文明的新任务，提出全面推进依法治国基本方略，树立社会主义法治理念，实现国家各项工作法制化，保障公民合法权益的新要求。[1] 十八届三中全会进一步要求“建设法治中国，必须坚持依法治国、依法执政、依法行政共同推进，坚持法治国家、法治政府、法治社会一体建设。深化司法体制改革，加快建设公正高效权威的社会主义司法制度，维护人民权益，让人民群众在每一个司法案件中都感受到公平正义”。这对于我们加强司法鉴定法治建设，改革与完善司法鉴定管理模式有着重要的指导意义。作为我国依法治国方略在司法鉴定管理方面的重要体现和运用，法治化应当作为首要理念。司法鉴定活动是一种参与诉讼的科学技术实证活动，是法律性与科学性的统一。因此，司法鉴定活动本身承载着诉讼性、程序性和法律性的要求，法治化当然也成为改革与完善司法鉴定管理模式的基本理念。

“从妥善解决司法鉴定管理工作中存在的问题出发，从完善和统一我国司法鉴定制度的角度考虑尽快由全国人大常委会作出一个决定，把司法鉴定的管理纳

〔1〕胡锦涛：“高举中国特色社会主义伟大旗帜　为夺取全面建设小康社会新胜利而奋斗”，载《光明日报》2007年10月16日。

入规范化、法制化轨道是十分必要和紧迫的。"[1] 目前我国司法鉴定管理的法律依据主要是《决定》和国务院行政许可的授权，同时包括司法鉴定管理部门规章、地方性法规，以及司法鉴定管理相关解释和规范性文件。此外，还散见于《刑事诉讼法》、《民事诉讼法》、《行政诉讼法》、《行政处罚法》、《行政许可法》、《精神卫生法》等部门法中。在《决定》出台之前，由于司法鉴定管理的依据是行政机关的部门规章，这就难免形成各级行政机关以各自权力为中心制定各部门规章，各自为政、立法冲突层叠的现象，影响着统一的司法鉴定管理制度的形成，这显然有悖于国家法制统一的宪法原则。《决定》作为肯定、确认司法鉴定管理模式改革的既有成果和指导司法鉴定管理模式改革的指引文本，所有关于司法鉴定管理的法规、规章及规范性文件都必须在《决定》的框架下运行，遵循《决定》的基本精神，使得既有的法律得到良好的服从。否则，便违背了法治化的基本要求。

在遵循《决定》作为司法鉴定管理模式改革指引文本的前提下，我们并不否定司法鉴定管理模式在实践中进行改革和发展。相反，应当在司法鉴定管理模式改革发展的实践中不断发扬创新精神，合理借鉴其他国家司法鉴定管理中的成功经验，结合我国国情，因地制宜地运用到司法鉴定管理模式法治建设中来，保障我们所遵循的法是优良的法和先进的法，促进我国法治化建设的不断前行。

作为社会主义法律体系的构成部分，司法鉴定管理模式改革是一项系统工程，从宏观角度而言，它要处理好与整个社会主义法律体系的关系，与其他部门法之间的关系，就微观来说，它必须要使得司法鉴定管理模式的改革举措与具体的诉讼制度相衔接、相协调，同时保障人民群众的合法权益。这样，系统化就成了司法鉴定管理模式改革具体操作时应当秉持的重要理念。所谓系统化，就是要求我们站在统观全局的视角上，统一规划、统筹安排，这个全局包括了社会主义法律体系建设的全局、全面推进依法治国基本方略的全局和保护人民合法权益的全局。具体说来，还需在以下三个方面进行完善：

（1）要协调好司法鉴定管理主体之间的相互关系。《决定》出台之后，重新配置了司法鉴定管理职能，调整了管理职责和任务。在这种情况下，司法鉴定管

〔1〕参见全国人大内务司法委员会侯宗宾主任在2002年12月23日第九届全国人民代表大会常务委员会第三十一次会议上《关于〈全国人民代表大会常务委员会关于司法鉴定管理问题的决定（草案）的说明〉》。

理模式的改革首先要协调好各个管理主体之间的相互关系，要从大局出发，系统谋划，既不能任意放权，也不得随意授权，更不能自设职能，以免导致行政权侵入司法权，或司法权干预行政权、立法权的尴尬局面，导致在权力配置和职能履行上出现缺位、错位和越位。

（2）要不断优化权力配置，明确各司法鉴定管理主体的管理权限，以保障《决定》的切实贯彻，实现司法鉴定管理模式的和谐运行。这既是系统化的基本要求，又是法治化的题中应有之义。

（3）系统化要求司法鉴定管理工作对与《决定》和2012年修改的《刑事诉讼法》、《民事诉讼法》相冲突的规定与做法及时修订和调整，以避免司法鉴定管理模式运行依据的内部冲突和各个部门法与司法鉴定管理模式之间的冲突。另外，系统化离不开配套制度的建设，如司法鉴定统一鉴定程序、统一鉴定标准、统一职业条件、统一出庭办法等制度建设。

（二）人性化、科学化

人性化是以人为本的体现，以人为本是科学发展观的核心和出发点、落脚点，也是构建和谐社会的基本要求。人性化理念落实到司法鉴定管理模式的改革完善上就是要求我们在司法鉴定管理的实践中重视和尊重人的主体地位，以人民群众的需要和诉讼权利的实现作为出发点，尊重和保障公民合法权益。具体说来，以人为本的理念主要包含了如下两层含义：

1. 树立保障人权的观念。诉讼权利是我国宪法规定的公民的基本权利，鉴定权是一项基本的诉讼权利。随着我国社会主义民主法制建设的推进和经济体制改革的深入，以及加入世界贸易组织和批准加入《经济、社会及文化权利国际公约》等22个国际人权公约，尊重和保障人权已写进我国《宪法》，司法环境发生了许多新变化，司法工作出现了许多新情况，同时人民群众民主意识、权利意识、法律意识增强，对司法工作提出了许多新要求，司法体制和司法工作机制中存在的不完善、不适应的问题日渐凸显。改革开放以来，特别是党的十五大以来，我国司法机关一直在积极探索和尝试各项司法改革，这些改革，都是以维护司法公正和提高司法效率，坚持在司法活动中尊重和保障人权为理念的。在司法鉴定管理模式的建构中树立人权保障理念具体说来就是要求我们以邓小平理论和“三个代表”重要思想为指导，全面贯彻中国共产党第十八届三中全会精神，认真总结我们既有的司法鉴定改革实践经验，从人民群众反映强烈的突出问题和影响司法公正的关键环节入手，按照公正司法和严格执法的要求，完善司法鉴定管理机关的机构设置、职权划分和管理制度，进一步健全权责明确、相互配合、相互制约、高效运行的司法鉴定管理体制，更好地维护人民群众的合法权益，维护司法权威，维护社会公平和正义，为适应社会主义市场经济体制要求、为全面建设小康社会、开创中国特色社会主义事业新局面创造和谐稳定的社会环境，提供更加有力的司法保障。

2. 树立建设服务型政府的理念。党的十八届三中全会提出了建设服务型、法治型政府的要求，同时，《决定》不仅规范管理部门的行为方式，而且要求管理部门进一步转变管理理念与方式，积极有效地为司法活动提供保障和服务。

所谓科学化，即指司法鉴定管理模式要符合事物的基本原因和发展规律，根据党的十七大、十八大提出的科学发展观的相关理论，科学化的司法鉴定管理模式应当包括科学的管理体制、科学的运行机制和科学的管理方法等，具体说来，它要求司法鉴定管理工作必须按照科学规律办事，尊重科学、服从科学、将科学化始终作为改革完善司法鉴定管理模式的基本价值取向。《决定》第1条规定："司法鉴定是指在诉讼活动中鉴定人运用科学技术或者专门知识对诉讼涉及的专门性问题进行鉴别和判断并提供鉴定意见的活动。"这一定义表明司法鉴定不再从属于侦查行为，也不再是司法机关的专有权力，它成为控辩双方提供证据证明自己主张的诉讼权利，这一定义的转化要求我们改变过去司法鉴定管理模式的超国家职权主义思想，切实树立以人为本的意识，使人民群众成为司法鉴定的主要服务对象，相应的司法鉴定管理模式的理念也应当由权力型转化为服务型，这也是党的十七大报告中所提出的"加快行政管理体制改革，建设服务型政府"的要求。党的十七大报告提出了"科学发展观"和"科学决策"的新要求，党的十八大报告提出"科学立法、严格执法、公正司法、全民守法"的新十六字法制建设方针。十八届三中全会进一步提出"完善人权的司法保障制度。国家尊重和保障人权。"可以说，自《决定》颁布以来，我们对司法鉴定管理模式的改革就秉持科学化这一理念，如2007年重新制定的《司法鉴定程序通则》（以下简称《通则》）兼顾了司法鉴定既要遵循诉讼活动的法律规定，又要遵循科学技术活动的规律和要求，将实现司法鉴定的科学化作为目标之一。《通则》规定了司法鉴定人进行鉴定时应当遵守和采用的技术标准和技术规范的层级结构和先后顺序，为鉴定意见的科学性提供了重要保证。当然，司法鉴定管理模式科学化不局

限于此，它还包括我们要遵循科学规律来划分司法鉴定机构，并对技术人员、技术设施予以规范。此外，科学化的司法鉴定管理模式还要求处理好规模与层级管理的关系，科学地配置资源，培育分层级的司法鉴定管理体系。同时以司法鉴定机构的资质条件、业务水平和业绩作为评定的主要标准，让科学说话，改变原先的以行政级别确定鉴定机构层次的粗放型管理模式，有计划、有步骤的培养骨干鉴定机构和权威鉴定构，将粗放型管理模式转变为集约型的科学管理模式。

司法鉴定管理工作是促进司法公正、构建社会主义和谐社会的一项重要工作，科学规范、客观公正的司法鉴定意见，能够有效地为解决社会矛盾提供依据，“要进一步加强司法鉴定管理工作，规范执业行为，维护鉴定秩序，提高司法鉴定质量和社会公信力，充分发挥司法鉴定在维护司法公正、促进社会和谐中的作用”[1]。科学化作为司法鉴定管理模式建构的重要价值之一，具有丰富的内涵。它要求准入制度的规范化、管理主体的规范化、鉴定意见质量管理的规范化、管理程序的规范化和管理权力范围的规范化。

（三）全行业、动态化

目前，全国经司法行政机关审核登记的司法鉴定机构达到4800家，有司法鉴定人5.4万多名。2012年全国检案量达到160多万件，比2011年增长24%，为2006年《决定》刚实施时的5倍多。司法鉴定稳步增长的同时，也对我们司法鉴定管理工作提出了挑战：面对不断增长的社会司法鉴定机构，如何在保障管理措施高效性的同时又能扮演好服务型、责任型政府的角色？长期以来，司法鉴定机构的分散管理体制严重影响了司法鉴定的效率和质量，不仅增加了当事人的诉讼成本，而且令出多门、策出各家、利益驱动、鉴定力量分散。《决定》的颁布标志着我国司法鉴定的管理模式将结束既往的分阶段、分部门的多头管理模式，而代之以全行业、全过程的统一管理体制。

《决定》确立了建立统一的司法鉴定管理体制的改革目标，为改革司法鉴定管理模式打下了基础：

（1）确立统一的司法鉴定管理体制，只有构建了统一的司法鉴定管理体制，在管理模式上有所创新，才能在管理层面上杜绝一些非制度性的重复鉴定、各自为政问题，这是提高司法鉴定管理效率与质量的前提。

---

〔1〕 吴爱英：“扎实做好司法鉴定管理工作　努力为构建社会主义和谐社会服务”，载司法部司法鉴定管理局编：《保障司法公正　服务和谐社会》，中国政法大学出版社2007年版，第2页。

（2）司法鉴定管理模式的设计必须注重投入与产出的关系，即以最小的诉讼成本来取得最大的收益。

（3）设计司法鉴定管理模式要兼顾时间与效果的问题，争取以最佳方式取得最好成效。

当然，司法鉴定管理模式的改革是一项长期的任务，需要一个过程。在实践中也会不断出现新问题、新要求、新规定、新经验。这就要求我们坚持实时互动的新理念：

（1）要注重法律依据的新变化，适时制定新的政策法规。如《通则》的制定，既保留了原有《通则》中较为成熟的规定，同时又注意吸收多年来司法鉴定实践中积累和形成的具有普遍意义的好办法，根据《决定》的规定，有些问题仍需要进行调整和修正。

（2）要注意收集司法鉴定管理中出现的新问题。一项制度在建立过程中必然会产生新问题、新要求，尤其是在中国这样一个地域广阔、经济发展不平衡的国家，很多地方性的问题需要我们注意，所以，必须根据现实情况不断调整。

（3）要注意不断总结教训和经验。这里的教训和经验可能来自于国内与国外、理论与实践，无论它来自何方，都要借鉴吸收，少走些弯路，最终构建一套科学合理和统一高效的司法鉴定管理模式。

（四）既可靠、又可信

司法鉴定作为一种科学证据，应当具备科学证据的基本属性：既可靠又可信，二者缺一不可。同一案件多个司法鉴定机构作出的鉴定意见相互矛盾是当下司法鉴定活动中存在的突出问题，如浙江东阳市吴宁镇胡尚军伤害案，对被害人进行的8次法医鉴定中得出了4种不同的鉴定结论。《法制日报》曾报道，广西柳州市中级人民法院在重新鉴定150例司法鉴定时，更改鉴定意见的有109例，更改率高达73%，且被更改的几乎都是针对公安、检察机关的法医鉴定结论。这意味着对同一案件的鉴定的可信性与可靠性并无一个统一的标准。保障司法鉴定的可靠与可信是我们建构新的司法鉴定管理模式重要的价值取向：可靠性与可信性强调了司法鉴定作为科学证据的基本属性，树立了司法鉴定的社会公信力和证据权威，同时又可避免重复鉴定、多头鉴定造成的资源浪费及给人民群众带来的不便。可靠可信的价值取向要求我们在改革、完善司法鉴定管理模式时，一是要坚持统一管理，只有统一管理才能保证司法鉴定活动的规范化、标准化和可靠

性、可信度，才有利于充分发挥司法鉴定的职能作用，才能够优化资源配置，实现社会资源共享。二是要在司法鉴定执业管理和监督上加大力度，由于以往长期以来法律对从事司法鉴定的机构和人员没有严格规定统一的准入要求，因此，执业人员、设备仪器水平参差不齐，难以保证鉴定结论的可靠与可信。因此，《决定》实施后，不断提高和规范执业资质仍是鉴定能力和水平不断提高的当务之急。三是要建立科学合理的质量管理体系，主要是按 ISO/IEC17025 和 ISO/IEC17020 标准要求建立严格的质量控制体系。

（五）中立化、客观化

保证司法鉴定的中立化、客观化是司法鉴定管理模式改革所追求的基本目标之一，也是司法鉴定为诉讼活动提供可靠保障的必然要求。只有中立，才能客观；只有客观，才能公正；只有公正，才具权威。客观公正的价值取向主要体现为司法鉴定的程序公正、实体公正和主体公正。所谓程序公正，就是从司法鉴定的启动到鉴定意见的作出这一过程，必须从法律上予以规范。根据各部门的实际和各类鉴定实践的需要，尽快因地制宜、因时制宜，制定配套制度和实施细则。所谓实体公正即鉴定结论要符合科学性、可靠性与可信性的要求，离开了这三性即无公正、公信可言。所谓主体公正是指主体在诉讼中的独立地位，应通过制度安排，切实保证鉴定主体的中立地位，真正做到与诉讼职能部门无隶属关系，与诉讼请求无利益关系，与双方当事人无利害冲突。

## 二、司法鉴定管理模式改革完善的基本原则

（一）法制原则

法制原则是我国依法治国方针在司法鉴定管理模式中的重要体现和运用。由于司法鉴定活动是一种诉讼参与活动，其行为本身就必须符合法律的规定。因此，有关司法鉴定管理模式的改革和完善，应当按照法制原则的要求，在司法鉴定模式创新的过程中，一是主体要合法，即鉴定机构的设置和鉴定人的资格、条件、权利、义务、职业道德等，立法必须作出明确规定；二是程序要合法，即鉴定的委托、受理、鉴定过程、鉴定意见的制作、出示、质证、认证和采信各个环节都必须规范化、程序化、标准化。鉴定意见必须具备合法性特征，只有合法才具备证据能力，具备了证据能力的证据才能发挥其证明作用。

（二）资源整合原则

资源整合原则是指，通过资源整合，更好地适应诉讼的需要，保证司法鉴定

质量。只有有效地整合利用社会鉴定资源，才能适应案件审理中不断增多的技术服务需求。如荷兰、英国及我国香港地区集中司法鉴定资源，进行优化配置、强强结合，从而具有较大的专业优势，这样政府不再在其他部门重复投入，不仅提高了效率，而且也有利于技术的发展。

在如今的网络时代，可以建立专线网络使各级鉴定机构形成一个整体，便于资源共享并可及时对疑难案件进行远程会诊。

（三）专业化原则

专业化主要包括以下内容：

1. 鉴定机构专业化分工。在市场经济条件下，在科学技术发展的今天，在组织管理水平有很大质的提高的今天，我们不能再重复小生产、手工生产、作坊式的管理方法和管理模式，社会发展方向是高度专业化的社会分工和更加广泛的社会协作相统一。今后司法鉴定机构的建立，更多的是要依靠国有高校、科研院所和质检机构等优质资源，即这些国有事业单位拥有国家级的重点学科、重点实验室。在反对“大而全”、“小而全”、低水平重复的同时，要甘于“小而美”、“专而精”，只有专业化才有生命力，才有竞争力。[1]

2. 建立全国统一的鉴定人职业准入制度，推进鉴定人员职业化建设。鉴定人员职业化具体有两方面的要求：①要求岗位专门化，术业有专攻；②要求队伍职业化，在这一点上，要借鉴法官、检察官和律师职业化道路，尤其是要充分借鉴律师队伍发展的经验，走队伍职业化的发展道路。司法鉴定人职业属于社会特殊职业，其职业资格如同法官、检察官、律师、医师一样，除须具备一般通用的条件，也应当有其特殊的资格条件并通过国家职业考试的形式取得。

3. 发展集约化，通过合并重组、转型升级，做大做强做优。

（四）合理布局原则

目前，我国的司法鉴定机构的布局结构、层级结构和实施体系尚不够合理和完善，供需调节机制尚不成熟，一些地方鉴定机构扎堆、相互之间恶性竞争而另一些地方没有鉴定机构承担鉴定任务的现象时有发生。如中西部地区鉴定资源普遍不足，许多省份地县一级鉴定资源缺乏。[2] 应当靠政策引导，整合资源，合理设置鉴定机构，主动适应诉讼的需求。

---

〔1〕 霍宪丹：“关于当前司法鉴定管理工作的思考与探索”，载《中国司法》2005 年第9 期。

〔2〕 方道茂：“我国司法鉴定管理体制的改革与完善”，载《科技与法律》2006 年第2 期。

鉴于司法鉴定活动具有社会公共属性，决不能完全采用市场化的管理手段，《司法鉴定机构登记管理办法》第6条规定："司法鉴定机构的发展应当符合统筹规划、合理布局、优化结构、有序发展的要求。"第10条规定，省级司法行政机关要制定本行政区域的司法鉴定发展规划并组织实施。第23条规定："司法鉴定资源不足的地区，司法行政机关可以采取招标的方式审核登记司法鉴定机构。"尤其是对一些新类型的司法鉴定业务更应当坚持司法鉴定机构发展的合理布局和优化结构的原则，不仅需要符合现阶段司法鉴定工作的实际，也需要符合我国国情，更需要有利于司法鉴定事业的可持续发展。

（五）质量控制原则

质量控制是司法鉴定的内在要求。《决定》第5条第3项规定，法人或者其他组织申请从事司法鉴定业务的，应当具备下列条件：有在业务范围内进行司法鉴定所必需的依法通过计量认证或者实验室认可的检测实验室。质量控制对于鉴定意见的证明效力尤为重要。如欧洲国家的司法鉴定实验室必须通过欧盟统一认证认可之后，其结果才予承认。我国香港地区政府化验所法证事务部和澳门地区司法鉴定化验所，也都通过了相关认可机构认可，或采用了参加国际间实验室测试数据比对等方法，保证和控制其鉴定质量。2004年，位于上海的司法部司法鉴定科学技术研究所成为中国大陆第一家全部项目通过认证认可的司法鉴定机构。

质量控制的目的是为了确保鉴定结论的科学性和可靠性，防止因基本硬件、管理规定、技术方法和操作规范中存在疏漏，或因试剂质量、环境卫生、辅助工作人员不规范行为导致的错误结论，堵塞技术外围的漏洞，确保鉴定从技术上到程序上的科学性、统一性。

建立质量控制原则具有以下作用：①可以促进司法鉴定机构、司法鉴定人努力提升其技术水平和业务能力，不断提高自身素质，重视必要的硬件建设，强化内部管理，提高鉴定结论的准确性；②可以促进司法鉴定机构、司法鉴定人提高服务意识和服务质量，注重社会信誉度，推动良性竞争，形成司法鉴定的激励、奖惩和退出机制；③可以通过机构资质等级的评价结果区分司法鉴定机构、司法鉴定人执业范围和社会公信力；④可以引导社会对司法鉴定资源进行合理配置，

对司法鉴定主体进行有效监督。[1]

质量控制的内容主要是对司法鉴定机构、司法鉴定人的资质条件、技术水平、业务能力、内部控制体系、设备配置、鉴定结论的采信率和错鉴、误鉴率、服务质量、投诉核实率、社会信誉度等方面进行统一、全面、综合性的评估，以确定其在行业内的资质条件和技术等级。

## 第三节　司法鉴定管理模式与诉讼模式的互动

当前世界主要国家的刑事诉讼模式大致可以分为三类，英美国家的对抗型诉讼模式，大陆法系国家的职权型诉讼模式，以及日本、意大利等国的混合型诉讼模式，本部分从刑事诉讼模式的角度探讨诉讼模式与司法鉴定管理模式的关系。

### 一、职权型诉讼模式下的司法鉴定管理

大陆法系国家的职权诉讼型模式强调国家对案件事实真相的发现，代表国家的警察机关、检察机关和法院在诉讼活动中发挥着主导作用，当事人及其他诉讼参与人的诉讼活动较多地受到国家机关的影响和控制。司法鉴定人被视为法官的辅助人，鉴定程序的启动、鉴定人的选择和指定主要由法官负责。鉴定人具有较强的独立性，在诉讼中处于中立地位，适用回避制度。

在司法鉴定的管理方面，总体而言，大陆法系国家对于鉴定机构和鉴定人员的管理属于相对集中型的管理模式，在鉴定人和鉴定机构的资格问题上，主要采用有固定资格模式，有关法律或权力机关明确规定哪些人或哪些机构具有司法鉴定的主体资格，或者将鉴定权固定地授予某些特定的人或机构。如法国 1985 年 12 月 27 日法令规定，每一上诉法院在听取检察长的意见之后均制定在本法院辖区内可以担任鉴定人的名册，与此同时，最高法院理事庭还制定有鉴定人的全国性名册。[2]《法国刑事诉讼法典》第 157 条规定，专家应从最高法院办公厅制作的全国专家名册中所列的自然人和法人中选取，或者从各上诉法院与总检察长商

---

〔1〕 纪念："论我国司法鉴定的统一管理"，载《中国司法》2005 年第 9 期。

〔2〕［法］卡斯东·斯特法尼等：《法国刑事诉讼法精义》（下），罗结珍译，中国政法大学出版社 1998 年版，第 646 页。

定提出的名册中选取。登录进名册及从名册中注销的程序，由行政法院政令规定之。只有在特殊情况下，各级法院才能通过作出附理由的决定，从未列入任何名册的专家中选取；如果预审法官不说明理由，其选择的鉴定人无效。俄罗斯的有关法律则规定，刑事案件中的各种鉴定主要由国家授权的司法鉴定机构负责，只有当这些机构无法进行鉴定时，如涉及建筑学、工程学、机械学、艺术学等领域的专门问题，司法人员才能授权其他机构进行鉴定。[1] 当然，在个别情况下，法官也可以要求个别无固定资格的人员或机构进行司法鉴定。在鉴定机构的设置上，警察系统一般设有犯罪实验室，这些机构由设置他们的警察主管部门管理，一般为内政部或司法部，检察机关和法院不设鉴定机构，而大学、科研部门等研究机构设置的鉴定机构和民间设立的鉴定机构一般由设置单位的主管部门或者司法行政部门管理。

## 二、对抗型诉讼模式下的司法鉴定管理

传统上，英美国家实行对抗型诉讼模式，强调当事人双方平等对抗，法官消极居中裁判，当事人双方确定争议的范围和证据的调查范围，并主导证据调查，鉴定人的选择和聘请主要由当事人双方自主决定，鉴定人是双方当事人的专家证人，不适用回避制度。

### （一）无固定资格模式

在个案处理中，专家证人是否具有鉴定人资格由法官审查确定。在鉴定人资格问题上，都采取了无固定资格模式，法律并不明确规定哪些人员和哪些机构具有司法鉴定资格，也不将鉴定权固定地授予某些特定的人员或某些特定的机构。对于鉴定人的资格，一般而言，所有经过该学科科学教育的人或者从实践经验中获得、掌握有特别或专有知识的人，都可以成为鉴定人，也称之为“专家证人”，这种鉴定人制度也称为自由鉴定人制度。如《美国法律词典》将专家证人解释为：“在一项法律程序中作证，并对作证的客观事项具有专门知识的人。专家证人是具有普通人一般不具有的一定知识或专长的人。受教育程度可以为一个人提供专家证人的基础，但是基于经验的特殊技能或知识也可能使一个人成为专家证人。”在个案处理中，某位专家证人是否具有鉴定人资格由法官通过开庭的方式审查确定。如《美国联邦证据规则》第104条规定，专家证人的资格要受到

---

〔1〕 参见郭华：“国外司法鉴定制度的分析与借鉴”，载张军主编：《中国司法鉴定制度的改革与完善研究》，中国政法大学出版社2008年版，第2章。

每一级法院的审查，而上诉法院一般尊重一审法院对专家证人资格的审查认定，一审法院对专家资格审查认定存在重大瑕疵的除外。一旦法院认为专家证人资格符合最低的标准或没有超出资格的底线，即使资格上存在缺点或不足，则属于专家证言的证明力而非证言的证据能力问题或非许容性问题（matters of weight and not admissibility）。[1]

（二）传统上都属于分散型管理模式

鉴定机构和鉴定人员并没有统一的政府管理机构，主要由各个设置部门自行管理以及行业协会自行管理。如英国早期的鉴定机构和鉴定人的设置情况包括：①建立了由内政部指导和管理的司法鉴定服务局（FSS），工业贸易部设立有"政府化学实验室"（LGC）；②警察局下设的文痕检实验室和声像监控资料（CCTV）实验室；③以大学为依托的鉴定机构，如医学病理实验室等；④以鉴定联盟为松散联合体的各民间独立鉴定公司，[2] 这些民间鉴定机构是随着社会的进步和发展，在实践中出现的，它们也参与司法鉴定活动，形成了警方鉴定机构和民间鉴定机构并存、竞争的系统。但20世纪90年代之前，英国并没有形成统一的司法鉴定管理体制。美国的司法鉴定机构通常被称之为法庭科学实验室，法院和检察机构没有设立鉴定机构，警察机构设有鉴定机构，政府投资设立有一些独立的大型实验室，私人投资设立的研究机构也可以从事司法鉴定业务，在全国并没有形成统一或相对集中的司法鉴定管理机构。因此，英美两国司法鉴定机构的管理模式传统上都属于分散型管理模式。

但是，自20世纪90年代以来，英国警方鉴定机构进行了一系列具有启发性的司法改革。英国司法鉴定改革的趋势是鉴定机构和鉴定人员走向独立化、社会化、专业化，司法鉴定的管理则是集中化、统一化，形成了统一的司法鉴定管理体制，构建了集中型的司法鉴定管理模式。

（三）英美国家诉讼模式与鉴定人诉讼地位的发展趋势

除上述英国的司法鉴定管理改革之外，近年来，英美国家的诉讼模式和鉴定人诉讼地位出现了借鉴大陆法系国家职权式诉讼模式的趋向和做法，即为遏制鉴定人在诉讼中过分当事人化，减少和避免"鉴定大战"而强化鉴定人的中立地

---

〔1〕 Audrey Rogers, "Prosecutorial Use of Expert Testimony in Domestic Violence Cases; from Recantation to Refusal to Testify", *Columbia Journal of Gender and Law* 1, 74～75 (1998).

〔2〕 司法部司法鉴定管理局：《英国司法鉴定专题考察报告》（上），2007年6月1日。

位，在司法鉴定程序启动和鉴定人的选任方面，赋予法官较大的决定权，推动鉴定人的诉讼地位中立化，使其更接近法官的辅助人这一角色。《美国联邦证据规则》第706条规定，法庭可以根据自己的选择指定专家证人，也可以指定由双方当事人同意的任何专家证人，就案件的某一科学问题进行鉴定。当然，在目前的审判实践中，由法官指定司法鉴定人的情况甚少。在英国，越来越多的人主张通过法官或法庭直接决定鉴定事项，用来作为当事人委托鉴定制度的补充，以克服这一制度的缺陷。[1] 英国在1999年《民事诉讼规则》和2000年《专家证人指南》（Code of Guidance for Experts and Those Instructing Them）中对专家证人的相关规定作了一些改动，出现了将专家证人定位于法院辅助人的倾向。《民事诉讼规则》第35条第3项规定，专家证人的职责在于以其专业知识帮助法院解决有关诉讼程序中的问题，故专家的基本职责是帮助法院实现上述目标。《专家证人指南》确立了鉴定专家对法院的优先职责。改革后的英国民事诉讼，将专家证人的诉讼地位定位于优先向法院负责，即专家证人应立足于客观事实，运用科学知识，为法院发现客观真实、进行公正裁判服务。[2] 《英国最高法院规则》第40.1~40.6条规定允许法院凭当事人的申请指定独立的专家，但事实上法院很少自行启动专家证人程序。丹宁（Lord Denning）法官在1962年的判决中说明了原因，当事人明白法院将高度重视法院指定的专家报告。因此，不愿把案件的决定权放在此人手中。如果他的报告对一方不利，后者将请来自己的专家进行反驳。此时另一方也请来自己的专家，其结果是双方将各自请来自己的专家。在这种情形下双方宁愿法官依据任何一方指定的专家证据作出决定，不另外使用由法院指定的专家。[3]

### 三、混合型诉讼模式下的司法鉴定管理

#### （一）日本和意大利是目前世界公认的采取混合式诉讼模式的典型国家

1948年，日本在美国的压力下，被迫进行了刑事司法制度改革，建立了以当事人主义为基础、职权主义为补充的诉讼模式。1988年意大利颁布了新的刑事诉讼法典，吸纳了当事人主义诉讼模式的很多内容，从传统的职权主义诉讼模

〔1〕 John Hatchard , Barbara Huber and Richard Vogler, *Comparative Criminal Procedure*, pp. 149 ~ 151, (1996) by British Institute of International and Comparative Law.

〔2〕 张卫平主编：《外国民事证据制度研究》，清华大学出版社2003年版，第115页。

〔3〕 沈达明编著：《英美证据法》，中信出版社1996年版，第97~98页。

式转变为具有当事人主义色彩的新型诉讼模式。在这种混合型诉讼模式之下，鉴定人在诉讼中的法律地位具有职权型诉讼模式和对抗型诉讼模式的双重特色。以日本为例，[1] 日本的鉴定人在诉讼中的法律地位既不同于英美法系国家那种“当事人的专家证人”，也不完全同于大陆法系国家的那种“法官辅助人”，具有二者的双重特色：在鉴定人选任程序、鉴定的具体程序以及鉴定人责任方面赋予了鉴定人较多的公共性，中立性较强；在鉴定结论的质证和采证方面则将鉴定人与证人同等对待；司法鉴定人的司法鉴定活动服务于整个审判活动，既包括法官也包括当事人。日本有关司法鉴定人的权利及义务的规定具体地体现了这种特色。日本司法鉴定人的权利主要包括以下内容：法院为了实施鉴定可以决定“鉴定拘留”处分，鉴定人可以对接受该项处分的人员进行鉴定；鉴定人在得到法院许可并领取了鉴定处分许可证后，可以强行进入住宅进行鉴定，也可以进行身体检查或尸体解剖或毁损器物等；鉴定人除有权得到以实施鉴定为目的的旅费出差补助及住宿费外，还有权要求返还或支付用于鉴定的必要经费。日本司法鉴定人的义务主要包括：具有鉴定所必需的科学或学术知识的人员、法院委托其进行鉴定的官厅等（只限于民事诉讼等，刑事诉讼中只能委托个人进行鉴定）负有接受法院传唤后到法院报到、进行宣誓、实施鉴定的义务；鉴定人负有自己直接进行鉴定的义务，在进行鉴定时虽可雇用辅助人员，但对于鉴定的主要事项必须自身直接进行或作出判断；鉴定人必须依法实施鉴定，负有接受“令状主义”限制的义务，负有使鉴定活动尽量不侵害第三人权利的义务；鉴定人负有通过法庭中的“鉴定人询问”程序或通过作成“鉴定书”的形式向法庭报告鉴定结果及鉴定过程的义务；鉴定人必须中立、公正、客观地实施鉴定，故意进行虚假鉴定时构成“虚假鉴定罪”，由于过失而形成虚假鉴定并给当事人造成危害或损失时，当事人可以请求国家赔偿，虚假鉴定起因于鉴定人明显的不法行为时，当事人还可以对其提起不法行为赔偿请求。

（二）日本司法鉴定机构和司法鉴定人员的设置

1. 日本警察系统、法院（限于情况鉴定）、检察机关、法务部都设有鉴定机

[1] 日本司法鉴定制度的资料，主要参见王云海：“日本司法鉴定制度的现状与改革”，载《法律科学》2003 年第 6 期；2010 年司法部第 16 期刑事司法研修班：“日本科学证据与司法鉴定专题考察报告”，载司法部司法鉴定管理局组编：《统一司法鉴定管理体制发展的创新》（司法鉴定研究文集第 5 辑），中国政法大学出版社 2012 年版。

构。日本在地方警察机构中普遍设置鉴定课和科学（侦查）研究所，负责现场勘查、指纹、毒品、枪弹、笔迹等物证的鉴定工作。日本法院也设立鉴定机构，限于情况鉴定，如交通事故鉴定。法务省负责检查、矫正与国家利害关系的诉讼等事务。其矫正局的医疗分类课就负责掌管被收容者的鉴别、分类及保护，负责关于犯人的指纹及其他个人识别事项。检察机关专设检察技术官，负责通讯或物证检查技术工作。

2. 法医鉴定机构。日本法医鉴定体制基本上承袭德国的法医学制度。现有的60所医学院均设有法医教研室，大多由教授领导。二战以后，按美国体制日本在五大城市建立了法医局，建立了所谓的“监察医制度”。目前仅有东京都和大阪实行日常的监察医制度，横滨和神户进行检视工作，其他地区这方面工作都已经停止。在日本，法医学解剖分为司法解剖与行政解剖。司法解剖由医学院校的法医室承担，但必须根据《日本刑事诉讼法》规定的手续，受警察、检察官的委托，获得法官鉴定处分许可证方能施行。司法解剖主要做刑事案件的尸体解剖。行政解剖则由监察医务院承担，对全部非自然死亡、部分自然死亡（如曾诊治但发生急死、死因不明、发病或死亡时状况异常、死因可疑、传染病及食物中毒等死前未确诊者）进行尸体解剖。根据东京都监察医务院规程，监察医对尸体进行检验时，应得到检察官及警察的协助，检验结束后，应将检验报告交给该警察署长。在没有监察医务院的地方，这类解剖由医学院校的法医学教室承担。

3. 警察医制度。日本法医解剖区分了司法或行政不同性质，就需要区分进行鉴定的机构和人员，加之日本专职法医不承担现场勘查任务，这样就产生了检视官制度又称刑事调查官制度，即所谓的“警察医制度”。警察医隶属于警察系统，多由具有多年刑事侦查经验且通过约半年时间的法医学知识教育、无法医解剖的实习训练的一定级别的警官担任，主要任务是：现场勘查、尸表检验，区分案件性质，参加司法解剖。检视官制度方便了警察工作，成为沟通警方和法医解剖受理单位的桥梁。[1]

在日本的混合型诉讼模式下，司法鉴定管理活动的特点是：司法鉴定机构和司法鉴定人采取的是无固定资格模式，没有专门的司法鉴定管理机构。日本迄今为止还没有设立专门为了诉讼或司法的鉴定组织，也没有制定有关司法鉴定人员

---

〔1〕 参见朱玉璋：“国外司法鉴定制度”，载《中国司法》2003 年第 3 期。此处囿于资料限制，只介绍了日本的司法鉴定制度。

资格的法规。具有什么样的资格的人（或机构）可以进行司法鉴定，由谁来进行司法鉴定完全取决于当事人的请求和法官的判断。在司法实务中，法官往往是在当事人提出了鉴定请求并告知已有愿意进行鉴定的合适人选后才决定进行鉴定。在实际中具体从事司法鉴定的人员因诉讼种类而异，在刑事诉讼中从事鉴定的主要是工作在警察或检察机关专属的研究鉴定机构的工作人员和医科大学法医教研室的工作人员，在民事诉讼中从事鉴定的人员则主要是民间鉴定组织的工作人员或民间研究机构的人员。

**四、两者互动关系的评价与借鉴**

对于上述这些国家诉讼模式和司法鉴定管理模式可以进一步展开如下分析：

（一）鉴定人的诉讼地位

大陆法系中法国和德国将鉴定人视为法官的"辅助人"，鉴定人具有较强的独立性和中立性，比较符合司法鉴定作为一种科学技术活动本身所具有和所要求的客观性、准确性这一本质特征，独立、中立的鉴定机构和鉴定人更能作出客观、准确的鉴定意见，能够减少和免于不当干扰。在英美法系中，美国受诉讼竞技主义的影响，鉴定人作为一方当事人的专家证人，中立性不足，"鉴定大战"时有发生。这种做法不符合司法鉴定作为一种科学技术活动对客观性的要求，也出现了前面提到的促进和保障鉴定人中立性的改革倾向。尽管日本的做法比较落后，但总体上接近德国和法国，鉴定人诉讼地位的中立性、公共性值得予以肯定。显然，相比较而言，法国、德国和日本的做法更具有借鉴价值，也更符合司法鉴定活动本身的特质和要求。

（二）司法鉴定管理模式

显然，大陆法系国家中法国、德国采取较为集中的管理模式，通过对鉴定人和鉴定机构实施有固定资格的管理，通过推行较为一致的鉴定技术标准和规范，整合了鉴定资源，为诉讼活动提供了更为统一、更为规范、水平更高的司法鉴定结果，而且其主要由法官指定司法鉴定人的制度在相当程度上避免了鉴定大战，有利于保障司法公正和提高诉讼效率。[1] 英国自 20 世纪 90 年代以来，将鉴定机构进行集中化统一管理，使其脱离警察机构，应当是借鉴了大陆法系国家的做法，并进行了进一步完善。这一点可以作为我国司法鉴定管理模式改革的参考。

---

〔1〕 作为当事人化改革的内容之一，法国和德国诉讼中也允许当事人申请鉴定，但实际上主要是由法官指定。

当然，在法国的司法鉴定管理中，司法鉴定名册由最高法院决定，或者由上诉法院和检察长制定在本法院辖区内的鉴定人名册的做法不适合我国国情。这种集中管理模式将管理权集中到法院手中，从我国的情况来看，容易出现《决定》出台以前那种自审自鉴的弊端。

对于美国的司法鉴定管理模式和诉讼模式，有必要指出，美国的鉴定人员无固定资格，鉴定机构和鉴定人员设置、管理属于分散型，分属不同部门和行业协会管理，尤其是警察机构设置的鉴定机构归设置单位自行管理，这种自侦自鉴的方式似乎可能会导致较为严重的枉法鉴定等问题。但是，这种情况发生的可能性不大，因为，从整体环境而言，美国是各方面管理都相对比较规范的法治国家，各种行业竞争都很激烈，鉴定人要靠自己的鉴定技术水平和鉴定信誉、信用生存，在个别“领导”或当事人唆使下进行虚假鉴定必然会对自己的事业和前途造成严重的负面影响。而且，对抗制诉讼模式在一定程度上也需要这种分散型的、竞争型的鉴定管理体制，其能在相当程度上弥补分散型管理体制可能造成的鉴定质量低下的问题。比如，在刑事案件中，侦查机关依职能有权进行鉴定，但是，被追诉人一方同样有权获得检材样本，委托权威专家进行鉴定，这种对抗式的、有竞争性的鉴定显然能够对侦查机关的自侦自鉴形成有效制约。可以说，就通过公正、公开、公平的竞争来提高鉴定技术和鉴定结论的准确性、可靠性而言，美国的做法有其优势。因此，美国并没有出现前述英国那种集中化改革趋势，前述《美国联邦证据规则》第706条所规定的法官指定专家证人（鉴定人）在实践中也没有得到执行。

（三）日本现有的司法鉴定管理制度落后，对诉讼活动的负面影响较大

就日本的情况而言，日本没有专门的司法鉴定法，也没有相对稳定的鉴定机构和组织这一事实已对日本的司法和诉讼产生了许多负面影响，带来了很多问题：

1. 根据日本法律，法院有权命令某人（机构）进行司法鉴定，但在本人不愿意进行鉴定的情况下强迫其进行鉴定的效果肯定不理想。因此，法院都是在事先征得本人同意后才命令进行鉴定，而现实中很少有人愿意从事司法鉴定活动。长此以往形成了找鉴定人难、进行鉴定难的局面，使得案件久拖不审，审而不决。由于没有专门的司法鉴定组织和机构，即使接受法院命令愿意从事司法鉴定的人员也没有就司法鉴定本身接受过专门的训练，不具备统一的鉴定资格，在鉴

定能力上参差不齐，所得出的鉴定结论往往因人而异，严重影响了鉴定结论的科学性，成为引起错判的重要原因。有的研究者还指出，由于没有专门和独立的司法鉴定组织，实际上形成了法院与民间鉴定组织的“不正当关系”，鉴定组织和鉴定人间难以形成正常的竞争关系。

2. 由于没有专门的司法鉴定组织，能否请求鉴定、获得什么样的鉴定结论往往取决于当事人的能力，从而严重地影响了当事人间的平等和对等关系。尤其是在刑事案件中，由于警察和检察机关拥有自己的专门鉴定机构，能够及时地获得鉴定的只是作为追诉机关的警察和检察机关，而处于辩护立场的被疑者或被告人一方则很难在警察和检察机关所属的专门鉴定机构外找到鉴定人，在涉及鉴定问题上几乎不可能“对等”，只能顺从追诉方所言。

3. 日本司法鉴定所造成的诉讼的“非公正性”和“非效率性”已成为进行改革的重要原因，并已着手改革，2001 年发布的日本司法改革研究报告“最终意见书”提出了下列措施：进一步强化现有的“司法鉴定人注册制”，进一步加强审判机关与各种专业组织的协作关系，进一步润滑鉴定人选任的过程。但“最终意见书”只表明了这些改革方向，却还没有提出实现这些改革的具体步骤或方法。[1]

（四）通过上述分析比较，我们可以初步得出以下结论

1. 大陆法系国家通过对司法鉴定人员和司法鉴定机构的资格准入、质量控制等相对集中、统一的管理措施和手段提高了司法鉴定的水平和质量，通过鉴定机构和鉴定人员的独立性和中立性地位保障了鉴定结论的客观性、公正性，进而维护了司法公正和提高了诉讼效率。

2. 英国的司法鉴定管理改革可以说是借鉴了大陆法系国家的做法并作了进一步改进，与法国和德国相比较，英国改革后的司法鉴定机构和司法鉴定人员更具独立性和中立性，完全脱离了警察机构、检察机关和法院的约束，形成了统一的司法鉴定管理模式，更为科学、合理，代表了司法鉴定管理的发展趋势。显然，其做法对于我国而言，最具有借鉴价值。

3. 在美国的对抗型（当事人主义）诉讼模式之下，与当事人主义诉讼模式

---

〔1〕 日本的司法鉴定的资料主要参见王云海：“日本司法鉴定制度的现状与改革”，载《法律科学》2003 年第 6 期；司法部司法鉴定管理组编：《统一司法鉴定管理体制发展的创新》（司法鉴定研究文集第 5 辑），中国政法大学出版社 2012 年版。

相一致，对鉴定程序的启动和鉴定人的选任，当事人主义型比职权主义型诉讼模式有更大的自主选择权，有利于实现程序正义，但其不足在于容易造成鉴定大战，浪费资源和降低诉讼效率。对我国而言，当事人在鉴定程序的启动和鉴定人的选任方面，权限极小，不及大陆法系国家的做法，只能在审判中申请补充鉴定或重新鉴定，而且是否批准仍由法官决定，不利于实现程序公正和制约法官权力。对此，应当借鉴英美法系国家的做法，赋予当事人及其法定代理人鉴定程序启动权和一定程度的鉴定人选择权，比如规定民事诉讼中当事人合意选择的鉴定人对法官有约束力，刑事诉讼中的犯罪嫌疑人和被告人有权要求进行鉴定，公检法机关有义务和职责保障当事人的鉴定请求权等。

4. 日本司法鉴定管理的落后已经对诉讼活动产生了较为严重的负面影响，其正在酝酿改革，司法鉴定人在诉讼中的中立性、公共性地位接近大陆法系国家的做法，具有借鉴价值。美国的司法鉴定管理模式和鉴定人的诉讼地位适应于美国的竞技型司法传统和对抗制诉讼模式，不太适合我国现有国情。

5. 从证据制度的角度来看，无论是当事人主义诉讼模式还是职权主义诉讼模式，抑或是混合型诉讼模式，鉴定人都有义务出庭作证，接受询问，阐释鉴定过程和鉴定结论，这一点值得我国借鉴。《决定》已经确立了鉴定人出庭的义务和责任，[1] 诉讼法对此进行了明确，还需要通过司法解释或者相关规定进一步明确鉴定人出庭作证的义务和具体程序，如制定司法鉴定人出庭作证办法等。

---

〔1〕 参见《决定》第11条以及2012年修改的《刑事诉讼法》第187条和《民事诉讼法》第78条。

第二章

# 我国司法鉴定管理模式的演变

一般来说，“为了用科学眼光观察这个问题，考察每个问题都要看某种现象在历史上怎样产生，在发展过程中经过了哪些主要阶段，并根据它的这种发展去考察这一事物现在是怎样的”〔1〕。对于我国司法鉴定管理模式的研究也不例外，同样应当对其历史沿革进行必要的考察，从考察中分析不同管理模式的根源以及实然与应然的关系，并作出适当、客观的评价，从而获得有益的启示与借鉴的思路。

我国鉴定的历史可以追溯到周朝，当时存在着为解决争议提供服务的伤情鉴定。据考证，1975年湖北云梦县秦墓出土的竹简中存在收集足迹、手印等“穴盗”的记载。〔2〕唐宋时期，存在有关鉴定人员身份、职责以及检验内容、检验结果的较为完整的记录，但并无相对明确的“鉴定”立法规定，鉴定只是作为一项检验活动存在于司法实践中。作为诉讼立法意义上的鉴定大致可追溯到清政府时期，1907年颁布的《各级审判厅试办章程》对鉴定问题作出了一些规定，并成为古代检验制度向现代鉴定制度的转化或者跨越的分水岭。立法上对鉴定问题的规定，有可能会带来实施过程中的管理活动，然而这种管理活动又会因制度的刚刚建立不具有严格意义上的“管理”本质，以至于在理论上难以归纳出类型化的管理模式。鉴于此，我们对司法鉴定管理模式的历史演变以新中国成立后的鉴定制度作为主要考察及其研究的逻辑起点。

根据新中国成立后的法治发展程度以及法制建设的状况，从历史发展的脉络对我国司法鉴定管理模式予以梳理，其模式类型大致分为三个时期，即1949～

〔1〕《列宁全集》（第4卷），人民出版社1960年版，第43页。

〔2〕参见睡虎地秦墓竹简整理小组：《睡虎地秦墓竹简》，文物出版社1978年版，第271页。

1978 年的司法鉴定管理模式萌芽时期、1978～2005 年的司法鉴定管理模式的发展时期以及 2005 年至今的司法鉴定管理模式走向完善的时期。

## 第一节　司法鉴定管理模式的萌芽时期

1949 年中国革命胜利以后，我国从半殖民地半封建的法律制度向新民主主义以及社会主义法律制度转化，逐渐形成了服务于、服从于当时全新政权的法律制度，并以此来保护来之不易的革命果实。其法律制度将法律作为政治的附庸和专政工具，专门机关被誉为“刀把子”，体现了浓厚的政治色彩和较强的政治功能。我国的司法鉴定制度受这种法律历史背景的影响，主要是在刑事诉讼实践中基于专门机关办理刑事案件的需要渐进发展起来的，刑事侦查技术和检验鉴定机构作为侦查机关的内设机构而存在，其管理模式必然是封闭式和限定式的。

由于检验鉴定具有技术方法的特点，必然成为专门机关“打击敌人”最为有利的技术手段和工具，造成了侦查技术和司法鉴定的混同。特别是基于打击犯罪的要求，公检法各机关为了便利各自的工作均设有技术部门和检验鉴定机构，并分散制定了各职能部门的鉴定工作细则，逐渐形成了一种有利于办案工作而没有作为制度考虑的非制度性安排的职能部门分设体制。[1] 这种鉴定模式下的鉴定机构属于专门机关的内部管理，鉴定机构的性质被专门机关的性质所代替，作为“专政机关”的一部分；其鉴定人也是作为国家专门机关的人员，具有专门机关的“公检法”人员的身份。基于这一政治架构的实践形成的司法鉴定管理模式主要服务和服从于“对敌斗争”的政治需要，其管理模式的性质从属于政治运动，在一定意义上可视为一种政治性的管理模式，无论是管理水平还是管理规范均不具有现代管理的典型性，司法鉴定的管理模式仅处于萌芽时期。

### 一、新中国司法鉴定管理产生的历程考察

1949 年 2 月 22 日《中共中央关于废除国民党的〈六法全书〉与确定解放区

---

〔1〕 参见《关于〈全国人民代表大会常务委员会关于司法鉴定管理问题的决定（草案）〉的说明》，全国人大内务司法委员会侯宗宾在 2002 年 12 月 23 日在第九届全国人民代表大会常务委员会第三十一会议上报告。他认为“多年来，司法鉴定制度是在过去五十多年的司法实践中形成的”。

的司法原则的指示》通过“破”使新民主主义法律制度得以完全确立。1949年6月上海市军管会将我国1931年在上海创立的“司法行政部法医研究所”划归上海市人民法院，1951年10月更名为“华东司法部法医研究所”，直属于华东军政委员会司法部。为了满足当时经济基础的需要和维护新生的政治制度及其革命政权，1952年开始在全国司法系统中进行司法改革，从思想上、政治上、组织上进行整顿，纯洁各级人民法院的队伍，对残余的旧法观念和旧司法作风进行整顿，旨在建设一个崭新的社会主义司法体系。

随着司法改革的进行与展开，1953年8月“华东司法部法医研究所”改为“最高人民法院华东分院法医研究所”，司法鉴定机构成了诉讼职能部门的内设机构并由其管理，形成了职能部门管理司法鉴定的最初形式。由于当时司法机关具有半军事化的特点，其管理具有行政化管理的特点，其模式因国家专门机关的政治化倾向而不具有典型性。

我国法律体系是在打破原来的旧司法制度基础上建立起来的，特别是1954～1956年，国家进入较大规模创制法律的阶段，对苏联的立法模式和法律制度进行了大量的学习、借鉴和移植，将经苏联传来的英美法国家的“Forensic Science”翻译为“法鉴定”，并聘请了苏联专家来我国的北京和上海对有关司法鉴定问题进行培训。因司法鉴定涉及大量的医学知识，1950年卫生部颁布了《解剖尸体规则》，使司法鉴定的管理出现了一些变化。1955年7月“最高人民法院华东分院法医研究所”更名为“中央司法部法医研究所”；同时，成立了“司法鉴定科学研究所”。但是，这一些变化并不标志我国司法鉴定在管理体制上发生了变化，因为当时的司法部具有对法院进行行政化管理的职能，司法鉴定的管理实质上还属于职能部门的行政管理，其管理模式还是处于一种“非典型”状态。

受“左”的错误思潮的影响，1959年4月28日第二届全国人大第一次会议通过了《关于撤销司法部、监察部的决议》。随后“中央司法部法医研究所”和“司法鉴定科学研究所”并入“公安部刑事技术研究所”。因为当时的“任务”是要强化人民的国家机器，主要指的是人民的军队、人民的警察和人民的法庭，借以巩固国防和保护人民利益。1960年“公安部刑事技术研究所”也被撤销。1966年“文化大革命”开始，中国社会主义法制遭到了全面摧残，司法事务基本上由政策来调整，法律虚无主义占主要地位，司法鉴定管理也就完全服从于政策的需要，失去自己应有的独立的品格，最终表现为政治的附庸，特别是贯彻“阶级斗争为纲”的指导方针，使得一切制度的设计均作为服务政治的工具，没有自己的独立地位，司法鉴定也不例外，在其管理上体现出较强的政治性或者带有强烈的政治色彩。

## 二、萌芽时期司法鉴定管理模式的特点

司法鉴定管理模式在萌芽时期，无论是将其划归法院系统还是并入公安机关，均因为它们统属于诉讼的职能部门，其管理模式的雏形带有强烈的政治色彩和部门局限，在本质上与其他工作的管理模式相同，具有政治管理的性质。此种背景下形成的这种司法鉴定管理模式与当时的经济制度、政治制度以及法制环境基本上是适应的，具有以下特点：

### （一）司法鉴定作为强有力的专政工具的组成部分，其管理行为带有鲜明的时代特征

早期，由于我国的新生政权需要巩固，国家和社会面临着维护政权稳定的问题，公检法机关发挥着保卫政权的工具作用，具有突出的政治色彩。特别是在“文革”时期，受法律虚无主义和“阶级斗争为纲”方针的影响，公检法机关成了行使镇压职能的国家机器。作为服务于专政工具的鉴定必然成为专政工具的“工具”，对其管理也没有作为一项法律制度来考虑，仅仅作为一项服务和服从于政治活动的技术手段，成为“对敌”斗争的强有力的专政性的技术工具。其具体表现为，司法鉴定工作的主管部门不明确，根据政治的需要随时可以进行增减或者调换，其管理因实践的需要完全被政治化；司法鉴定机构的设置具有随意性，朝设夕撤，极不稳定，随时可能成为政策需要的供品，没有按照司法鉴定管理应有的规律进行规范。

### （二）司法鉴定仅作为一项技术性的工作，其管理还没有达到类型化

这一时期的司法鉴定仅仅作为公检法部门工作的一部分，凡是需要技术的地方均可以“根据工作的需要”开展鉴定活动，设立鉴定机构，司法鉴定从划归法院再到并入公安机构，均是基于部门政治任务和工作的需要作出的调整，司法鉴定自身没有任何独立的地位。司法鉴定机构的性质不明，根据部门工作予以定性，致使司法鉴定管理不具有典型性，也无法进行类型化归类。

### （三）司法鉴定仅仅作为一般性工作

当时对司法鉴定的研究匮乏，未能将其作为国家的一项制度或者公共管理活

动进行理论探讨，仅仅看到它的科学性，忽视了法律性。虽然司法鉴定在实践中大量存在，尤其是忽视它的特殊性，其管理还是“因事”、“因时”进行，没有相应的管理规范，仅存的是卫生部颁布的《解剖尸体规则》。因此，此时期的司法鉴定管理本身无任何特殊性，混同于一般办案工作或者业务的管理，特别是鉴定工作服从于政治需要，其管理模式被其他管理模式所吞噬，具有政治化管理模式的特征。〔1〕在整个司法鉴定管理模式的历史上因没有固定的模式，属于不典型的管理，在管理模式上仍处于“萌芽时期”。

## 第二节　司法鉴定管理模式的形成时期

1978 年党的十一届三中全会确立了加强社会主义民主、健全社会主义法制的基本方针，实现了党和国家中心工作由阶级斗争为纲向以经济建设为中心和实行改革开放的转移。自此，我国开始了改革开放的伟大社会变革，由此也推动并决定了法制建设进入恢复重建和积极发展的新的历史时期。

### 一、司法鉴定管理模式形成的初期

1979 年 7 月第五届全国人大第二次会议修订了《人民法院组织法》，第 41 条第 2 款规定：“地方各级人民法院设法医。”我国《刑法》和《刑事诉讼法》对鉴定的有关问题作出了相对明确的规定。1980 年 5 月 1 日公安部发布了《公安部刑事技术鉴定规则》，第 3 条规定：“刑事技术鉴定，由县以上公安机关的刑事技术部门负责进行。”从此，公安机关建立了从中央公安部所属第二研究所到省（自治区、直辖市）、地（市、州）、县（市、区）四级鉴定系统。公安机关内设的鉴定机构作为刑事侦查技术的处、科，鉴定的内容主要为刑事案件中的物证和法医学鉴定。部分省市公安机关鉴定机构也开展面向社会开展司法鉴定工作。

---

〔1〕我们之所以将这一时期的司法鉴定管理视为政治管理模式，因为这一时期还存在党委批示案件的情况，司法活动也具有政治性。1979 年 9 月中共中央《关于坚决保证刑法、刑事诉讼法切实实施的指示》（中发 64 号文）宣布，中央决定取消各级党委审批案件的制度；1982 年 5 月国务院在对司法部的任务和机构改革的请示报告的批复中指出，司法行政机关不再管理人民法院的司法行政工作。

1988年1月26日最高人民检察院发布了《人民检察院法医工作细则（试行)》。自20世纪80年代中期以后，检察机关鉴定机构基本建立起中央、省（自治区、直辖市)、地（市、州）三级鉴定系统，部分县（区）也建立鉴定机构。检察机关内设的鉴定机构为检察技术处、室，主要是对检察机关自侦案件中的有关刑事技术问题进行技术鉴定以及公安机关移送的刑事案件中的技术性证据进行文证审查；必要时，对公安机关在侦查阶段作出的鉴定结论进行重新鉴定。

1986年最高人民法院根据《人民法院组织法》“地方各级人民法院设法医”的规定，下发了《关于加强法院法医工作的通知》，并在全国各级地方人民法院建立了法医鉴定机构。随着我国社会主义市场经济体制的建立和发展，人民法院处理的案件不断增加，最高人民法院建立了四级鉴定体制。2001年11月16日，最高人民法院发布了《人民法院司法鉴定工作暂行规定》，并规定了中级以上人民法院设立司法鉴定机构。此后，建立了最高人民法院、高级人民法院、中级人民法院、基层人民法院四级技术鉴定机构。

1996年我国《刑事诉讼法》进行了修改，增加“省级人民政府指定的医院”作为鉴定机构，第120条规定：“鉴定人进行鉴定后，应当写出鉴定结论，并且签名。对人身伤害的医学鉴定有争议需要重新鉴定或者对精神病的医学鉴定，由省级人民政府指定的医院进行。鉴定人进行鉴定后，应当写出鉴定结论，并且由鉴定人签名，医院加盖公章。”法律对作为鉴定机构的“省级人民政府指定的医院”的指定条件、程序、标准以及由谁对其进行管理没有作出规定，致使此方面的管理与调整处于乏范状态。

这一时期的诉讼模式还属于超职权主义。诉讼被看做司法机关代表国家行使司法权解决民事、行政纠纷和打击犯罪的活动，诉讼程序被视为职权活动的操作规程，人民法院、人民检察院和公安机关在诉讼过程中起主导作用。为了职权活动的顺利、高效进行，特别是更便捷地获取司法鉴定结论这一重要证据，公检法机关在各自内部均设立了司法鉴定机构，以便能够及时辅助其解决诉讼过程中遇到的专门性问题。在这种诉讼模式和司法理念的支配下，司法鉴定的性质和任务不再是“服务于诉讼活动”，而是专门“服务于诉讼职能部门的机关”。由于我国公检法机关在诉讼中坚持“分工负责”的原则，各自的工作具有相对的独立性，司法鉴定也就不可能进行统一管理，只能是分散于公检法机关内部，由各职能部门自行设立，作为内部机构，互不隶属，在管理形态上形成了职能部门的自

我管理，对此进行类型化后可归纳为司法鉴定的分别管理模式。由于我国早期对司法鉴定认识存在问题，对司法实践中形成的职能部门内设鉴定机构的弊端未能保持足够的警惕，致使法律对司法鉴定的有关规定依赖实践的现状，并最终影响了制度的建设。公安机关、检察机关、人民法院基于工作的需要使内设的鉴定机构法定化，形成了“谁设立、谁管理”的“条”“块”分割的部门“分别管理模式”。

## 二、司法鉴定管理模式形成中的变动

1998 年国务院机构改革“三定”方案明确规定司法部负责指导“面向社会服务的司法鉴定工作”。各级司法行政部门根据国务院 1988 年《司法部职能配置内设机构和人员编制规定》，对面向社会的司法鉴定机构实施管理。1999 年 7 月 14 日司法部公布了《司法部关于面向社会服务的司法鉴定机构公告（第 1 号）》。[1]

由于司法鉴定的混乱以及不断暴露出的问题，需要法律法规对此进行规范。1998 年 12 月 12 日黑龙江省人大常委会通过了我国第一部地方性的司法鉴定管理法规《黑龙江省司法鉴定管理条例》（该条例已废止）。随着《黑龙江省司法鉴定管理条例》的颁布，其他省市人大及其人大常委会也相继制定了有关司法鉴定的地方法规。如《重庆市司法鉴定条例》、《吉林省司法鉴定管理条例》、《深圳市司法鉴定条例》、《河南省司法鉴定管理条例》、《湖北省司法鉴定管理条例》、《山西省司法鉴定条例》、《四川省司法鉴定管理条例》、《江西司法鉴定管理条例》、《河北省司法鉴定管理条例》、《宁夏回族自治区司法鉴定管理条例》和《贵州省司法鉴定管理条例》。

在地方进行立法的同时，实践中各地形成了司法鉴定的不同管理模式。这些司法鉴定管理模式归纳起来大致有“北京模式”、“上海模式”和“黑龙江模式”。

### （一）北京模式

司法鉴定管理的北京模式主要为司法鉴定工作委员会的“统一协调模式”。

[1] 这些司法鉴定机构主要有：司法部司法鉴定科学技术研究所、西南政法大学司法鉴定中心、华东政法学院司法鉴定中心、中国政法大学司法鉴定中心、中国人民大学物证技术鉴定中心、北京大学司法鉴定室、西北政法大学司法鉴定中心和北京华夏物证鉴定中心等第一批独立于公检法机关的“面向社会服务的司法鉴定机构”。

司法鉴定工作委员会是在市政法委组织领导下设立的，并由公、检、法、司、医、教等部门领导参加的，统一协调司法鉴定工作的委员会。司法鉴定工作委员会设在市政法委。公安、检察、法院、卫生、教育等部门设立的司法鉴定机构均可面向社会提供鉴定服务。

（二）上海模式

司法鉴定管理的上海模式主要为市政府设立司法鉴定工作委员会的“统一管理模式”。市政府设立司法鉴定工作委员会，其办公室设在上海市司法局，它统一管理上海市包括面向社会服务的司法鉴定工作和非面向社会服务的司法鉴定工作。公、检、法机关的司法鉴定机构在鉴定委员会批准的范围内可面向社会从事司法鉴定服务。上海市司法鉴定工作委员会成立于1998年6月，属于地方上成立最早的司法鉴定管理机构。

（三）黑龙江模式

司法鉴定管理的黑龙江模式是由省司法厅设立司法鉴定委员会对全省的司法鉴定工作负责“协调、指导”的管理模式。司法鉴定委员会办公室设在省司法厅。省级司法鉴定委员会通常设立若干专业委员会或若干专家鉴定组，从事鉴定的复核工作，各专家鉴定组的司法鉴定结论以省司法鉴定委员会的名义作出。公、检、法机关的司法鉴定机构接受省司法鉴定委员会的指导，不得从事面向社会的经营性司法鉴定活动。

司法鉴定委员会中有的是司法鉴定管理机构，有的是司法鉴定的指导、协调机构，有的则是司法鉴定管理机构兼实施司法鉴定的鉴定机构，大多是一个跨行业、跨部门的协调指导机构，主要职责是对所有领域内司法鉴定工作进行规划、指导、督促、组织协调。据2003年统计，全国已有上海市、黑龙江省等18个省（直辖市）成立权威性高、协调能力强、指导范围广的省级司法鉴定协调机构，145个地方成立了地市级司法鉴定协调指导机构。

2002年4月，国务院颁布的《医疗事故处理条例》规定，医疗技术事故鉴定由医学会组织鉴定，卫生行政部门对其履行管理职能。

（四）司法鉴定管理的特点

对上述情况进行分析，我国这一时期的公、检、法、司四家分别设立鉴定机构（司法行政部门不完全是内设鉴定机构），对这些鉴定机构各自分别进行管理，形成了司法鉴定的分别管理模式。这种司法鉴定的分别管理，均具有一定的法律或者法规、规章依据，具有形式上依法管理的特征。这种管理模式主要具有以下特点：

1. 司法鉴定权与侦查权、检察权、审判权不分，司法鉴定职能的定位不明。司法鉴定权同侦查权、检察权、审判权混合，司法鉴定机构成为侦查机关、检察机关和审判机关内设机构，鉴定人具有双重身份，形成了“自侦自鉴”，“自检自鉴”和“自审自鉴”的“三自”鉴定体制。特别是鉴定人的官方地位使其难以出庭接受质证，鉴定人的鉴定是其在履行司法职能，司法鉴定管理模式依赖于职能部门的管理，没有独立的管理模式类型。

2. 司法鉴定由职能部门分别管理，没有统一的司法鉴定管理机关，鉴定机构和鉴定人没有统一的准入标准，其条件、资格由设立部门确定，司法鉴定的管理不规范。

3. 鉴定机构多部门、多系统重复设置，规模小，出现了“大而全”或者“小而全”，其实“都不全”的现象。其管理既未规范化，也未专业化，“多头管理”造成了司法鉴定各行其是的混乱状态，引发了“重复鉴定”。

4. 有些鉴定领域没有鉴定标准，有标准的又因多部门要求的不同，存在标准不统一甚至冲突的现象。这种职能部门的司法鉴定分别管理模式，在一定程度上影响了司法效率和司法公正目标的实现。

**三、司法鉴定管理模式形成中的改革**

司法鉴定制度的改革虽然尚未触及“自侦自鉴”、“自检自鉴”和“自审自鉴”的体制问题，但是在鉴定机构的设置上比1996年修改的《刑事诉讼法》又推进了一步，同时明确了司法行政部门作为“面向社会服务的司法鉴定”的管理机构，属于司法鉴定管理体制的改革，也带来了司法鉴定管理模式的变动。由于1996年修正的《刑事诉讼法》没有规定犯罪嫌疑人、被告人申请鉴定的权利，特别是对公检法机关出具的鉴定结论不服时申请补充鉴定或重新鉴定难以得到同意或者受阻，当事人便自行委托面向社会服务的鉴定机构进行鉴定，通过这些鉴定机构获得不同于公检法机关的鉴定结论，为其提供抗辩理由，“多头重复鉴定”日趋加重，司法鉴定体制的改革已经迫在眉睫。2001年最高人民法院《人民法院司法鉴定工作暂行规定》第6条规定：“最高人民法院、各高级人民法院和有条件的中级人民法院设立独立的司法鉴定机构。新建司法鉴定机构须报最高人民法院批准。最高人民法院的司法鉴定机构为人民法院司法鉴定中心，根据工

作需要可设立分支机构。”第4条规定：“凡需要进行司法鉴定的案件，应当由人民法院司法鉴定机构鉴定，或者由人民法院司法鉴定机构统一对外委托鉴定。”《人民法院对外委托和组织司法鉴定管理规定》规定，各级人民法院司法鉴定工作管理部门建立鉴定机构和鉴定人名册，并对经其批准入册的机构和人员进行监督管理。这种职能部门强化对其内设鉴定机构、鉴定人的管理，使分别管理更加绝对化。

从2001年5月起，全国人大内务司法委员会多次派出调研组赴一些省市对司法鉴定领域存在的问题进行深入研究。经征询最高人民法院、最高人民检察院、公安部、国家安全部和司法部的意见，他们也希望通过全国人大常委会对司法鉴定的管理问题作出决定。自第九届全国人大第一次会议以来，每次代表大会上关于尽快制定司法鉴定法的呼声愈发强烈。其中，2001年九届四次会议有8个代表团的266名代表、2002年九届五次会议有7个代表团的234名代表提出此项议案。[1] 代表们认为，司法鉴定中存在的弊病涉及司法鉴定的管理体制和运行机制，仅靠部门协调难以解决，只有通过国家立法才能从根本上改变局面。同时，人们对司法鉴定制度的本质、目标、方向等深层理论问题的认识也逐渐由模糊到清晰、由分歧到共识，改革也从“理论的争论或书本上”的制度设计逐渐转化到“实践行动或实际运作”。但因司法鉴定管理制度的改革涉及职能部门的权力再分配以及权力背后隐藏的利益格局再调整，公检法机关未能达成共识。

在2002年12月23日全国人大常委会初次审议《关于司法鉴定管理问题的决定（草案）》[以下简称《决定（草案）》]后，印发各省（区、市）和中央有关部门征求意见时，因分歧较大，暂时被搁浅。全国人大法制工作委员会认为《决定（草案）》还需要进一步的研究，并配合我国《刑事诉讼法》的修改进行。2003年2月24日，湖南省黄静裸尸鉴定问题在2004年全国人大、政协第十次会议获得37名教授签名支持，被列入了1342号提案。公检法机关设立的鉴定机构之间的“血统歧视”，特别是为维护自己名誉和利益“重复鉴定”造成的久鉴不决，严重影响了司法公正，改革司法鉴定制度的呼声彼此起伏，致使在人大会议上的提案数仅次于《公司法》的修改。[2] 2004年7月1日的《行政许可法》规

〔1〕 参见全国人大内务司法委员会负责人就《全国人民代表大会常务委员会关于司法鉴定管理问题的决定（草案）》的有关问题答记者问。

〔2〕 刘飏：“推进司法鉴定改革与创新”，载《中国司法鉴定》2001年第1期。

定，司法鉴定机构的设立和司法鉴定人从事司法鉴定活动资格的取得均属于需要行政许可的事项。国务院2004年6月29日《国务院对确需保留的行政审批项目设定行政许可的决定》（第412号令）将司法部关于司法鉴定机构和司法鉴定人的设立审批纳入500项确需保留的行政许可事项内容之中。

2004年底，中共中央转发了《司法体制和工作机制改革的初步意见》。该文件明确了司法鉴定制度的改革方向，也为其改革提供了指导性的纲领。该文件指出："建立统一的司法鉴定管理体制。根据侦查工作需要，公安机关、国家安全机关、检察机构可以保留必要的司法鉴定机构，为侦查工作提供鉴定服务，但不得面向社会提供鉴定服务。人民法院、司法行政部门不再保留司法鉴定机构。面向社会服务的司法鉴定机构，实现行政管理和行业管理相结合的制度。研究制定司法鉴定法律，规范司法鉴定活动。"

中共中央、国务院对司法鉴定制度改革的一系列指导性文件，使一度搁浅的《决定（草案）》的审议工作再次被启动。2004年12月25日《决定（草案）》被提请第十届全国人大常委会第十三次会议进行二次审议。在审议中委员们认为，对我国司法鉴定管理体制进行立法已迫在眉睫。2005年2月6日全国人大法工委再次召开会议对草案进行讨论；2月18日全国人民代表大会常务委员会委员长会议对草案进行了审议；2月28日第十届全国人大常委会第十四次会议表决通过了《决定》。《决定（草案）》从2002年提交审议到2005年出台历经4年之久，并由最初《决定（草案）》的13条增加到18条，《决定》的颁布，标志着司法鉴定制度的改革迈出了实质性的一步。《决定》的颁布与实施不仅使司法鉴定管理体制发生了变化，而且也为统一司法鉴定管理模式的形成奠定了法律基础。

## 第三节　司法鉴定管理模式的发展时期

《决定》的出台标志着司法鉴定的管理从"多头"到"统一"、从"分散"到"集中"，司法鉴定管理也由原来的职能部门分别管理模式逐渐发展为司法行政部门对司法鉴定的统一管理模式。

## 一、司法鉴定管理模式发展中的困难

《决定》第3、7条规定了“国务院司法行政部门主管全国鉴定人和鉴定机构”。“侦查机关根据侦查工作的需要设立的鉴定机构，不得面向社会接受委托从事司法鉴定业务。”“司法行政部门和人民法院不得设立鉴定机构。”从规定的逻辑结构可以推出，《决定》禁止人民法院设立鉴定机构，其登记管理鉴定机构的权力也随之消失，司法鉴定原来的“两个管理系统”调整为单一系统，〔1〕统一管理司法鉴定的体制也就自然形成，司法鉴定的统一管理模式也就会随之建立。但是，由于《决定》规定地相对原则性，统一管理司法鉴定的体制未能完全建立起来，其主要问题包括：一是《决定》规定侦查机关设立鉴定机构是否涵摄了登记管理的权力；二是《决定》禁止人民法院设立鉴定机构是否还可以对鉴定机构或鉴定人进行名册管理；三是司法行政部门对鉴定机构和鉴定人管理范围如何确定。

### （一）侦查机关设立的鉴定机构的登记管理问题

《决定》第7条规定：“侦查机关根据侦查工作的需要设立的鉴定机构，不得面向社会接受委托从事司法鉴定业务。”此规定明确了侦查机关的鉴定机构“设立权”，没有明确其对自设的鉴定机构是否享有登记管理权力，鉴定机构的“设立权”是否涵摄了“管理权”；同时侦查机关设立的鉴定机构为什么“不得面向社会接受委托从事司法鉴定业务”以及是否影响到管理权，这些问题因《决定》规定的“缺位”，在理论上存在分歧和实践上自行其是。公安部针对《决定》的颁布下发了《关于贯彻落实〈全国人民代表大会常务委员会关于司法鉴定管理问题的决定〉进一步加强公安机关刑事科学技术工作的通知》（公通字[2005]19号）。该通知认为，“《决定》所指的司法鉴定机构和司法鉴定人，是指在诉讼中面向社会提供司法鉴定服务的鉴定人和鉴定机构。公安机关所属的鉴定机构和鉴定人不属于《决定》规定的‘司法鉴定机构’和‘司法鉴定人’的范畴，不在司法行政机关登记之列。根据《决定》精神，公安机关不再面向社会提供涉及诉讼的鉴定服务。”“各级公安机关刑事科学技术主管部门要进一步加强对鉴定工作的管理、监督和指导，公安机关鉴定机构和鉴定人一律不准到司

〔1〕我国对鉴定人和鉴定机构的登记管理有两套系统：一是司法行政部门的登记管理；二是法院系统的登记管理。参见全国人大常委会法制工作委员会刑法室编著：《全国人民代表大会常务委员会关于司法鉴定管理问题的决定释义》，法律出版社2005年版，第6页。

法行政机关登记注册。自2005年10月1日起，已在司法行政机关进行的登记注册将自动失效。”“各级公安机关要根据即将出台的《公安机关鉴定机构登记管理办法》和《公安机关鉴定人登记管理办法》对所属鉴定机构和鉴定人的资格进行登记管理。公安机关将实行统一的鉴定机构和鉴定人名册制度，准予登记的鉴定机构和鉴定人，将统一编入公安机关鉴定机构和鉴定人名册。公安机关鉴定机构和鉴定人名册抄送审判机关和检察机关。”

2005年12月29日公安部发布了《公安机关鉴定人登记管理办法》和《公安机关鉴定机构登记管理办法》。[1] 同时规定登记的机构还包括公安部、厅、局所属院校、医院和专业技术协会的鉴定机构。“凡经公安机关登记管理部门审核登记的鉴定机构和鉴定人，必须统一编入鉴定机构和鉴定人名册。”“省级公安机关登记管理部门编制本地鉴定机构和鉴定人名册，应统一使用公安部制定的名册格式”，“在向公安部登记管理部门上报的同时，要主动抄送同级人民法院、人民检察院，并在公安专网上公告，必要时，还应当提供地方相应的报纸刊登。”[2]

2007年1月1日最高人民检察院发布了《人民检察院鉴定人登记管理办法》和《人民检察院鉴定机构登记管理办法》。2007年1月1日国家安全部发布了《国家安全机关鉴定机构登记管理办法》和《国家安全机关鉴定人登记管理办法》。

（二）人民法院对司法鉴定机构和司法鉴定人的名册登记问题

《决定》第3条规定，“人民法院和司法行政部门不得设立鉴定机构。”人民法院在司法鉴定制度改革中未能像侦查机关那样因“工作需要”保留鉴定机构，却因其诉讼的中立性被《决定》禁止设立鉴定机构。尽管人民法院设立隶属于自己的鉴定机构有利于其及时处理案件，也有利于指派自己的鉴定机构进行鉴定提高“审判效率”。

最高人民法院2005年7月14日发布了《关于贯彻落实〈全国人民代表大会

〔1〕 公安部《公安机关鉴定机构登记管理办法》在细化《决定》，明确规定登记管理事项的基础上，将“①法医类鉴定；②物证类鉴定；③声像资料鉴定”扩大为：“①法医类检验鉴定；②痕迹检验鉴定；③理化检验鉴定；④文件检验鉴定；⑤声像资料检验鉴定；⑥电子证据检验鉴定；⑦心理测试；⑧警犬鉴别”以及“根据科学技术发展和公安工作需要，鉴定机构可以申请开展其他鉴定项目。”

〔2〕 参见2005年3月20日公安部《关于贯彻实施〈公安机关鉴定机构登记管理办法〉和〈公安机关鉴定人登记管理办法〉有关问题的通知》（公通字〔2006〕30号）。

常务委员会关于司法鉴定管理问题的决定〉做好过渡期相关工作的通知》(法发[2005]12号),其规定:"……各级人民法院应当认真组织学习《决定》,深刻领会《决议》的精神,坚决贯彻落实《决议》的相关规定,做好司法鉴定制度改革的各项工作,……并着手研究制定《人民法院司法技术工作管理规定》,争取在2005年10月1日前颁布实施……"

2007年最高人民法院颁布了《最高人民法院技术咨询、技术审核工作管理规定》和《最高人民法院对外委托鉴定、评估、拍卖等工作管理规定》(法办发[2007]5号),这标志着法院撤销鉴定机关后对司法鉴定工作的态度以及坚持的基本方向。《最高人民法院技术咨询、技术审核工作管理规定》第2、20、23条规定:"技术审核是指司法辅助工作部门应审判、执行部门的要求,对送审案件中的鉴定文书、检验报告、勘验检查笔录、医疗资料、会计资料等技术性证据材料进行审查,提出审核意见的活动"。"主办人综合分析审核事项后,出具含有以下内容的审核意见书:①鉴定对象和材料符合要求,鉴定方法科学,程序规范,依据准确,未见不当之处;②鉴定中存在疑问,提出在质证中应当解决的问题,或建议补充鉴定;③鉴定存在严重差错,鉴定意见不能成立,建议重新鉴定;④其他应当出具的审核意见。""审核意见书仅供法官、合议庭或审判委员会参考,不作为定案的依据,不对外公开。"《最高人民法院对外委托鉴定、评估、拍卖等工作管理规定》第42条规定:"法医、物证、声像资料三类鉴定的专业机构从司法行政部门编制的名册中选录编制。其他类别的专业机构、专家名册由相关行业协会或主管部门推荐,按照公平、公开、择优的原则选录编制。"

从上述规定可以看出,人民法院对司法鉴定机构和司法鉴定人将实行名册管理,出现了司法鉴定名册管理的新模式。

(三)司法行政部门对鉴定机构的登记管理问题

《决定》第7条第2款规定:"人民法院和司法行政部门不得设立鉴定机构。""如果司法行政部门仍然保留或者可以设立鉴定机构,不仅不利于司法行政部门对鉴定人和鉴定机构的登记管理工作,也会影响司法行政部门登记管理工作的中立性和公正性。"司法行政部门登记管理的鉴定机构属于不同的"法人或者其他组织"申请设立的,一旦司法行政部门设立自己的鉴定机构,其设立的鉴定机构往往会因"血缘关系"受到特殊的"待遇",其登记管理也会失去应有的公正性。《决定》第3条规定,"国务院司法行政部门主管全国鉴定人和鉴定机构的登记管理工作。省级人民政府司法行政部门依照本决定的规定，负责对鉴定人和鉴定机构的登记、名册编制和公告。”据此，司法部于2005年9月30日公布了《司法鉴定人登记管理办法》和《司法鉴定机构登记管理办法》（司法部95号令）以及2007年8月7日重新颁布了《司法鉴定程序通则》。

《决定》的出台旨在“建立统一的司法鉴定管理体制”，又因其规定的模糊以及实践中权力与利益重新配置的多种因素的影响，使得统一司法鉴定管理体制未能完全建立起来，却又促成了司法鉴定的“分散”统一管理体制形成，司法鉴定管理出现多种模式。[1] 司法行政部门对司法鉴定机构的登记管理与侦查机关设立的鉴定机关在管理权限存在着交叉，司法行政部门的对司法鉴定的登记管理与人民法院的名册登记管理存在竞合，这些问题又影响了司法鉴定管理模式的发展。

2012年《刑事诉讼法》和《民事诉讼法》的修改给司法鉴定管理模式带来了一定的影响。2012年修改的《刑事诉讼法》对1996年《刑事诉讼法》涉及鉴定的部分内容进行修改。仅就修改的内容而言，2012年《刑事诉讼法》对鉴定问题的变动较大，不仅吸收了鉴定制度改革的部分成果，删除了1996年《刑事诉讼法》修改时增加的内容，而且新增加了一些具有制度创新意义的规定，其进步意义毋庸置疑。尤其是1996年《刑事诉讼法》对“对人身伤害的医学鉴定有争议需要重新鉴定或者对精神病的医学鉴定，由省级人民政府指定的医院进行”的删除，在一定程度上理顺了司法鉴定管理体制。省级人民政府指定的医院虽然在医疗设备条件、医疗专业水平等方面较有优势，但是在司法鉴定领域，鉴定意见的科学性与鉴定机构的级别无关，指定医院出具的鉴定意见也不一定比其他鉴定机构的意见更科学、更合理。删除了这一规定，进一步理顺了现行的司法鉴定体制，遵从了科学的规律。然而，2012年《刑事诉讼法》的修改对司法鉴定行业提出了更新、更高的要求，鉴定机构需要全面提升整体实力，建立适应这一更新、更高要求的管理模式。

## 二、司法鉴定管理模式在改革发展中走向完善

目前，我国司法鉴定行政部门对鉴定机构的登记管理存在两种方式：一是侦查机关所属鉴定机构的“备案登记”；二是社会司法鉴定机构的“审核登记”。

[1] 郭华：“司法鉴定法律文本的变奏及结构重整”，载《华东政法大学学报》2010年第2期。

因为这两种鉴定机构的登记程序不同，其管理机制可以存在差别，但均应在统一的司法鉴定管理体制框架内进行，实行统一登记、统一编制名册并统一公告。其管理的条件、标准等外部形式不应当有所不同或者采用区别对待政策，旨在维护司法鉴定管理的外在统一性。司法行政部门对社会鉴定机构的“审查登记”管理已经实施了两年多，积累了一定的管理经验，在某些问题上还仍需要进一步予以完善。“备案登记”是司法行政部门对侦查机关所属鉴定机构进行的新型的“登记”方式，对其登记能否满足公正的基本要求，保证具有外在的统一性至关重要。为适应建立统一的司法鉴定管理体制的需要，2008 年中央政法部门委要求对侦查机关设立的鉴定机构实行所属部门直接管理和司法行政部门备案登记管理相结合的管理模式。[1] 这对于推进统一司法鉴定管理体制的形成具有积极意义，也为我国司法鉴定管理模式走向完善奠定了基础。

1. 从司法鉴定的本质来看，司法鉴定是一种证明方法和证据调查方法，不是诉讼职能部门的行政行为或司法行为。作为一种证明方法，它应客观地提供鉴定意见，鉴定机构应当独立于或中立于任何诉讼职能部门。司法鉴定机构如果不中立，就难以保证其客观性和公正性。司法鉴定是属于法律服务性质而不是侦查职能和审判职能，从我国目前司法权划分来看，对法律服务业的管理属于司法行政机关的管理职权，应由司法行政机关来进行管理。

2. 从权力相互制约的角度来分析，尽管公检法内设鉴定机构便于职权的行使，鉴定机构作为职权部门的内设机构，难免有先入为主之嫌，主观上也有偏信本部门鉴定意见的嫌疑，难以对相应的权力进行制约，也难以对鉴定活动实行有效的监督。司法行政机关在诉讼中除执行外不具有诉讼职能，由其管理鉴定工作相对客观与中立。

3. 从法律层面来考察。我国《宪法》第 89 条第 8 项规定，国务院负责领导管理民政、公安、司法行政和监察等工作。《宪法》确立了司法审判工作与司法行政工作分立分设的基本原则。根据这一原则，由国务院司法行政职能部门具体承担司法鉴定工作的管理职能是有《宪法》依据的。从《刑事诉讼法》的规定来看，司法鉴定的管理工作本身并不涉及司法程序，鉴定的管理工作实质上是司法行政工作。

---

〔1〕 2008 年 1 月 17 日中央政法委下发了《关于进一步完善司法鉴定管理体制遴选国家级司法鉴定鉴定机构的意见》（政法［2008］2 号）。

4. 从我国政策发展走向来判断，党的十六大提出司法体制改革应当按照司法公正的要求，“完善司法机构设置、职权划分和管理制度，进一步健全权责明确、相互配合、相互制约、高效运行的司法体制”。十七大又提出了“深化司法体制改革，建设公正高效权威的社会主义司法制度”的目标，十八届三中全会在《中共中央关于全面深化改革若干重大问题的决定》指出，“优化司法职权配置，健全司法权分工负责、相互配合、相互制约机制”。2014 年 1 月召开的中央政法工作会议又提出“完善统一、权威的司法鉴定管理体制”的新要求。1998 年国务院“三定方案”规定由司法部指导面向社会服务的司法鉴定工作，确立了司法部作为面向社会服务的司法鉴定工作唯一的行政管理机关。为侦查工作服务的司法鉴定工作最终要取决于司法改革各司法机关职能的调整。2005 年《决定》从客观、公正、依法治国、法制统一以及效率、精简的角度，规定司法鉴定工作归司法部统一管理，2010 年国务院机构改革在明确规定司法部司法鉴定管理职能时，又增加了管理国家级司法鉴定机构的新任务，进一步保证了鉴定人资格、鉴定机构的资质、鉴定程序以及技术标准都适用统一的规范。

5. 从权利保障上来衡量，随着司法改革的深入、人权保障呼声的高涨，以“人权保障”为理念，步入“深水区”的中国司法改革正在积极稳妥地向前推进。2013 年的《中共中央关于全面深化改革若干重大问题的决定》对我国今后完善人权司法保障制度提出了一系列明确的部署和要求。为了完善鉴定制度，在司法鉴定制度中充分保障人权，2012 年修改的《刑事诉讼法》和《民事诉讼法》不仅规定了鉴定人出庭接受当事人质证，而且还增加专家辅助人制度，司法鉴定管理模式也体现了人权保障的理念。

无论从法理与法律依据上，还是从实践做法与未来趋势上，都表明司法行政机关作为司法鉴定主管机构是科学、合理的。由司法行政机关对司法鉴定工作实行全行业的统一指导、管理和监督，是一种与司法改革相适应的合理、有效的模式，有利于司法机关之间相互支持、互相配合和互相监督、互相制约，有利于消除因“鉴定”导致的司法腐败问题，更有利于司法鉴定管理的理性化、科学化与制度设计上的正当化、合理化。

## 第四节 司法鉴定管理模式的发展趋势

司法鉴定管理体制作为司法体制改革的一个组成部分，司法体制改革的方向决定着司法鉴定管理体制改革的方向；同时，司法鉴定管理体制改革的成功与否也会直接影响司法体制的改革。“一旦一个国家或者地区沿着一种轨迹开始发展，改变发展道路的成本非常高。尽管存在着其他的道路选择，但已建立的制度会阻碍对初始选择的改变。”[1] 我国司法鉴定管理模式的变动受制于司法鉴定体制的变化，其管理模式的发展也应当在整个司法制度的框架中与诉讼模式、证据制度保持相互衔接与基本适应。

### 一、目前司法鉴定管理模式趋势的理论预设

司法制度管理模式的变化是一个动态发展过程，并与各国的法律传统与司法制度紧密相连。即使是具有同一法律传统的国家，法律的继承传统基本相同，其制度的管理模式也会存在一定的差异。国内法学界的专家、学者们对于司法鉴定机构管理体制改革的必要性早已达成了共识，但对改革的具体方案却是各执己见。司法鉴定管理体制的调整是一个复杂的系统工程，同时又是司法改革大系统中的分支系统，涉及国家司法制度改革的诸多领域和现行法律、法规的不少制约，再加上现行模式设计上在认识上、体制上和利益上的障碍，从而决定了司法鉴定机构管理模式的调整不可避免地存在着长期性、复杂性和艰巨性。我国现行的司法鉴定管理模式主要为司法行政部门和行业协会相结合的管理机制、司法鉴定主管部门与相关行业主管部门相配合的管理机制以及司法行政机关与司法审判机关管理与适用相衔接的运行机制。2013 年最高人民法院、最高人民检察院、公安部、国家安全部、司法部发布的《人体损伤程度鉴定标准》，更体现出建立形成司法鉴定管理与适用相衔接的运行机制的必要性。

有的学者提出了司法鉴定的集中管理模式。这种集中管理模式一般基于以下

---

〔1〕 Levi, Margaret, “A Model, A Method, A Map: Rational Choice in Comparative and Historical Analysis”, in Mark I. Lichbach and Alan S. Zucherman, ed. , *Comparative Politics: Rationality, Culture and Structure*, Cambridge University Press, 1997, p. 28.

考虑：一是司法鉴定管理工作有其固有的本质属性，它要求司法鉴定人员和司法鉴定机构在资格、资质、程序、标准等方面的协调与统一，需要建立起集中统一的管理体制；二是分散的司法鉴定管理体制会造成司法鉴定资源的巨大浪费，同时也易引起司法鉴定的诸多矛盾，无法克服长期以来造成司法鉴定混乱、“多头管理”的弊端；三是司法鉴定工作属于服务和保障审判活动和检察活动得以独立运行的专业技术活动，对司法鉴定机构和鉴定人员进行管理，应当属于司法行政部门的基础性、原发性的职能，司法鉴定行政管理体制的特点及总体要求也需要集中的统一管理。因此，无论是司法鉴定主管部门与相关鉴定行业管理部门相衔接的模式，还是司法鉴定主管部门与职权部门的双重管理模式，都不如司法行政部门集中统一管理模式优越。同时，也因为我国实行行业自律管理的条件不成熟以及相应的制度环境不具备。实行行业自律需要两个必不可少的条件：一是该行业发育较为成熟，具备了自律管理的能力；二是国家权力与社会权力分工相对清晰，社会环境较为宽松，为行业自律管理留有足够的社会运行空间。我国目前的国情决定了我国尚不具备实施行业自律管理的条件，所以，司法鉴定主管部门与行业协会相结合的模式不适应我国的国情。

我们认为，司法鉴定管理无论选择何种模式均存在一些难以克服的缺陷，完全达到尽善尽美的理想是不可能实现的。但是，通过利弊的衡量还是能够确定优劣的。这种优劣不是好坏问题，主要是与现行司法制度、诉讼制度和证据制度的适应程度而言。司法鉴定的集中管理模式与我国司法鉴定管理体制改革的趋势以及我国的经济社会体制改革的方向不相吻合。从两大法系司法鉴定管理体制改革的实践来看，司法鉴定管理体制的总体趋势是：通过准入管理、名册管理、执业管理和处罚管理，维护正常的鉴定秩序；通过制定和颁布统一的行业规范、行业标准和行业要求，规范管理行为、鉴定行为、鉴定程序、鉴定方法、鉴定标准，以保障司法鉴定机构的中立地位、司法鉴定人的独立身份、司法鉴定程序的公开公平和司法鉴定行为的客观公正。如果赋予司法行政机关集中管理的权力，由国家司法行政部门直接管理科学性和技术性较强的司法鉴定行业的具体事务，不仅会增加其任务，需要增添较多的人员，与目前行政体制改革的要求不相一致，而且对鉴定人的培训、制定鉴定规程以及对外交流等工作都交由司法行政机关承担，既不方便，特别是涉及专业性较强的工作，也难以胜任。

在我国，目前完全实行行业自律也不现实。从我国司法鉴定的50年的发展

历程来看，司法鉴定管理实现高度自律，让司法鉴定人协会独立实行行业管理，其不仅难担此任，而且在行业自律管理中，由于协会与鉴定人员或者鉴定机构之间存在会费交纳的利益关系，社会公众会怀疑行业自律监管是否具有独立性，甚至行业协会有可能扮演“二政府”角色，通过行政命令式的行规来运行，其权威性值得怀疑。只有在社会高度发展、法治较完善、社会诚信基础较好的背景下，自律监管才更加有效。因为行业自律管理依赖于社会公德、职业道德水平和信用体系的建立和实行。

**二、司法鉴定管理模式的发展趋势**

司法鉴定管理模式除了应当具有在一定程度上反映人类社会共同发展规律和科学技术水平的共性外，也必然会因制度产生和运行的社会环境不同而具有其个性，保持与司法改革、诉讼模式、证据制度相适应。司法改革是建设法治中国、法治社会的必然要求，其改革涉及的问题较多，诉讼制度、证据制度是改革重点。鉴定制度与诉讼制度、司法制度具有不可分割的天然联系。司法鉴定制度是健全、完善司法制度，保障司法公正的重要基础。同时，我国已签署和加入了一些世界公约，如《公民权利和政治权利的国际公约》。改革司法鉴定机构的管理体制也应当顺应国际社会追求诉讼民主与人权保障的潮流。司法鉴定随着我国诉讼结构的调整和价值取向的转变，不再仅仅表现为科学技术和法律属性问题，也远远超出证据事实获取手段的范畴，它已作为公正性要求和中立性价值纳入我国司法体制的价值目标，被社会各界关注。因此，对于司法鉴定管理模式的探索应当从以下三个方面考虑：

（1）在司法鉴定管理的横向结构上，探索司法行政机关与相关行业主管部门之间的关系，努力探索“分类管理”的衔接模式。

（2）在司法鉴定管理的纵向结构上，明确各级司法行政机关在司法鉴定管理工作中的职责，以及不同管理机构的职能与权限。

（3）在司法鉴定管理的纵横结构上，研究司法鉴定协调机构与司法行政机关在司法鉴定管理方面的职能划分。在管理内容上，司法行政机关对司法鉴定实行效能的要素管理，主要是对司法鉴定的资质、资格、程序、标准、职业道德和执业纪律等要素的管理，这种管理并不改变司法鉴定机构的隶属关系、组织机构以及利益分配等。

《民事诉讼法》第76条规定：“当事人可以就查明事实的专门性问题向人民

法院申请鉴定。当事人申请鉴定的，由双方当事人协商确定具备资格的鉴定人；协商不成的，由人民法院指定。当事人未申请鉴定，人民法院对专门性问题认为需要鉴定的，应当委托具备资格的鉴定人进行鉴定。”该条修改充分尊重了当事人的处分权，也可以增加当事人对鉴定意见的信任度，必然引起司法鉴定管理上变革，尤其是第78条规定的“当事人对鉴定意见有异议或者人民法院认为鉴定人有必要出庭的，鉴定人应当出庭作证。经人民法院通知，鉴定人拒不出庭作证的，鉴定意见不得作为认定事实的根据；支付鉴定费用的当事人可以要求返还鉴定费用。”因而，更需要司法鉴定管理模式适应变化了的立法规定。在《刑事诉讼法》和《民事诉讼法》修正中对鉴定人出庭的规定和专家辅助人制度的增加，均需要对司法鉴定管理模式进行调整。司法鉴定管理部门要认真分析司法鉴定人出庭作证实际情况，总结好的经验和做法，研究存在的问题，提出应对的策略，改进出庭作证工作机制。然而，“立法的职能是一种不表现为实践力量而表现为理论力量的意志。在这里意志不应代替法律，它的作用恰恰在于发现和拟定真正的法律。”[1] 然而，与我国司法鉴定管理配套的三部法规都是在民事诉讼法修改之前完成的，无法包容民事诉讼法的所有改革设想，在处理与鉴定相关事务方面难免存在疏漏。要有效履行司法鉴定管理职责，就必须认真思考并解决民事诉讼法修改给鉴定管理带来的新问题，并在相关法规中及时地予以完善，不仅如此，在“发现和拟定真正的法律”的过程中有可能出现一些立法者未能预料的新问题，为这些新问题找出相应法律规范不是立法者的责任，而是法律工作者的职责。这就要求我国的司法机关在适用2012年《刑事诉讼法》时，不得用强大的“实践力量”或者独有的解释优势去扭曲《刑事诉讼法》的规定，形成所谓的“部门立法”，更不应当出现部门解释或者规定规避立法条款实施的不正常现象。[2] 基于此，司法鉴定管理模式也应当顺应《刑事诉讼法》的修正进行适当的调整，切实保障《刑事诉讼法》和《民事诉讼法》中司法鉴定条款得以正确、有效的实施，维护法律的权威。

司法部是国家司法鉴定的行政主管部门，负责行业机构及其人员的准入，其准入是一种相对静态的管理，进入司法鉴定行业后对鉴定机构和鉴定人员从业状况的监管则是一种长期的动态管理。司法行政部门难以掌握机构资质、人员素

---

〔1〕《马克思恩格斯选集》（第1卷），人民出版社1956年版，第394～395页。

〔2〕郭华：“切实保障刑事诉讼法中司法鉴定条款的实施”，载《法学》2012年第6期。

质、从业优劣等方面的情况，这就需要业务主管部门把好准入的推荐关，也就是由业务主管部门根据本行业机构、人员情况，将业内资质高的机构和政治、业务素质高的鉴定人员推荐给司法行政部门，以保证鉴定机构和鉴定人员的质量。因此，我国需要建设统一司法鉴定管理主体下的多层次参与管理模式，通过统一司法行政部门的司法鉴定管理达到管理主体的统一、鉴定程序的统一、鉴定标准的统一、鉴定规范的统一；进而借助于鉴定协会的行业管理（专家管专家）、鉴定学会的社团管理、侦查机关的行政管理、相关行业的技术管理、鉴定机构的内部管理等多层次参与管理的配合，实现司法鉴定的全行业、全过程、动态化管理的目标。

未来的司法鉴定管理模式可能是司法行政部门设立并管理的专门司法鉴定机构和其他行业设立的由司法行政部门辅助性管理的非专门鉴定机构并存模式。这种司法鉴定模式主要有以下优势：

（1）这种模式通过集中司法鉴定的人力、物力和财力，充分发挥鉴定资源优势，避免技术力量和仪器设备、经费在各部门重复分配导致的浪费，提高鉴定机构的鉴定能力，使司法鉴定工作能够在雄厚的技术力量和人员力量的合理配置下得以及时、迅速而顺利开展。

（2）这种模式通过诉讼制度的改革，将鉴定的决定、委托、指聘、实施、审查采用等各个环节分开，有利于保证鉴定严格按照法定程序进行，减少重复鉴定和鉴定纠纷，降低诉讼成本，提高诉讼效率，避免职能部门与社会鉴定机构之间的彼此孤立、各自为政、互相推诿、不信任等现象的发生，从而降低和减少重复鉴定现象。

（3）彻底消除“自侦自鉴”、“自检自鉴”的问题，有利于鉴定人员独立地按照法律程序和科学原则开展鉴定活动，避免人为因素对鉴定活动的不正常的干扰，提高鉴定意见的科学性、公正性和权威性，增加公众对鉴定结果的信赖度。

（4）这种模式有利于加强对司法鉴定活动的统一管理、指导和监督，并统筹解决司法鉴定实践中反映出来的立法和司法问题，也有利于制定统一的标准，解决因对基本概念、术语的理解不同而产生的诸多矛盾，以及建立、健全内部和外部多种渠道的鉴定监督机制以及鉴定制度的标准化及程序化建设。

（5）这种模式有利于加强对疑难问题的研究和对尖端技术的开发，推动司法鉴定技术和司法鉴定科学的发展，使鉴定意见更具有科学性、可靠性与权

威性。

另外，党的十八大报告要求领导干部要提高运用法治思维和法治方式的能力，其实是要用法治思维来替代过去的领导思维、管理思维和行政思维，这说明党对提升领导干部的能力又提出了新要求。重大的社会管理创新是法治基础上的社会管理创新，因此，管理社会最先进、最可靠的方法应该是法治，而不是其他。基于此，司法鉴定的管理模式将在以法治思维来替代过去的领导思维、管理思维和行政思维的基础上呈现出一个崭新的能够充分发挥治理功能的现代性模式。

第三章

# 司法鉴定管理模式的比较

## 第一节　比较对象与方法

对国外司法鉴定管理模式的研究主要采取了比较的方法，对各种管理模式在主体、客体、主客体关系、管理内容和方法等方面的特点加以分析，总结其共性。其中主体是指因法律规定而获得管理权力或者授权的机构，可能包括某些政府机构、行业协会或者授权的组织，也指虽然法律并无明确规定但由于行业惯例而实际上发挥着管理作用的组织；客体是接受管理的被管理对象，一般而言有以下几种：

（1）鉴定机构、鉴定人及执业活动，无论鉴定机构的设立者为何者。

（2）主客体关系，是指主体和客体之间的管理与规范关系，主要体现为法律规则上以及技术上两种规范关系。

（3）管理的内容和方法部分与主客体关系部分内容有重合之处，前者将重点置于更具体化的规则方面，如无必要，管理内容和方法将在主客体以及其关系部分充分阐述。

需要注意的是，结合前文内容及我国司法鉴定管理的发展历史，认为管理模式的划分依据有管理依据、管理主体以及如何管理等标准，就此可以分为政策性管理与法治化管理模式；集中管理、分散管理与混合管理模式；微观管理与宏观管理模式；无固定资格管理与有固定资格管理模式等，因此为了行文的方便以及前后文相一致，对国外司法鉴定模式的比较，也将尽量归为以上各种类型。

正如第一部分所指出的那样，司法鉴定管理模式受到诉讼模式、审判方式以及证据制度的影响，在不同的法系和国家显示出明显的差异性。在总结差异的同时，于各类别中选取典型代表国家，对其相关方面进行说明与比较，试图总结出其中带有规律性和普遍性的知识，诚望其可作攻玉之石。

## 第二节　大陆法系国家司法鉴定管理模式的考察与分析

大陆法系国家的司法鉴定管理模式受其职权式诉讼模式的影响。这种模式之下，当事人有义务为自己的某些主张提供证据，法官负有查明案件事实的责任，必要时也要调查证据，在审理案件过程中面对事实和证据问题时积极主动调查。关于鉴定人和法官的关系，一般认为是“视鉴定人为法官的助手，其参加诉讼的目的是弥补法官专门知识的不足，因此决定鉴定的开始和选任鉴定人均由法官依职权进行。当事人对鉴定的提起和进行有请求权，但这种请求权非决定权，对法院没有约束力”〔1〕。由于将鉴定人视为法官助手，客观上决定其对鉴定人采取了便于法官行使职权的管理方式，以国家机关为主对司法鉴定实行管理。下文的分析以荷兰、芬兰为例，〔2〕从主体、客体、主客体之间的关系等几个方面展开分析。

### 一、管理模式中的主体

对于荷兰和芬兰的鉴定机构、鉴定人、鉴定活动等起着管理作用的主体，主要是政府机关，协会等社会组织也有重要的作用。

（一）政府机关

在荷兰的司法鉴定管理体制中，司法部处于非常重要的地位，发挥着极为重要的作用。其所领导的司法鉴定研究所是荷兰唯一的一所集鉴定、技术研发、知识转化为一体的国家级鉴定机构，其不仅在国内举足轻重，而且在欧洲司法鉴定

〔1〕　卞建林、郭志媛：“两大法系司法鉴定制度比较”，载《检察日报》2001年4月9日。

〔2〕　本文关于荷兰、芬兰的资料，参见司法部：“芬兰、荷兰司法鉴定考察报告”，载《中国司法鉴定》2007年第8期。

行业中也有重要地位。该研究所是欧洲司法鉴定联盟的创始人和永久所在地，其依托欧洲司法鉴定联盟制定的标准、政策以及进行实验室认证认可对荷兰乃至欧盟的司法鉴定都起到重要的指导作用。

司法部对荷兰司法鉴定研究所的官方管理主要体现为，为了提高工作效率，于2004年将研究所定位为司法部拥有业主权的独立公司，从而作为司法部下属的一个自治部门接受各种管理。具体而言，这些管理体现在以下各方面：一是在双方关系方面，司法部司法管理和法律执行司司长经司法部秘书长授权，成为司法鉴定研究所的业主；二是在具体管理的责任人方面，由司法部部长对研究所的刑事侦查负有政治责任，对法庭调查服务的质量和预算的使用负有最终责任，法庭调查服务的数量和性质也由司法部长决定；三是在具体管理所涉及的范围上，业主在战略、组织结构和财政上对研究所进行管理，但研究所有独立于司法部之外的账户。2006年，司法部拨付研究所的业务预算约为5450万欧元，2007年为5850万欧元。在有关鉴定业务的提供方式上，政府与研究所之间是购买合同关系。

芬兰有中央、省、市、镇四级行政建制。其司法鉴定实施机制的多元决定了其管理体制也是多元的。芬兰司法鉴定管理模式中的主体主要是各类政府机关，各自对其内部设立的鉴定机构行使管理职权。这些政府机关主要包括：内政部的国家调查局、各省警署、各警区的警察局等。此外，财政部、国家社会公共事务和健康部、海关、教育部等由于设立了与其行政管理职能有关的鉴定机构，同时也对这些鉴定机构有管理职权。

芬兰内政部由国家调查局、交警局、安全局和负责警察培训的芬兰警官大学和警务信息技术管理局组成。内政部下辖的国家调查局设立了国家级司法鉴定机构，并对其管理负有行政责任。此外，各省警署、各警区警察局也设立了相应的技术中心和调查中心，对有关鉴定事项进行鉴定，受警署和警察局的行政领导。

（二）行业协会

除了政府机构外，协会也起着不可忽视的作用，尤其是欧洲司法鉴定联盟的特殊地位需要引起充分重视。无论是在荷兰还是在芬兰，司法鉴定机构都积极参与欧洲司法鉴定联盟及其他国际实验室认可组织提供的能力验证活动，以检验司法鉴定机构的鉴定能力，改进和提高司法鉴定机构的鉴定质量。

1992年，为了保证司法鉴定的质量，确保整个欧洲法庭科学的发展和服务质量处于世界领先地位，第十届国际刑警组织法庭科学专题研讨会上倡议建立欧洲司法鉴定联盟。1993 年，在荷兰赖斯韦克召开了有 11 个实验室作为成员参加的欧洲司法鉴定联盟第一次会议。1995 年，联盟在荷兰召开了成立大会，选举产生了第一届委员会，并签订了工作谅解备忘录。1999 年，该联盟通过了首部《欧洲司法鉴定联盟组织章程》并创建了网站。2004 年，通过了新的组织章程，确定以荷兰司法鉴定研究所为欧洲司法鉴定联盟的永久基地并依托该所设立了常务秘书处。欧洲司法鉴定联盟是以实验室为单位参加的协会，自创立以来发展迅速，至 2007 年，其成员已经有来自 32 个国家的 54 个实验室。其加入条件包括：一是实验室位于欧洲国家版图；二是实验室的业务范围、领域广泛；三是通过了实验室认证；四是在所在国享有较高的地位和可靠的声誉；五是至少有 25 名工作人员，这是为了保证实验室规模不至于过小以免影响力过低。

欧洲司法鉴定联盟的组织结构由成立后的定期会议讨论决定，其基本工作框架和组织结构是主任领导下的、下辖三个常务委员会的欧洲司法鉴定联盟委员会。三个常务委员会是指：①质量与竞争常务委员会，负责评估联盟的发展策略和方向；②欧洲法庭科学研究所常务委员会，负责组织管理欧洲法庭科学研究所；③专家工作组常务委员会，下辖 16 个专家工作组，分别涉及数字成像、DNA、文件、毒品、爆炸物、纤维、指纹、武器、火灾和爆炸调查、法庭信息科技、法庭语言音频分析、笔迹、痕迹、图像、交通事故分析、犯罪现场等。每个工作组分别由相关领域专家组成，在各领域开展合作研究、信息交流及有关培训等。工作组不涉及毒理学、病理学、精神病学和昆虫学等领域。

欧洲司法鉴定联盟的活动形式主要有：①推荐实验室认证标准，包括 ISO17025、ILAC19，二者任取其一，通过认证即为符合实验室认证条件；②就实验方法和技术进行交流，召开法庭科学专家会议，进行业务测试，编写最好的工作手册；③和世界上其他有关组织保持联系，如 1996 年其开始与欧洲警察联合会建立工作关系，为后者提供法庭科学咨询服务，又如与美国犯罪实验室主任学会、美国法庭科学协会及澳大利亚与新西兰法庭科学实验室高级管理员组织建立官方协作关系等。需要注意的是，联盟本身并不就具体案件进行司法鉴定。

## 二、管理模式中的客体

### （一）鉴定机构

荷兰司法鉴定研究所是荷兰政府设立的唯一的国家级司法鉴定实验室，其前

身是1945年成立的法庭科学实验室，1951年更名为法庭医学实验室，1999年命名为司法鉴定研究所。其业务所涉及的领域极为广泛，包括环境分析、建筑材料分析、数字技术、DNA分析、亲子鉴定、文件检查、毒品分析、社会生态学和人体毒物学分析、环境犯罪现场调查、环境法庭科学、纤维和纺织物检查、指纹鉴定、毛发检查、爆炸物检测、火灾调查、照片分析、统计学、笔迹分析、打印字迹分析、开放系统、病理学、土壤、水、化学、声音分析、毒理学、交通事故、车辆验证等30多项。该所拥有5万平方米的实验大楼，配有世界一流的仪器设备，现有450名受过较高水平教育并掌握很多领域最先进技术和研究方法的职员。研究所除了负责鉴定与研究开发工作之外，还通过参与对犯罪现场侦查员和公诉人的指导、培训等工作充当荷兰的法庭科学技术和知识的中心。

荷兰警察部门设有指纹、弹痕方面的实验室，基层的警察局有法医，主要是有医生执照的人在警察局兼职负责提供专业指导。

此外，设在大学的鉴定机构主要是法医学鉴定机构，如根据DNA相关法律的规定，莱顿大学可以做DNA鉴定，阿姆斯特丹大学可以做法医病理学鉴定。还有一些特殊的鉴定机构，这些机构较少，如从事炸药鉴定的机构等，此外还有一些在私人机构中的鉴定专家。

芬兰与荷兰的情况略有不同。在芬兰，全国司法鉴定机构主要有五种：一是隶属于内政部调查局的国家犯罪实验室和全国25个罪犯调查中心，主要从事刑事技术鉴定；二是隶属于财政部的实验室，主要从事与金融犯罪和税收有关的鉴定；三是隶属于国家社会公共事务和健康部的药品研究所，主要从事酒精和服用违禁药品分析；四是隶属于海关的实验室，主要负责进出口货物的有关鉴定和检验；五是隶属于教育部的大学法医实验室，主要承担尸体解剖、诊疗、法医病理、法医毒物、法医心理（精神）、法医人类、法医物理、法医化学等方面的鉴定。

内政部分三个层级建立了刑事技术机构：国家调查局的犯罪实验室是国家级的综合性鉴定机构；省级警署内设有技术中心，省级警署设在全国5个省和1个自治区的警察部门，其中赫尔辛基地区警署直属于内政部领导；全国划分的90个警区在中心城市建立25个犯罪调查中心，其技术人员在行政上同属于同级警察局领导，业务上受国家犯罪实验室领导，负责处理简单的鉴定事项，并提取复杂的指纹、脚印、DNA等样品，送往省级技术中心，疑难的问题送往国家级实

验室。

国家犯罪实验室是国家调查局下属的一个独立机构，始建于1926年，1996年正式更名为国家犯罪实验室，有70名科学家和125名工作人员，包括工程师、测试员、实验员、助理等。该机构于1996年通过了芬兰国家认可委员会《检测和校准实验室认可准则》（ISO17025）质量控制体系的认证认可，并且每年接受一次年检，每四年要进行一次重新评估。其所受理的案件，受理周期为35天，紧急情况下可以加急。2006年，实验室的开支为935万欧元，共办理19万例刑事技术鉴定和司法鉴定。国家犯罪实验室的主要任务是：为犯罪调查提供技术支持；技术研究与开发；犯罪调查的教育、培训、指导和质量控制；根据法律，向警察、公诉机关、司法机关、海关、边防部门提供服务。国家犯罪实验室由五个部门组成：一是DNA部；二是证据取样部；三是化学部，负责毒品、火灾、缉毒犬、爆炸品等；四是指纹部；五是技术部，负责工具、脚印取样、非法武器、痕迹、视频等。

（二）鉴定人

无论是在荷兰还是芬兰，鉴定人资格的取得条件都十分严格，而且对已经获得鉴定人资格的专家进行继续教育也成为常规的制度规定，培训力度很大。

在荷兰，不但鉴定人的资格获得条件非常严格，而且对已经取得鉴定人资格的专家也要进行力度很大的继续教育，这已成为制度性规定。这与鉴定人承担的任务和职业发展要求有关，尤其是在荷兰司法鉴定研究所，鉴定人不仅要完成自己面对的具体的鉴定任务，而且还要开展研究和开发工作。在其本身的岗位上，不但要与世界最新、最先进的技术保持同步发展更新，而且要在现有的基础上，研发世界第一流的先进技术。因此，鉴定机构对鉴定人进行终身化的继续教育，每年要对其技术能力进行测评，如果未能把握前沿知识、技术，则不但前途暗淡，工作的稳定性也堪忧，可能面临难堪的岗位轮换等，所以鉴定人保持着很强的接受继续教育的积极性并付出相当的努力，也取得了累累硕果。

为了保证鉴定人的职业技术水准，芬兰鉴定人的从业条件也比较严格，准入门槛高，教育培训历时长久；即使在获得鉴定人从业资格后，随之而来的继续教育也是终身性的。以国家调查局为例，其鉴定人一般要获得硕士学位，之后在鉴定机构内进行2～3年的培训，培训期间，每年进行一次技术评测，并按照相关的国家标准进行能力评测，达到要求后方能取得鉴定人资格。如犯罪实验室培养一名指纹专家，首先要进行40%的人可以通过的初考，然后进行面试，之后在机构内进行为期3.5~4年的培训。机构内培训的要求很严格，需要进行多次能力测评和每年一次的评估考试，如评估考试不能通过，则培训期要延长2年，通过4年培训的评估考试后，再写一篇报告文章，送交国家调查局，由国家调查局进行测评后，才可成为普通鉴定人，之后做出业绩方可升为专家级别。以芬兰赫尔辛基大学法医系为例，法医系要培养一名法医需要经历长达12年的教育过程。首先要学习6年的医学课程，之后进行3.5年的法医学课程，在此期间，学生与老师合作，每年要办理175个案子。3.5年法医学课程结束后，再进行半年的临床实习培训，主要是学会操作各种器械和仪器设备。然后还要学习2年有关医药学知识，并要到相关单位实习。12年学满后，再经过国家的考试合格后，才能从法医系毕业和取得跨入司法鉴定人门槛的资格。

（三）鉴定活动

荷兰、芬兰非常重视对鉴定活动的控制，目的是实现对司法鉴定的质量控制，其做法有：①通过质量管理体系实现对鉴定活动和鉴定结果的控制，确保鉴定活动的规范性和公正性；②在鉴定技术和方法的选择上，以法庭对科学证据认定的标准为依据，确保司法鉴定意见作为诉讼证据具有可采性；③鉴定意见的表述实行规范性和标准化，减少歧义，更有利于法庭对鉴定意见的证据力的评价；④鉴定过程中不但设置了必要的复核程序，而且遇有重大、复杂、疑难的案件时，对鉴定人员的数量和资质有特别要求。所有这些都是保障司法鉴定质量的有效措施。

在荷兰，以司法鉴定研究所为例，该所质量管理的特点是追求持续地满足客户的需求，不断发展司法鉴定的前沿技术。该所依照ISO17025的认可准则建立了质量管理体系，并确立了质量目标：符合认可委员会基于ISO17025的质量要求和质量评价的标准，并不断保持其认可状态；尽可能地使用有效方法，即使是认可范围之外的调查研究项目；努力获得最大程度的安全；最好的卫生防护措施，最大可能地关注工作福利和工作条件。所有这些都有相应的法律保障：通过严格的人员准入条件保证和提高质量；通过知识管理保持和提高专家意见的水平；所有的鉴定工作都必须按照质量管理体系的要求。这些要求同样适用于对司法鉴定质量可能产生影响的辅助部门。此外，每年要按照计划进行一次质量管理体系执行情况的内部审查并接受荷兰国家认可委员会的年度评审。评审的内容不

仅涉及质量管理体系是否符合 ISO17025 的有关规定，而且还要对司法鉴定过程进行现场评审。

为了确保司法鉴定的质量，荷兰在鉴定程序和鉴定方法上有其特殊的规定。如荷兰法庭科学研究所不但在鉴定程序中设置了鉴定报告的复核程序，由专门的鉴定人对鉴定报告进行审查以确保鉴定的准确性，而且，在对重大、复杂、疑难的案件进行鉴定时，要求增加鉴定人的数量，同时对鉴定人的资质也提出了更高、更严格的要求。在鉴定技术和鉴定方法的选择上，严格按照法庭对科学证据的认定标准，明确要求司法鉴定所使用的理论和技术要符合以下条件：一是所使用的理论和技术已经过专家检验；二是所使用的理论和技术已经公开发表；三是所使用方法潜在的误差已经清楚；四是控制技术运作的标准也已存在并得到有效维持；五是所使用的理论和技术已经得到同行专家的普遍认可，同时在鉴定意见的表述上也尽量做到规范化、标准化，以便于理解和法庭采信。

为了规范司法鉴定行为，确保司法鉴定质量，在芬兰，设立司法鉴定机构要依据 ISO17025 的标准，符合条件方可设立，有效期为 4 年，期间每年要接受一次年检，4 年期满后，要对该机构进行重新检测评估，仍然符合条件的，才能继续开办执业，也就是说，每四年要接受重新评估检测。芬兰的鉴定机构都依照 ISO17025 标准建立了司法鉴定质量管理体系。以芬兰国家调查局为例，该实验室依照 ISO17025 标准建立的司法鉴定质量管理体系，涵盖了实验室所有鉴定活动，并于 1996 年获得芬兰国家认可委员会的评审认可。为了确保质量体系的有效性，实验室每年都要接受一次国家认可委员会的监督评审。此外，实验室的管理层每年都要进行一次管理评审，不断改进和提高质量管理体系的有效性。2005 年，该实验室接受认可委员会的重审时，其高质量的司法鉴定专家服务体系受到委员会的高度评价和认可。

为了保证司法鉴定质量，促进司法鉴定技术和方法的改进和提高，芬兰的司法鉴定机构除了建立质量管理体系，接受国家认可委员会的认可评审之外，还积极参加欧洲司法鉴定联盟及其他国际实验室认可组织提供的能力验证活动。

芬兰在鉴定程序和鉴定方法上也有其特殊的规定。如芬兰国家公共卫生研究所在对血样进行酒精测试时，要求由两个鉴定人用不同的仪器和不同的方法同时进行测试分析，只有当两个鉴定人的检测结果相一致时才出具相应的检测报告，以确保检测结果的准确性和可靠性。

### 三、主客体关系

荷兰、芬兰司法鉴定管理模式的特征体现了明确的主客体关系，通过对鉴定机构、鉴定人和鉴定活动的法律和技术控制保证鉴定质量：

1. 国家投资设立、政府机关管理的少量权威的司法鉴定机构，社会共享其仪器设备，人才素质高。

2. 非常重视对鉴定人资质的控制，不仅设立了严格的准入条件，而且进行追踪培训，以保持鉴定人资质。

3. 十分重视对鉴定活动的质量控制，采取多种质量控制手段和方式，通过质量管理体系实行对鉴定程序的控制，确保司法鉴定活动的规范化、科学性、公正性；在鉴定技术和鉴定方法的选择上以法庭对科学证据的认定标准为依据，确保鉴定意见作为诉讼证据可被法庭采信；鉴定意见的表述规范化、标准化，减少了歧义，更有利于法庭对鉴定意见的证据效力进行评价；鉴定过程中不但设置了必要的复核程序，而且遇到重大、复杂、疑难的案件时，对鉴定人员的数量和资质有特别的要求。这些不仅体现了主客体为了共同目标——保证鉴定的科学性与公正性，而进行的管理与自律管理相结合，而且促进了司法鉴定机构和鉴定人自身的职业发展。

### 四、模式归属

荷兰、芬兰的司法鉴定主要由政府机关管理，在行政层级上，各级鉴定机构归属设立它的行政机构管理，并无一个统一的管理机构，在这个意义上，荷兰、芬兰司法鉴定管理是多元的；在技术问题上，各级刑事技术鉴定机构受国家级鉴定机构的统一领导，其他各种鉴定机构所适用的行业标准多是国际标准，各鉴定机构是统一的、一致的，在这个意义上，其司法鉴定管理也是统一的。在管理方式上，宏观管理和微观管理相结合，既有战略安排等宏观管理，又有对具体鉴定过程和鉴定现场的微观考察。

## 第三节　英美法系国家司法鉴定管理模式的考察与分析

英美法系国家的司法鉴定管理模式受其当事人主义诉讼模式的影响。这种模式之下，当事人主导诉讼的进行和证据的提出，法官在审理案件过程中消极被动，只是诉讼秩序的维护者。鉴定人和当事人、法官的关系也由其诉讼模式决定，三者之间的关系最终决定了其采取的管理模式。“英美法系国家原则上由当事人委托鉴定，即是否需要鉴定，进行何种鉴定以及由谁来进行鉴定等事项均由当事人自己决定。在某些例外情况下也可由法院指定鉴定人。在美国，由法院指定鉴定人的情况不尽相同，有以民事或刑事关于科学上的问题为限，有以刑事案件为限，有以刑事案件关于心智问题为限。在美国的诉讼实践中，如果当事人因经济方面的困难而无力负担聘请鉴定人的费用，但案件中的待证事实所涉及的专门性问题对认定事实具有重大影响时，法院也可以指定鉴定人。”〔1〕可见，在英美法系，鉴定的启动权属于当事人；鉴定人由当事人聘请并为当事人服务。鉴定人与当事人密切联系的弊端是当事人一般会选择对己方有利的鉴定意见，使鉴定难免其片面性，也使鉴定意见的公正性大打折扣。前述这种当事人与鉴定人之间的关系决定了当事人对鉴定人选择的自主性，也决定了鉴定管理模式。以下以英国为例说明。〔2〕

## 一、管理模式中的主体

英国司法鉴定管理中的主体包括政府机关、行业协会等，二者分别行使不同的管理职能，其角色转换经历了很大的变化。

### （一）政府机关

在英国司法鉴定管理主体的变迁过程中，政府起着至关重要的作用：一是在政策制定上，政府是司法鉴定管理体制改革的策划者、法令实施的推动者，在法令实施和改革推进过程中是包括警方、检署、鉴定机构、鉴定专家等在内的各利益主体的协调人；二是拨款、扶植行业协会、相关委员会对鉴定人进行登记、注册、核准、处罚、注销等，并派员直接监督、指导；三是建立并控制国家 DNA 数据库；四是对鉴定标准化进行管理；五是在司法鉴定产品社会化、市场化之后，是交易秩序的维护者。

在历史上，英国的司法鉴定机构主要有受内政部管理、指导的司法鉴定服务局、警察局下设的文痕检实验室和声像监控资料实验室；以大学为依托的鉴定机

〔1〕 卞建林、郭志媛：“两大法系司法鉴定制度比较”，载《检察日报》2001 年 4 月 9 日。

〔2〕 如无特别说明，本文源于“英国司法鉴定管理的改革走向与借鉴”，载司法部司法鉴定管理局编：《两大法系司法鉴定制度的观察与借鉴》，中国政法大学出版社 2008 年版，第 18 ~ 37 页。

构如医学病理实验室；以鉴定联盟为松散联合体的独立的各民间鉴定公司；英格兰还有内政部任命的29名验尸官，负责查明重大死亡案件的死亡原因。在管理体制上，内政部将司法鉴定服务局等同于警察机构中的一个部门来管理，产生了许多弊端：一是由于免费提供鉴定服务，警察部门毫无限制地申请鉴定，这种随意性导致效率低下、案件积压，重要案件得不到及时的技术支持；二是内政部提供的经费有限，政府建设的鉴定实验室也仅限于有限的几个传统学科，而科技的迅速发展使得需要鉴定的领域不断扩展，现有鉴定机构已经无法满足警方的需要，尤其是给新兴技术犯罪的侦查带来困难；三是由于大多数案件是由司法鉴定服务局和警察局的实验室作鉴定，有排除竞争、垄断鉴定之嫌，控方握有的鉴定资源明显与辩方不对等，辩方处于不利地位，其不公正性广受包括检警在内的社会公众的诟病。这一问题受到了英国议会关注，在对几个严重的个案进行调查的基础上，经下议院三审通过和上议院批准，设立执业登记委员会，从而进行了司法鉴定体制改革。这次改革所形成的司法鉴定模式与以往的管理模式有很大的不同。

英国的改革分为几个阶段：第一阶段要求保持鉴定机构的独立性，为此将内政部管理的司法鉴定服务局从内政部分离出来，将警察局的实验室从监察局脱离出来；第二阶段设立司法鉴定执业登记委员会，对鉴定人实行范围逐步扩大的执业登记；第三阶段将所有的鉴定机构改为公司化运作，成为个人经营的公司。具体的改革措施体现为1995年提出、2003年批准实施的一项改革决议中：

（1）中止了政府直接管理司法鉴定机构的模式。内政部管理的司法鉴定服务局被代之以非政府部门化的公共机构，先成为国有公司，之后过渡到公私合营的股份制商业公司；将政府其他部门所属的鉴定机构推向市场，成立私营公司。

（2）警察局直属的鉴定实验室脱离警方，实行社会化管理以便使其中立。

（3）使司法鉴定成为控辩双方都可以选择的社会公共服务产品。

（4）向警察和检察机构拨发专项财政拨款，控方直接支付费用购买司法鉴定服务。经过几个阶段的改变，英国司法鉴定逐渐走向社会化。

在实现社会化的改革之后，英国司法鉴定管理在主体架构上实行统一管理，由内政部具体负责管理活动，同时，政府与行业协会开展合作并扶植后者，由其承担主要的具体管理职能，制定统一的司法鉴定技术标准，并由政府定期公告协会推荐的专家名单等等。

（二）行业协会

在英国，行业协会对司法鉴定的管理职能是受到政府的积极支持和大力扶植的。其中，对司法鉴定发挥着积极的管理功能的行业协会和社会团体有以下三个：

1. 执业注册委员会（CRFP）。1999 年，内政部提出专题报告，由财政拨款资助积极推动组建了全国统一的司法鉴定人执业登记注册委员会，对全国范围内的鉴定申请人能力进行审查登记并注册公告，为律师、控方、仲裁机构选择鉴定人提供参考，也为法庭审查鉴定人资格提供参照。该委员会是独立的机构，以强化司法鉴定人的准入管理和监督、促进公正鉴定，恢复和提高公众对司法鉴定的信心为宗旨，受到大力支持与首肯。委员会的会员非常广泛，纳入登记的范围也远远超出了传统司法鉴定的范围，不仅包括法医、物证、毒物等传统司法鉴定学科的鉴定人，也包括电脑、电子信息、图像、反恐监控、交通事故鉴定、考古、火灾、武器、传染源追踪等二十多个专业学科的鉴定人，还包括警方刑事案件勘验鉴定人。目前，其成员已经占全国刑事诉讼司法鉴定人的 80% 左右，有越来越多的行业和鉴定人筹备加入该委员会。该委员会社会影响极为巨大，发挥了不可替代的作用。执业注册委员会的组织机构包括：一是由所有资助者组成的出资人会议，主要讨论关于科学证据方面的专业标准以及当前关心和值得注意的问题；二是由任命制成员和直接选举的成员（自 2004 年起）组成的管理委员会，每年例会两次，主要讨论决定注册委员会的发展战略等重要问题，并针对鉴定人管理的前沿问题制定相关的政策；三是由注册委员会聘用的富有鉴定实务经验的专家和工作人员组成的执行委员会，执行对会员的各项具体管理事务；四是评审委员会，对申请人的注册申报材料进行审查核对，并按照不同专业标准进行能力评价，提出应当纳入注册领域的鉴定业务范围、种类的建议并进行相关论证；任命和培训评估人员；结合实践修订评价的项目和程序；五是惩戒委员会，由法律素质高的主席 1 名、来自非鉴定相关职业的 3 人和 3 个鉴定人组成，其职责是负责受理、审查对鉴定人的投诉，包括其执业行为、道德诚信、业务水准甚至健康状况。处理方式包括建议、警告、重新培训和从注册名册中除名等。

自成立以来，执业注册委员会按照鉴定行为的性质分为两个类别：侦查行为和评估行为，前者主要用于侦查犯罪，较多涉及刑事现场，后者主要是向法庭提供观点以为证据之用，较多用于起诉和辩护。委员会主要的管理功能有：一是审查鉴定人申请、业绩材料和专家推荐意见，并对其是否胜任作出评价，编制并向社会公示胜任的执业鉴定人名册；二是编纂汇集鉴定人评价标准，每四年对在册鉴定人重新进行能力评估，登记注册并公示；三是对未通过执业注册评估的鉴定人进行处理；四是拓展纳入委员会管理的鉴定执业范围并规范新增执业类别，目前向社会公示的25项鉴定类别中，只有10项属于传统法庭科学的范畴，其他则是随着近现代科技发展和纠纷复杂化之后出现的新学科。

2. 司法鉴定协会（SFID）。司法鉴定协会成立于1959年，是目前世界上最大的国际性鉴定职业协会和鉴定人协会，其成员来自65个国家，总数逾2000人，大部分是鉴定人，也有部分警察以及警方的现场侦查员。其设立宗旨是促进鉴定科学的研究和应用，促进世界范围内的鉴定技术交流合作，为鉴定人执业活动提供支持和帮助，维护鉴定人的利益。

鉴定人协会的主要功能：一是组织论证、设定司法鉴定的标准；二是组织对现场侦查员、文件检验员、火灾检查员等专业测试并授予相关资格；三是评估各大学开设的司法鉴定课程；四是每年举办三次科技会议，与鉴定机构一起召开联席学术会议，出版学术刊物《科学与公正》等。

3. 专家证人研究所（EWI）。研究所1996年由伍尔夫（Woolf）勋爵发起成立，与政府无隶属关系。研究所的会员有个人、团体和临时会员，其工作人员多是从事多年鉴定工作的资深鉴定人和专家学者，弘扬独立、公正的鉴定理念。研究所编印了大量系统、规范的培训教材，并根据鉴定实践不断修正、更新。其常年培训的范围已经超出了英国本土，遍布世界各地。

研究所的主要功能：一是通过教育和培训，不断提高鉴定人的执业水平；二是代表专家与政府、媒体、律师、其他职业社团交涉沟通；三是侧重为民事案件、仲裁案件、ADR调解案件进行鉴定，尤其是在对ADR调解案件的鉴定和相关培训上成绩显著，95%以上的民事纠纷在进入诉讼之前通过ADR调解程序得到解决。

上文所述各种与司法鉴定有关的行业协会与学术团体在规范和管理司法鉴定问题上的职责各有侧重，其管理功能互相交叉或者互补，同时有些团体又承担着大量的司法鉴定业务。其中，执业注册委员会在管理上侧重鉴定人注册登记，在业务上以刑事案件鉴定为主；司法鉴定协会以对鉴定人的考试、考核和鉴定学科的学术交流和教学评估为重点；专家证人研究所在管理上则以对鉴定人的培训为

主，业务上以民事案件的调解、仲裁等非诉讼鉴定为重点。

**二、管理模式中的客体**

（一）鉴定机构

英国的鉴定机构独立于政府，独立于警察局、检察机关、法院以及其他各种诉讼参加人。在英格兰和威尔士有三家较大的专门的司法鉴定服务机构，三大鉴定机构与其他规模较小的鉴定机构平等竞争，共同组成了英国司法鉴定服务的平台。[1] 以下分别介绍：

1. 司法鉴定服务局（FSS）。它本来是警察局内部设立的法庭科学服务局，后来为充分保障当事人获得平等鉴定权，保证鉴定机构的中立和权威，2003 年服务局从警察局独立出来，成为市场化运作的国有股份公司，是为社会服务的中立鉴定机构，独立于警察局、检察机构和法院。虽然它也独立于内政部，但内政部基于其原有的资产产权而持有一定比例的股份，并负责政策方面的指导。它有 2600 余名工作人员，其中鉴定专家 1700 余名，DNA 鉴定专家 400 余名，所有的鉴定人都被要求在鉴定人执业登记注册委员会注册。其 13 个分支机构遍布全国，接受 43 个警察局和其他执法机构、公司、个人委托从事司法鉴定，同时为 60 多个国家提供帮助、进行咨询、教育培训、技术系统和资料库建设等并参与特别复杂或者影响重大的案件。每年参与约 1800 起犯罪现场调查，处理包括 50 多种不同类型的犯罪案件 13 万个，检测 40 余万件 DNA 样本，在法庭上出具 2500 份专家证据。它还于 1995 年发起建立了世界上第一个罪犯情报数据库。

服务局为了保证司法鉴定质量，实行严格的质量控制体系，达到 ISO9001 和 ISO17025 国际标准，通过了英国皇家认可委员会认可，并通过外部独立审查成为英国标准协会的会员。它的标准不仅追求科学上的精确，而且要求管理上的有效，建立了一套全面的内部质量保证测试方案。

服务局所有的工作人员都被要求遵守机构自己的执业规则和行为准则：一是客观，平等、公平地对待同事、合作者和雇主，向法庭提供公正的服务；二是反馈，听取利益相关人和雇主的意见并反馈给他们；三是可靠，提供正确的结论和可靠的建议；四是创新，重视和鼓励科技创新，推动前沿科学的应用和转化；五是合作，与雇主和供应商保持长期的合作，满足其需求。

---

[1] 关于英国司法鉴定机构的资料源于“英国的司法鉴定机构”，载司法部司法鉴定管理局编：《两大法系司法鉴定制度的观察与借鉴》，中国政法大学出版社 2008 年版，第 59 ~ 73 页。

2. 政府化学实验室（LGC）。该实验室与服务局齐名，是欧洲主要的、领先的独立性分析实验室，原来是英国工商贸易部下属的化学实验室，2005 年底从政府分离出来并与牛津司法鉴定联盟合并成为一所私营公司性质的大型司法鉴定机构。其鉴定内容几乎涉及所有的鉴定专业领域，提供的服务主要有：一是分析服务，实验室配备先进的化学、生化、DNA 分析设备；二是顾问服务，提供多层次的咨询服务，为从微观的问题到宏观的战略如土地和环境污染等提供咨询建议；三是培训服务，提供实验室人员的技术和管理服务以提高技术水准和工作效率，并配套出版教材、CD 等辅助和补充读物；四是科研开发服务，研究和发展新的分析工具和分析方法、新的应用领域，与政府、相关行业保持密切联系，最快速度获取最先进技术；五是方法验证服务，在发展、验证分析方法和分析过程方面，为委托方材料的准确性和决策的科学性提供服务。

政府化学实验室向英国包括警察局在内的执法机构提供司法鉴定服务，承担来自犯罪现场和刑事审判中保存在国家 DNA 数据库中样本的 DNA 测试等；承担生物物质的毒物学分析，微量药物、文件的检验分析、电子设备的文件分析等；还有食品安全方面、药物方面、消费安全、基因组检测、化学药品和石油、水和环境等多方面的鉴定。

英国现有主要的实验室很多都通过了 ISO9001:2000 和 ISO17025、ISO43、ILAC G13 认证认可，并达到了实验室优化管理规则的要求。作为政府化学实验室，它起到了对争议的权威裁判的作用，在不同的标准之间、立法与管理的争议等问题上提供独立的意见，并与许多行业组织一起解决了不同行业之间涉及鉴定、分析等方面的大量问题。它设在欧洲和印度的许多分支机构和实验室，在化学分析的国际标准制定问题上起到了主导作用。其鉴定工作的水准和鉴定产品的质量，得到全球同行的认同。

3. 在苏格兰，与前文提到的鉴定机构齐名的是苏格兰鉴定联盟，是由鉴定专家和研究室以及少量管理人员组成的民营公司，其广泛的专业几乎涵盖了所有鉴定领域。其组成人员的特殊性决定了其能够充分利用先进的高科技手段和传统鉴定理念对较特殊的悬疑案件提供鉴定服务。

4. 大学的鉴定实验室也是重要的鉴定机构。在专业技术人员方面，大学享有独特的优势，著名的牛津、剑桥以及苏格兰的四所大学都设立了鉴定实验室，有些大学的实验室擅长处理某些专门的业务，并积极参与国际合作，在国际上享

有一定的声誉。

（二）鉴定人

英国的鉴定人主要来自公司化运作的鉴定机构，部分机构强制性地要求其鉴定人必须在鉴定人执业登记注册委员会注册。除了前文提到的有些行业协会类的鉴定机构，陆续出现了几个技术力量强大、服务到位的大公司，还有以个人名义从事司法鉴定的独立鉴定人。经过长期的发展演变，鉴定人已经形成了一个职业阶层。

需要补充的是，英国警察局目前有少量非公务员非警察身份的技术工作人员，也在从事技术鉴定工作，主要目的是协助侦查，并不向警察局以外的其他机构、团体或个人提供帮助或者服务，鉴定范围也有限，不向当事人收取费用。关于鉴定范围，英格兰和威尔士的43个警察局内一般都设有指纹局，负责比对犯罪现场的指纹，此外还有人负责鞋印比对、电视监控比对等简单的鉴定。鉴定意见可以作为警察局、检察机关指控犯罪嫌疑人的证据。如果当事人对警方提供的比对结论有异议，则警方必须向当事人提供现场提取的指纹、鞋印、公共电视监控原本，以便当事人自己聘请专家重新鉴定。除了以上三项比对鉴定，警察局侦查工作需要的所有其他鉴定都是由警察局以外的其他鉴定机构或者个人提供。为此，警察局一般与鉴定公司或者个人签订鉴定服务合同，支付费用。

**三、主客体关系**

正如前文所述，在英格兰和威尔士，司法鉴定中那些属于司法行政管理的部分职能由内政部行使，其对司法鉴定的管理是卓有成效的。在它们的主导和推进下，司法鉴定制度和司法鉴定模式的改革颇富成效。它们对司法鉴定的管理主要是适应司法鉴定服务市场化的需求，对司法鉴定业进行与市场化运营模式相匹配的管理，比如通过拨款等方式扶植行业协会行使登记、注册的权力，并派员直接监督、指导；建立并控制国家DNA数据库；对鉴定的标准化进行管理等。

包括行业协会在内的管理者与鉴定机构、鉴定人等的关系主要体现在统一的登记管理等制度上和市场化的鉴定产品营销过程中：行政机构扶植全英国统一的司法鉴定人执业登记注册委员会进行鉴定人的核准、处罚、注销管理；鉴定产品作为一项公共服务产品，被纳入统一管理的社会公共服务的运行轨道；鉴定产品受到市场和政府宏观控制的双重调节。

政府在管理系统中的角色也体现了主客体之间的深层次关系：政府负责制定政策，策划司法鉴定制度的进一步改革，实施法律法令，拥有国家DNA数据库，

协调检警、主要鉴定机构、鉴定人等各种利益主体之间的关系，维护鉴定产品的交易秩序等。

**四、模式归属**

由上文可见，英国的司法鉴定制度经历了剧烈的并且伴有反复性的改革。从改革的方向上，英国的司法鉴定改革趋势明显地向集中方向发展。当下英国的司法鉴定管理模式是统一的、开放的，在管理主体上有对司法鉴定进行统一管理的行政机关，在管理方式上有统一的登记注册制度，在技术标准上有统一的行业标准和认证认可，同时，又将司法鉴定作为一项社会公共服务产品推向市场，适应市场经济模式，注重培育司法鉴定机构的市场化和社会化，推进其在市场经济条件下以主体身份进行竞争，开放运营；同时，政府较少采用直接的管理方式，多采用宏观管理的方式。政府通过确立与行业协会的密切关系，由后者来微观管理，避免鉴定市场失灵，保障司法鉴定的客观公正、规范有效。

## 第四节　两大法系国家司法鉴定管理模式发展动态及前瞻

正如前文所指出的那样，司法鉴定管理模式受到诉讼模式、审判方式以及证据制度的影响，在不同的法系和国家显示出明显的差异性。但是在当今全球化的大潮流大趋势下，各国纷纷以诉讼公正、民主与人权等普世价值为目标开展司法改革，两大法系在诉讼模式等方面不可避免地发生了趋同现象，也影响了司法鉴定管理模式的发展趋势。

英国在当事人主义诉讼模式之下，为防止鉴定人收取当事人过多的佣金以致其在法庭上罔顾事实发表对当事人有利的证言，逐渐强调鉴定人对法院的责任。如 1999 年颁布的《民事诉讼法》第 35.3 条规定：专家证人有责任在涉及其专业领域的问题上向法庭提供帮助；专家证人对法庭的这种责任优先于其对聘请他或者向他支付费用的当事人所担负的任务的义务。《英国专家证人指南》第 2 条也称，专家证人的职责为：一是专家无论诉讼胜负，提供独立的意见；二是专家仅就对当事人争议至关重要的事项以及其专业领域内的事项提供意见；三是专家在发表意见时，须考虑发表意见时的全部重要事实；四是专家对重要事项的意见如有改变，不论意见改变的原因如何，皆应立即告知指示方当事人。法学理论也认为，“专家证人的职责在于帮助法院解决纠纷，专家证人必须向法庭提供客观的、无偏见的意见，而法庭也必须通过各种方式向专家证人说明这一点。”所谓客观公正的意见是指，鉴定人在为一方当事人作证时所陈述的意见不应当受到雇用当事人的影响。

同时需要注意到的是，近年来，传统的大陆法系国家也越来越多地认同英美法系主要国家对司法鉴定的定位，承认司法鉴定的性质是法律服务，为法庭提供法律服务的产品。2001 年 1 月的《欧盟国家统一刑法典（草案）》，更是因循英美法系的传统，规定了“专家证人”而不是大陆法系传统上一贯所称的“司法鉴定人”，充分反映了欧盟国家包括典型大陆法系代表性国家如法国、德国在内，在司法鉴定观念问题上与英美法系传统的融合。

因此尽管有许多的不同，我们也可以从上文的研究中得出大陆法系和英美法系国家司法鉴定管理体制的一些共同特点：

**一、司法鉴定管理权是司法行政权的一个重要组成部分**

除英国没有司法部、由司法大臣办公室和内政部共同管理司法鉴定外，其他主要国家都是由司法部来负责管理。

**二、政府行政管理和行业自律管理互为补充**

在英美法系国家，自律管理为主，政府管理为辅，近年来，加大了政府管理的力度；在大陆法系国家，政府行政管理更为明显。

**三、管理方法和内容**

管理方法包括制定政策、标准等规范性文件，如制定统一的技术标准和鉴定程序，制定司法鉴定执业分类标准等。管理内容包括：对鉴定人的管理，如对鉴定人统一资质条件，实行职业资格制、执业证书制、注册制和名册制等；对司法鉴定机构的管理，如对鉴定机构实行统一的资质等级管理和执业许可证制；对实验室的管理，如对实验室实行质量控制管理，由国家定期认证和建立国家数据库等。

总之，司法鉴定管理模式的确立是一个动态的发展过程。在不同法系的国家，这个过程及其结果自然是有差别的；即使是在同一法系的不同国家，由于受不同的历史发展阶段、法律文化传统、国情等因素的影响，管理模式也不尽相同。但其中总是有些共同的规律可以总结。回顾两大法系司法鉴定发展的历史，展望两大法系相互融合的发展趋势，可以将司法鉴定管理模式的发展分为循序渐进的五个阶段：①行政管理为主的阶段，在司法鉴定体制尚处于发展初期、行政管理不可或缺的时期，无论从理论上还是从世界主要代表性国家的司法鉴定管理的实践上，由司法行政机关作为司法鉴定管理机构都是有其合理性和必然性的；②行政管理手段为主，行业自律手段为辅的全面协调阶段；③行政管理与行业管理并重，行政领导与行业自律并举阶段；④司法行政机关进行宏观调控、行业组织自行具体管理为主的阶段；⑤行业自治管理阶段。

以上第五阶段高度依赖于社会公德、职业道德水平和信用体系的建立和实行，是司法鉴定体制发展的最高目标，目前，各国司法鉴定管理体制的发展程度都未到达这一境界。

考察比较各国司法鉴定管理模式的改革和发展，不难得出一个明确的规律性结论：具体倾向于采取哪一种司法鉴定管理模式，不但要考虑一国法律文化传统与司法体制，而且要考虑是否有助于解决当前所面临的最主要的问题，是否有助于解决当前的最主要的矛盾，需要以发展的眼光考虑是否符合司法鉴定的基本规律，是否符合法治建设的方向和人权保障的要求。

第四章

# 国内相关行业管理模式的比较与借鉴

司法鉴定管理体制改革目前处于建产立制打基础的第一阶段，由多头分散管理转为相对集中的统一管理，其管理体制和管理机制需要不断改进和完善。相对而言，注册会计师、执业医师和律师、公证行业发展相对比较成熟，已经建立了相对完善的管理体制和管理机制，探索出了行政与协会相结合的管理模式。在建立完善国家和社会治理体系的推动下，进一步改革和完善我国司法鉴定管理模式，需要结合实际需要，借鉴吸收其他行业的办法和经验，以促进司法鉴定管理模式的建立和完善。

## 第一节　相关行业管理模式概况

### 一、相关行业管理模式的分类

1. 从有无法律的授权来看，可分为有法律授权的管理和无法律授权的管理。管理建立在一定的权力之上，有些管理是基于法律授予某一管理主体一定的权力，通过管理主体行使管理权力达到管理的目的，这类管理属于有法律授权的管理。相反，有些管理是基于管理对象对权利的让渡，也有基于社会习惯而形成，即管理对象自愿加入某一组织成为会员，在成为该组织会员的同时也就意味着要接受该管理主体的管理，比较典型的当属行业协会的自律管理。财政部门依据《注册会计师法》对注册会计师的管理，卫生行政部门依据《执业医师法》对执业医师的管理，司法行政部门依据《律师法》、《公证法》、《人民调解法》对律师、公证员、人民调解员的管理，都属于有法律授权的管理。

2. 从管理权力行使主体的类型来看，可分为行政权力管理型、社会权力指导型和行政权力与社会权力两结合管理型。由国家行政机关依法进行的管理属于行政管理，它是一种国家职能，是国家行政组织对社会公共事务的组织管理，包括国家行政部门本身事务的组织管理。它以国家政权为基础，以国家职能为内容，以国家法律为依据。社会权力管理是由公共部门、私人部门之外的第三方非营利部门，依照行业章程或法律法规的规定所行使的管理。但是，在经济社会高速发展的今天，单一的行政权力管理或社会权力管理，都无法避免其本身固有的弊端，也无法满足社会、行业健康发展的需要。社会行业的发展，既要有行政管理的规范，也要有社会权力管理的约束，尤其是在社会权力管理尚未完全成熟的情况下，行政权力与社会权力相结合的管理模式是符合中国国情的。

3. 从管理的权力集中程度来看，可分为统一管理和分散管理。所谓统一管理，是指根据法律授权只由唯一的政府部门或行业组织来进行集中管理、指导、约束、监督和规范，法律规定之外的其他部门都无权干涉。它能够优化资源配置，保证行业发展的一致性，但难以形成有效的监督机制。与其相对应的就是分散管理，即根据法律授权或法规、规章的规定，由多个政府部门或行业组织分别管理、指导、监督相应管理对象。它有利于行业发展专业化，形成良好的竞争环境，但资源配置不合理、行业发展标准不一致的弊端无法避免。

## 二、相关行业管理的具体职责

### （一）职业资格统一考试制度

目前，我国注册会计师、执业医师和律师、公证员资格都实行了全国统一考试的制度。如《注册会计师法》第7条规定，国家实行注册会计师全国统一考试制度；《执业医师法》第8条规定，国家实行医师资格考试制度，医师资格统一考试的办法，由国务院卫生行政部门制定，医师资格考试由省级以上人民政府卫生行政部门组织实施。2001年最高人民法院、最高人民检察院、司法部共同出台了《国家司法考试实施办法（暂行）》，将初任法官、检察官和律师的职业资格统一为法律职业资格，正式确立了国家统一司法考试制度。2005年第十届人大第十七次会议审议通过的《公证法》，把公证员也纳入了国家统一司法考试范围。

### （二）执业注册登记制度

无论是注册会计师、医师、律师还是公证员，必须通过执业注册登记以后，才能以注册会计师、执业医师、律师和公证员的名义从事法定业务。如《执业医师法》第14条规定，未经医师注册取得执业证书，不得从事医师执业活动。《律师法》第13条也规定，没有取得律师执业证书的人员，不得以律师名义从事法律服务业务。所不同的是，医师、律师与公证员的执业登记由行政主管部门负责，注册会计师的执业注册由注册会计师协会负责，报财政部门备案。

（三）年度审验制度

年度审验制度是指主管机关或社会组织依法按年度对管理对象进行检查，确认管理对象继续经营、执业资格的法定制度，其意义在于加强对管理对象的监督管理，保护其合法权益，规范市场主体的经营行为，促进市场经济的健康发展。注册会计师、律师、医师每年都要接受审验，所不同的是各自审验的部门不同：注册会计师的年度审验由各省级注册会计师协会负责，而律师、医师的审验则由行政主管机关负责。

（四）教育培训制度

注册会计师、律师的职业后续教育都由行业协会负责。注册会计师的继续教育按照统一管理、分级负责的原则，由注册会计师协会制定全国性职业后续教育办法和教育大纲，省级注册会计师协会负责组织实施。执业医师的继续医学教育实行全行业管理，由县级以上政府卫生行政部门对继续医学教育工作进行规划、组织和领导，但具体的培训教育则由卫生行政部门委托并指导、监督其他组织或机构进行。《公证法》没有对公证职业培训作出规定，但司法部《公证员执业管理办法》第27条规定，公证员应当接受由司法行政机关和公证协会组织开展的职业培训。司法行政机关的职责是制定开展公证员职业培训的规划和方案，公证协会按年度制定具体实施计划，负责组织实施。

（五）监督处罚制度

注册会计师行业除了行政监管之外，行业自律监管也比较完善，建立了谈话提醒制度、诚信档案制度、自律惩戒制度、执业质量检查制度等。行政管理与行业管理相结合的管理体制在注册会计师、律师行业已经确立，协会在日常监督中发现问题，可根据相关行业规范作出处理，对违法违规的执业行为，可提请行政主管部门进行处罚。

## 第二节 相关行业管理模式的比较

### 一、总体比较

（一）共同点

以上行业管理模式的共同点在于：一是都确立了行政管理与行业管理相结合的管理制度；二是都有相对比较完善的管理制度，职业资格获取、执业资格注册、执业行为监管、执业质量检查、职业后续教育等环节，都建立了一系列规章制度，尤其是律师和公证同属司法行政部门主管，这两个行业管理体制大致相仿；三是职业资格通过统一考试取得，经历了一个逐步统一的过程，如《注册会计师法》、《律师法》颁布实施之前，注册会计师资格和律师资格的取得方式有考试和考核两种，《执业医师法》颁布后的过渡期内也是卫生行政部门认定与统一考试并存，《公证法》之前的公证员直接由司法行政机关任命；四是执业必须取得两证，即资格证和执业证；五是必须接受职前教育和职业后续教育；六是机构必须经过年度审验，接受审验部门的监督和审查等。

（二）不同点

1. 执业注册主管部门不同。注册会计师的执业注册由行业自律组织即省级注册会计师协会负责，接受行政主管即财政部门的监督；医师、律师与公证员的执业注册一直由行政主管部门即卫生行政部门和司法行政机关负责。

2. 执业注册的行政级别不同。医师由县级以上人民政府卫生行政部门负责，律师由省级司法行政机关审核并颁发执业证书，公证员由国务院司法行政部门任命、省级司法行政机关颁发执业证书。

3. 职业后续教育的组织实施不同。注册会计师、律师、公证员的职业后续教育都由其行业组织即协会组织实施、检查考核，而医师的后续教育则由卫生行政部门委托、指导、监督，接受卫生行政部门继续医学教育领导机构的指导、检查和质量评估。

4. 年检（校验）期不同，执业注册会计师、律师的执业资格一年一检，执业医师的执业资格不需年度检查。

**二、行业组织的产生与发展**

注册会计师协会、律师协会的产生与发展都有以下三个前提：

1. 行业协会是社会生产力发展到一定阶段的产物，并随着社会生产力的发展而发展。在市场经济条件下，社会分工越来越细，社会经济关系日益复杂化、多样化，但效益与效率又要求系统化、整体化，市场主体之间的沟通、协调、监督就显得越来越重要，于是有了产生以此为职能的行业协会组织可能性。

2. 在市场经济中，政府、中介服务机构都是市场主体，政府与中介服务机构、中介服务机构与中介服务机构之间都需要打交道，因此出现了一些政府“不该管、管不了、管不好”的问题，行业协会的产生又有了必然性。

3. 随着我国加入WTO和国际经济一体化的发展，不同国家的市场经济要求接轨，按国际惯例办事，借鉴成熟的行业协会自律管理机制，参与国际市场的竞争，又有其紧迫性。

对于司法鉴定行业而言，以上三个条件都已经具备。

**三、行业组织的主要职能**

通过比较分析注册会计师协会、律师协会和公证协会的章程，可将这三个行业协会的基本职能归结为八项：

1. 代表职能。代表本行业全体会员的共同利益。

2. 沟通职能。作为政府与会员之间的桥梁，向政府传达会员的共同要求，同时协助政府制定和实施行业发展规划、产业政策、行政法规和有关法律。

3. 协调职能。制定并执行行规、行约和各类标准，协调同行业之间的执业行为。

4. 监督职能。对本行业产品和服务质量、竞争手段、经营作风进行严格监督，维护行业信誉，鼓励公平竞争，打击违法违规行为。

5. 公正职能。受政府委托，进行资格审查等。

6. 统计职能。对本行业的基本情况进行统计、分析并发布结果。

7. 研究职能。开展对本行业国内外发展情况的基础调查，研究本行业面临的问题，提出建议、出版刊物，供会员和政府参考。

8. 狭义的服务职能。如信息服务、教育与培训服务、咨询服务、举办展览、组织会议，等等。

**四、行业组织与政府主管部门之间的关系**

在我国，大部分行业协会一方面受政府委托，承担了一部分行政管理的职能；另一方面，作为民间团体，又具有行业协会组织的职能。它不属于政府系统，但也不是纯粹的民间社团组织，作为政府委托的“法定机构”，实际上具有半官半民的性质。注册会计师协会、律师协会和公证协会成立之初，其领导都是由业务主管部门的行政领导兼任，这种由行政领导兼任行业协会领导的模式，对于推动协会发展壮大、树立协会形象、扩大协会的社会影响都起到了很大的作用。但是因协会具有这样的性质，行业协会对重在管理还是重在服务区别不开，从而失去了真正意义上的“民间性”，而部分行业协会则偏重于为政府服务，和政府部门的关系过于密切，甚至变相成为政府部门的一个内设机构，“一个处室就是一个协会，两块牌子需要用哪个就用哪个”。由此可见，我国现阶段的大多数行业协会是依附于政府的，并不是一个独立的组织，实际上是政府行政职能部门的延伸。政府和行业协会的关系有很大成分是定位在“隶属”而不是“指导、合作”，实际上仍是以行政管理为主，业务主管机关所拥有的诸多权力远非“宏观管理”可以囊括，“两结合”的管理体制因行政管理和行业管理的不平衡而难以真正实现。

## 五、行业协会的法律定位

### （一）协会是社会团体法人，是行业性自律管理组织，独立承担责任

《注册会计师法》、《律师法》和《公证法》都有类似相关规定。如《注册会计师法》第 4 条规定，注册会计师协会是由注册会计师组成的社会团体；中国注册会计师协会是注册会计师的全国组织，省、自治区、直辖市注册会计师协会是注册会计师的地方组织。《执业医师法》第 7 条规定，医师可以依法组织和参加医师协会。《律师法》第 43 条规定，律师协会是社会团体法人，是律师的自律性组织。《公证法》第 4 条规定，中国公证协会和地方公证协会是社会团体法人，公证协会是公证业的自律性组织。

### （二）行业的从业人员必须入会

这一要求原因有二：一是法律有明文规定，《注册会计师法》第 33 规定，注册会计师应当加入注册会计师协会。同样，根据《律师法》第 45 条，律师应当加入所在地的地方律师协会，同时是全国律师协会的会员。二是注册会计师由注册会计师协会进行执业注册、颁发注册证书、年度注册，所以，要成为注册会计师必须加入会计师协会。

### （三）会员并不限于执业人员

注册会计师协会的个人会员有执业会员和非执业会员之分，但律师协会的个

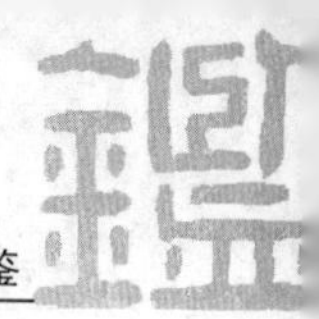



人会员则必须是执业律师。医学会的个人会员范围就比较广泛，在医疗卫生学科领域内有一定影响的人，包括执业医师、医学专家学者、卫生行政部门的领导等。已经成立的部分省市司法鉴定行业协会的个人会员范围与医学会类似。

**六、协会的组织形式**

（一）组织上的纵向层次构架

注册会计师和公证协会分两级：一是全国性协会，即中国注册会计师协会和中国公证协会；二是省、自治区、直辖市注册会计师协会和公证协会。律师协会除中华全国律师协会和省、自治区、直辖市律师协会两级以外，设区的市也可以设立地方律师协会。

（二）业务上的监督指导关系

下级协会接受上级协会的业务指导，协会接受同级业务主管部门和民政部门的监督指导。无论是注册会计师协会，还是律师、公证协会，下级协会必须接受上级协会的业务指导。如《中国注册会计师协会章程》第5条第9项规定，中国注册会计师协会负有“指导地方注册会计师协会工作”的职责。而各省注册会计师协会章程则有“本会依法接受中国注册会计师协会和××省财政厅、审计厅的监督、指导”等。《中华全国律师协会章程》第4条规定，律师协会接受同级司法行政部门的监督和指导，下级律师协会接受上级律师协会的指导。医学会作为一个学术性社会团体，还要接受科技主管部门的监督指导，其机关或办事机构挂靠在同级卫生行政部门。

（三）行业管理权的来源

应该说，注册会计师、律师协会的权力有法律授权与会员让渡两种来源。最高权力机构为会员代表大会，会员代表大会选举产生理事会作为会员代表大会的执行机构，对会员代表大会负责。理事会选举产生协会会长、副会长、秘书长和常务理事会。

## 第三节　我国司法鉴定他律与自律结合管理机制的展望

**一、基础分析**

（一）司法鉴定基本属性和行业特点是司法鉴定行政部门与行业协会相结合

管理机制的本源

根据《决定》第1条的规定，司法鉴定是指在诉讼活动中鉴定人运用科学技术或者专门知识对诉讼涉及的专门性问题进行鉴别和判断并提供鉴定意见的活动。该定义揭示了司法鉴定既不是司法行为，也不是行政行为，而是一种运用科学技术或专业知识为诉讼活动提供技术保障和专业服务的特殊的司法证明活动。同时，司法鉴定具有法律属性，鉴定机构和鉴定人的产生必须依照国家法律，鉴定启动和鉴定程序必须依法执行，鉴定项目、鉴定标准、鉴定方法必须经过法律的认可，鉴定意见本身就是法定证据之一。可以说，司法鉴定是法律性与科学性的统一，司法鉴定活动既要遵守司法活动的程序和准则，也要遵循科技工作的规律、要求和标准，这种双重属性决定了司法鉴定的发展方向、管理制度和管理机制：科学属性要求司法鉴定的管理必须依靠相关行业协会。由于司法鉴定行业的多样性，行政管理机关工作人员不可能全面掌握所有行业的管理知识和技巧，行业技术方面的管理需要依靠行业协会或专业委员会来进行指导，实现专家管专家、技术管技术。法律属性要求行政机关从鉴定主体资格、鉴定启动、鉴定结果采用、违法行为查处等方面，协调出台相关政策措施予以保障。

（二）明确司法鉴定机构和鉴定人的法律地位是他律和自律相结合管理模式的前提

司法鉴定体制改革之前，司法鉴定机构设置不合理，这种不合理主要体现在鉴定机构不独立。我国司法鉴定机构的设置曾独具特色，是半个世纪以来的司法实践中自然形成的部门分设体制，主要是公安机关、人民检察院、人民法院为了侦查、检察和审判活动的需要分别建立的鉴定组织体系，还有经国家批准的少量高等院校、科研机构和专业单位成立的社会鉴定机构及行业鉴定机构。这种结构体制导致司法鉴定机构不可能有独立的法律地位，而是隶属于司法机关或特定的科研机构与专业单位。尤其是隶属于司法机关的格局，弊端十分明显，容易产生许多有违程序公正的情况，这无疑降低了鉴定结论的权威性、正当性和可信性，破坏了司法中立原则。《决定》第8条规定，各鉴定机构之间没有隶属关系；鉴定机构接受委托从事司法鉴定业务，也不受地域范围的限制。这样，司法鉴定机构从司法机关及有关机构中分离出来，取得了独立的主体地位，实行单一化运作，解决了鉴定机构的独立性问题。鉴定活动是一个科学分析、检验和判断的过程，科学性是其本质属性，同时司法鉴定又是一种具有程序正义性的诉讼活动，

鉴定的程序必须符合现代程序法治的精神，能够体现司法公正的要求。这就不仅要求鉴定人在客观上必须运用科学的方法和手段，借助科学和仪器设备，进行科学分析和推理，而且还要求鉴定人必须保持中立。鉴定机构和鉴定人的独立、中立的法律地位，是司法鉴定行政管理与行业协会自律管理的前提。

（三）司法鉴定机构和鉴定人的权利义务是他律与自律相结合管理模式的内容

《司法鉴定人登记管理办法》设专章规定了司法鉴定人的权利和义务。鉴定人的权利包括：一是了解、查阅与鉴定事项有关的情况和资料，询问与鉴定事项有关的当事人、证人等；二是要求鉴定委托人无偿提供鉴定所需要的检材、样本；三是进行鉴定所必需的检验、检查和模拟实验；四是拒绝接受不合法、不具备鉴定条件或者超出登记的执业类别的鉴定委托；五是拒绝解决、回答与鉴定无关的问题；六是鉴定意见不一致时，保留不同意见；七是接受岗前培训和继续教育；八是获得合法报酬；九是法律、法规规定的其他权利。鉴定人的义务包括：一是受所在司法鉴定机构指派按照规定时限独立完成鉴定工作，并出具鉴定意见；二是对鉴定意见负责；三是依法回避；四是妥善保管送鉴的检材、样本和资料；五是保守在执业活动中知悉的国家秘密、商业秘密和个人隐私；六是依法出庭作证，回答与鉴定有关的询问；七是自觉接受司法行政机关的管理和监督、检查；八是参加司法鉴定岗前培训和继续教育；九是法律、法规规定的其他义务。无论是司法行政机关对司法鉴定的行政管理，还是司法鉴定行业组织的自律规范，归根到底就是要确保司法鉴定机构和鉴定人正确行使鉴定权利，认真履行法定义务，这是两结合管理模式的主要内容。

## 二、管理模式涉及观点的争鸣

理论界关于司法鉴定管理模式问题主要有三种观点：一是因司法鉴定的特殊性和重要性，在相当长一段时间内，仍要坚持行政管理；二是改革将司法鉴定推向了社会，司法鉴定机构更多的转化为社会中立的组织，适应行政体制改革的需要，应尽快转为行业组织管理；三是既要坚持行政管理，也要坚持行业协会自律管理，应走行政管理与行业管理相结合的管理模式之路。

在司法鉴定体制改革过程中，中央已经明确提出要建立行政管理与行业管理相结合的管理体制，司法部作为司法鉴定主管机关的地位已在两个登记管理办法中作了明确规定。行业管理是鉴定转化为社会机构以后的管理发展方向，但是目

前改革的现状是，除了侦查机关所属鉴定机构外，仍有一部分鉴定机构由国有事业单位发起设立，这部分鉴定机构和鉴定人与完全意义上的社会机构还存在很大的差异。建立两结合的管理机制没有争议，但在目前鉴定机构多元化的现实前提下，司法鉴定管理应以行政管理为主、鉴定行业协会自律管理为辅。

## 三、构建司法鉴定相结合管理模式的路径选择和相关背景

### （一）基本思路和所依据的客观环境

建立相结合的司法鉴定管理机制的基本指导思想，是遵循司法鉴定活动本身规律和固有属性，研究、借鉴相关行业相结合管理的经验，结合我国正在进行的审判制度、证据法律制度改革，以提供科学证据为根本出发点，分阶段、有步骤地建立完善。其原因在于司法鉴定管理体制、机制的改革和完善必须在以下基础上进行：

1. 司法鉴定所涉及的行业非常广泛，专业性极强，而无论是注册会计师、医师，还是律师与公证员，其专业性很强，但其业务所涉及的范围并不如司法鉴定宽泛，这就必须要考虑到司法鉴定行业多元化的特点，遵循司法鉴定的本质特点和基本属性。

2. 我国正在进行审判体制改革，完善证据制度，司法鉴定本身就是为诉讼活动服务的，鉴定结果本身也是法定证据之一，所以，应特别强调司法鉴定管理制度与审判制度、证据制度相衔接，建立一个能够为诉讼提供科学客观证据的管理机制。

3. 司法鉴定管理刚从各自为政的分散管理模式改革为司法行政部门统一管理模式，改革本身是一个不断深化和循序渐进的过程，如何建立有效的两结合管理机制本身是改革的一部分，需要一个过程，要分步骤、分阶段逐步建立、完善。

### （二）目前影响相结合管理机制的主要因素

1. 法律依据不充分。《决定》本身内容不具体暂且不说，其中也没有建立两结合管理机制的条款，更没有明确司法鉴定行业协会的法律定位，仅中央转发的《关于司法体制和工作机制改革的初步意见》提出了司法鉴定要实行行政管理和行业管理相结合的管理机制。司法部两个登记管理办法虽然明确了司法鉴定实行行政管理和行业管理相结合的管理机制，司法鉴定行业协会依法进行自律管理，但与注册会计师、律师协会的法律定位相比，其效力不足。

2. 司法鉴定行业组织体系不健全。截至 2013 年 12 月，全国已有 28 个省（区、市）成立了司法鉴定协会，约 200 多个设区的市也成立了司法鉴定协会。但全国性的司法鉴定行业协会还没有成立，各省协会缺乏上级协会的指导，这与司法鉴定事业的发展要求不相适应，与两结合管理机制的客观要求也不符合。

3. 司法鉴定管理关系还没有完全理顺，统一管理体制尚未完全形成。司法鉴定行业应当包括司法鉴定整个行业，行业管理应当包括侦查机关所属鉴定机构和鉴定人，但目前全国真正统一的鉴定管理体制尚未建成，侦查机关自行管理所属鉴定机构、鉴定人，其鉴定机构和鉴定人并非行业协会的会员，司法鉴定行业还是未能形成统一的自律规范和执业准则。

（三）科学构建我国司法鉴定相结合管理模式

1. 赋予司法行政机关和司法鉴定人协会法律地位是前提。《决定》虽有对司法行政机关主管鉴定人和鉴定机构登记管理工作的授权，但其条款过于简单，法律用语也有含糊其辞的地方，致使统一管理的目标形同虚设。此外，《决定》的 18 条并未涉及相结合管理的相关规定，更不用说司法鉴定行业协会的法律地位。鉴定行业的发展，需要各方面的保障，制定内容详尽的司法鉴定法，是司法鉴定体制改革最强大的推动力和最坚强的支持力，也是巩固改革成果的重要方式。目前，制定司法鉴定法具备现实基础：一是诉讼法修改为立法预留了立法空间；二是《决定》未能涵盖司法鉴定管理的全部内容；三是诉讼法分别修订难以保证鉴定规则完全协调一致。在立法中要明确司法行政机关的唯一主管地位，明确主管司法行政机关的纵向构架。此外，要在立法中明确相结合管理机制，明确司法鉴定行业协会的法律地位和纵向构架以及行业组织的权限。这是建立有效的相结合管理机制的前提。

2. 重新确定行业组织与政府部门的关系是基础。目前仍需要加快行政管理体制改革，建设服务型政府，加快推进政府与市场中介组织分开，凡是行业组织通过自律能够解决的事项，除法律、行政法规另有规定外，行政机关不应干预。可以看出，政府把培育和发展行业协会摆上了议事日程，这也是行业协会发展与完善的一次重大机遇。在构建司法鉴定相结合管理模式过程中，要把握好以下三点：

（1）要准确定位政府与行业协会的关系。政府与行业协会是相互依赖、合作的关系，行业协会是独立于政府的一种社会中介组织，是平等的法律主体。协

会是按照《社会团体登记管理条例》依法在民政部门登记成立并运行的民间组织，它不属于政府，政府也不能干预行业协会的内部事务。由于行业协会是政府与市场主体之间的桥梁和纽带，所以，行业协会可以影响政府，它有权力参加政府制定行业发展规划、行政法规和法律的活动，同时，也有义务协助政府贯彻实施这些政策法规；政府也可以委托行业协会完成某种任务，同时政府也应放弃强制手段，转向通过提供优惠政策扶持行业协会，这些优惠可包括管理职能的适当下放、政策支持、参政议政和提供资金支持等。另外，行业协会违反政府法令开展违法活动的，登记管理机关可根据《社会团体登记管理条例》有关规定，给予相应的处罚；构成犯罪的，依法追究刑事责任。

（2）要加快行业协会社会化的进程。行业协会只有保持社会性，才能更好地发挥其协助党和政府推动经济发展、管理社会事务的作用，实现行业协会社会化。这就要求行业协会的组织机构必须由行业内的权威人士组成，政府官员应逐步退出协会领导机构。

（3）政府要重点培育和发展行业协会。政府职能部门要按照合理布局、优化结构、提高质量的要求，研究制定行业协会的发展规划，有重点地培育和发展行业协会，并给予行业协会必要的优惠政策和资金上的支持与帮助，同时还要加强对协会负责人的培训和管理，正确引导，充分发挥行业协会对社会事务的参与和民主监督作用。

3. 合理划分司法鉴定行业组织与司法行政机关行政的管理权限是关键。司法鉴定“两结合”管理是指登记管理机关（即司法行政部门）的行政管理与行业协会自律管理相结合的管理机制。这种机制的基本内涵是依据《决定》的规定，统一建制，分工负责，衔接有序，功能整合。通过两结合管理，实现法律规范、行政规范、技术规范的协调一致，直接管理与间接管理的有机组合，政府行政管理与协会自律管理的有机结合。

（1）确定分工协作的管理制度。司法行政部门作为司法鉴定的主管部门，面对的是纷繁复杂的种种专门性问题及技术鉴定机构，要对其进行人、财、物及技术等方面的全方位的直接管理是不可能的。司法行政部门对鉴定机构、司法鉴定人的管理，只能是宏观的、间接的管理。这种管理应该包括三方面内容：一是鉴定机构及其人员的准入；二是对司法鉴定活动的指导与监督；三是通过制定统一的活动准则、技术标准、操作规范，建立规范有序的鉴定工作秩序。司法鉴定协会作为司法鉴定行业组织，内设专业委员会对鉴定业务工作进行指导具有可能性和针对性。

（2）科学界定司法行政机关与司法鉴定行业协会的职责，明确各自的管理内容与责任。这不仅是建立科学的司法鉴定管理体制的题中应有之义，而且是保障司法鉴定事业健康发展的内在要求。只有明确司法行政部门和司法鉴定行业协会各自管什么、怎么管，才能保证各自在职责范围内履职尽责。

司法行政机关在司法鉴定管理工作中的职能应包括以下七个方面：①制定司法鉴定工作发展规划和司法鉴定机构设置规划并组织实施；②依法进行司法鉴定机构和司法鉴定人的登记工作；③编制和公告司法鉴定人和司法鉴定机构名册；④对司法鉴定机构的司法鉴定活动和司法鉴定人的执业活动实施管理和监督；⑤对司法鉴定机构和司法鉴定人违法从事司法鉴定业务的行为进行调查和行政处罚；⑥协同有关部门制定司法鉴定收费标准；⑦协同有关部门制定和实施司法鉴定人专业技术职务评聘制度。

司法鉴定协会行使的职能应包括以下九个方面：①调查和研究司法鉴定行业改革、发展和管理的共性问题，向政府部门提出政策和立法方面的意见和建议；②开展司法鉴定行业市场、发展等方面的调查、分析，参与制定我国司法鉴定行业发展规划；③参与制定、修改全国司法鉴定行业的政策、标准、规程、管理办法，参与制定司法鉴定市场规则，协调相关主体间的关系，维护公平竞争，依法保障会员的合法权益，调处会员执业活动中发生的纠纷；④制定并监督实施会员奖惩办法；⑤组织开展鉴定人诚信等级评估、鉴定质量评估、鉴定机构资质评估，开展鉴定业务交流活动和继续教育培训，提高会员执业技能、执业水平和管理水平；⑥组织国际司法鉴定技术协作和技术交流，发展与国外司法鉴定行业协会的关系和信息交流；⑦对会员遵守司法鉴定行为准则情况进行检查和监督，对被投诉会员进行处理；⑧负责会刊及有关书刊、资料的编辑、出版、发行工作；⑨行业主管部门委托行使的其他职责。

4. 分阶段、分步骤是建立司法鉴定相结合管理机制的必由之路。如前所述，司法鉴定体制改革是一个循序渐进的过程，需要分阶段、分步骤进行，司法鉴定相结合管理机制的建立，应分为三个阶段逐步实现：第一阶段是改革初期，要以行政管理为主。因为司法鉴定体制改革需要自上而下，为了避免和减少改革过程中出现的问题，在改革初期，加强行政管理是必要的。在这个阶段，可在部分省

市先行试点成立行业协会，积累行业自律管理经验。第二阶段是改革中期，改革基本框架确定，改革大的目标基本实现以后，应逐步由单一的行政管理向行政管理与行业管理相结合的方向发展，并在相当长的时期内实行司法行政机关宏观管理为主、司法鉴定行业协会自律管理为辅的两结合管理机制。第三阶段是改革末期，在改革目标已经实现，各项改革措施全部落实，管理体制完全理顺以后，逐步过渡到司法行政机关宏观管理与司法鉴定行业协会自律管理并重的管理模式。

5. 成立司法鉴定行业协会是建立相结合管理机制的现实需要。相结合管理机制的主体是司法行政机关与司法鉴定行业协会，成立司法鉴定行业协会是建立相结合管理机制的现实需要。司法鉴定行业协会不仅只担负行业协会的例行职责，如创办刊物，总结交流鉴定经验和技术，组织鉴定业务培训，开展对外交流与合作等，还可以担负起行业监督的职责，保障鉴定人依法执业，建立健全行业规范，开展执业质量检查等。鉴定行业协会成立以后，对违反职业道德和执业纪律的行为进行调查与惩戒，可以大大减轻行政管理机关的负担。行业协会可组织专家制定各专业鉴定细则，以使鉴定制度尽快完善，从根本上解决鉴定标准和鉴定程序的统一问题。

在协会成立之初，可由司法行政主管部门的领导进入协会领导机构，待协会走上正轨后，行政领导再逐步退出协会领导机构，选举鉴定人代表出任协会领导职务。协会成立之初的经费由司法行政部门拨付，鉴定行业协会的组织形式可借鉴注册会计师协会、律师协会的模式，协会内部结构应有会员代表大会、理事会、常务理事会和秘书处（或办公室）。会员代表大会是协会的最高权力机构，每届举行一次，职权为：制定、修改协会章程；选举协会理事；讨论决定协会工作方针和任务；审议、批准协会理事会的工作报告；审议、批准协会的会费收支报告；其他应由会员代表大会行使的职权。理事会由会员代表大会选举产生，职权为：召开会员代表大会；选举协会常务理事会成员；选举协会领导成员；推选或聘请协会常设办事机构领导成员；增补或更换协会理事；审议协会常设办事机构职能部门的设置；审议、批准协会常设办事机构的年度工作报告；审议、批准协会常设办事机构的年度会费收支报告；其他应由理事会办理的事项。常务理事会于理事会闭会期间行使理事会职权。秘书处为协会常设办事机构，由秘书长主持工作，对协会理事会负责。此外，根据司法鉴定专业需要，全国和省级协会可以设立若干专业委员会和专门工作委员会，全国协会还可以设立会员部（发展、管理会员）、业务调研部（针对行业发展进行调研并向管理部门提出意见和建议）、培训部（开展教育培训）和国际交流部（开展对外交流与合作）。

（四）完善司法鉴定相结合管理模式的具体构想

1. 科学设定相结合管理机制的纵向组织层级架构。目前，司法鉴定机构不仅设在设区的市，一些机构已经设在县（市），按照属地管理的原则和司法鉴定机构网络实际，笔者认为相结合管理机制中的行政管理层级主要可分为国家、省、设区市等三级架构。司法部提出了建立健全省市管理机构，全国部分省市也根据《决定》和部门规章，委托了市州司法行政机关管理部分事项，部门规章也规定了司法行政机关的监督检查职责，由所在地司法行政机关对鉴定机构进行监督更加符合中国国情，律师业行政管理纵向架构中也包括县级司法行政机关。不同层级的管理机构所管理的内容应各有侧重，司法部重在行使司法鉴定的宏观管理和行业指导职能，省级司法行政部门重在按司法部关于司法鉴定管理工作的要求落实好，市州司法行政机关主要是根据委托授权负责具体的监管工作。总体来说，国家级的管理是宏观的、间接的，省、市的管理是微观的、具体的。

鉴定行业协会可分全国鉴定行业协会和地方鉴定行业协会，其中地方鉴定行业协会包括省级鉴定行业协会和设区的市级鉴定行业协会，地方鉴定行业协会及其会员，同时也是全国鉴定行业协会的会员。当然，由于司法鉴定的特殊性，有些设区的市本身鉴定机构和鉴定人就不多，也没有必要成立协会，他们可直接加入省级鉴定行业协会。

2. 进一步完善司法鉴定相结合管理的方式方法。行政管理主要体现在准入、监管、淘汰三方面，具体而言，司法鉴定行政管理主要有三种方式：

（1）制定规范，为鉴定机构和鉴定人提供执业准则，主要应包括鉴定管理规范、鉴定程序规范、技术标准规范、操作规范、执业行为规范、职业道德规范、执业纪律规范等。由于司法鉴定是利用某行业的专门知识与法律规范为司法工作服务，这就要求司法鉴定的规范既要体现行业的特征，又必须符合诉讼法律规范对鉴定工作的要求。司法鉴定规范的这种双重性，决定了司法鉴定规范的制定离不开行业协会的配合。行业协会应当根据司法鉴定工作的需要，为司法行政部门制定司法鉴定规范提供行业技术标准、行业操作规范、行业要求等，使司法行政部门能够在此基础上，根据诉讼活动的要求制定出科学的、符合实际的司法鉴定规范，使其更具针对性和可操作性。

（2）加强管理，建立稳定、规范的司法鉴定工作秩序。一是准入，根据司法鉴定人员多专业、多学科的特点，在适当条件下，可以采取分大类统一考试的方式，只有通过统一资格考试的人，才能具备鉴定人的法律资格；二是执业注册，借鉴注册会计师、执业医师、律师、公证员管理的有益经验，取得司法鉴定人职业资格证书的人员必须经省级以上司法行政机关注册登记，取得执业证书后才能在登记注册的鉴定机构和执业类别范围内从事司法鉴定活动；三是司法鉴定人名册编制公告制度，所有取得鉴定人执业证书的人，都要在国家司法部设立的专门名册上进行登录，法院在诉讼活动中需要委任鉴定人就某一专门性问题进行鉴定时，应当优先从司法鉴定人登记名册上选择鉴定人；四是日常监管，可参考注册会计师行业，建立诚信档案制度、自律管理制度、年度检验制度、执业质量检查制度、继续教育制度以及鉴定机构资质等级管理制度。

（3）建设政治过硬、技术精湛的司法鉴定队伍。鉴定机构和鉴定人获得司法行政部门颁发的许可证和执业证后，应在司法行政部门核准的范围内从事司法鉴定活动。由于这些机构与司法行政部门没有隶属关系，加之受司法行政部门工作方式所限，司法行政部门对其从事司法鉴定活动的情况，尤其是违法违纪的情况不能及时了解和掌握。而行业协会对此了解的渠道更为直接，掌握的情况更为具体，因此，对鉴定机构、鉴定人违法违纪情况的调查、处罚更需要行业协会的配合与支持，这样才能保证司法行政部门更加准确地掌握情况，依法行使处罚权，及时解决鉴定队伍中存在的问题。

3. 转变行政管理方式。司法行政部门对司法鉴定的管理应是以宏观性的管理和间接管理为主，即抓“准入、准出”以及政策导向、外部协调等工作，其他工作则应由司法鉴定行业协会来负责。作为司法鉴定行业组织，司法鉴定行业协会加强行业自律管理，应以以下四种方式为主：

（1）培训。加强对司法鉴定人的培训，全面提高司法鉴定人的素质，是司法鉴定行业协会的重要职责。然而司法鉴定种类繁多，且司法鉴定人作为行业鉴定人其所在的行业协会也承担着对行业鉴定人的培训职能，这就使得司法鉴定人协会与各行业协会的职能发生了交叉。在司法鉴定事业刚刚起步的今天，司法鉴定人协会应当把主要精力集中在司法鉴定事业最需要的地方，对司法鉴定人培训的重点应当是司法鉴定职业道德、司法鉴定程序等方面，而对司法鉴定人的执业技能培训可以由其本行业协会负责。当然，司法鉴定领域的某些专业如果还没有组建行业协会或该行业协会对鉴定人的执业技能培训力度不够，司法鉴定人协会还是应勇于承担起对司法鉴定人执业技能培训的职责。

（2）维权。作为司法鉴定人之家，维护司法鉴定人的合法权益是司法鉴定行业协会应当履行的职责之一。对发生在鉴定人与鉴定机构之间以及相互之间的纠纷，需要由行业组织进行调处。协会的维权职能不仅体现在保障会员合法权益上，还应体现在对违反职业道德和执业纪律的会员的惩戒上。

（3）行业规范。对司法鉴定缺乏统一、规范的管理，是目前导致司法鉴定“暗箱操作”、“幕后交易”以及多头鉴定、重复鉴定等现象发生的重要原因之一，对司法鉴定工作实行规范化管理是实现司法鉴定事业健康有序发展，消除恶性竞争的根本保障。由于司法鉴定行业涉及领域众多，且各领域专业性都很强，法律法规不可能面面俱到，司法鉴定行业协会应对各专业领域的具体鉴定行业标准和操作程序作出统一和规范，把司法鉴定事业纳入规范化管理的轨道。

（4）对外交流。积极开展对外交流，有利于开阔视野、取长补短，促进司法鉴定事业的发展。目前，从全国范围来看，司法鉴定工作发展极不平衡，司法鉴定协会大力开展此项工作职能，对推动司法鉴定事业的发展甚为重要。

第五章

# 我国司法鉴定管理模式的现状与检视

## 第一节　我国司法鉴定管理模式存在的问题

针对司法鉴定管理问题，自《决定》颁布以来，司法部为配合《决定》的实施，相继颁布了《司法鉴定机构登记管理办法》、《司法鉴定人登记管理办法》、《通则》、《司法鉴定教育培训规定》、《司法鉴定文书规范》和《司法鉴定协议书（示范文本）》等九十多件规章制度。目前，全国各司法厅局均已成立专门的司法鉴定管理机构并配置了相关的管理人员。司法部还颁布了《司法鉴定机构基本仪器设备配置标准》，要求凡是新审批的鉴定机构都要符合规定，对已经准入的要限期达标。地方司法鉴定管理部门还通过政策引导、典型示范、制定相关配套制度等方法来加强管理。目前司法鉴定管理模式的改革正在稳步展开、有序进行，效果是显著的，但司法鉴定管理模式的确立是一项长期的工作，任重而道远，依然存在需要解决的问题。

### 一、法律规定比较原则与认识分歧

虽然就宏观层面而言，《决定》在一定程度上起到了统一司法鉴定管理的指导作用，但由于对于一些基本规定认识不一致、理解上有差异，各主体在实践中仍存在着“自设职权”、“自我授权”、“各自为政”的局面。而现有的法律法规对作为管理主体的授权规定过于原则，虽然从整体上规定了司法鉴定管理机构和职能，但缺乏具体明确的规定，这就给各部门在行使权力时留下了过大的张力，从而造成了司法鉴定管理难以统一而又恣意的局面。造成这种局面的主要原因有以下三方面：

(1) 各部门对于统一司法鉴定管理模式的目的认识存在模糊地带且难以形成一致意见，在理论上未能对司法鉴定管理模式勾勒出清晰的框架。

(2) 从地方层面而言，与《决定》相配套的管理规定有待细化和加强。《决定》作为改革司法鉴定体制和确定司法鉴定管理模式的法律性文件基本上完成了历史使命，需要进一步通过立法巩固现有的改革成果和深化司法鉴定管理模式的改革。

(3) 目前在一些地区和部门，仍存在侦查职能、起诉职能和审判职能与鉴定职能不分，立法权、司法权和行政权缺位、错位和越位的现象。在执法权、检察权、司法权与鉴定管理权之间存在的冲突和矛盾，严重损害了司法鉴定应有的客观公正、中立合法的本质属性，使鉴定机构和鉴定人缺乏应有的中立地位和独立身份，多头鉴定、重复鉴定屡见不鲜。同时，计划经济体制下形成的部门所有、各搞一套、自成体系的多头管理模式与统一规范管理的客观要求之间存在着尖锐的矛盾。

**二、司法鉴定管理工作实践中的问题**

具体说来，司法鉴定管理在实践中遇到的问题主要集中在几个方面：

1. 在《决定》实施之前就已存在的突出问题未能得到妥善的解决。尤其是司法鉴定制度与现代诉讼制度、证据制度不断发生碰撞与冲突，致使司法鉴定在现代诉讼活动中不断穿梭于“重复鉴定”无价值的恶性循环之中，作为解决诉讼争议的“证据之王”反成为酿造新纠纷的“是非之王”，协助解决诉讼中专门性问题之利反而转化为制约诉讼效率之障。在少数案件中，“打官司”成了“打鉴定”，有些案件因鉴定问题久拖不决，严重影响了当事人的合法权益，影响了司法活动的公正与效率，[1] 致使司法鉴定管理的效率与质量存在一些问题。

2. 当前实践中新遇到的突出问题，如有的司法机关借助采信权进而垄断鉴定委托，以各种名目收取入册费、年检费和个案回扣，人为增加鉴定成本。有的司法机关在面向社会建立司法鉴定名册后，只委托列入其名册的鉴定机构，对于其名册之外的一律不予委托，或对其鉴定意见不予采信，人为制造社会鉴定机构

〔1〕 郭华：《鉴定意见争议解决机制研究》，经济科学出版社2013年版，第2页。

的不正当竞争，造成了鉴定管理秩序的混乱，影响统一司法鉴定管理体制改革的深化。同时，从司法鉴定的管理力量上看，司法行政部门与公检法系统相比，管理人员严重不足，具备相关执业知识和经验的管理人员比较缺乏，所以对司法鉴定机构和司法鉴定人进行业务管理也就存在一定的困难。

3. 司法鉴定机构与鉴定人的外部执业环境存在问题，具体如下：

(1) 司法鉴定的管理与使用之间存在脱节，司法鉴定的委托、取证、质证和采信制度之间缺乏必要的衔接。职能部门之间配合不够，尤其是审判机关和司法行政部门之间缺乏必要的信息反馈和工作协调机制。审判机关掌握司法鉴定机构的具体执业情况，如接受委托的数量、鉴定结论的采信率、出庭质证情况等，也比较了解司法鉴定机构在执业过程中存在的各种问题。但它不是司法鉴定的行政管理机关，不能对司法鉴定机构进行监督管理甚至行政处罚。而司法行政部门作为主管行政机关，对司法鉴定机构和司法鉴定人的具体执业活动了解得不够。

(2) 司法鉴定管理没有跟上司法改革的步伐。在实践中还存在很多问题，如鉴定机构依托挂靠成立，司法鉴定人员多为兼职，其机构和人员的人事管理问题迫切需要解决；有关司法鉴定机构组织代码证的领取、司法鉴定人员的福利待遇及社会保障等问题也缺乏相应的制度和政策保障，不利于司法鉴定事业的发展。因此，要想取得良好的改革效果，需要细化相关制度，加强司法鉴定管理与使用的衔接，建立管理与使用之间相互适应、相互配合、相互协调的衔接制度，司法行政机关应与各司法机关积极协商，达成共识，建立相关机制。

## 第二节　司法鉴定统一管理体制下的管理模式的现状

司法鉴定制度是我国社会主义司法制度的组成部分，其改革与完善是诉讼活动尤其是司法审判工作顺利进行的重要保障，也是建设公正高效的社会主义司法制度的重要保障。《决定》的颁布与实施，契合了人大代表和政协委员多年立法的呼声，进一步将司法鉴定管理体制改革法律化，明确的管理理念、管理内容、管理制度拉开了我国司法鉴定统一管理体制改革的大幕，也为司法鉴定管理模式的调整和重构奠定了坚实的基础。“十一五”到“十二五”期间，是我国经济社会发展的重要时期，也是我国司法鉴定重要的改革与发展时期，在司法鉴定统一管理的实践中，其管理模式主要分为法律授权的统一管理模式、法律授权和政策性授权相结合的双重管理模式、司法鉴定行政主管部门与行业协会相结合管理模式、主管部门与相关部门兼容衔接管理模式。

**一、法律授权的统一管理模式**

“十一五”至“十二五”期间，作为司法鉴定管理主体的司法行政机关通过不懈努力，逐步建立了司法鉴定三级管理体系；通过加强司法鉴定管理队伍建设，不断强化司法鉴定管理能力与水平；通过架构司法鉴定各项制度，不断建立并完善司法鉴定统一管理模式。至2013年底，司法行政机关的部、省两级司法鉴定管理机构全部设立，约有一半以上的地市级司法局设立了司法鉴定管理处（科），全国地市级司法鉴定业务用房得到财政保障，部分省份设立了县级独立的司法鉴定管理科（室），多数省份的县级司法局设有专职或兼职人员管理司法鉴定工作。以吉林省为例，为更好地对司法鉴定机构进行管理，吉林省政府赋予市（州）、县（市）司法行政机关协助省级司法行政机关履行司法鉴定管理的职能，建立了省、市、县三级管理机制，通过延伸管理触角，明确管理主体与管理客体的责权，保证每个司法鉴定机构所在地都有相对应的管理者，保证司法鉴定活动的顺畅进行。

在管理实践中，司法行政机关通过不断完善司法鉴定制度和管理工作机制，保证管理客体的健康发展。

1. 统一司法鉴定人和司法鉴定机构的准入条件和设立标准、审核登记、名册编制、执业范围、执业责任和权利义务等方面的基本规范性要求，完成了从《决定》实施头两年的以数量规模又快又好地发展，到“十一五”后两年的根据诉讼需求以质量求发展的又好又快地稳步增长的良性转变。可以说，无论从合理利用社会资源，还是从提高司法鉴定人的综合素质上，一个能基本满足司法机关和人民群众诉讼需求的司法鉴定人队伍已经基本形成，从准入管理、质量管理、执业管理、监督管理、教育培训、党建工作等多方面实现了发达地区、民族区域，或是西部地区社会司法鉴定机构和司法鉴定人良性管理模式的全覆盖。

2. 按照《决定》规定，优先保证法医类、物证类和声像资料类司法鉴定机构和司法鉴定人的健康发展，确保在全国范围内满足“三大类”鉴定事项的诉讼需要，夯实司法鉴定发展的基础，同时根据《行政许可法》、地方法规和当地诉讼需求，有条件地适度发展和管理其他类别的司法鉴定活动，确立登记、执业、实施、监督和处罚等基本管理制度，不断推动司法鉴定法制化、规范化、科学化进程，促进司法鉴定全行业健康发展。“十一五”期间，经省级司法行政机关管理的执业类别主要有法医类（含法医病理鉴定、法医临床鉴定、法医精神病鉴定、法医毒物鉴定）、物证类（含文书鉴定、痕迹鉴定、微量物证鉴定）、声像资料鉴定（含电子物证司法鉴定、计算机司法鉴定）、知识产权类司法鉴定、司法会计鉴定、建筑工程类司法鉴定、产品质量类司法鉴定、价格类司法鉴定等，从2006～2010年司法鉴定人和司法鉴定机构完成司法鉴定检案数量呈逐年上升趋势，分别为314 798件、721 910件、897 059件、1 032 357件、1 178 450件，其中2010年三大类鉴定检案数量达到1 043 202件。司法鉴定人积极维护社会公平正义，做到规范执业、廉洁执业和公正执业，司法鉴定业也在保障司法、服务诉讼、解决矛盾纠纷方面提供了“客观公正、科学规范”的技术保障和专业化服务，在参与党委、政府应对处理重大突发公共事件和重大群体性敏感案件中发挥了不可替代的重要作用，赢得了司法机关、人民群众的信赖，司法鉴定社会公信力不断增强，司法鉴定制度功能日益凸显，一个能基本满足司法机关和人民群众鉴定需求的格局基本形成。依据法律规定，为服务司法机关，方便人民群众，司法行政机关已连续8年面向全国统一编制公告《国家司法鉴定人和司法鉴定机构名册》。

**二、法律授权与政策授权相结合的双重管理模式**

“十一五”期间，在中央政法委领导下，司法部积极发挥牵头作用，协调各有关部门，共同推进司法鉴定体制机制改革。根据《决定》和2008年中央政法委《关于进一步完善司法鉴定管理体制违法国家级司法鉴定机构的意见》，司法部先后与国家安全部、解放军总政治部联合印发共同推动司法鉴定统一管理体制的文件，2008年11月，印发了最高人民法院、最高人民检察院、公安部、国家安全部、司法部《关于做好司法鉴定机构和司法鉴定人备案登记工作的通知》（司发通［2008］165号），据此，司法行政机关开始对侦查机关司法鉴定机构和鉴定人进行备案登记工作。基于《关于进一步完善司法鉴定管理体制遴选国家级司法鉴定机构的意见》明确的侦查机关司法鉴定机构和鉴定人实行的八项管理职责，备案登记与许可登记有着实质性的差别，其管理模式可以界定为统一管理体制之法律与政策授权结合的双重管理模式。此类模式中管理主体实际有两个：一是司法行政机关依法律和政策授权履行职能的间接管理，其管理客体是侦查机关所属的鉴定机构和鉴定人，其管理形式是对侦查机关所属的鉴定机构和鉴定人进行统一备案登记，统一编制公告名册；二是侦查机关依本部门法定职能的直接管理，管理客体是侦查机关依据各自职能内设的机构和人员，管理形式与侦查机关内设的其他部室管理形式相同。从实践看，2009～2010年，司法行政机关与国家安全机关和解放军总政治部加强沟通协调，已经完成备案登记工作；检察机关备案登记的是省地级以上的司法鉴定机构和鉴定人，现有鉴定机构300余家，已经基本完成在司法行政机关的备案登记；公安机关备案登记的是省、地、县三级的司法鉴定机构和鉴定人，现有鉴定机构3700余家，目前只有上海、江西已经完成在司法行政机关的备案登记，其他省份正在进行中。

当然，从社会视角来看，备案登记后的侦查机关司法鉴定机构和鉴定人的管理主体依然是法律授权的司法行政机关；从准入角度看，侦查机关需要备案登记的鉴定机构设立、变更条件和鉴定人员的基本条件、鉴定的业务范围应当与《决定》规定相一致；从鉴定活动实施角度看，侦查机关对于其涉及诉讼的司法鉴定检案要适用统一的司法鉴定程序、司法鉴定标准和技术规范、文书规范、出庭规则；从监督角度看，侦查机关对于内设机构的自行监督管理不容置疑，但备案登记后司法行政机关在间接管理中因鉴定涉及的信访与投诉也是实践中需要注意的问题；从统一司法鉴定管理体制来看，备案登记的进步意义在于实现了《关于司法体制和工作机制改革的初步意见》提出的根据侦查工作需要，侦查机关可以保留必要的机构，为侦查工作提供鉴定服务，同时集有限的鉴定资源服务于社会的要求。这种管理模式是司法鉴定主管部门为主、侦查机关相对独立的管理模式。

### 三、主管部门与行业协会相结合管理模式

司法鉴定实行行政管理和行业管理相结合的管理是《关于司法体制和工作机制改革的初步意见》（中发［2004］21号）确立的我国司法鉴定体制改革的目标要求之一，从转变政府职能、减少行政成本、发挥司法鉴定行业自律作用的角度，这种分权式管理模式的两个管理主体对应于相同或者不尽相同的管理内容，既可以发挥两个积极性，也成为今后一个时期司法鉴定管理和行业发展的趋势。针对司法鉴定的行业特点，司法行政机关积极探索司法行政部门的行政管理与司法鉴定协会自律管理相结合的管理机制。全国司法鉴定协会正在筹备阶段，黑龙江、海南、四川、吉林、江西、北京、山西、上海、贵州等28个省市区成立了

省级司法鉴定协会，司法鉴定“两结合”的管理机制已逐步形成，实践中积淀了不少有益的经验。有的明确将相结合管理模式写入了地方立法，如《陕西省司法鉴定管理条例》中明确了行政管理和行业协会自律“两结合”的管理模式，强化行业协会的法律地位，进一步提高了管理效能，完善“两结合”管理体制，吉林省在“两结合”管理实践中探索合理划分权、责、利，即司法行政机关主要在制定政策引导和监督控制上发挥作用，通过资格准入、名册管理、执业监管履行行政管理职责，而行业协会则通过专业和纪律委员会，在技术指导、学术交流、行业维权、教育培训等方面发挥作用；有的通过协会发挥研究制定技术标准、教育培训的作用；有的发挥专家集群优势，通过设立专家委员会，解决重大疑难、特殊复杂问题；有的协助司法行政机关对准入、执业、监督、处罚进行专业评估；等等。这种司法鉴定行业协会与司法鉴定主管部门的分权式的管理模式，就是将属于行政管理的归于行政，如准入、变更、注销或者处罚，执业管理和监督管理、宏观调控等；将属于专业技术领域的归于由专门知识人员组成的行业协会，技术方面的问题由具有专门知识的司法鉴定人作出评估，专业技术标准的设立、行业纪律等，由其确定和谋划。

**四、主管部门与相关部门兼容衔接管理模式**

完善的管理模式的重要标志是其对环境的适应性，而随着我国民事诉讼需求量的逐年增大，吸收和借鉴相关部门好的管理经验的同时，探索统一司法鉴定体制下以司法鉴定主管部门为主，相关部门配合为辅的兼容式管理模式，既是根据职能分工和诉讼需求在社会管理和公共服务中创新统一司法鉴定管理体制机制，也适应了《决定》规定的相对于三大类之外的“商两高”的其他类鉴定事项的动态化管理要求。这种模式涉及的部门和单位应当具有相关专业管理、行政许可管理以及执业资格准入和管理的法定条件，主要有几个方面：

1. 司法鉴定行政主管部门与司法鉴定使用部门相衔接的运行机制，如通过沟通协商，司法行政机关作为鉴定行政主管部门应当主动加强与司法鉴定主要使用部门司法审判机关的沟通与联系，共同建立起管理、使用、监督相衔接的运行机制；进一步规范其他类鉴定事项的管理工作，进一步完善名册管理制度，切实解决“册中册”、“册外册”和多头重复鉴定等突出问题。

2. 司法鉴定行业主管部门与相关行政主管部门相配合的管理机制。通过沟通协商，按照统一司法鉴定管理要求和不同部门的行政管理职能，加强沟通配合，共同规范司法鉴定执业活动，如司法部、中国国家认证认可监督委员会共同在北京、江苏、浙江、山东、重庆、四川开展司法鉴定机构认证认可试点工作，并印发《司法鉴定机构资质认定评审准则》以推动司法鉴定机构的资质能力提高，提升司法鉴定质量；司法部与国家发展与改革委员会共同印发《司法鉴定收费管理办法》以规范司法鉴定活动中的鉴定收费行为；为解决重大疑难、特殊复杂的司法鉴定问题，司法部会同最高人民法院、最高人民检察院、公安部、国家安全部、科技部共同遴选出10家国家级司法鉴定机构，并向社会公布。

3. 司法鉴定行业主管部门与相关业务主管部门相补充的管理机制。针对司法鉴定专业门类广、涉及部门多、社会覆盖面宽的行业特点，主要涉及有关具有执业管理资质的行业协会。大多司法鉴定机构有多个管理主体，司法鉴定人大多数属于“复合资格、二次准入”的，对此通过沟通协商，依据职责分工，多个行业协会共同规范其他类鉴定活动。这种模式主要涉及有关具有执业管理资质的行业协会，其专业技术由行业协会把关，其申请从事司法鉴定活动的机构和人员，具有相关专业技术资格，同时遵循司法鉴定统一的准入标准，在执业活动中遵守司法鉴定统一的鉴定程序规则、鉴定标准、职业道德和执业纪律、培训与继续教育机制等。

这种主管部门与相关部门间有机联合的管理模式，将行业最优资源服务诉讼惠及民众，延伸了国有资源的利用率，通过前置性把关与统一司法鉴定管理的相互配合，共同规范、优势互补，对于整合司法鉴定力量，保证司法鉴定准入质量；对于规范执业行为，保证对司法鉴定执业活动的全程监督和调控；对于专业技术标准在司法鉴定领域的适用和创制，保证司法鉴定质量等功能不可低估，从而为保障司法公正奠定坚实基础。

## 第三节　改革完善司法鉴定管理模式的目标与要求

改革司法鉴定体制的目标是建立统一的司法鉴定管理体制。根据侦查职能、起诉职能和审判职能与鉴定管理职能相分离的原则、鉴定机构的中立地位和鉴定人独立身份的要求，对司法鉴定执业活动的规范管理和监督，应当纳入规范化、

法制化和科学化的健康发展轨道上来。

## 一、建立司法鉴定统一管理体制的基本内容

根据中央改革精神和《决定》，司法鉴定统一管理模式的基本内容主要包括以下几个方面：

1. 统一的适用范围和鉴定主管部门。司法鉴定管理是一项保障和服务于司法活动的行政管理工作，是司法行政工作的重要组成部分。针对多头管理的弊端，《决定》明确规定"国务院司法行政部门负责全国鉴定人和鉴定机构的登记管理工作。省级人民政府司法行政部门依照本决定的规定，负责对鉴定人和鉴定机构的登记，名册编制和公告"。根据规定，司法行政机关对司法鉴定的管理，是代表国家履行法定职责。按照《行政许可法》的有关规定和"谁许可、谁监管、谁负责"、"谁登记、谁管理"的原则要求，司法鉴定管理又是一种全行业、全过程和动态化的管理。除法律规定的例外情况，凡是从事《决定》第1条规定的司法鉴定活动的，均属于调整的范围。

2. 统一的准入管理要求。司法鉴定机构和司法鉴定人实行统一的准入标准、准入条件和准入程序。

3. 统一的名册管理要求。主要包括审核登记、名册编制和统一公告制度，如编制和管理《国家司法鉴定人和司法鉴定机构名册》，供司法机关和公民、组织、法人选用。

4. 统一的执业活动监督管理要求。主要包括司法鉴定人负责制度、司法鉴定人出庭制度、司法鉴定人回避制度、司法鉴定的收费办法等内容。

5. 统一的技术管理方面的规范要求，如实施程序、技术标准和技术规范等方面的内容。

6. 统一的权利、义务性要求。如《决定》明确规定了鉴定人的权利、义务和法律责任，明确要求鉴定机构及鉴定人在执业活动中，应当遵守法律、法规，遵守职业道德和执业纪律，尊重科学，遵守技术操作规范等四项法定义务。

7. 统一的违规处罚要求。

8. 统一的鉴定管理工作要求。

建立统一司法鉴定管理体制的预期：一是通过准入管理、名册管理、执业管理和监督管理，维护正常的鉴定秩序和执业环境；二是通过组织制定和颁布统一的道德规范、行为规则和行业要求，规范管理行为和鉴定行为；三是通过统一规

范鉴定程序、鉴定方法和鉴定标准，保障司法鉴定机构的中立地位、司法鉴定人的独立身份、司法鉴定程序的公开公平和司法鉴定行为的客观公正。

**二、建立司法鉴定统一管理体制的预期**

体制改革的目标大体可分为工作层面、制度层面和价值层面，三者共同构成一个统一的整体，服从系统的最高目标。

1. 建立统一司法鉴定管理体制的工作预期是明确鉴定范围和管理部门，统一准入条件和标准，规范执业活动，维护鉴定秩序，不断提高司法鉴定的公信力和可靠性，逐步解决鉴定过程中的突出问题和管理中的混乱状况。

2. 建立统一司法鉴定管理体制的制度预期是通过依法科学配置司法权和司法行政权，合理确立诉讼活动中各诉讼参与机关的鉴定管理职能、任务和分工，理顺国家管理与侦查机关的部门管理、技术主管部门的业务管理、行业组织的自律管理之间的管理关系，在司法鉴定管理和使用之间建立起制度化的有机衔接，最终构建起有中国特色的、适应诉讼需要的、符合宪政要求的、统一的司法鉴定宏观管理模式。

3. 建立统一司法鉴定管理体制的价值取向是适应和满足诉讼活动尤其是公正司法、及时裁判的需要，保障当事人的诉讼权利，为打击罪犯和保障人权，实现司法公正、提高司法效率、树立司法权威，最终维护公平正义、社会稳定和构建和谐社会服务。在法治国家中，公民的诉权是一项宪法性权利，被称为“第一人权”，鉴定权是公民诉讼权利的一项重要内容，通过制度规定保障当事人鉴定权利的实现，是司法鉴定管理模式的基本任务之一。

**三、构建统一管理模式的制度框架**

《决定》确定的统一管理模式的基本框架与中央“建立统一的司法鉴定管理模式”的目标是一脉相承的，二者共同构成一个统一的整体。建立统一的司法鉴定管理模式是《决定》的基本要求和法律底线，其基本的框架体系如下：①司法鉴定机构及司法鉴定人的准入制度；②国家法定的司法鉴定机构和司法鉴定人名册管理制度；③司法鉴定执业类别规范管理制度；④司法鉴定活动实施程序、技术标准和操作规范制度；⑤司法鉴定执业活动监督、检查和评价制度；⑥司法鉴定机构内部规范管理制度；⑦司法鉴定收费管理制度；⑧司法鉴定人继续教育制度。

除此之外还需注意三个视角：

（1）行业管理的视角。通过组织、制定、颁布统一的行业规范、行业要求和行业标准，以求规范管理行为、鉴定行为、鉴定程序、鉴定方法和鉴定标准，最终保证中央确定的目标实现。

（2）登记管理的视角。对司法鉴定机构和司法鉴定人的登记管理是一种具体的行政许可行为，《决定》规定只有司法行政机关具有这一职能，具体管理包括准入管理、名册管理、执业管理和处罚管理，这四项在《决定》和经国务院批准、司法部颁发的两个登记管理办法中都有明确、具体规定。

（3）依法行政的视角。这是指要在现代司法理念指导下，实现依法管理、依法办事和依法行政的统一；要转变传统管理观念，从直接管理向间接管理转变；管理的手段要从单一的行政管理手段向多元（政策、制度、技术）管理手段转变，要在分工专业化和鉴定资源有效配置的背景下，充分发挥政府管理与社会管理、自律管理相结合、相配合的作用。

## 第四节　构建司法鉴定统一管理模式的制度设计

所谓统一管理是指，在主体上统一于一个主体，客体上应涵盖所有鉴定机构和鉴定人，在对象上包括所有诉讼鉴定活动，在主客体关系上，统一于相同的法律规定、行政规章、技术规范等。具体说来改革完善司法鉴定统一管理模式的制度设计和基本要求有：

### 一、统一管理的主体

要改变以往多头分散管理的状态，建立统一的司法鉴定管理模式，确保管理主体的统一是根本前提。管理主体的统一体现在建立中央、省、市三级司法鉴定管理主体体系。首先，要逐步建立完善部、省、市三级管理体系。根据《行政许可法》、《决定》和司法部颁发的两个登记管理办法，各地正在确定地市一级司法行政机关的管理职责和任务，在此基础上，逐步建立起分级管理、分类指导的三级管理体系：一是要在省市两级建立专门的司法鉴定管理机构并配置管理人员；二是要注意加强对县一级司法鉴定机构的管理，避免由于司法鉴定管理机构设在省、市两级而出现的管理缺位和鞭长莫及的情况，切实保护广大人民群众的利益。其次，要处理好新时期减政放权的改革要求与司法鉴定统一管理之间的关系。要做到在两者兼顾的同时又要保障司法鉴定管理过程的高效、流畅和规范，不仅需要明确三级司法鉴定管理机关职责，而且省一级单位要在司法部司法鉴定管理局的统一领导下，认真履行《决定》和《司法鉴定机构登记管理办法》、《司法鉴定人登记管理办法》中赋予省级司法行政机关的职责，切实发挥承上启下的作用。

**二、统一管理的范围**

法医类、物证类和声像资料鉴定是司法鉴定中最为常见的鉴定种类。司法鉴定涉及的专门性问题十分广泛，将诉讼中涉及的各类鉴定事项全部纳入登记管理范围不现实也不可能。对此，《决定》规定了授权条款以适应需要。当下司法鉴定管理模式建构的关键是尽快将诉讼活动急需的环境污染损害类司法鉴定、会计类司法鉴定、知识产权类司法鉴定、电子数据类司法鉴定、建设工程类司法鉴定、产品质量类司法鉴定、食品药品类司法鉴定、道路交通事故类司法鉴定、医疗损害类司法鉴定和价格类司法鉴定等逐步纳入统一管理的范围。《决定》实施后，纳入司法行政部门编制的《国家司法鉴定人和司法鉴定机构名册》的司法鉴定机构和司法鉴定人，成为合法的鉴定主体。凡是纳入统一管理范围的鉴定事项，未经司法行政部门登记的法人、组织和个人不能从事司法鉴定活动。统一编制和公告司法鉴定人和司法鉴定机构名册，是建立统一的司法鉴定管理范围的核心要求之一，是司法行政部门登记管理工作的重要组成部分，也是司法鉴定机构和司法鉴定人依法从事司法鉴定活动的形式依据。总体来说，主要包括审核登记、名册编制和统一公告制度，主要是编制和管理《国家司法鉴定人和司法鉴定机构名册》，供司法机关和公民、社会组织、法人选用。

关于侦查机关的内部管理。根据《决定》的相关内容，人民法院系统不再设立司法鉴定机构，而作为鉴定体系主要构成部门的侦查机关依然保留了内设的鉴定机构，并且由于相关规定尚未出台，侦查机关鉴定的管理问题有必要在司法鉴定管理模式的建构中拿出来单独探讨。目前针对侦查机关鉴定是否应当纳入统一司法鉴定管理范围理论界和实务界依然存在着不同看法，造成这种争论的原因在于对《决定》第 3 条的理解不同。《决定》第 3 条规定："国务院司法行政部门主管全国鉴定人和鉴定机构的登记管理工作。省级人民政府司法行政部门依照本决定的规定，负责对鉴定人和鉴定机构的登记、名册编制和公告。"可见该条

并无侦查机关鉴定不属于司法鉴定统一管理的例外规定。对于侦查机关是否应纳入统一的司法鉴定管理范围，有鉴定例外说，即认为侦查机关鉴定不属于司法鉴定，司法鉴定是独立于侦查鉴定和司法机关之外的鉴定，所以侦查机关鉴定不应列入统一登记的范围；还有侦查机关鉴定属性更名说，即在保持侦查鉴定机构原有的精锐力量的前提下，对侦查机关鉴定进行事业改革，使其成为事业单位或者法人组织，从而纳入统一登记管理的范围内；另有"侦查机关鉴定初次鉴定不受限制说"、"不得重新参加鉴定说"，等等。这些学说各持己见、各执一词。针对侦查机关在鉴定中的地位和需要，在构建司法鉴定统一管理模式中对于侦查鉴定应当注意如下几点：一是目前国家安全机关司法鉴定机构与鉴定人登记管理总体上符合《决定》规定，同时又很好地兼顾了国家安全工作的特殊需要；二是在现阶段侦查机关的鉴定工作实行本部门直接管理与司法行政机关的行业管理相补充的机制；三是刑事侦查和司法鉴定中的一些特殊鉴定事项，例如光盘生产源鉴定等事项，应本着服务群众、满足诉讼需要的原则，可由最高人民法院、最高人民检察院、公安部、国家安全部和司法部联合发文作出规定。

**三、统一鉴定程序**

《通则》的颁布使得统一鉴定程序又前进了关键的一大步。鉴定程序的统一是法律程序与技术程序的统一，即鉴定的启动程序、实施程序和质证程序的统一。

（一）应赋予控辩双方平等的申请权

党的十八届三中全会决定明确提出完善司法人权保障制度，而作为诉讼权利重要组成部分的鉴定权如何予以保障是当前急需解决的突出问题。有学者主张：将司法鉴定事项的决定权一律赋予法院行使，而不再由公检法三机关各自独立享有。也有学者倡导："引进英美法系的对抗制精神，规定控辩双方均可自由委托鉴定人而无须法官批准。"[1] 从程序公正和诉讼效率的角度看，笔者认为，在《刑事诉讼法》修改中，应赋予控辩双方平等的申请权，如果当事人对鉴定无权介入和了解，那么即使这种鉴定结论正确，也难以令当事人接受其作为定案根据，真正做到"案结事了"。因为缺乏制衡和监督的权力本身就是滋生不公正的根源，当然也就不可避免地引起当事人的疑虑。对此，有的实务界人士担心，当

〔1〕 樊崇义、陈永生："公正：司法鉴定制度改革与完善的最高追求"，载《中国司法鉴定》2002 年第 1 期。

事人可以随便委托鉴定，部分当事人就会通过不同机构多次鉴定，直至拿到其认为有利的鉴定结果。[1] 我们认为，当事人享有的仅仅是司法鉴定程序的申请权，其并不能主导司法鉴定活动。司法鉴定人依法独立进行鉴定，既不对当事人负责，也不对司法机关负责，而是对科学、对法律、对案件事实负责。因此，其鉴定意见可能是双方当事人都不想要的。

（二）应当统一规范重新鉴定的法定条件和鉴定次数

《通则》第29条规定，下列情形成为重新鉴定的理由：一是原鉴定人不具有从事原委托事项鉴定执业资格的；二是原司法鉴定机构超出登记的业务范围组织鉴定的；三是原司法鉴定人按规定应当回避而没有回避的；四是委托人或者其他诉讼当事人对原鉴定意见有异议，并能提出合法依据和合理理由的；五是法律规定或人民法院认为需要重新鉴定的其他情形。这一规定为我们统一申请重新鉴定程序提供了基础，但我国司法实践中存在一个重要问题即重新鉴定申请权的无限制行使导致同一问题反复鉴定，鉴定结论之间的矛盾不仅无法排除，而且益发复杂。反复重新鉴定不但没有必要，而且会造成司法资源的浪费。有学者认为，成立由全国各鉴定领域权威专家组成的专家委员会，规定重新鉴定不得超过3次。如果诉讼过程中原鉴定结论符合启动重新鉴定的条件，则当事人和司法机关均可启动重新鉴定，如果重新鉴定的结论与原鉴定结论不一致，当事人或司法机关可以再次进行重新鉴定，如果再次的重新鉴定结论又出现分歧，则由司法机关决定提请专家委员会进行会诊。专家委员会的组成人员包括：全国范围内的该领域的权威专家，以及作出前三次结论的鉴定人。对于专家会诊后如果意见一致则终结鉴定，如果意见有分歧则应在鉴定书中注明，但是不能再进行鉴定。这样对同一个专门性问题进行鉴定的次数限制在4次。对于争议鉴定结论适用的原则应是由法官通过对各方鉴定人出庭质询进行裁定适用。[2]

（三）司法鉴定实施程序统一的关键在于保持鉴定机构在诉讼中的独立地位

《决定》第7条规定："侦查机关根据侦查工作的需要设立的鉴定机构，不得面向社会接受委托从事司法鉴定业务。人民法院和司法行政部门不得设立司法鉴定机构。"该规定撤销了法院的鉴定职能，迈出了鉴定中立的第一步，但依然保留了侦查机关的鉴定机构。在过渡时期，这种保留有一定的合理性，但从发展

〔1〕 徐红平："从法医学鉴定谈《决定》及司法鉴定体制改革"，载《中国司法鉴定》2006年第1期。
〔2〕 郭金霞："'多头鉴定、重复鉴定'问题探析"，载《中国司法鉴定》2005年第5期。

方向看，确立独立于国家机关的司法鉴定机构是构建科学司法鉴定管理模式的关键。另外，统一的司法鉴定实施程序应当规范当事人的参与权利，包括当事人在司法鉴定实施过程中的知情权，鉴定机构的披露义务、风险告知义务和特殊事项司法鉴定实施时的在场权，以切实保护当事人的诉讼权利。此外，在保证鉴定人依法独立执业的同时，应当打破司法鉴定过程的神秘色彩，在不影响司法鉴定工作正常进行的前提下，公开司法鉴定过程，这既是程序公正的要求，又是制约不正当交易，确保司法鉴定结论的科学性、可靠性、可信性与权威性的必然趋势。

（四）司法鉴定质证程序的统一

1. 确立保证鉴定意见真实性的证据规则，鉴定人参与诉讼的目的在于弥补法官认识能力的不足，协助查明案件事实，其作用与一般证人无异。

2. 与我国近年的审判方式改革相适应，法律应明确规定鉴定人出庭接受双方询问和质证的义务，否则该鉴定结论不能作为定案根据，并规定一系列确保鉴定人出庭的配套制度。

3. 确立保证鉴定结论正当性的非法证据排除规则。由于鉴定意见是鉴定人就案件中的专门性问题进行分析判断得出的认识，其认识也可能受到各种人为干扰，因此，对于非法鉴定结论同样应纳入非法言词证据的范畴，一旦查实属于违法取得即应排除。当然，仅仅规定排除非法鉴定结论是不够的，还需要建立非法证据排除程序，包括当事人的申请程序、辩论审查程序及救济程序等。[1]

## 四、统一行业鉴定标准

1. 司法鉴定机构、司法鉴定人实行统一的准入标准、准入条件和准入程序是司法鉴定管理模式改革的重点内容。司法鉴定意见是否符合客观真实的要求，不仅取决于是否严格遵循法定的正当程序和诉讼要求，而且也取决于是否符合科学技术的规律和要求。统一的司法鉴定技术标准，是指在司法鉴定活动中，针对特定的鉴定事项所制定的统一的必须遵循的标准化方法和具体操作程序。[2] 只有依照法定的鉴定程序、法定的鉴定对象、法定的鉴定标准所得出的司法鉴定意见，才能称得上是一种独立的法定证据，才具有较高的证明效力。因此，建议尽快制定司法鉴定的统一技术标准，为作出正确的司法鉴定结论提供一个科学的衡量尺度。在《决定》出台后、我国司法鉴定的统一管理模式已现雏形的今天，

〔1〕 杨郁娟："程序正义理念与司法鉴定制度重构"，载《中国司法鉴定》2005 年第 5 期。

〔2〕 纪念："论我国司法鉴定的统一管理"，载《中国司法》2005 年第 9 期。

由司法行政部门牵头组织建立全国统一的司法鉴定技术标准体系已成为可能。

2. 制定统一的司法鉴定标准是一项系统工程，但可以根据实际情况制定出司法鉴定标准立法的总体规划，先易后难、分批分期、积极稳妥地按步骤制定。比如，人体轻重伤、轻微伤鉴定标准等一些部颁标准，在总结过去多年的司法鉴定实践经验教训的基础上，对其中一些不具体、不明确、难以准确理解和把握的规定，进行修改、补充、完善以后，以法律或法规的形式重新颁布，作为国家标准统一实施。对于还没有颁布标准的司法鉴定种类，如法医物证、电子数据等领域以及其他学科领域的司法鉴定标准的制定，可以在总结过去多年司法鉴定实践经验教训的基础上，同时借鉴国际技术标准进行科研、探讨和科学论证，制定出符合我国司法鉴定实际的标准，在试行的过程中不断完善，然后以法律或法规的形式颁布，作为国家标准统一实施。

**五、实现全行业、全过程、动态化的统一管理**

1. 《决定》赋予了国务院司法行政部门司法鉴定登记管理的职能，这是一种跨部门、跨地区、跨阶段的社会管理，具有全行业、全过程、动态化的特点。首先，它要求司法鉴定管理主体以和谐、集中、高效作为取向，采用科学的管理手段，本着对科学负责、对法律负责、对人民负责的态度，尽可能整合司法鉴定资源，避免管理模式改革中人为增加不必要的成本，对全局进行统筹协调，所谓“司法鉴定统一管理模式的构建是一盘全国一起走的大棋局”，就是这个意思。其次，要在优化现有的工作流程的基础上，进一步发挥信息化手段在司法鉴定管理模式构建中的重要作用，借助司法鉴定本身的科研优势，构筑信息化的司法鉴定管理体系，尤其针对市、县一级的司法鉴定管理，要做到及时应对新问题、新情况，同时保证对司法鉴定各个层级的政务公开、接受人民群众的监督。最后，要集思广益，认真听取来自各个行业、各个层面对司法鉴定管理模式构建的意见和批评，取长补短，尤其是对一些既具有创新性又切合当下司法鉴定管理实际的意见要积极采纳，并加以推广。

2. 完善行政管理和行业管理相结合的管理机制，这既是社会经济发展和公共管理社会化的客观需要，也是建设有限政府、法治政府、责任政府和依法行政的必然要求；既是转变政府职能，履行公共管理和公共服务职能的需要，也是充分发挥行业协会等社会组织在公共管理方面的作用，真正实现政事分开，不断增强社会自主管理能力的需要和行业自身发展的内在要求。建立司法鉴定行业组织，其目的是制定、履行行业规范和完成司法行政机关委托的职能，真正做到行业自律规范，实行“技术归专家、管理归行政”、“诉讼归司法”。具体而言，应当发挥四方面作用：

（1）修订、完善各鉴定分类的鉴定标准和程序指引等行业规范，为司法鉴定机构的依法执业提供支持。

（2）依托各分类的专家或资深从业人员组建司法鉴定人协会下属的相应专业委员会，释疑解惑，细化行业规范等，起到“专家管专家”的作用。如有关各鉴定机构就同一鉴定业务作出不同的鉴定结论时，相关的专业委员会可进行学术探讨、研究并作出基本结论，供有关部门判决或者仲裁参考。

（3）设置司法鉴定执业风险保险制度，强制投保，缴纳保险金。一旦发生赔偿个案，由保险公司理赔，为鉴定人的依法执业提供保障。

（4）通过制定行业惩戒规则，进一步规范鉴定人的执业行为，把行业自律落到实处，促使鉴定人必须依法执业。[1]

3. 司法鉴定行业组织分为全国司法鉴定协会和地方司法鉴定协会。加入地方司法鉴定协会的司法鉴定人，同时是全国司法鉴定协会的会员。司法鉴定协会根据国家司法鉴定执业分类设立专业委员会。在司法鉴定的行业管理中，专业委员会的作用至关重要。如在司法鉴定人职业资格考试与考核、司法鉴定人执业证书颁发等方面，需要专业委员会从行业角度进行把关；在司法鉴定机构设备检测、资质审查、评估方面，离不开专业委员会的参与；当不同鉴定机构对同一鉴定项目作出不同鉴定结论，法院结合案中其他证据也难以对其进行审查判断时，可借助专业委员会进行评断；专业委员会可以制定各专业领域具体的实施办法，以使司法鉴定制度更加完善；处理鉴定人违纪、违法问题，有时需要由专业委员会对鉴定人是否系故意或过失作出虚假鉴定结论进行鉴别。总之，由于司法鉴定行业领域众多，且各领域专业性均较强，所以，需要在司法鉴定人协会之下设立专业委员会，来处理司法鉴定管理中专业性较强的问题。[2]

4. 省一级协会目前可以通过司法行政机关委托或授权的形式，负责以下工作：①司法鉴定行业职业道德和执业纪律的制定和监督执行；②司法鉴定分类标

---

〔1〕 罗永新、罗纪锋：“从司法行政管理的角度看贯彻《决定》亟待解决的五方面问题”，载《中国司法》2005 年第 10 期。

〔2〕 熊秋红：“我国司法鉴定体制之重构”，载《法商研究》2004 年第 3 期。

准、执业指引及具体程序的组织制定和指导；③司法鉴定人的继续教育（包括初任培训、年度培训等）；④司法鉴定机构和司法鉴定人的年度检验；⑤司法鉴定的学术交流（包括高新科研课题的组织攻关和应用推广）；⑥司法鉴定机构和司法鉴定人的惩戒等，建立鉴定机构、人员的退出机制。[1]

5. 同时，从结构层面而言，鉴定机构作为实施主体，必然有自身的运行模式和管理流程，因此充分发挥鉴定机构的自我管理效应是构建科学化司法鉴定管理模式的支撑和基础，具体说来就是用程序化、科学化、制度化来控制鉴定机构的自身管理和运作，通过对每一个鉴定环节、每一位鉴定执业人的自我规范来实现鉴定机构的规范运行。实施鉴定机构自我管理，一方面要求鉴定机构内部规则的规范化并得到良好的贯彻落实，另一方面，它要求鉴定机构建立起先进的、符合国家标准的质量管理体系。另外，鉴定机构还应当确立内部独有的执业考评办法，对本机构内的司法鉴定执业人员进行规制和管理，对执业人员的执业操作进行约束。

改革完善司法鉴定管理模式不可能“毕其功于一役”，我们要做好长期的准备，秉理性之烛火，持科学之观点，抓住当下的良好机遇，进一步推进建立和完善司法鉴定统一管理模式，这既是挑战，又是机遇，更是责任。

---

〔1〕 罗永新、罗纪锋：“从司法行政管理的角度看贯彻《决定》亟待解决的五方面问题”，载《中国司法》2005 年第 10 期。

第六章

# 健全完善我国司法鉴定管理模式基本蓝图的架构

## 第一节　我国司法鉴定制度在司法体制和工作机制改革中的定位

### 一、适应建设公正、权威、高效司法制度的价值要求

建设公正、权威、高效的司法制度是社会主义法治建设的目标之一。公正、权威、高效的司法制度能够准确认定案件事实，公平、公正地解决各类民事、经济、行政纠纷，化解社会矛盾，促进社会和谐。在刑事诉讼中准确地认定犯罪事实，依法追诉、打击犯罪行为，保障人权，保障无辜、无罪的人不受刑事追究。因此，司法鉴定制度的建设和改革必须适应、服从建设公正、权威、高效司法制度的价值要求：

1. 司法鉴定制度中的一部分内容本身就是司法制度的有机组成部分，如在诉讼活动中鉴定程序的启动、当事人鉴定权的保障、司法鉴定意见的质证规则、司法鉴定人的出庭、司法鉴定意见的审查判断、采信等，这些制度的改革等同于诉讼制度、审判方式和证据规则的改革，应当是以诉讼制度、证据制度的基本价值取向为改革目标，如程序正义、人权保障、证据裁判、准确认定案件事实等。

2. 作为诉讼制度组成部分之外的司法鉴定制度，如司法鉴定机构和司法鉴定人员设置制度，司法鉴定的行政管理制度则需要通过一系列创新和改革，为公正、权威、高效司法制度的建立提供保障、支撑和服务，这种保障、支撑和服务是依靠科学、准确、权威、高效的司法鉴定活动和司法鉴定意见来实现的，而高

效、准确、权威的司法鉴定需要通过深化和加强司法鉴定的行政管理和司法鉴定的体制设置来实现。

**二、满足诉讼制度、审判方式和证据规则改革的要求**

20 世纪 90 年代以来，随着国家改革开放的深入，我国的刑事诉讼、民事诉讼、行政诉讼三大诉讼制度中的审判方式、证据规则以及与之密切相关的法官制度、检察官制度、律师制度和刑侦体制等都在与时俱进，不断创新各种机制，以适应整个社会经济的快速发展需求、公民个人和单位激增的诉讼需求、新形势下打击犯罪和保障人权、政府管理等方面的需求。公正、权威、高效、准确的司法鉴定活动能够充分发挥其在纠纷解决过程中的定分止争功能，同时预防纠纷的发生。

司法鉴定制度一方面是民事诉讼、行政诉讼和刑事诉讼制度的有机组成部分，另一方面，司法鉴定制度中司法鉴定机构和人员的设置制度、管理制度、实施制度、责任制度都是为诉讼活动提供保障和服务的，改革和完善司法鉴定机构和人员的设置体制、司法鉴定活动的管理、司法鉴定活动的实施制度及责任制度的目的就是要提供客观公正、科学可靠的制度性公共产品——司法鉴定意见，以适应三大诉讼中审判方式、证据规则的改革和完善。

**三、创新社会治理机制、与社会发展相适应的公共服务机制**

国家对社会治理的机制创新涉及方方面面，如何加强和创新对社会的管理，是当前亟须结合司法鉴定制度的进一步改革深入探讨的问题。从整个国家层面来讲，主要应当包括三个方面：

1. 深化司法鉴定的行政管理改革。

（1）通过统一行政管理模式的深化和司法鉴定管理方面改革的加强，真正确立起司法鉴定的全行业、全过程的动态、立体式管理模式。

（2）在统一管理的前提下，通过中观或微观的制度建设和体制创新深化改革，如合理定位政府行政管理和行业自我管理（自律）之间的关系，逐步发挥行业自律的积极作用，弥补政府行政管理可能出现的挂一漏万的不足；协调好司法鉴定的司法行政管理与不同行业主管部门之间的关系；厘清、理顺司法鉴定的行政管理和司法鉴定机构的设置机关对其所属司法鉴定机构及司法鉴定人员管理之间的关系；通过行政管理中的政策引导、投资扶持、认证认可等实现司法鉴定资源的优化配置和司法鉴定水平、质量的不断提高。

（3）在对司法鉴定的行政管理中，通过管理制度创新实现对社会管理的创新，提高司法鉴定管理的质量与效率。

2. 通过深化司法鉴定机构和人员的设置体制改革来创新社会管理机制。

（1）按照司法鉴定活动、司法鉴定机构和司法鉴定人员的本质属性和特征深化侦查机关自己设立的鉴定机构和鉴定人员的改革。司法鉴定活动本质上是一种科学技术活动，作为司法鉴定结果的鉴定意见本身应当具有客观性、准确性，司法鉴定机构和司法鉴定人员的设置体制必须顺应其本质属性，而不能人为地影响或不当扭曲，导致鉴定结果丧失客观性，因此，司法鉴定机构和司法鉴定人员的设置体制应当具有中立性、专业性。

（2）鼓励、支持和发展有特色、有一定实力、满足当地社会经济发展和人民群众生活需要的社会司法鉴定机构和司法鉴定人员。

（3）通过体制改革、强化管理建议，发挥侦查机关自设的鉴定机构的资源优势和技术优势。

3. 深化司法鉴定管理模式向治理模式转换。从管理学的角度讲，司法鉴定制度本身就是一种公共服务制度，提供的是一种公共服务活动，即为社会公众能够便捷使用的司法鉴定产品——司法鉴定活动和司法鉴定意见。为使司法鉴定这种公共服务活动能够适应我国社会的发展，满足刑事诉讼、民事诉讼和行政诉讼的中当事人和国家机关的需要，以及在诉讼之外的鉴定需要，司法鉴定管理制度必须深化体制改革、提升管理的品质。

**四、满足人民群众日益增长的鉴定需求**

随着经济的发展，社会的进步，人民群众的法律意识、权利意识、诉讼意识以及维权意识不断提高，一方面，人民群众对诉讼中的司法鉴定需求必定日益增多，另一方面，在诉讼之外，为预防诉讼，对一些事项的鉴定需求也会急剧增加。据司法部的数据，截至2011年底，司法鉴定的年度检案量已经从《决定》实施前的22万件增长到136.6万件；仅2011年，各类司法鉴定机构就完成法律援助司法鉴定3.1万件。[1] 可以预见，人民群众对司法鉴定的需求还会持续增长，而且，高效、准确、权威、便利的司法鉴定会推动人民群众对鉴定的消费需求。因此，司法鉴定制度的进一步改革，必须满足人民群众日益增长的这种鉴定

---

〔1〕 引自2012年4月23日司法部部长吴爱英同志在全国司法鉴定管理工作会议上的讲话，载《司办通报》2012年5月10日。

需求为此应当做到：一是鉴定收费适中，经济困难付不起鉴定费用的能够得到必要的、有质量保障的司法鉴定援助或司法鉴定费用的适当减免；二是司法鉴定高效、公正、权威，得到委托人和社会公众的认可，具有公信力；三是当事人的鉴定权得到充分尊重和保障；四是优质鉴定资源地域设置合理，委托人实施鉴定所支出的成本费用（除鉴定费以外）适中，如司法鉴定机构、司法鉴定人员、先进的科学仪器设备得到合理、优化配置，城市和农村、经济发达和欠发达地区保持相对的平衡。

**五、适应当代科学技术水平日新月异的发展现状**

司法鉴定活动的科学性必然要求将最新的科学技术原理、方法、技术、仪器设备等运用到司法鉴定活动中，才能使司法鉴定意见更准确、更可靠、更权威。当今世界，是科学技术、信息技术飞速发展的时代，一个国家的司法鉴定制度必须能够将最新的科学技术成果及时引入司法鉴定活动中，使科学技术这一“第一生产力”及时在司法鉴定领域得到转化并发挥作用。

司法鉴定要主动适应当代科学技术水平的发展，从国家层面而言，应当有以下几方面：

1. 对于政府投资设立的鉴定机构加大投入，引进最新的科学设备、器材。

2. 通过加大投入，积极发挥一些社会司法鉴定机构的特色和优势。

3. 建立和完善市场竞争机制，通过竞争推动司法鉴定技术水平的进步，有竞争才有进步，有竞争才能推动司法鉴定机构和司法鉴定人员投入时间、精力、财力研究、开发司法鉴定新技术。

4. 政府应当做好司法鉴定市场竞争的管理者、裁判员，司法鉴定机构和司法鉴定人员之间这种竞争必须得到政府的有效管理和引导，是公平、合理、有序的良性竞争，司法鉴定具有社会公共属性，决不能将利润最大化作为竞争和优胜劣汰的评判标准。司法鉴定行政主管部门应当把握好进入司法鉴定职业的门槛，通过监管严肃查处不合理的竞争行为。

5. 政府主导推广司法鉴定新技术、新原理。大量存在的中小鉴定机构没有实力和能力购买、研发司法鉴定新技术、新原理、新设备、新仪器，但这些鉴定机构作为司法鉴定主体的构成部分，也需要在一定程度上掌握、运用司法鉴定的最新科学技术原理。因此，政府主导司法鉴定新技术、新原理的推广、普及尤为必要，政府司法行政主管部门可通过各种形式的制度化、规范化的培训、考核，

临时性的司法鉴定新技术、新原理的培训、研讨等方式将司法鉴定的新技术、新原理在全国范围内推广、普及，进而在整体上实现司法鉴定科学技术的进步和发展。

## 第二节　司法鉴定管理模式的改革目标和未来方向

### 一、深化司法鉴定体制改革的要求

《决定》从解决制约司法公正和人民群众反映强烈的问题着手，从立法的角度，进一步规范了司法鉴定的管理主体、管理客体、业务范围，规范了诉讼主体、鉴定主体司法鉴定活动中的若干行为规范，进一步明确了司法鉴定的概念，合理划定了《决定》的调整范围，揭示了司法鉴定的本质属性和统一管理体制的基本框架、基本内容，确立了侦查职能、起诉职能和审判职能与司法鉴定管理职能相分离的原则，确立了鉴定机构的中立地位和鉴定人的独立身份，加强了对司法鉴定执业活动的规范管理和监督，其目的就是要将司法鉴定工作纳入规范化、法制化、科学化的健康发展轨道，解决司法鉴定管理中长期存在的体制性问题，确保司法鉴定的科学、权威、客观公正，为诉讼活动和司法公正服务，最终为构建中国特色社会主义司法鉴定制度打下坚实基础，其主要体现在以下方面：

#### （一）理顺管理关系，健全统一登记管理制度

国务院司法行政部门主管全国鉴定人和鉴定机构的登记管理工作，省级人民政府司法行政部门负责鉴定人和鉴定机构的审核登记、名册编制和公告。依据《决定》和司法部制定的《司法鉴定机构登记管理办法》、《司法鉴定人登记管理办法》，申请从事司法鉴定的，经省级人民政府司法行政部门审核登记后，编入《国家司法鉴定人和司法鉴定机构名册》并向社会公告。人民法院和当事人必须在国家司法鉴定名册中委托鉴定机构；未经司法行政部门依法登记、编入名册并公告的机构和人员均不具备依法从事司法鉴定活动的资格，均不得开展司法鉴定活动，其出具的鉴定意见不具有法律效力。在制度上消除了因设立部门不同而在鉴定机构之间造成的诉讼地位、执业条件上的歧视和技术手段、方法上各自为政的壁垒，确立统一的准入条件、统一的鉴定名册、统一的执业分类、统一的实施

程序、统一的技术标准、统一的出庭办法、统一的权利义务、统一的职业伦理和统一的执业责任等基本问题，为逐步形成司法鉴定统一管理的基本架构奠定基础，有利于统筹规划、协调发展，有利于发挥社会优质资源的作用。

（二）实现诉讼职能与鉴定管理职能的分立

侦查机关根据侦查工作需要设立的鉴定机构为侦查工作提供服务，但不得面向社会接受委托从事司法鉴定业务。侦查机关所属鉴定机构和鉴定人备案登记的特殊性超越了法律规定的形式，其正当性和合法性存在不足。司法行政部门在直面现实的基础上，应当严格侦查机关所属鉴定机构和鉴定人备案登记管理程序，完善外在的责任形式，从而消除备案登记时统一司法鉴定管理体制可能带来的影响。[1] 在此方面，有些地方性法规已经进行规范，如《陕西省司法鉴定管理条例》确立了司法行政部门对备案登记的侦查机关的司法鉴定人和鉴定机构的监督管理职能。[2] 由于司法审判、检察与司法行政尚未分离，有序的司法鉴定局面难以形成。在鉴定结论质证方面，审判机关明显缺位，而在司法鉴定机构和人员管理方面，审判机关明显越位，尤其是市场经济优化配置资源的机制在司法鉴定领域未能发挥应有的功能，致使统一协调、相互配合、相互制约、高效运行的司法鉴定体制难以形成。完整的司法鉴定运行体系包含司法权力、行政权力、当事人权利、鉴定人权利等相互联系、相互影响的四个方面。这四个方面相互配合、相互制约，共同承担着维护司法公正与提高司法效率的任务。因此，司法鉴定管理的司法行政原发性职能，决定了对司法鉴定进行管理是司法行政机关义不容辞的责任，其应构建司法鉴定管理职能与诉讼职能相互衔接的机制。

（三）保障司法鉴定人依法独立执业制度

司法鉴定人应当依法、独立、客观、公正执业，对鉴定意见负责并在鉴定书上签名或者盖章。多人参加鉴定并对鉴定意见有不同意见的，应当注明。在诉讼中，当事人对鉴定意见有异议的，经人民法院依法通知，鉴定人应当出庭作证，接受质证并回答与鉴定有关的询问。鉴定人出庭对存有疑问或争议的鉴定意见进行解释、说明并接受质证，有助于消除当事双方对鉴定意见的疑虑，弥补法官在

---

[1] 郭华："侦查机关所属鉴定机构和鉴定人备案登记问题的探讨"，载《中国司法鉴定》2009 年 1 期；"侦查机关内设鉴定机构的负面影响与消解"，载《现代法学》2009 年第 6 期。

[2] 参见武文宽、台建林："陕西确立司法行政部门可监督管理侦查机关司法鉴定人——具有备案登记权和监督管理权"，载《法制日报》2010 年 11 月 2 日。

相关专业知识上的不足，为公正司法、及时裁判提供保障。

司法鉴定统一管理体制与中央关于司法鉴定体制改革的精神一脉相承，是党的政策的制度化、法律化，司法鉴定制度改革应当推进改革不断深化。

**二、进一步推动司法鉴定的规范化、法制化和科学化建设**

十八届三中全会确立了“深化司法体制改革，加快建设公正高效权威的社会主义司法体制”的改革目标。司法鉴定管理体制的深化也应当围绕改革目标，适应建立公正高效权威的社会主义司法制度和人民群众日益增长的诉讼需求，进一步推进司法鉴定规范化、法制化、科学化建设，建立统一规范、科学合理、运行高效、监管有力的司法鉴定管理体制，具体内容主要体现在以下方面：

1. 建设高素质的司法鉴定队伍和高资质、高水平鉴定机构，加强鉴定机构规范化建设，基本建成布局合理、结构优化、开放运行、社会共享、适应需要和持续发展的司法鉴定体系。如 2013 年国家级司法鉴定机构遴选委员会按照国家级司法鉴定机构遴选办法的有关规定，再次对 2010 年 9 月遴选产生的十家国家级司法鉴定机构进行了资质审核，认为这十家机构的相关资质条件均符合《国家级司法鉴定机构评审标准》，同意继续授予这十家机构“国家级司法鉴定机构”的称号。为了努力打造出一支国内一流、国际领先的司法鉴定行业的“国家队”，下一步要继续推动国家级司法鉴定机构的各项建设，力争在内部管理、队伍建设、仪器装备、质量管理、技术研发等方面再上新台阶，不仅如此，更要在总结经验的基础上完善对这十家鉴定机构的管理，探索对不同鉴定机构的管理模式。

2. 建立形成法律、行政和技术规范相互衔接，统一规范、覆盖司法鉴定整个执业过程的执业规范体系。如目前需要规范的环境类司法鉴定技术规范等。

3. 完善执业公开机制、执业监督机制、社会监督机制，建成行政、司法、行业和社会监督相结合的司法鉴定执业监督体系。

4. 建设全国司法鉴定科技专家库，建立科技资源共享机制，加强科研工作，建设司法鉴定执业支撑体系。

5. 完善法律制度，建设、发展专项投入和财政保障机制，建立司法鉴定执业保障体系。

**三、构建中国特色社会主义司法鉴定管理模式制度**

从司法鉴定制度的主要内容来看，包括三个大的方面：①司法鉴定机构和司

法鉴定人的设置制度；②司法鉴定的行政管理制度；③与司法鉴定相关的诉讼程序制度。我们认为，从这三个方面出发考察，中国特色社会主义司法鉴定制度的构建应当包含以下主要内容：

（一）构建以中立性和独立性为核心的司法鉴定设置体制

中立性是司法鉴定机构应当具备的基本特征之一，独立性是司法鉴定人应当具备的本质特征之一，因此，中国特色司法鉴定制度应当以中立性和独立性为核心构建司法鉴定机构和司法鉴定人的设置体制。

1. 司法鉴定机构设置的中立性。司法鉴定机构的中立性是相对于诉讼各方参与主体而言，包括公检法各机关和当事人在内，由于司法鉴定意见在很大程度上决定了案件的最终结果，那么进行司法鉴定的主体不能从属于、隶属于诉讼各方参与主体，而是应当保持中立，否则作出的鉴定意见的客观性、可信性就会受到质疑，公信力会严重不足。这是“任何人不得充当自己的法官”这一自然正义、程序公正观的基本要求。中立的基本要求就是，鉴定机构和鉴定人员脱离、不再接受诉讼各方主体的直接领导和管理。2005 年《决定》的主要目的之一也在于此，只是还未到位，保留了侦查机关设置的鉴定机构和鉴定人。近年来，媒体报道了不少这部分司法鉴定机构和司法鉴定人员在刑事诉讼中作出的鉴定意见受到质疑的事件。

鉴定机构的中立性是鉴定意见的判断属性使然，其中立性要求其不隶属于任何诉讼主体以及不依附于任何其他鉴定机构。世界上多数国家的追诉机关（主要是警察机关）设有鉴定机构，致使如何在制度上保障这些鉴定机构的中立性成为困扰立法者的难题。我国司法鉴定制度改革中也存在这一问题，应当给予足够的关注。深化司法鉴定制度改革应当取消侦查机关内的鉴定机构，将其划归不承担诉讼职责的主体来管理。究竟应当由哪些不承担诉讼职责的主体设立鉴定机构，在实践中绝对地禁止侦查机关设立鉴定机构是否具有现实可能性，都是需要探讨的问题：

（1）鉴定机构的设立主体问题。对取消侦查机关的鉴定机构后安排何种主体设立鉴定机构来满足诉讼活动的需要，主要存在着两种思路：

第一，由司法行政部门设立从中央到地方统一的司法鉴定机构。在解决侦查与鉴定相勾连的问题上，建议司法行政机关设立的鉴定机构在侦查机关内部设立派出机构，以便及时地对侦查活动中的某些专门性问题作出鉴定，协助侦查人员

解决在调查收集证据过程中可能面临的专门性问题。这种方案在解决鉴定机构的中立性问题上应当说是切中肯綮的，在一定程度上也能满足侦查的需要。但是，由司法行政部门设立统一的鉴定机构，尤其是设立自上而下的鉴定机构，在实践中极易造成鉴定资源的垄断和鉴定机构自身的行政化，形成鉴定部门的垄断以及基于设立鉴定机构的部门级别来确定鉴定意见效力等级的问题。在侦查机关设立鉴定机构的派出机构固然能够解决侦查的现实所需，但因派出的鉴定机构长期与侦查机关合作与配合，其鉴定意见的可信性仍无法保障。一旦鉴定机构的派出机构出现偏向性，还会因"中立"的外在形式的遮蔽带来比侦查机关自设鉴定机构更加难以防止和纠正的风险。

第二，对设立鉴定机构的主体采用限制性禁止方式，移植英美法系国家的专家证人制度，在鉴定机构的设立上对非禁止的其他主体一概不予限制，由市场自发调节。我国司法鉴定制度改革采取了这一思路，并规定"人民法院和司法行政部门不得设立鉴定机构"以及"侦查机关根据侦查工作需要设立鉴定机构"。除此之外，任何主体均可按照《决定》的条件设置鉴定机构，鉴定机构的设置出现了市场化的趋势。对鉴定机构完全依靠市场来配置的做法，在《决定》实施的5年中暴露出不少问题。有些鉴定机构为了自身经济利益不惜与职权机关或者当事人暗中交易，甚至按照当事人的意愿"定做"鉴定意见，鉴定机构的中立性被实践中的利益因素所吞噬，重复鉴定依然如故。为了应对此问题，中央政法委决定遴选国家级鉴定机关，将来还可能进行省级鉴定机构的遴选。这种做法并不能有效解决鉴定意见的可信性问题。

（2）禁止侦查机关设立鉴定机构的现实可能性问题。侦查机关的鉴定机构是否一概禁止需要进行价值权衡，世界各国在此问题上存在着不同的制度选择：多数国家的警察机关设有鉴定机构，如大陆法系国家的法国有隶属于国家司法警察总局的司法鉴定中心，俄罗斯的侦查机关也有相对完整的鉴定机构；英美法系国家的美国联邦调查局设有犯罪侦查实验室；澳大利亚的国家警察机关亦存在国家司法鉴定研究所。保留侦查机关的鉴定机构具有现实的必要性。从侦查与鉴定的关系来看，有些鉴定事项因涉及公共安全不宜由非侦查机关进行鉴定，如毒品鉴定等；有些鉴定事项因鉴定数量较少且成本较高，其他鉴定机构无力承担，如枪弹鉴定等。基于此，多数国家在公正与效率的价值权衡中对侦查机关设立鉴定机构作出允许性安排。

我国侦查机关在刑事诉讼中的地位不同于大陆法系国家的“警检一体化”，也有异于英美法系在侦查程序中的“司法控制模式”，完全禁止侦查机关设立鉴定机构不具有现实可能性，但这并不表明我国侦查机关的鉴定机构可以任意设置，更不意味着其设立的鉴定机构与社会鉴定机构具有同等功能。即使我国侦查机关按照《决定》可以设立鉴定机构，仍需要在以下三个方面进行改革，以降低其不中立性带来的消极影响：

第一，限定侦查机关鉴定机构的鉴定范围。法国的侦查鉴定事项主要限于对痕迹、组织、泥土的分析，对武器与弹头的鉴定，查找伪造的文件，鉴别打字的机器型号。我国侦查机关鉴定机构的鉴定种类可限于侦查必需而社会鉴定机构不能或者不宜进行的鉴定种类，如指纹、掌纹、犯罪手法、犯罪嫌疑人相片、枪械子弹类、伪造货币、毒品鉴定等。

第二，侦查机关的鉴定机构在接受司法行政部门统一登记管理的基础上，应与其侦查技术部门分离，成为独立进行鉴定活动的专职性鉴定机构，不再附属于实施侦查行为的部门。国外在此方面有较为成功的经验，如澳大利亚警察机关设置的鉴定机构作为警察机关的一个独立部门，侦查部门无权领导和指挥鉴定人员。

第三，严格鉴定的程序。严格鉴定程序可在以下三个层面展开：一是限制侦查机关鉴定机构的鉴定范围，仅允许侦查机关在少数特殊情况下指定本机关鉴定机构进行鉴定；二是严格启动鉴定的程序，对于需要启动侦查机关鉴定机构鉴定的，应当经过侦查机关负责人批准；三是完善鉴定意见的告知程序以及救济程序，体现司法鉴定活动与侦查行为在程序上的差异。

侦查机关鉴定机构经过一系列严格的制度和程序限制，可以降低其不中立对鉴定意见可信性的影响，维护鉴定机构中立的基本形象。

2. 司法鉴定人的独立性。独立性是指司法鉴定人在接受委派或者指派后，根据自己的专业知识和技能，借助一定的科学仪器设备对案件中的专门性问题进行鉴别和判断，只对事实真相负责，任何个人和组织不得对司法鉴定人的鉴定活动和鉴定意见施加影响，即使是司法鉴定人所属的、掌握了鉴定人的薪酬和福利等话语权的鉴定机构也不能对司法鉴定人施加影响，在多名司法鉴定人共同参与的司法鉴定活动中，不同鉴定人有不同鉴定意见的，有权保留作出的不同鉴定意见。

鉴定人的独立性在一定程度上依赖其个人的专业素质与专家魅力。我国司法鉴定制度改革对鉴定人实行了登记管理制度，并规定由省级司法行政部门按照法定条件和程序批准有专门知识的人作为司法鉴定人。司法鉴定人准入和管理制度不仅应当保障有专门知识的人能够获得鉴定的资格，还应当有能力将不具有专家水平和能力的人排除在外。然而，我国现行司法鉴定制度的这种选优功能并不突出，鉴定人的资质并未得到有效控制。深化司法鉴定制度改革至少还应在以下方面作出努力：

（1）提高鉴定人的准入门槛，严格限制鉴定人的执业范围，确保鉴定人作为专家“名至实归”。我国对鉴定人的管理权仅为登记权，《决定》规定的鉴定人准入门槛不高尤其是“相关专业”开放性条款的存在，导致了实践中鉴定人的“非专家化”。特别是中央政策松动下对侦查机关鉴定人实行了不同于社会鉴定人“审核登记”的“备案登记”，更加弱化了司法行政机关对鉴定人资质准入的审查职能。由于对鉴定人登记的执业范围限定不严格，鉴定人在鉴定实践中能够越界（超越自己的专门知识）提供鉴定意见，在一定程度上给程序检测鉴定意见的可靠性增加了难度，使一些伪专家在制度层面上更难发现。

（2）在实行全国统一鉴定机构和鉴定人名册制度的基础上，打破职权机关垄断鉴定启动权的局面，赋予当事人对鉴定机构和鉴定人的选择权，形成鉴定决定权与鉴定人选择权之间的相互制约关系。司法鉴定决定权由职权机关独立控制减弱了鉴定人的独立性。职权机关单方选择鉴定机构与鉴定人，常常导致鉴定人因受制于职权机关成为职权机关的附庸，而且鉴定人与职权机关之间容易形成一种利益关系。[1]

在我国，司法鉴定人是依托司法鉴定机构开展司法鉴定业务的，司法鉴定机构保持中立地位，司法鉴定人的独立性才有基本保障，如果司法鉴定机构不中立，鉴定人的独立性将无从谈起。但是，司法鉴定人的独立性不仅止于此，还要求司法鉴定人在进行鉴定和作出鉴定意见时，只能、只需要依据自己的专业知识和技能独立作出鉴定意见，所属的鉴定机构和共同参与的其他鉴定人，包括具有很高声望的鉴定专家也不能对某个鉴定人施加影响。在这个意义上，司法鉴定人的独立类似于现代法治国家的法官独立，法官独立要求法官只对案件事实和法律

〔1〕 郭华：“司法鉴定制度改革的基本思路”，载《法学研究》2011 年第 1 期。

负责，并享有终身任职的职务保障，司法鉴定人的独立性要求其只对鉴定事项的真实情况负责，同样应享有相应的制度保障，如受到影响后有权拒绝签字等。

司法鉴定机构设置的中立性和司法鉴定人的独立性二者互为补充，司法鉴定机构设置的中立性为司法鉴定人的独立性提供了基本保障，司法鉴定人的独立性进一步巩固了司法鉴定机构的中立性。只有司法鉴定设置体制确保了中立性和独立性，才能从鉴定主体身份的角度保障鉴定结果的客观性、公正性，满足司法鉴定的科学性要求。

（二）构建和完善以统一管理为核心的司法鉴定行政管理制度

根据《行政许可法》的规定，登记是一种法律概念，登记管理是一种法律行为。登记是行政许可的五种形式之一，根据《行政许可法》的有关谁许可谁负责，谁登记谁管理的规定，司法鉴定登记管理既是一种行政许可的行为，也是一种行政管理的行为。[1] 司法部代表国家对司法鉴定活动的统一管理是一种行政管理。统一行政管理的目的是通过管理来保障司法、服务诉讼，既能保证诉讼职能部门依法正确履行诉讼职能，又能保障当事人诉讼权利和合法利益。

统一管理的主要优势在于避免了政出多门、多头管理、鉴定标准和程序不统一造成的重复鉴定、多次鉴定、久鉴不决等问题。重复鉴定、多次鉴定损害了鉴定意见的权威性，当事人无所适从，司法机关也不知道以哪一次的鉴定意见作出裁决才能使当事人息讼、服判。统一管理的优势在于能够通过统一管理充分保障司法鉴定机构的专门性、司法鉴定人的专业性，不断将最新的科学技术原理运用到司法鉴定活动中。鉴定活动的科学性本质属性要求对司法鉴定机构和司法鉴定人员统一管理。

（三）当事人鉴定权、鉴定意见的质证和采信得到充分、合理保障的诉讼制度

司法鉴定制度中的内容本身就是诉讼程序制度和证据制度的一部分，因此，从刑事诉讼、民事诉讼和行政诉讼三大诉讼的角度来看，中国特色司法鉴定制度应当主要包括以下内容：

1. 当事人的鉴定权得到充分保障。由于司法鉴定结果在相当程度上决定了案件的最终处理结果，诉讼参与人尤其是当事人都非常重视司法鉴定，从人权保

〔1〕 霍宪丹、郭华：《中国司法鉴定制度改革与发展范式研究》，法律出版社2011年版，第4～5页。

障的角度来说，当事人的鉴定权是当事人应当享有的一项基本诉讼权利，如同刑事诉讼中犯罪嫌疑人、被告人的辩护权和民事诉讼中、行政诉讼中当事人的律师代理权一样重要，是当事人应当享有的基本程序性权利。当事人的鉴定权包括这样几方面具体内容：

（1）鉴定程序的启动权和救济权。在诉讼过程中，当事人双方都有权启动鉴定程序，当事人启动鉴定的申请应当得到公安机关、人民检察院和人民法院的尊重和保障。但是，现行《刑事诉讼法》、《民事诉讼法》和《行政诉讼法》均没有明确赋予当事人鉴定程序启动权，刑事诉讼中只享有申请补充鉴定和重新鉴定权，在民事诉讼和行政诉讼中也只是有权提出司法鉴定申请（包括重新鉴定和补充鉴定申请），最终是否鉴定由人民法院决定。目前的三大诉讼法都是将鉴定程序的启动权赋予了公检法等国家机关，当事人不享有鉴定程序启动权。值得一提的是，2012 年修改的《刑事诉讼法》第 144 条仍然原文保留了 1996 年《刑事诉讼法》第 119 条之规定，公安、人民检察机关“为了查明案情，需要解决案件中某些专门性问题的时候，应当指派、聘请有专门知识的人进行鉴定”；仍然将鉴定保留在“侦查”一章当中，作为侦查行为处理，并没有反映出司法鉴定行为和侦查行为的区别。当事人享有鉴定程序启动权的同时，还应当享有相应的救济权利。如果当事人的鉴定启动权没有得准许，应规定当事人可以向上一级公安机关、人民检察院或者人民法院申请复议的权利。公安机关、检察机关和人民法院对于当事人启动鉴定的申请与复议的申请应作出附理由的书面决定或裁定。

（2）一定的司法鉴定机构和鉴定人员的选择权。2012 年修改的《民事诉讼法》第 76 条第 1 款规定：“当事人可以就查明事实的专门性问题向人民法院申请鉴定。当事人申请鉴定的，由双方当事人协商确定具备资格的鉴定人；协商不成的，由人民法院指定。”对于鉴定机构和鉴定人员，当事人双方应当具有一定的选择权，当事人双方在符合资质的鉴定机构和鉴定人名册中选择自己认为公信力强、满意的鉴定机构和鉴定人员，双方对于选择鉴定机构和鉴定人员达成一致的，直接以当事人双方达成的合意为准，选择了一定次数（如 2 ~ 3 次）达不成一致的，应当由公安机关、人民检察院或者人民法院指定。

（3）要求鉴定人出庭质证权。为保障鉴定人出具的鉴定意见在公开的法庭上得到公开的调查、质证、质疑和辩论，当事人才会信服鉴定意见，息讼服判，当事人应当享有要求鉴定人尤其是对己不利的一方鉴定人出庭，接受法庭调查，

对鉴定意见进行辩论和质证。

（4）有学者还提出了借鉴民事诉讼中的做法，在刑事诉讼中设立“专家辅助人”制度，允许诉讼当事人聘请相关专家参与庭审中鉴定意见的质证，以保障对鉴定意见的质证质量和有效性等合理建议。[1]

2. 司法鉴定人出庭、质证的规则。为保障鉴定人作出的鉴定意见的科学性、准确性，需要鉴定人出庭，在公开的法庭上解释、说明鉴定过程和得出鉴定意见的依据，接受法官、对方当事人的质询。鉴定意见通过公开的法庭调查和法庭辩论才能获得正当性，得到当事人和社会公众的认可。2012 年《刑事诉讼法》在《决定》的基础上，完善了鉴定人出庭、质证的规则。第187 条第3 款规定，“公诉人、当事人或者辩护人、诉讼代理人对鉴定意见有异议，人民法院认为鉴定人有必要出庭的，鉴定人应当出庭作证。经人民法院通知，鉴定人拒不出庭作证的，鉴定意见不得作为定案的根据。”

3. 法院对司法鉴定意见采信的公开透明性。现代社会的政治架构，贯彻了司法最终裁决，任何问题包括政治问题都最终由司法裁决，经公正审判程序作出的司法裁决具有至高的权威性，人民法院对于认定案件事实具有关键作用的司法鉴定的采信，应当公开透明，阐释采信和否定的理由。

## 第三节　构建司法鉴定统一管理新型模式的探索

### 一、建立完善统一管理制度的模式体系

制度体系是统一管理体制的重要支撑，是实现司法鉴定管理基本要素统一的保障和依据，主要包括以下八项基本制度：一是司法鉴定机构及司法鉴定人的准入制度；二是国家司法鉴定机构和司法鉴定人名册管理制度；三是司法鉴定执业类别规范管理制度；四是司法鉴定活动实施程序、技术标准和操作规范制度；五是司法鉴定执业活动监督、检查和评价制度；六是司法鉴定机构的内部规范管理制度；七是司法鉴定收费管理制度；八是司法鉴定继续教育制度。除上述八个方

〔1〕杜志淳：“刑诉法修改与司法鉴定”，载《法制日报》2011 年8 月31 日。

面的基本制度外，对一个完善的管理体制而言，还应当考虑尽快制定其他相关规章制度，如《司法鉴定职业道德基本准则》、《司法鉴定执业行为规则》、《司法鉴定执业活动分类规范》、《司法鉴定机构资质评估办法》、《司法鉴定人诚信等级评估办法》、《司法鉴定质量管理评估办法》、《司法鉴定重大案件信息管理办法》、《司法鉴定人出庭作证办法》、《司法鉴定机构许可证和司法鉴定人执业证管理办法》、《司法鉴定机构资质认定评审准则》，等等。

构建统一管理体制应当合理配置司法权和司法行政权，在统一管理的框架下，理顺工作关系，建立完善各项机制：

（1）行政管理和行业协会自律管理相结合的管理机制。充实各级司法鉴定管理机构，规范地市司法局司法鉴定管理部门的管理职责，做到有机构、有编制、有队伍、有经费、有工作场所，形成中央、省、市三级分工协作、运行高效的行政管理体系，为司法鉴定工作的开展打牢组织基础。同时大力推进司法鉴定行业协会建设，加强司法行政机关对司法鉴定行业协会的监督、指导，明确职责分工，健全运行机制，实现行政管理与自律管理、政府引导与行业指导的有机结合，建立和完善行政管理和协会自律管理分工合理、职责明确、有效运行的两结合管理机制，充分发挥司法鉴定行业协会在促进业务发展、规范执业行为、开展行业自律、解决技术争议、维护会员权益等方面的积极作用，共同维护鉴定秩序，规范鉴定活动，不断提高司法鉴定的公信力。

（2）司法鉴定行业主管部门与人民法院相衔接的运行机制。建立司法行政机关与审判机关之间的制度联系，建立司法鉴定委托、出庭、采信等信息交流机制，形成管理、使用、监督相衔接的运行机制，推动管理与使用的双向交流和良性互动。

（3）司法鉴定行业主管部门与侦查机关、其他业务主管部门之间相补充、相配合的管理机制。做好侦查机关所属鉴定机构的备案工作，逐步调整司法鉴定主管部门与侦查部门之间的关系，建立和形成相互衔接、相互支持的工作机制；逐步调整司法鉴定行业管理部门与其他相关业务主管部门之间的关系，按照“二次准入、复合资格、双重管理”的要求，建立起相互支持、相互补充的工作机制。

（4）在司法鉴定工作（管理）委员会的基础上，形成行之有效的协调指导机制，共同促进司法鉴定体制改革。建立完善在中央政法委统一领导下，司法部会同各有关部门相互支持、相互配合、共同推进司法鉴定管理体制改革的协调机制，进一步发挥各地司法鉴定管理工作委员会的协调、指导作用。

（5）建立与社会发展相适应的服务机制。将司法鉴定纳入国家突发公共事件应急工作体系建设规划，建立、完善政府购买司法鉴定公共服务的社会管理模式，不断提高公共服务水平。完善司法鉴定执业规范体系和宏观调控机制，发挥司法鉴定制度在构建多元化纠纷解决机制、及时化解社会纠纷中的保障作用和在参与党委、政府应对和处置社会高度关注的重大突发公共安全事件和重大群体性敏感案件中的支撑作用，确保司法鉴定行业发展适应刑事、民事和行政诉讼活动的鉴定需求，同时满足行政执法和处置重大敏感事件的鉴定需求。

**二、建设中国特色司法鉴定管理模式的思考**

在司法鉴定制度建设中，中国不仅存在世界上独有的统一司法鉴定管理体制，而且还初步形成了颇具中国特色的社会主义司法鉴定管理模式。在建设中国特色司法鉴定制度的过程中，既不排斥法治发达国家的有关鉴定制度或者专家证人制度的参考价值和借鉴意义，将其有益的因素吸收到我国司法鉴定制度改革之中并将其中国化，又应当考虑司法鉴定制度与诉讼制度、证据制度的系统层次结构，尊重司法鉴定制度的规律性和鉴定的基本原理，建设符合中国的司法制度和诉讼实践需要的、具有中国特色的公正高效权威的社会主义司法鉴定管理模式。

（一）中国现行司法鉴定管理制度的改革与完善

《决定》作为司法鉴定管理体制改革的法律性文件确立了统一司法鉴定管理体制，同时也为司法鉴定制度改革与发展指明了方向，更为建设中国特色司法鉴定制度奠定了法律基础，在制度上具有里程碑性的意义。中国特色司法鉴定制度建设还需要在以下几个方面展开：

1. 司法鉴定制度由诉讼服务管理向诉讼保障管理制度转变。深化司法鉴定体制改革不仅需要法律法规的统一，需要司法鉴定制度目标的统一，更需要制度定位的科学。《决定》确立的统一司法鉴定管理体制改变“职权型”司法鉴定为“服务型”司法鉴定，同时确立了其诉讼保障的功能。尽管有关司法鉴定管理的法律法规会影响到其规范化建设，但更为关键的是这些法律法规的制定与完善应当符合司法鉴定制度作为司法保障制度的内在要求。

鉴定制度作为司法保障制度不仅需要在制度上对职权机关办案进行保障尤其是需要规范，更为重要的是从民主法治的视角建立既能保证诉讼职能部门依法正确履行诉讼职能，又能保障当事人诉讼权利和合法利益的司法鉴定制度。如果鉴定仅仅作为职权部门的工具或者仅仅服务于公权力，司法鉴定制度也就会失去司法保障制度的制度功能，影响诉讼制度保障人权的功能和鉴定制度的科学发展。

2. 司法鉴定制度在统一管理制度上由地方向国家统一管理模式转变。司法鉴定是指鉴定人运用科学知识、专门技术和职业技能、执业经验，对诉讼中的专门性问题提供证明的活动。它不同于其他领域尤其是自然科学研究活动，具有法的属性。《决定》通过法律授权“国务院司法行政部门主管全国鉴定人和鉴定机构的登记管理工作”。“省级人民政府司法行政部门依照本决定的规定，负责对鉴定人和鉴定机构的登记、名册编制和公告。”同时“各鉴定机构之间没有隶属关系；鉴定机构接受委托从事司法鉴定业务，不受地域范围的限制”，也就是说，任何鉴定人的鉴定意见可以适用全国任何地方的诉讼活动。这就要求全国的鉴定机构和鉴定人活动均具有统一性，否则带有地方性的司法鉴定活动难以适应其他不同地区的诉讼需要。基于此，司法鉴定的管理必须采取全国管理才有可能满足上述需要，地方不能对司法鉴定全国性、行业性的问题予以规定，否则会妨碍司法鉴定统一管理体制的形成。

3. 司法鉴定名册在行政化管理的基础上强化程序控制模式。司法鉴定作为诉讼过程中的一种运用科学技术方法进行的证明活动，具有各方公认的科学性与法律性相统一的基本属性。无论是在鉴定主体还是手段都应具有科学属性，司法鉴定过程也需要科学化，通过程序的过滤功能剪裁掉不科学、不规范的行为和不可靠、不可信的鉴定结果。公正、合理的程序是司法鉴定的本质特点和基本属性的内在要求，而鉴定意见的合法、有效性也需要通过程序予以规制。司法鉴定活动更需要借助程序的力量来规范执业活动，并以司法鉴定管理的程序化规范限制鉴定的恣意，实现对司法鉴定的权力制约与程序控制。

4. 司法鉴定法制建设型管理模式走向法治化治理型管理模式。司法鉴定制度的法治化需要与其他相关法律对接。在司法鉴定法治化过程中尤其需要注意防止和避免涉及司法鉴定的“公共权力部门化”、“部门权力利益化”和“部门利益法定化”的怪异现象。[1]《决定》作为统一司法鉴定管理体制改革的依据在推进和深化改革中具有法律的效力，但在建设中国特色司法鉴定制度还需要完善相

〔1〕 郭华：“司法鉴定法律文本的变奏及结构重整”，载《华东政法大学学报》2010年第2期。

关法律规定，并制定《司法鉴定法》来对司法鉴定制度问题予以全面规范，[1]使司法鉴定的制度和体系安排反映我国的历史文化、法制体系和法治进程，满足社会的诉求和诉讼制度的需要，符合科学发展以及诉讼文明、民主的方向，关注当事人在鉴定方面的权利保障，不断促进司法鉴定制度在规范化、法制化的基础上逐步走向法治化，形成中国特色社会主义司法鉴定制度。

（二）中国特色社会主义司法鉴定管理模式发展的思考

中国特色社会主义司法鉴定制度的发展一方面取决于本国的司法体制，也取决于诉讼结构或者诉讼模式以及证据制度等与之相关的法律制度。中国特色社会主义司法鉴定制度的发展道路如何安排是非常关键的课题。其发展既不是对英美法系国家“专家证人”制度的移植，也不是大陆法系国家作为法官辅助人的鉴定人制度的变形。因为这种发展道路难以在我国现有的法律框架下和权力结构体系中准确地处理自身法治发展的历史与经验，也难以给中国特色社会主义司法鉴定制度构建带来一些创新机制。前者的思路易于将我国的法治现代化等同于西方化的道路，其路径选择必然是大规模地移植西方专家证人制度的所谓普适性的“先进”成果，但忽视了中国司法鉴定制度的基本制度和现实制度，其发展不仅无法解决中国的问题，反而导致司法鉴定制度不断边缘化，难以为中国司法制度提供需要的司法鉴定保障制度。对待中国司法鉴定制度建设也不能一味强调中国司法制度和权力结构的特殊性，或者仅仅采用所谓的综合性的、折中式的“中间道路”。因为“中间道路”不仅在现代法治社会难以得到融合，况且这种人为的综合还会遮蔽一些隐藏在制度背后的复杂问题。建立中国特色社会主义司法鉴定制度特别需要认识到中国法治发展的复杂性、鉴定制度的科学法律定位以及与诉讼制度、证据制度之间的互动关系。

任何一项法律制度的形成与发展，既应当具有时代性的气息，也应当具有本土化的特征尤其是有更多的本国元素或者因子。自然科学及其成果更多地具有时代性与普适性，但是司法鉴定制度作为司法制度的一部分仍不能脱离带有本土性的民族特征。司法鉴定制度建设需要将其纳入司法制度整体价值和目标内予以考

〔1〕据统计，2009 年全国人大代表、政协委员提出的涉及司法鉴定建议、议案和提案有 11 件，认为“制定一部对司法鉴定相关问题作出系统规定的《司法鉴定法》十分必要”，“建议列入全国人大今后五年立法工作计划”。参见司法部司法鉴定管理局：“2009 年全国人大政协代表有关司法鉴定的建议、议案和提案情况概要”，载《司法鉴定工作简报》2009 年第 21 期。

虑，同时需要将这一“实然性”的价值超越自身内在需要的束缚，建立与诉讼制度、证据制度相衔接的现代化的司法鉴定制度。只有这样，司法鉴定制度、诉讼制度和证据制度才能产生相互影响、相互促进，而不至于内部之间互相损耗，造成诉讼的拖延和案件的误判，影响司法公正。

我国传统的司法鉴定管理制度着重于“职权鉴定”的法制化管理。无论是法律的规定还是制度建设均将“职权鉴定”作为司法鉴定制度建设的唯一价值选择，而对于公民或者当事人在鉴定方面的权利基本是忽略的，即使作为保障犯罪嫌疑人、被告人保障法的《刑事诉讼法》也没有规定其申请鉴定权。同时，在统一司法鉴定管理体制形成时期，我国大量的财力均投入到“职权鉴定”机构的建设中，以至于像DNA这样的科学证据好像与“职权部门”站在一起并形成粘贴在“职权”办案上的强大追诉的武器，有失“良好的法律”的公正性。[1]在司法鉴定制度建设中，其价值应当从“职权鉴定”制度转向“权利鉴定”制度，实现诉讼利用科学技术的公平性，保障司法鉴定由形式上的法制化向实质上的法治化发展。

司法鉴定制度法治化价值的转向是司法鉴定制度改革和自身发展的要求，也是时代法治理念和诉讼实践发展的要求。无论是英美法系国家价值追求的主要服务于当事人的“专家证人”制度还是大陆法系国家服务于法院的“鉴定人”辅助人制度，均在一定程度上反映出司法鉴定上价值追求的差异，但从目前主要法治发达国家的改革来看，在鉴定制度和专家证人制度上出现一些变化，不断追逐鉴定机构和鉴定人的中立性。这些变化反映出对司法鉴定问题的重新认识和价值选择，更体现了价值追求的目标。我国在司法鉴定制度建设价值追求中应当将其放置在诉讼制度、证据制度的位置予以考虑，确立司法鉴定制度法治化的“保障制度”价值目标。

在司法鉴定管理模式的发展过程中，“主要的问题并不是法律的起源，而是法律的目标。如果根本不知道道路会导向何方，我们就不可能智慧的选择路径。”[2]司法鉴定制度建设的目标是保障诉讼具有效率与能够实现司法公正。当今科学技术迅猛发展和激烈竞争的时代，以科技进步为依托的司法鉴定具有巨大的发展潜能和保障服务司法的权威效果。在许多领域，司法鉴定对裁判的结果起

---

〔1〕［古希腊］亚里士多德：《政治学》，商务印书馆1965年版，第199页。

〔2〕［美］本杰明·卡多佐：《司法过程的性质》，苏力译，商务印书馆1998年版，第63页。

着重要乃至决定性的作用。司法鉴定在司法活动中地位越来越广泛，特别是随着诉讼客体的广泛和犯罪手段的智能化。一方面需要借助于法治功能强化鉴定机构、鉴定人准入及其活动的规范化，确保鉴定质量；另一方面，司法鉴定制度改革的法治化，保障司法鉴定制度与诉讼制度的衔接，使之处于统一的法制背景下保持法治状态下的治理模式。

公正和效率作为现代程序所追求的共同价值目标，是人类设计程序的根本出发点。实现司法公正是司法鉴定制度建设的根本价值目标。司法鉴定制度建设应当将司法公正作为自己的基本价值目标。司法公正要求中立的司法鉴定制度。这就要求司法鉴定管理制度在价值取向上是中立的、不偏不倚的。实现司法效率是司法鉴定制度的根本价值目标之一。追求司法公正的同时不可忽略司法效率。因为公正与效率是统一的，司法鉴定制度也应当力求公正与效率的有机协调。仅有公正价值而没有效率价值或者不能兼顾效率价值的司法鉴定制度不是现代意义上的司法鉴定制度，也不符合司法鉴定制度法治化的内在要求。司法鉴定管理模式的发展需要逐步从借助于“鉴定工作机制”的“推进”走向“司法鉴定体制”改革的“深化”，司法鉴定制度也需要从“自然演进型”向“权威推进型”转化，再由“权威推进型”模式向“权利保障型”发展，最终达到司法鉴定制度的法治化状态。

以任何建立新制度为目的的改革都可能要经历较长的时期。“如果通过法律控制而进行的调整和安排只是临时而短暂的，那么法律所力图缓和社会紧张局势的企图就会变得非常虚幻、价值甚微了。在法律的统治地位已经牢固确立的任何地方……并力求用连续性和持久性方面的某些保证去保护现存的社会制度。”[1]中国特色社会主义司法鉴定制度作为“中国模式”不仅相对西方国家的专家证人制度而言在制度上具有一定优势，而且也具有自己的独立品格，不是西方国家司法鉴定制度的复制，更多地包含中国的元素。这种模式不仅在中国司法鉴定制度建设中是“中国”的，颇具有中国特色，而且还有足够的制度能力与中国未来的诉讼制度、证据制度并行发展以及应对国际社会的变化，其最为主要的是中国特色社会主义司法鉴定制度能够为世界其他国家在司法鉴定制度或者专家证人制度改革时提供借鉴，这应当是中国特色社会主义司法鉴定制度建设追求的最终

〔1〕［美］E. 博登海默：《法理学——法哲学及其方法》，邓正来、姬敬武译，华夏出版社 1987 年版，第 344～345 页。

价值目标。中国特色社会主义的司法鉴定制度不是西方专家证人或者鉴定制度的复制、仿效甚至照搬，同时也不是中国在法治建设中刻意甚至人为制造的有异于西方国家的独造制度。这种制度不仅能够解决中国的现实问题，还具有足够的能力解决未来在司法制度上可能出现的问题，而且能够获得西方国家的尊重，能够经得起开放型制度的批判，是与诉讼制度、证据制度和谐发展并能够在公正的程序中保障诉讼发现真实和保障人权的、具有现代化气息的科学的法律制度，因此，在司法鉴定管理模式的发展上也应当体现中国的特色。[1]

## 第四节　完善我国司法鉴定管理模式的基本结构

### 一、统一管理的基本要求

司法鉴定统一管理的基本内容和要求如下：

#### （一）全行业管理

司法鉴定管理的根本目的在于服务诉讼、保障诉讼，因此，全行业管理的要求为：所有用于、服务于诉讼活动的鉴定都必须接受司法鉴定行政部主管部门的“一刀切”式管理，按照司法行政主管部门制定的各种鉴定程序规则、鉴定活动实施规则、鉴定技术和鉴定标准进行鉴定。无论该鉴定机构是哪个部门设立的，不论该鉴定机构的上级主管部门是谁，所属的行业主管部门是谁，所属的鉴定类别是何种，作出鉴定的目的和作用与司法鉴定有何不同，只要作出的鉴定意见最终用于、服务于刑事诉讼、民事诉讼或者行政诉讼，都需要接受司法鉴定行政主管部门的统一管理、筛选、过滤。《决定》明确了三类鉴定业务的管理，其他类业务包括哪些尚未明确，但是，全行业管理的要求就是所有、全部的司法鉴定活动，包括在新行业、领域出现的鉴定活动、新的鉴定技术等都要接受司法行政部门的监管。司法鉴定部门的统一管理为司法鉴定意见最终进入诉讼活动把好“门槛”，管理门槛设置把握得越好，越能过滤掉低层次、低质量的司法鉴定意见，继而为诉讼活动提供高质量、高效率的服务（见下图）。

---

〔1〕 霍宪丹、郭华：“建设中国特色司法鉴定制度的理性思考”，载《中国司法鉴定》2011年第1期。

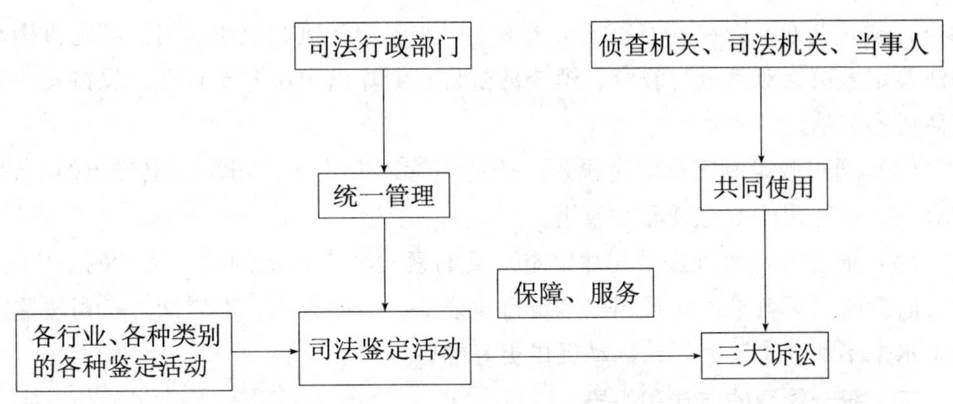


总之，无论司法鉴定机构和司法鉴定人员的设置采取何种模式，司法鉴定的业务活动必须统一管理。

（二）全过程管理

司法鉴定的全过程管理是指司法鉴定主管部门对司法鉴定行业的司法鉴定活动，司法鉴定机构、司法鉴定人员的准入资格，司法鉴定的实施程序、实施标准和要求，鉴定器材、设备、仪器的认证认可，鉴定机构和鉴定人员的考评，司法鉴定机构和司法鉴定人员监管、责任追究和处罚等实施全面的立体管理。通过司法行政部门全过程管理，才能使司法鉴定得出的结果——司法鉴定意见符合其本质属性：科学性、权威性、准确性。

（三）动态化管理

动态管理的基本含义是指，通过统一管理确保司法鉴定机构的专门性、司法鉴定人员的专业性、整个司法鉴定执业队伍的纯洁性，司法鉴定技术水平不断进步和提高，最新的科学技术成果能够及时运用到司法鉴定活动中，使鉴定意见更好地发挥其在诉讼中的关键作用。

动态管理要求司法行政部门充分发挥作为管理者的能动性，当好司法鉴定行业的裁判员，通过管理推动司法鉴定行业的整体进步和发展，为诉讼活动提供优质的服务：

（1）根据科学技术发展水平及时通过政策和规章制度的制定、更新，完善司法鉴定程序、实施的技术标准和要求。

（2）通过对司法鉴定执业活动的有效监管维护司法鉴定行业的公平、合理竞争，例如查处不服从、不遵守司法鉴定职业道德和执业纪律的司法鉴定机构和司法鉴定人员，对其进行教育、惩戒甚至将其清除出司法鉴定行业，保持司法鉴定队伍的纯洁性。

（3）通过政策制定和资金投入、扶持等管理方式优化司法鉴定资源的配置，充分发挥现有司法鉴定资源的效用。

（4）通过教育培训提升司法鉴定人员的素质和进行新的鉴定技术的推广等。动态监管的目标就是要实现司法鉴定行业公平、良性竞争，充满活力，司法鉴定技术水平不断进步，为诉讼活动提供更好的服务。

## 二、统一管理的方法和手段

司法鉴定管理工作对于管理能力和管理方式都提出了很高要求，这些要求主要为：

### （一）管理新要求

1. 司法鉴定是一种运用科技手段、专门知识、职业技能和执业经验为诉讼活动提供技术保障和专业化服务的司法证明活动。司法鉴定活动既要严格遵守诉讼活动的法定程序和证据规则，又必须遵循科技活动的客观规律、技术规范和操作要求，具有法律性和科学性高度统一的本质特点。

2. 随着司法活动日益专业化、复杂化和科技水平的提高，司法鉴定活动跨行业、跨领域和多学科综合交叉的特点将越来越明显。

3. 司法鉴定的主管部门与其管理对象之间没有任何人、财、物方面的隶属关系，司法鉴定主管部门在社会管理活动中直接面向社会，本身就是社会管理的组成部分，是社会管理的一项基础性保障制度。

4. 在诉讼活动中，司法鉴定提供的是一种公共产品，具有社会公共服务性质和非营利性；既要保证诉讼机关依法履行诉讼职能、正确行使公权力，又要保障当事人的诉讼权利，维护社会公共利益和第三方利益。面对这些新的管理对象和管理要求，过去那种仅仅依靠单一行政方法的直接管理模式显然已经无法适应形势发展提出的新任务和新要求。

### （二）创新管理

因此，司法鉴定的管理必须准确把握司法鉴定本质特点、行业特点和执业特点，不断创新。

1. 在管理模式上，实现从直接管理向行政机关的直接管理与行业协会的自律管理相结合模式的转变。在管理手段上，必须实现从单一管理手段向法律、行政和技术管理手段的综合运用转变。在法律层面，将司法鉴定作为整个诉讼活动的一个环节，按照修改后的《刑事诉讼法》和《民事诉讼法》的规定，完善鉴定的启动、委托、举证、质证、认证、采信、重新鉴定和鉴定人出庭作证等配套制度，完善鉴定意见的审查判断标准，建立鉴定意见评价机制和鉴定争议解决机制。在诉讼双方的抗辩中，通过诉讼程序和证据规则，实现鉴定公正，进而实现司法公正。

2. 在行政管理层面，主要是立足登记管理这一行政许可手段，进一步完善司法鉴定执业管理规范，依法管理、严格管理、科学管理、规范管理。制定司法鉴定执业分类标准和执业资质条件，严把司法鉴定职业准入关；健全鉴定质量管理、诚信等级评估、淘汰退出等制度，提高执业行为的规范化水平；围绕鉴定委托、鉴定实施、标准适用、鉴定复核、出庭作证等重要环节，制定工作流程和制度规范，使每一个工作环节都有章可循。司法鉴定管理的技术手段主要有：

（1）标准化。通过标准化实现规范化是各行各业的重要手段。从司法鉴定行业实际来看，标准的混乱、空白引发鉴定争议，影响了鉴定公信力，制约行业健康顺利发展。司法鉴定的标准化工作主要内容是组建司法鉴定标准化技术委员会，形成司法鉴定标准化工作的制度规范和工作机制，按照整体协调、重点突破、稳步实施、确保实效的总体思路，积极推进司法鉴定标准化体系建设，坚持强制性技术规范体系和推荐性标准体系并重的工作原则，建立涉及司法鉴定活动的所有要素、覆盖法医类、物证类、声像类等所有鉴定专业的标准体系，建立形成包括管理体制、运行机制、实施监督体系和保障体系的标准化推进体系。着力研制急需的司法鉴定国家标准和行业标准并以标准制定为手段建立形成司法鉴定技术准入机制。同时，建立形成申报、研制等工作机制，积极制定司法鉴定技术规范。

（2）能力验证。能力验证（也称水平测试，Proficiency Testing），是指利用实验室/机构间结果的比对来判定实验室/机构在指定业务范围内的能力。司法鉴定行业应当建立常态化的能力验证制度，明确司法鉴定机构参加能力验证的频次，与司法鉴定管理工作相结合，运用能力验证这一国际通行的手段，发现并解决机构自身存在的技术问题，从而提高司法鉴定行业整体技术能力和水平。

(3) 认证认可[1]。认证认可是各行业广泛采用的质量管理的手段。司法鉴定行业应当推动司法鉴定机构进行认证认可，建立并有效运行科学高效严密的质量管理体系，从而保证鉴定质量。

## 三、统一管理的工作平台

为实施有效的管理，促进司法鉴定技术进步，需要建立管理工作支撑平台。

### (一) 信息化平台

建立全国性司法鉴定工作管理和检案管理数据库。将司法鉴定人和鉴定机构的资格、等级、执业情况、违法违纪的处理情况以及检案办理情况等信息通过互联网、新闻媒体等向社会公布，便于社会公众监督和利用。

### (二) 司法鉴定行业协会

符合司法鉴定管理要求的司法鉴定人员和司法鉴定机构组成全国性和地方性的司法鉴定协会，开展行业自律，加强内部监管：协助政府司法行政部门的监督管理；维护司法鉴定人和司法鉴定机构的合法权益；完善行业自律管理机制，对司法鉴定机构和司法鉴定人的职业道德和执业纪律进行监督、检查以及行业处理；参与制定司法鉴定操作规程、技术规范和鉴定标准、司法鉴定机构资质评估标准以及司法鉴定质量、诚信考核办法；组织会员开展学术交流、理论研讨、疑难典型案例分析等活动；组织会员进行继续教育与培训，沟通业务信息，编印司法鉴定资料、书籍；等等。

### (三) 司法鉴定标准化技术委员会

按照《标准化法》，标准化技术委员会是在专业领域内从事全国标准化工作的技术工作组织，推进标准化工作的工作平台。其主要任务是遵循国家有关方针政策提出专业标准化工作的方针、政策和技术措施的建议。负责组织制订专业标准体系表，提出专业制定、修订国家标准的规划、年度计划和采用国际标准的建议，组织专业领域内的国家标准的制定、修订和复审工作以及国家标准送审稿的审查工作。设立司法鉴定技术标准委员会，由各行业顶尖专家组成，充分运用现有先进科技成果和理论，结合诉讼实践，制定不同类型司法鉴定的技术标准，实现司法鉴定技术标准的规范化、统一化，有助于推动司法鉴定技术进步，实现诉讼公正。

---

〔1〕 认证认可指认可和资质认定，在司法部、国家认证认可监督管理委员会《关于全面推进司法鉴定机构认证认可工作的通知》（司发通［2012］114号）中将认可和资质认定统称为认证认可。

（四）司法鉴定研究学会

随着司法鉴定统一管理体制的逐步形成，司法鉴定行业走上法制化、规范化和科学化的发展轨道，司法鉴定制度的功能日益显现。与此同时，如何建立既符合司法鉴定活动规律，又与国家诉讼制度、证据制度相衔接；既符合中国国情，又与国际发展相接轨；既符合法律规范，又与科技进步相适应的具有中国特色、科学合理的司法鉴定制度还需要各方面做大量深入的研究。成立证据科学与司法鉴定研究会将对推动我国鉴定公正和鉴定法治建设、证据理论与实务研究、学科建设和人才培养等发挥极其重要的作用。这一研究会主要集中司法鉴定技术专家和诉讼法学、司法制度、证据法学专家，通过共同的交流与探讨，推动司法鉴定技术进步，实现司法鉴定活动和诉讼活动的无缝结合，为司法鉴定制度的完善提供理论支持。

**四、统一管理的预期**

（一）价值追求的预期

司法鉴定统一管理模式所追求的价值预期主要包括以下几个方面：

1. 通过统一管理实现鉴定公正与程序公正、实体公正的相互配合和相互促进。统一管理的直接目的是使司法鉴定活动能够回归其本质属性——科学技术性。只有遵循鉴定活动本质属性的司法鉴定制度才能实现鉴定结果——鉴定意见的客观性、准确性、权威性，体现鉴定公正，进而保障实现诉讼中的程序公正和实体公正。

2. 通过统一管理满足诉讼活动尤其是公正司法、及时裁判的需要，为打击犯罪和保障人权，为实现司法公正、提高司法效率、树立司法权威服务。统一的司法鉴定管理能够通过制度设计、日常监管、培训考核、认证认可等方法和手段保障司法鉴定活动的规范有序实施，提高司法活动效率，提升司法鉴定意见的准确性、可靠性等品质，最终为公正、高效的诉讼活动提供保障，进而实现司法公正、打击犯罪和保障人权、树立司法权威等诉讼价值目标。

3. 通过统一管理保障当事人的诉讼权利，诉讼权是公民的第一人权，鉴定权是公民诉讼权利的一项重要内容，通过制度设计规定、保障当事人鉴定权利的实现，是司法鉴定体制改革的主要价值目标之一。“由于法院之判决几乎以各鉴定机构之鉴定结果作为认定事实之依据。故鉴定制度设计是否周全，直接影响司

法机关之审判品质，并可深刻强化对人民诉讼权利之保障。”〔1〕

4. 通过统一管理中的制度创新，充分、发挥司法鉴定的功能，为维护社会稳定和构建和谐社会服务。司法鉴定有三方面的基本功能：一是在诉讼活动中直接通过准确、可靠的司法鉴定意见认定事实，定分止争；二是在诉讼活动之外的间接功能，即预防纠纷形成诉讼的功能；三是化解诉讼活动之外的纠纷和矛盾。司法行政部门在统一管理过程中应当通过机制创新充分发挥司法鉴定的三种功能，尤其是纠纷预防和诉讼之外矛盾、纠纷的化解功能，为实现社会稳定和构建和谐社会服务。例如，鼓励在仲裁、调解制度中使用司法行政部门统一发布的司法鉴定人和司法鉴定机构名册中的鉴定机构和鉴定人，发挥司法鉴定预防诉讼的功能；在地方政府处理重大突发事件中，引入社会鉴定机构参与解决，对专门性问题作出公正、客观的鉴定意见，提高鉴定意见的公信力；积极推进司法鉴定援助制度建设；等等。

显然，实现价值追求上的预期需要政策上的预期和制度建设上的预期支撑。

（二）政策上的预期

司法鉴定管理体制的改革已经取得了有目共睹的成绩，但是，司法鉴定管理的改革还存在着诸多问题和不足，并未有效解决《决定》出台前就已经存在的问题，甚至由于对《决定》的理解和执行存在偏差，不同机构和部门之间利益争夺等问题又产生出了一些新的问题。具体而言，司法鉴定统一管理体制改革预期要求最高决策层能够在现有基础上制定《司法鉴定法》，进一步解决以下几个方面的核心问题：

（1）统一司法鉴定管理体制应当与“三大”诉讼法修改的内容相衔接。《决定》的指导思想和目的是建立统一的司法鉴定管理体制，通过对司法鉴定行业的统一、有效管理，更好地为诉讼活动提供保障、提供服务。对于涉及司法鉴定管理的问题应当按照《决定》的指导思想进行，同时与三大诉讼法衔接。

（2）明确司法鉴定的管理部门、管理范围和管理权限。明确司法行政部门是司法鉴定统一管理的专属机构和部门，司法行政部门对司法鉴定的管理是全行业、全过程的管理。侦查机关、司法机关对与司法鉴定管理相关的事项的改革应

〔1〕 朱富美：《科学鉴定与刑事侦查》，中国民主法制出版社 2006 年版，第 8 页。

当协助司法行政机关解决，因为《决定》中“商”的解决方式效力显然不足。[1]

(3) 侦查机关内设司法鉴定机构和司法鉴定人员的设置体制应当逐步改革。对《决定》中遗留的这一问题，虽经过协商和共同努力后实现了备案登记管理，但是，备案登记管理的效果显然不及登记管理，而且，侦查机关内部也没有对实行鉴定行为和侦查行为作区分。改革的思路：①鉴定部门和侦查部门分离，分开设置，能够在相当程度上弥补鉴定机构中立性不足的问题；②侦查机关设置的鉴定机构和人员继续保留，但从事的司法鉴定业务活动应当纳入并接受司法行政部门的统一管理，如司法鉴定活动的实施程序、实施标准、实验室和仪器设备的认证、认可等。

(三) 制度上的预期

司法鉴定管理模式制度预期的总体要求是：通过依法科学配置司法权和司法行政权，合理确定诉讼活动中各诉讼参与机关的鉴定管理职能、任务和分工，理顺国家统一管理与侦查机关的部门管理之间、司法鉴定主管部门的行业管理与技术鉴定主管部门的业务管理之间、行政管理与行业组织自律管理之间的关系，并建立起相互配合、相互协调和相互补充、相互衔接的管理机制、工作机制、运行机制，进而在司法鉴定管理部门和使用部门之间建立起制度化的有机衔接，最终构建有中国特色的、适应诉讼需要的、符合宪政要求的、统一的司法鉴定管理体制。

具体而言，司法鉴定统一管理模式的形成，需要通过制定《司法鉴定法》的形式将统一管理的政策预期和具体的内容、要求确定下来。主要内容应当包括：司法行政部门是司法鉴定统一管理的主体，代表国家对整个司法鉴定行业进行全行业、全过程管理；各类司法鉴定机构和司法鉴定人员都应当遵守司法行政部门牵头制定的统一的《司法鉴定实施程序》、《司法鉴定技术标准》；司法行政部门制定统一的司法鉴定机构和司法鉴定人员的准入和退出制度，负责制定司法鉴定职业道德、执业纪律、责任追究机制并负责日常监管工作；司法行政部门审批司法鉴定行业协会的成立，并负责监管；等等。

---

[1] 《决定》第2条第4项规定：“根据诉讼需要由国务院司法行政部门商最高人民法院、最高人民检察院确定的其他应当对鉴定人和鉴定机构实行登记管理的鉴定事项。”实际情况显然是久“商”无果。

（四）法治化的预期

无论“立法者”认为在逻辑上多么自洽和在内容上多么正确……（他所创设的）只是一个法律总谱，一个先行描述划出的法律蓝图……总谱依仗演奏……[1]《决定》作为司法鉴定管理方面的法律指引，其改革司法鉴定制度问题的任务基本完成，职权部门在鉴定领域上的职权划分也基本界定。因为《决定》作为司法鉴定管理体制改革的法律，主要涉及司法鉴定的管理体制，是针对现实亟待解决的问题而颁布实施的，具有应急性与暂时性。“如果通过法律控制而进行的调整和安排只是临时而短暂的，那么法律所力图缓和社会紧张局势的企图就会变得非常虚幻、价值甚微了。在法律的统治地位已经牢固确立的任何地方……并力求用连续性和持久性方面的某些保证去保护现存的社会制度。”[2] 因此，应当借助于诉讼法来维护与巩固统一司法鉴定管理体制改革的成果，[3] 并通过司法鉴定管理模式的创新来促进诉讼制度、证据制度的改革，从而保障司法制度更加公正高效权威，因此，在司法鉴定管理模式上应当考虑价值预期。

价值目标应该从全局考虑，使建立的司法鉴定管理体制符合整个司法改革的价值目标。这样，才能产生相互影响、相互促进的效果，而不致使本来的统一体内部机制互相损耗。司法公正是司法鉴定改革的首要价值目标。司法鉴定改革将司法公正定为自己的价值目标，要促进与保证司法公正，当然自身更需要公正。司法公正要求中立的司法鉴定制度，公正的裁判建立在正确反映客观事实真相的

---

〔1〕郑永流：“法学方法论”，载吉林大学理论法学研究中心编：《法律思想的律动》，法律出版社2003年版，第46页。

〔2〕［美］E. 博登海默：《法理学——法哲学及其方法》，邓正来、姬敬武译，华夏出版社1987年版，第344～345页。

〔3〕在司法鉴定管理体制上应当保障登记管理主体的统一，在《决定》实施后还存在不同主体参与。如2008年6月4日国家发展改革委、最高人民法院、最高人民检察院、公安部、财政部《关于扣押追缴没收及收缴财物价格鉴定管理的补充通知》（发改厅［2008］1392号）规定：“为了进一步规范扣押、追缴、没收及收缴财物价格鉴定管理工作，现就相关事项补充通知如下：①各级政府价格部门设立的价格鉴证机构为国家机关指定的涉案财物价格鉴定的机构，名称统一为‘价格认证中心’。原国家计划委员会、最高人民法院、最高人民检察院、公安部制定的《扣押、追缴、没收物品估价管理办法》（计办［1997］808号）中涉及的‘价格事务所’相应更改为‘价格认证中心’。②各司法机关、行政执法机关在办理各自管辖刑事案件中，涉及价格不明或者价格有争议、需要对涉案财物或标的进行价格鉴定的，办案机关应委托同级政府价格部门设立的价格鉴定机构进行价格鉴定。政府价格部门设立的价格鉴定机构可以接受办案机关的委托，对非刑事案件中涉案财物或标的进行价格鉴定……”

证据之上，证据的真伪对裁判公正与否起着至关重要的作用。同证人证言、被告人的供述和辩解、物证、书证等其他证据形式相比，司法鉴定具有可选择性。无论选择哪一家，从理论上讲，鉴定结果应该相同，即符合客观真实性。这就要求司法鉴定制度在价值取向上是中立的、不偏不倚的。司法鉴定的公正、公开转过来又可促进司法公正。增强司法鉴定制度的参与性，保障当事人在启动程序中的权利，有助于社会参与监督，避免鉴定人员、机构与司法裁判人员、机关的暗箱操作，防止司法腐败，促进司法公正。当然司法鉴定制度的公开有度的限制，不能干扰鉴定机构、裁判机关独立行使职权，更不能干扰司法独立。同样，司法鉴定意见的证据功能，在一定程度上对裁判人员不正确运用法律或枉法裁判起一定的纠正和抵制作用。司法效率是司法鉴定改革的现实价值目标。追求司法公正的同时不可忽略司法效率，因为公正与效率是统一的，司法鉴定管理制度的法治化力求公正与效率的有机协调。只有在公正价值得以确立和实现的前提下，才能确立和实现效率价值；同时司法鉴定管理模式改革在追求和实现公正价值时，不能忽视放弃效率价值，而应当尽可能地追求和实现效率价值，仅有公正价值而没有效益价值或者不能兼顾效率价值的司法鉴定不是现代意义上的司法鉴定。

1. 司法鉴定统一管理模式法治化价值分析的转向。我国传统司法鉴定管理的法治化着重于“职权鉴定”的法制化。无论是法律规定还是制度建设均将“职权鉴定”作为司法鉴定管理法治化价值选择，而对于公民或者当事人在鉴定方面的权利基本是忽略的，在作为保障犯罪嫌疑人、被告人保障法的《刑事诉讼法》没有规定其申请鉴定权。同时，在统一司法鉴定管理体制形成时期，我国大量的财力均投入到“职权鉴定”机构的建设上，以至于像DNA这样的科学证据好像与“职权部门”站在一起并成为粘贴在“职权”上的强大追诉的武器。这种单方的客观科技力量的加入在“控辩平等”的诉讼结构上则会以“公平”的形式显示更多的“不公平”，在一定程度上导致了司法鉴定管理法治的“恶法”倾向，影响司法鉴定统一管理法治化。因此，在司法鉴定统一管理法治化建设中，其价值分析应当从“职权鉴定”管理的法治化转向“权利鉴定”管理的法治化，实现诉讼利用科学技术的公平性，保障司法鉴定统一管理模式从形式上法治化向实质上的法治化发展。

2. 司法鉴定统一管理模式法治化价值选择的转向。司法鉴定统一管理模式的法治化要求管理上统一化。司法鉴定管理模式的统一化不仅要求管理主体的单一化，而且还要求管理规范的统一化，这就需要统一司法鉴定管理的价值选择，不能偏重于管理主体的多样化和地方化。在司法鉴定统一管理法治化价值选择上应当由地方的统一管理转向全国的统一管理；同时司法鉴定统一管理法治化也要求由规范管理主体的统一化向管理过程的统一化转向。司法鉴定统一管理不是将对所有诉讼中专门性问题的鉴定均纳入统一登记管理的范围，也不能而且也没有能力将全部的司法鉴定事项均纳入司法鉴定统一管理规范的范围。但是，这并不妨碍司法鉴定统一管理消除部门化的司法鉴定统一管理，在价值选择上消除地方司法行政部门的司法鉴定统一管理，尤其是一些不符合《决定》精神的司法鉴定管理。

3. 司法鉴定统一管理模式法治化价值追求的转向。司法鉴定统一管理模式法治化价值追求的转向是司法鉴定统一管理制度自身改革发展的要求，也是时代法治理念和诉讼实践发展的要求。在将司法鉴定统一管理法治化价值重新纳入新的视野考虑后，更需要在其价值追求上实现转向。这种转向主要由统一司法鉴定管理制度作为服务诉讼或者辅助诉讼制度转向诉讼活动的"保障制度"，从而促进司法鉴定制度、诉讼制度和证据制度在法治化价值上和谐价值的实现。

无论是英美法系国家价值追求——主要服务于当事人的"专家证人"制度，还是大陆法系国家的价值追求——服务于法院的"专家辅助人"制度，均在一定程度上反映出司法鉴定价值追求的差异，但从目前主要法治发达国家的改革来看，其在一定程度上出现了变化。这些变化反映出对司法鉴定问题的重新认识和价值选择，更体现了价值追求的方向。我国并没有将司法鉴定统一管理法治化价值追求放置在诉讼制度、证据制度的位置予以考虑，但是在司法实践中却出现与价值追求相悖的现象，即"鉴定错了，裁判就会发生错误"的怪异现象。[1] 这种鉴定引领诉讼并决定诉讼结果的现象需要对司法鉴定重新认识，并对我国正在进行的统一司法鉴定管理制度改革价值追求进行转向，确立司法鉴定统一管理模式法治化价值向"保障制度"模式追求转向。[2]

"无论我们探索什么领域，它们都会在某些细节中体现出来，即变革的倾向和保守的倾向。如果没有它们，万物将不复存在。没有保守成分的纯粹变革，是一条从虚无到虚无的道路，最终获得的仅仅是转瞬即逝的虚无。没有变革成分的

---

〔1〕［法］勒内·弗洛里奥：《错案》，赵淑美等译，法律出版社1984年版，第177页。

〔2〕杜志淳等：《司法鉴定法立法研究》，法律出版社2011年版，第29～31页。

纯粹保守亦不能持久，毕竟环境在不断变动，墨守成规，新鲜感就会消失在无形之中。”[1] 公正和效率作为现代生活所共同追求的价值目标和出发点，同样也应当成为司法鉴定管理模式的目标追求和价值取向。因为司法鉴定作为鉴别、确认诉讼证据的一项重要活动，直接关系到案件事实的正确认定和法律条文的准确适用，也关系到法律适用的效率和社会资源的投入。解决这些问题已成为目前司法鉴定管理模式法治化的一项重要而又艰巨的任务。[2]

[1] [美] 本杰明·N. 卡多佐：《法律的成长　法律科学的悖论》，董炯、彭冰译，中国法制出版社 2002 年版，第 131 页。

[2] 杜志淳等：《司法鉴定法立法研究》，法律出版社 2011 年版，第 28～31 页。

第七章

# 司法鉴定科学管理模式的远景与理想模式

## 第一节 面向科学与真相的司法鉴定管理模式

### 一、科学技术维度中的司法鉴定管理模式

司法鉴定就是一种科学实证活动，科学性是司法鉴定活动的最本质的属性。司法鉴定的科学性不仅表现在自然科学的范畴中，还表现在社会科学范畴里，司法鉴定自然科学里的科学性决定了司法鉴定具有很强的社会实践性，司法鉴定管理的科学性要求我们既要充分运用科学原理、规律以及现代先进技术，得出客观真实的鉴定意见，又要不断改革创新，建立科学的司法鉴定制度，包括科学的鉴定人制度、科学的鉴定体制、科学的鉴定程序以及科学的管理体制，同时还要积极探索构筑科学的司法鉴定管理模式的理论体系。

从科学发展趋势来看，人文科学越来越多地运用科学性方法、统计方法、概率方法，以及其他在自然科学领域里发展起来的诸多新兴方法，以追求自身理论的突破。司法鉴定的主要困难之一，同时也是一切涉及总体结构而非孤立的个别过程的其他法学研究所遇到的主要困难之一，就是缺乏对广泛存在的科学性问题的正确认知与处理方法。应当看到，面向科学的司法鉴定管理既不是否定精确性，也不是否定灵活性自身，而是加深对管理的辩证理解，开阔证明思维的视野，因而可以将其视为一种整合：将司法鉴定管理中一些重要而分散的科学性概念或原理统一在一个系统的框架之中。

1. 科学性方法为司法鉴定管理提供了一种全新的思路，并以此为根基建构了自己的框架，它采用了一种不同于传统的态度和方法来对待问题，是与传统的管理观念相对的一种理念，甚至可以说，是对传统方式的扬弃。它摈弃了纯粹经验主义，强调科学性的定义与分类。这种科学的管理体系不是一种恒定的体系而是一种灵活的体系，在这种体系中无需绝对性的主张，反而在某一定义内部根据特定的情况而存在着彼此不同的主张，它们相互冲突与对立，又相互共生与契合，从而取代了以单一手段来管理的方式。

2. 司法鉴定管理的科学性决定了司法鉴定管理必须更加合理。追求唯一真相的一个明显后果是过分苛求事实结论本身的确定性。为此，传统证明方法总会试图给出一个既定的、相当稳定的标准或者一个明晰的先例乃至一系列规则。但是，证明是自由的，法官在认定每一个证据和事实的时候，都在不同程度地行使着自由裁量权。这就是说，事实评判者不会成为立法机关的“计算机”，不会完全按照立法机关“编制”的标准来运算，不会没有适当的和灵活的决断。其中的种种不确定是永恒的，而现代法治却要求诉讼的有序化和确定性程度的不断提高。这种矛盾决定了必须寻求更新的视角与方法来解决它。司法鉴定的科学性恰为事实评判提供了正当性支持。它明确提出科学证据的概念，使过去不自觉使用的方法变成自觉的方法，其科学性不再成为可有可无或者仅仅处于从属地位的附加品，相反，它成了认定事实是否有正当性和权威性的重要一环，并获得了统一的表述，从而形成了完整的理论形态。

3. 科学证据强化了司法权威的重要性。司法审判机关对于事实评判的妥当性具有极其重要的保障作用。在许多情况下，事实评判之所以具有正当性，不是因为判断本身达到了多么正确的程度，而是因为其判断的依据——鉴定意见是由高素质和较权威的司法鉴定机构作出的。这样，提高司法权威以保障认定事实的相对统一性就显得至关重要。

目前，科学证据作为一门内容丰富、应用广泛的领域，正在普遍渗透于科学研究的各个领域，对于科学证据的考察和探究，在很多领域中已卓有成效，其他学科的借鉴和移植亦初见端倪。司法鉴定对科学证据的浓厚兴趣也正在萌发，这不是基于理性思辨的传统，而是源于高信息化、强综合化程度下司法鉴定的需要和现代方法论的启迪。当然，科学性并非医治不确定世界的灵丹妙药，它只是有效手段之一，它的主要价值在于为传统方法另辟蹊径，扩大了研究者可选择的范围。有越多的方式为我们所掌握，就越有可能产生高质量的司法鉴定意见，我们作出错误鉴定的借口也就越少。

## 二、构建与事实认定相匹配的科学司法鉴定管理模式

面向科学证据，司法鉴定的科学性主要体现在对事实真相的认定以及在何种程度上认定事实。证明只有突破某一“程度”才可认定为真实，否则为虚假或不足以确信。在理论上存在“客观真实”说和“法律真实”说之争。“客观真实”是指“司法机关所确定的事实，必须与客观上实际发生的事实完全符合，确定无疑”〔1〕。客观真实的着眼点在于认识必须与实际相符合，这是毫无疑问的。但问题是“实际发生的事实”对法官而言并非实际，仍是认识的结果。“客观事实”说认为：如果证明符合“事实清楚”，就说它是真实的；反之，如果它是真实的，它就一定符合事实。真实性和符合真实似乎就是两个可以互相代替的词汇，真实就意味着与事实相符合。这一理论对于头脑不太复杂的人似乎是一种不言而喻的观念，但是当我们试图探索它表面上无可非可议的公理时，悖论就出现了：如果一种证明与事实相符合，即为真；那么什么又是事实呢？通俗地讲，就是司法鉴定管理模式中的事实是独立于诉讼主体自身之外的，无论诉讼主体证明没证明，它们都存在，它们就是我们所描述或“客观的”或“既定的”。这种理论的正当职能就是“解释”事实。事实对于它就成为一种不可或缺的参证结构。但参证结构本身要求必须稳定已知，方可用于参证。法官一方面通过“解释”表明实际产生了怎样的事实，另一方面要指出所认定的事实与解释的事实相符合，而完成这两步相互需要印证的部分都是基于同一些证据。比如，某一物证蕴含一定的事实，法官可以就该物证提出一种评判观点，观点可能是真的或假的。它究竟是真是假，要取决于它如何“解释”该物证。但该物证本身无真假可言，它只是出现了而已。如果说，即使法官的评判观点未能充分解释该物证，仍不妨碍其为真，那么受不利益的当事人就会毫不迟疑地谴责这种说法纯属空谈。法官的裁判必须能解释它所引发的事实，如果忽视了它们，就难以令人信服。

“法律真实”指“诉讼中所呈现的并最终为法院所认定事实，乃是经过证据法、程序法和实体法调整过的，重塑了的新事实。这种事实因为不可避免地渗透

〔1〕 巫宇甦主编：《证据学》，群众出版社1983年版，第78页。

了人的主观意志，因此可以称之为主观事实；又由于它是在诉讼活动过程中形成并成立于诉讼上的，仅具有诉讼意义的事实，因此可以称之为诉讼事实或法律真实”。一方面，“法律真实”成为“客观事实”在法律上的影像；另一方面，“法律真实”又是“客观事实”在法律上所必须附着的载体。不少学者对“法律真实”理论提出不同角度的质疑：有否认事实认定在诉讼中的基础性地位而强调诉讼裁判的形式化特征的；有强调诉讼认识的相对性，将法律真实理解为裁判者对案件事实的相对性认识的；等等。我们都倾向于设想，证明存在于人的头脑里，而事实则是摆在那里的，不管我们是不是喜欢它们。证明采取的形式是判断、推理，是肯定或否定的命题，或者是说出来的、写下来的或蕴涵着的陈述，而事实则是据以作出陈述或总结的判断推理的材料。但即便这样界定也无法改变我们所面临的问题：我们是怎样获得那些证明必然与之相符合的事实的？这却是一个一点也不容易找出答案来的问题。因为当论证它的时候，我们需要为证明本身找到别的证据作为参证来加以检验。例如，如果法官说该证人证言缺乏关联性，就必须根据举证方就该证据所做的陈述，而并不是他可以直接知道事实，从而形成论证。法官必须根据举证方所作出的证明情况来认定事实是什么。更为客观的物证也同样需要依赖举证方对该证据所作出的陈述或说明这样的间接证明因素来支持。法官不能够直接知道有关的全部事实，这一点是真实的，因为他非现场证人，不可能耳闻目睹过去发生的一切。这样，事实并不总可以直接获得，并不能说它们必然是这样而绝不会是那样。只要有间接证明因素存在，即使运用先进的鉴定技术，间接因素之间的灰色灵活性地带也无法避免。可能有人会以先进的鉴定技术来排斥这种灵活性成分，这是不科学的。实际上，它的无限递推待证的特征使其不可能靠先进科技予以克服。比如，在显微镜技术产生之前，对枪支只能判断其类型而无法进行同一认定；最初，根据毛发只能判断是哪种生物的毛发，现在，根据毛发根梢细胞中性染色体鉴定，已经可以判断出毛发主人的性别；尽管单位检材中染色体数量恰好界于20~25之间，仍然存在无法肯定的“灵活性地带”。

当法官说，他（她）是参考一切可信证据，通过理性思考，或靠直觉、经验得出一个裁决时，这话说得多少有些随便。所有据以分析的方式本身并不能用来检验证明，它们在用于此目的之前，必须先被表述出来、被赋予法律概念的形式且要提高到足以判断的水平上。但是在这一表述的过程中，由此引发的那种事

实真相就已经随之潜移默化地改造了：它是由于被人阐述而被改造的——它被带入了与先例同类的证明过程中，并被归之于各种常理之下。一种事实只有在加以解释时，才可被描述，并且只有在被描述时，才能用以核对证明的合理性。因而，困难始终是当事实已经既定时，怎样去把握这个既定。而这一点似乎恰恰是试图准确明晰化的传统证明手段所做不到的。证人所感受的精确感觉，法官的自认为无懈可击的推理，当要解释它们时，就都没了本来面目，让人琢磨不定起来。这就导致以此来论述事实，最多也只能是一种个性化的表述。对“真实”的解释并非是重构客体事实本身意义上的解释，在揭示客体事实“原貌”的过程中，解释者的“前见”已经通过解释者自身参与了进去。

传统证明手法的失败使我们必然要转向另外一条思路上去（虽然意识到这条道的人不在多数）：把事实定义为并不是证据与真相之间的关系，而是一种证据与证据之间的由法官个体心证创造出的包含法官价值取向的关系。如果一个证据被表明可以和所准备接受的其他一切证据结合，那么它就是真的，只要每一个证据信念结合在一起形成法官的内心确信即可。事实上，法官单独的每一种知识、评判、推定都构成一个证明系统的一部分，而且不管他意识到还是没意识到这一点，整个的系统都是隐含在对其任何一部分的论证之中的。这一理念的核心在于，如果要对事实真相给出一个令人满意的表述，就必须把注意的焦点集中在法官个体身上，而不仅仅是事实本身，允许不同法官对同一案件事实依据相同的法律形成不同的真实观。

在对这一观点进行任何评论之前，最好还是先用一个例子来阐明。假设某法官或陪审团得出这样一个结论：张三杀了李四。这便意味着：首先，这一论断包含着接受一整套原则和规则，且并不是它所特有的，而是支配着所有同类性质的陈述和信念——在刑法中以系统的形式规定的各种原则和规则。其次，这一信念是法官独立地形成的，之所以得出“张三杀了李四”的论断是因为法官已经使自己相信了某些相关的结论，诸如杀害李四的凶器上有张三的指纹、张三没有不在场的证据，等等。因此，不能仅仅讨论由此出发的那个判断的真实性，好像它本身就是完整的似的，而是必须把它当做整个证明系统的一部分。当法官开始相信某个事实时，法官相信的并不是单独一个命题，而是一个包含判断、推理、论证、评价、知识、经验及道德等等所有能够影响法官得出事实结论的一切可能因素的体系，这个体系最终归结于法官自身。

这样看来，一个事实并非不管能不能证明，它都是存在着的“客观真实”，也不是基于法律形成的普遍意义上的“法律真实”。毋宁说它是一种个性思维过程后的结论，笔者称之为“法官真实”。事实并不像客观真实或法律真实所预想的那样，是可以简单地被人领会的；它们必须是被个体——法官确立的。法官在相信事实之前首先相信他（她）自己，相信自己的知识、经验、判案能力和道德水准等，相信自己的一切，这是事实认定机制的基础。然后运用这一切来决定证据材料真伪，重组成由他（她）本人确立的事实真相。因此事实只不过是一种被法官确立了的证明，是对它的可靠性已经不再有任何有价值的怀疑的证明。

确实，接受这种解释就把我们带入了一种乍看起来是主观的论断，即司法鉴定管理模式中的事实都只是暂时确定的，并且随时随地要受到修改的，但只要我们留心不把它和另一种非常不同的观点——一切信念都是同等地可疑的——混淆起来，我们就没有理由可以否认它。毕竟，诸多审判实践表明，一个法院、一个法官、一个陪审团认为是事实的，到了另一个法院、另一个法官、另一个陪审团那里就被摒弃了，而且如果情况不是这样的话，就的确很难看出错案如何纠正、司法公正如何体现了。

如果说“法律真实”比“客观真实”相对进步的话（当然有些学者并不持这样的观点，只是相对推崇“法律真实”说而已），其进步性就在于将法律纳入事实认定机制中来，使事实认定加入了主观性成分，不再仅仅局限于客观性（或者说已经意识到纯客观已非实际所能做到）。那么，“法官真实”又是对“法律真实”的一次进步的尝试。“法官真实”与“法律真实”的最大区别在于法官真实不仅将法律纳入事实认定机制中来，而且将影响法官事实认定的一切可能性因素全部纳入事实认定机制中来。依“法律真实”的观念，不同的法官基于相同的法律对同一案件事实的认定应该是一样的，因为法律是认定事实的唯一依据，而法律是相同的。“法官真实”则恰恰相反，它承认不同的法官依相同的法律对同一案件事实作出不同的且都是正确的事实认定，承认裁判主体认定的事实具有差异性和不确定性。最好的例子是，如果一审法院认定的事实被二审法院完全推翻，那么“法官真实”说只承认是由于二审法院的审判权效力高于一审法院，才使最终的事实依二审法院的裁判认定，而并非意味着二审法院所作出的事实认定一定比一审法院更接近客观事实真相，即二审法院的事实认定不见得比一审法院的认定更为正确。即便二审法院列举如何自认为充分的证据和理由，只要一审

法院的事实认定符合法律的规定，就无法单从事实的角度驳倒一审法院的事实认定。在这一点上，“法律真实”就因出现了悖论而显得无能为力了。“法律真实”一方面强调应依法律认定真实，另一方面又不可能解决为什么依相同的法律会形成不同的事实认定的问题。它只能依法律的形式适用效力高的认定来解决问题。从“法官真实”的角度理解，问题就迎刃而解。“法官真实”承认不同的法官之间会有诸多不同的个性差异，并且通过根据事实的“多解”和“灵活性”而承认一定的合理范围内可以依法律形成不同的事实认定。

由此看来，法官与其说是在所掌握的大量坚实过硬的证据之中，不如说是在更为灵活性的给定的证据之中寻求事实的本来模样。正如笔者试图表明的，证据使法官接触到过去，却并没有给出一幅直接的景观图。因此，法官所能要求的一切，就只是梳理一些与过去事件的接触点，使其能够或许在某种程度上“描述”出它们的真实形象。这样，法官能够运用的唯一检验真相的标准就是在此基础上建立起来的各种灵活性因素之间的互相印证，并以此达到“真相”。

## 第二节　面向建设法治中国的司法鉴定管理模式

### 一、司法鉴定管理的规范化

司法鉴定管理的规范化主要表现在如下几个方面：

#### （一）理顺关系，健全和完善统一管理的体制、机制

司法鉴定的管理关系可归纳为三类：一是政府部门与行业协会的关系；二是司法鉴定行政主管部门与业务主管部门的关系；三是国家司法鉴定管理与侦查机关部门管理的关系。与之相适应的是三种管理机制（管理模式）：一是行政管理与行业管理相结合的管理机制；二是鉴定主管部门与业务部门相配合的双重管理机制；三是国家司法鉴定主管部门与各侦查机关内部管理相补充的管理机制。

#### （二）确立统一管理模式的基本框架

建立统一的司法鉴定管理模式，是司法鉴定管理规范化的基本要求和法律底线，其基本的框架体系包括：一是司法鉴定机构及司法鉴定人的准入制度；二是国家司法鉴定机构和司法鉴定人名册管理制度；三是司法鉴定执业类别规范管理

制度；四是司法鉴定活动实施程序、技术标准和操作规范制度；五是司法鉴定执业活动监督、检查和评价制度；六是司法鉴定机构内部规范管理制度；七是司法鉴定收费管理制度；八是司法鉴定人继续教育制度。

（三）加强管理机构组织建设，逐步建立、完善部、省、市三级管理体系

司法行政机关作为司法鉴定工作管理的主体，面对诸多不同行业、不同类别、设在不同行政区域的司法鉴定机构，应当如何设计管理层级，并以行之有效的管理措施、管理手段来履行法定职责以实现司法管理的高效率、高效益？我国基本上建立了司法部、司法厅以及地市司法局的三级司法鉴定管理体系。如2013年宁夏回族自治区司法厅下发《关于强化职能进一步加强司法鉴定管理工作的意见》，加快推进我区司法鉴定管理职能转变，明确各级司法鉴定管理部门的管理职责，将12项管理职能委托五市司法鉴定管理部门履行。同时，要求设区的市司法鉴定管理部门按照分级管理、属地管理原则，转变职能、简政放权，将司法鉴定相关管理职能委托各县（区）履行。吉林省率先在县一级也设立了管理机构，配备了专门的工作人员。

司法部司法鉴定管理局的主要职能有：研究提出司法鉴定工作发展规划和有关政策建议；负责起草司法鉴定法律、法规和规章；研究、拟定司法鉴定管理制度；研究、拟定司法鉴定技术管理规范（即程序规则、技术标准和技术规范）；指导和监督地方司法鉴定登记管理工作；组织实施有关司法鉴定的宣传和理论研究；组织实施司法鉴定的技术交流、合作；指导司法鉴定技术研发工作；管理、指导国家级司法鉴定机构；指导司法鉴定人继续教育工作；承办、指导司法鉴定协会的具体工作。

省市司法厅司法鉴定管理处（局）的主要职能为：拟订司法鉴定管理规定和技术规范并组织实施；负责全省司法鉴定人和司法鉴定机构的登记管理工作；负责省级司法鉴定机构的遴选和管理工作；指导面向社会的司法鉴定资质管理、质量管理和司法鉴定人专业教育培训工作。

县级司法鉴定管理工作部门职能：制定全县司法鉴定工作规划；负责全县司法鉴定机构的资格审查、登记、报批；指导、协调、监督司法鉴定活动。

（四）加强鉴定机构和鉴定人队伍建设

按照“统筹规划、合理布局、优化结构、有序发展”的要求，要组织制定各地区司法鉴定的发展规划，进一步优化布局结构，逐步解决司法鉴定发展不平

衡的问题；要充分发挥高等院校、科研院所和质检机构等国有优质科技资源的优势作用，在布局结构调整和资源整合中，逐步培育一批优质、高效的权威鉴定机构；要始终坚持不懈的加强鉴定队伍建设，以终身教育思想为指导，开展教育培训，全面推进司法鉴定人队伍的专业化、职业化，不断提高其政治素质、业务素质和职业道德水准。要紧紧抓住公信力和可靠性两大支撑点，建立、完善质量控制体系，不断提高司法鉴定人的鉴定能力、鉴定水平和鉴定质量，建设一支司法机关信任、人民群众满意、高素质的鉴定人队伍。

（五）加强制度建设

加强制度建设是司法鉴定管理规范化的重要任务之一，当前要加快制度建设，尽快修订《司法鉴定程序通则》、《司法鉴定执业分类规范》，研究制定《司法鉴定法》、《司法鉴定人出庭作证办法》、《司法鉴定执业活动年度检查办法》、《司法鉴定机构执业资质考核办法》、《司法鉴定机构内部管理规范》、《司法鉴定违法行为处罚办法》、《司法鉴定执业行为规则》，在组织同行专家讨论修改的基础上，尽快颁布与《人体损伤程度鉴定标准》配套的《人体损伤致残程度鉴定标准》、《司法鉴定技术方法强制认证办法》等技术规范；同时还要尽快研究起草《司法鉴定资质等级评估办法》、《司法鉴定质量监督检查办法》和退出淘汰机制，使司法鉴定走上可持续发展道路。[1]

（六）加强标准化、信息化建设

尽快制定统一的司法鉴定技术标准和技术规范，规范司法鉴定执业活动，是构建统一的司法鉴定管理模式的重要组成部分，也是有关部门多年的共识。要按照《决定》要求，尽快建立全国司法鉴定标准化技术委员会，争取在国家标准化体系建设的框架下，积极推进司法鉴定标准化建设，提高鉴定的科学性和权威性。同时，还要继续推进司法鉴定信息化建设，充分发挥中国司法鉴定网站的功能和作用，实现司法鉴定信息公开、透明和及时，有效服务社会和人民群众。

（七）建立健全相结合管理制度

建立起行政管理和行业管理相结合的管理制度，既是社会经济发展和公共管理社会化的客观需要，也是建设有限政府、法治政府、责任政府和依法行政的必然要求；既是转变政府职能，履行公共管理和公共服务职能的需要，也是充分发

---

〔1〕 参见2013年11月《司法部司法鉴定管理局制度建设计划》。

挥社会组织和非政府组织在公共管理方面的作用、不断增强社会自主管理能力和行业自身发展的内在要求。

## 二、司法鉴定管理统一化的未来走向

司法鉴定管理的统一化应当以世界眼花和司法体制现代化的改革方向作为风向标，其未来的志向是在统一管理主体下的管理能力的现代化，职能配置最优化，保障司法权力运行机制的高效化。[1] 在统一管理主体、统一管理范围、统一鉴定程序和统一鉴定标准的基础上，还应从以下几个方面深化与完善未来的司法鉴定管理的统一化。

### （一）统一鉴定标准

司法鉴定机构、司法鉴定人实行统一的准入标准、准入条件和准入程序是司法鉴定管理模式改革的重点内容。总体来说，主要包括审核登记、名册编制和统一公告制度，主要是编制和管理《国家司法鉴定人和司法鉴定机构名册》供司法机关和公民、组织、法人选用。统一编制和公告司法鉴定人和司法鉴定机构名册，是建立统一的司法鉴定管理模式的核心内容之一，是司法行政部门登记管理工作的重要组成部分，也是司法鉴定机构和司法鉴定人依法从事司法鉴定活动的形式依据。

1. 统一的准入标准。《决定》第4条统一规定了鉴定人的准入条件，即具备下列条件之一的人员，可以申请登记从事司法鉴定业务：①具有与所申请从事的司法鉴定业务相关的高级专业技术职称；②具有与所申请从事的司法鉴定业务相关的专业执业资格或者高等院校相关专业本科以上学历，从事相关工作5年以上；③具有与所申请从事的司法鉴定业务相关工作10年以上经历，具有较强的专业技能。因故意犯罪或者职务过失犯罪受过刑事处罚的，受过开除公职处分的，以及被撤销鉴定人登记的人员，不得从事司法鉴定业务。《决定》第5条统一规定了鉴定机构的准入条件。即法人或者其他组织申请从事司法鉴定业务的，应当具备下列条件：①有明确的业务范围；②有在业务范围内进行司法鉴定所必需的仪器、设备；③有在业务范围内进行司法鉴定所必需的依法通过计量认证或者实验室认可的检测实验室；④每项司法鉴定业务有3名以上鉴定人。

《决定》第6条统一规定了司法鉴定机构和司法鉴定人的准入程序。申请从

---

〔1〕 参见霍宪丹、郭华："进一步改革完善司法鉴定管理制度的基本思路"，载《中国司法》2014年第1期。

事司法鉴定业务的个人、法人或者其他组织，由省级人民政府司法行政部门审核，对符合条件的予以登记，编入鉴定人和鉴定机构名册并公告。省级人民政府司法行政部门应当根据鉴定人或者鉴定机构的增加和撤销登记情况，定期更新所编制的鉴定人和鉴定机构名册并公告。《司法鉴定机构登记管理办法》第28条明确规定，凡经司法行政机关审核登记的司法鉴定机构及司法鉴定人，必须统一编入司法鉴定人和司法鉴定机构名册并公告。

对侦查机关内部设立的鉴定机构和鉴定人的管理模式问题有学者认为，侦查机关鉴定机构可以“自管为主，司法行政机关统管为辅”。侦查机关鉴定人应当由司法行政机关实施统一登记管理。〔1〕有学者认为，公安部在4月20日发布的《公安部关于贯彻落实〈全国人民代表大会常务委员会关于司法鉴定管理问题的决定〉进一步加强公安机关刑事科学技术工作的通知》中指出，公安机关所属的鉴定机构和鉴定人不属于《决定》规定的“司法鉴定机构”和“司法鉴定人”的范畴，不在司法行政机关登记之列。这是部门非法律的自行理解，与《决定》的立法精神是矛盾的，也不符合法制统一原则。司法鉴定工作的主管部门是国务院司法行政部门，登记管理的部门是省级司法行政部门，司法鉴定机构、司法鉴定人包括《决定》规定的所有鉴定机构和鉴定人，这应是题中应有之义，不该有什么疑义。也有学者认为，公安、检察机关的部门化规定无疑破坏了司法鉴定管理的统一性，阻碍司法鉴定管理模式创新目标的实现。这种做法既与《决定》不符，也不利于司法鉴定管理模式创新，是不足取的。人民检察院和公安机关内部设立的鉴定机构及其鉴定人，也要受司法行政机关统一管理，必须由司法行政机关进行登记管理并纳入名册进行公告。〔2〕

2. 统一技术标准。司法鉴定意见的正确与否，取决于是否具有科学的依据，即司法鉴定技术标准，它是指在司法鉴定活动中，针对特定的鉴定事项所制定的统一的必须遵循的标准化方法和具体操作程序。〔3〕因此，我国应当尽快制定司法鉴定标准，由司法行政部门牵头，组织建立起全国统一的司法鉴定技术标准体

〔1〕邹明理：“且盼司法鉴定管理尽快步入法治化轨道——《关于司法鉴定管理问题的决定》实施一周年侧视”，载 http://www.legalinfo.gov.cn/moj/zgsfjd/2006-10/30/content_441448.htm，访问日期：2014年3月6日。

〔2〕王敏远、祁建建：“分析与展望——评正在进行的司法鉴定管理体制改革”，载《中国司法鉴定》2005年第8期。

〔3〕纪念：“论我国司法鉴定的统一管理”，载《中国司法》2005年第9期。

系已经着手进行，为作出正确的司法鉴定意见提供一个科学的衡量尺度。

在统一遵循的技术标准方面，不仅应该从立法上明确规定司法鉴定中可以运用的科学技术和方法的基本判断标准，而且还应当确立司法鉴定技术方法的审核准入机制。[1] 目前，中国司法鉴定官方网站上已经公布了三类司法鉴定相关标准目录：声像资料、物证类、法医类。[2] 总体目标是在2020年建成以法律法规为依据，以强制性技术规范体系为支撑，以推荐性标准体系为辅助，管理有序、运行高效、形式多样、保障有力，具有系统性、协调性、先进性、适用性和前瞻性的司法鉴定技术标准体系。

**三、完善司法鉴定管理职能与诉讼职能的分立分设**

中立性是司法鉴定应有的本质属性，独立履行鉴定管理职能也是司法鉴定管理必须要坚持的原则之一。在司法鉴定管理领域，独立履行管理职能至少包括三层含义：一是在司法鉴定的道德标准上应保持中立，不偏袒任何一部分利益主体，对所有主体都平等对待，具有平等的价值内涵；二是在司法鉴定法律制度实施上，要按照客观规律运行，不受任何外力左右，具有独立的价值内涵；三是在进行个案的司法鉴定时，要客观、实事求是、不偏不倚、保持中立，具有客观价值内涵。

司法鉴定管理职能的独立行使主要体现在鉴定机构的中立上：一是多头管理造成我国司法鉴定的现实困境，客观上要求规范鉴定机构的设置，确保司法鉴定机构和鉴定人的独立地位，为保证鉴定意见的中立、客观提供良好的前提条件；二是当事人能寻求到可信赖的中立性鉴定服务，可以促使其理性对待已经参加或即将参加的诉讼，提高对诉讼的可预期性，更加有利于纠纷的妥善解决；三是营造鉴定机构独立于司法机关和行政机关的中立鉴定环境，有利于法官在审判中准确认定客观事实，集中精力和时间解决法律问题，实现司法公正，进一步树立司法权威，有效化解社会矛盾，推进和谐社会建设。

1. 可以借鉴美国和我国香港地区的成功经验，由政府直接投资建立独立的权威鉴定机构，保证其在鉴定仪器设备、技术水平上的先进性以及在诉讼地位上的超然独立性。如香港政府化验所为我国香港地区唯一的法定鉴定机构，其人员编制为公务员，不隶属于警方、法院等部门，其运作资金也直接来源于政府的全

---

〔1〕 参见刘鑫："司法鉴定技术与方法准入研究"，载《中国刑事法杂志》2008年2期。

〔2〕 中国司法鉴定网：http：//www. legalinfo. gov. cn/moj/zgsfjd/node_ 5079. htm.

额拨款，公信力和权威性都很高。《决定》第8条规定："各鉴定机构之间没有隶属关系；鉴定机构接受委托从事司法鉴定业务，不受地域范围的限制。"因此，鉴定机构应当去"官方"、"级别"和"地方保护"等种种"帽子"，成为在司法行政机关统一管理下，独立、平等开展鉴定业务的社会服务性组织；鉴定人始能维护自身所特有的中立地位，在鉴定活动中独立、平等地享受权利和承担义务。[1]

2. 法院的鉴定机构已取消，而公安、国家安全和检察等侦查机关所属的鉴定机构予以保留。对抗制审判模式在我国已基本确立，这对法院的中立性提出越来越高的要求，人民法院在诉讼中执行着审判职能，应处于中立地位。如果人民法院既充当司法鉴定的主体，又行使对该司法鉴定意见的审查判断权和采信权，就会有损司法鉴定的公正性，从而导致裁判的公信力下降。而且，在审判阶段，证据已经固定和保全，法院无需对司法鉴定机构进行行政上的管理，应当将其关注点放在对鉴定意见的程序审查上，而司法行政部门应当通过对司法鉴定的管理来保障诉讼活动能够获得高质量的鉴定意见。

公安机关、国家安全机关和检察机关的鉴定机构予以保留有以下理由：①由侦查活动的紧急性所决定。公安机关、国家安全机关、检察机关承担着侦查任务，侦查活动往往非常紧急，常常出现需要在短时间内作出准确判断的情况，所有鉴定事项都委托本单位以外的人员进行可能影响侦查机关的反应速度及控制能力，危及刑事诉讼的效率。侦查机关内部设置鉴定机构确实有利于侦查的及时性，为侦查工作的顺利开展提供科学支持。②由侦查活动的保密性所决定。案件侦查中侦查机关掌握的案情和证据材料，一般不能向外泄漏。不少案件中涉及的科技问题或科技证据是侦查的重要秘密，应当由侦查机关自己鉴定。③侦查机关内设鉴定机构作为国家机关的工作部门，为保持其从事工作的纯洁性和鉴定服务的正当竞争，不能让他们向社会提供服务。所以，《决定》作出限制性规定，侦查机关不能面向社会接受委托，它应只为侦查工作服务，是一种技术侦查工作。《决定》第7条规定："侦查机关根据侦查工作的需要设立的鉴定机构，不得面向社会接受委托从事司法鉴定业务。"具体来讲，要抓住三个核心词：一是"因侦查工作需要"，而不是随意扩大为因其他的公安工作或检察的工作的需要；二

---

〔1〕 张玉镶、张黎："鉴定人资格管理制度：疏理、评析与设想——兼解读《关于司法鉴定管理问题的决定》"，载《中国司法鉴定》2005年第6期。

是“设立必要的鉴定机构”，这是数量限制；三是“不得面向社会接受委托”，这是对服务面向严格的禁止性规定。由于侦查工作的鉴定只是提供控方证据，按照控审分离、审判中立、控辩平等的诉讼原则，应该允许向犯罪嫌疑人提供无罪或罪轻的证明，但侦查机关不能超越侦查职能面向社会接受委托，这就需要一大批独立于诉讼参与机关以外、在管理模式上与诉讼参与机关相分离或没有隶属关系的社会性、中立性的公共鉴定机构。

3. 建立专家辅助人制度。2012 年修改后的《刑事诉讼法》、《民事诉讼法》确立了有专门知识的人参加诉讼活动的制度。专家辅助人制度的确立不仅需要在其诉讼地位、主体资格、意见的效力等方面作出进一步明确与规范，[1] 而且还需要在鉴定管理制度上予以特别关注，体现司法鉴定管理模式的变化，适应诉讼制度的改革与变化。

《决定》明确了人民法院与司法行政部门不得设立鉴定机构，无疑是司法鉴定模式创新的一项重大成果。公安机关与检察机关自侦部门仍被容许设立鉴定机构，这被视为侦查活动所必需的。如何完善立法以促进侦查机关设立的鉴定机构既能维持相对独立性，又能更好地为侦查工作服务，应当是深化司法鉴定体制改革需要关注的重点。对公安机关和检察机关自侦部门内部鉴定机构的保留，使得“自侦自鉴”的问题仍旧无法避免，司法鉴定的混乱局面无法从根本上改观。其实，公安机关和检察机关自侦部门内部的鉴定机构同样应当撤销，考虑到侦查活动的特殊性可以保留一部分技术人员，但这些技术人员已不再具有鉴定人身份，而是协助侦查的专家辅助人，可以由侦查机关随时聘请和指派，并有权在进行司法鉴定之前就从事技术活动，这样一来，既可以防止案件的延误、保证侦查的正确方向，同时又因其不具有鉴定人身份，不会导致“自侦自鉴”这种与司法鉴定中立性不相符的状况。

## 四、司法鉴定管理的科学化

### （一）多层次参与管理机制的建构

多层次参与的司法鉴定管理模式是指有管理权的机构依照法律的授权，对有关司法鉴定机构或者其他对司法实践中专门性问题进行认证、鉴证的机构进行资格认证、管理的一种范式，其实质就是一种科学化的管理方式。司法鉴定本身应

---

〔1〕 郭华：“刑事诉讼专家辅助人出庭的观点争议及其解决思路”，载《证据科学》2013 年第 4 期。

该是客观、公正和科学的。但是，按照科学系统论的观点，司法鉴定活动本身必须有一整套反馈监督机制，否则，司法鉴定将会处于一种无序的混乱状态中，就如我国目前的情况。现阶段，我国司法鉴定活动分别归属于不同行业的鉴定、鉴证机构来操作，各行业、各行政机关对于司法鉴定机构的管理，要么采用一种行政管理的模式，要么采用一种行业自律管理的模式，前者对于司法鉴定的公正性、科学性以及学科发展的前途均有严重的负面影响，最终结果只会导致鉴定机构的萎缩。后一种情况虽然避免了行政模式的种种弊端，但是行业自律是一种自我管理的方式，缺乏社会和其他权威机构（如司法机关）的及时有效监督，其结果会导致腐败、鉴定过滥，最终也会导致鉴定质量的下降。因此，司法鉴定必须有一套行之有效的管理制度，使司法鉴定能够纳入社会职能机构的管理之下。社会职能机构对司法鉴定机构的管理，绝不是对鉴定活动的干预，而是对鉴定机构的资质进行认证，达到质量控制和质量保证，并将鉴定中出现的问题及时反馈给鉴定机构，监督鉴定机构的活动。

鉴定机构的管理主要有如下方式：

（1）行政管理方式，即鉴定人与管理机关之间有行政隶属关系，行政机关可以从纪律上和行政工作要求上管理鉴定人员，并且控制鉴定人员的职位、工资和福利待遇等一系列问题，管理者与鉴定人员之间的行政服从关系比较明显。因此鉴定行为容易受到管理者的行政干预，使鉴定的独立性和科学性难以体现，从而难以维持鉴定的权威和公正。

（2）行业自律管理是一种开放式的管理方式，管理机构主要管理鉴定人员的鉴定资格，采用定期注册的方式约束鉴定人。这种管理方式针对性不强，只是在资格取得上控制得比较严，对于执业过程中反映出来的问题及时约束鉴定人。

### （二）司法鉴定行业协会自律管理

1. 司法鉴定行业协会的设立目的及其工作范围。建立司法鉴定协会，目的是制定、履行行业规范和完成司法行政机关委托的职能，真正做到行业自律，实行“专家管专家”。具体而言，应当从四方面着手：一是修订、完善各鉴定分类的鉴定标准和程序指引等行业规范，为司法鉴定机构的依法执业提供支持；二是依托各分类的专家或资深从业人员组建司法鉴定人协会下属的相应专业委员会，释疑解惑，细化行业规范等，起到“专家管专家”的作用，如有关各鉴定机构就同一鉴定业务作出不同的鉴定意见时，相关的专业委员会可进行学术探讨、研究并作出基本结论，供有关部门判决或者仲裁参考；三是设置司法鉴定执业保险制度，强制投保，缴纳保险金，一旦发生赔偿个案，由保险公司理赔，为鉴定人的依法执业提供保障；四是通过制定协会的惩戒规则，进一步规范鉴定人的执业行为，把行业自律落到实处，促使鉴定人必须依法执业。[1]

2. 司法鉴定行业协会的运行方式。司法鉴定人协会分为全国司法鉴定协会和地方司法鉴定协会。加入地方司法鉴定协会的司法鉴定人，同时是全国司法鉴定协会的会员。司法鉴定人协会根据国家司法鉴定执业分类设立专业委员会。在司法鉴定的行业管理中，专业委员会的作用至关重要，如：在司法鉴定人职业资格考试与考核、司法鉴定人执业证书颁发等方面，需要专业委员会从行业角度进行把关；在司法鉴定机构设备检测、资质审查方面，离不开专业委员会的参与；当不同鉴定机构对同一鉴定项目作出不同鉴定意见，法院结合案中其他证据也难以对其进行审查判断时，可借助专业委员会进行评断；专业委员会可以制定各专业领域的具体鉴定标准、鉴定程序，以使司法鉴定制度更加完善；处理鉴定人违纪、违法问题，有时需要由专业委员会对鉴定人是否故意或过失以作出虚假鉴定意见进行鉴别。总之，由于司法鉴定行业分支领域众多，且各领域均专业性较强，所以，需要在司法鉴定协会之下设立专业委员会，来处理司法鉴定管理中专业性较强的问题。[2]

3. 司法鉴定行业协会的基本职能。省一级协会目前可以通过司法行政机关委托的形式，主要负责以下工作：一是司法鉴定行业职业道德和执业纪律的制定执行和监督；二是司法鉴定分类标准、执业指引及具体程序的组织制定和指导；三是司法鉴定人的继续教育（包括初任培训、年度培训等）；四是司法鉴定机构和司法鉴定人的年度检验；五是司法鉴定的学术交流（包括高新科研课题的组织攻关和应用推广）；六是司法鉴定机构和司法鉴定人的惩戒等，建立鉴定机构、人员的退出机制。[3]

---

〔1〕 罗永新、罗纪锋：“从司法行政管理的角度看贯彻《决定》亟待解决的五方面问题”，载《中国司法》2005 年第 10 期。

〔2〕 熊秋红：“我国司法鉴定体制之重构”，载《法商研究》2004 年第 3 期。

〔3〕 罗永新、罗纪锋：“从司法行政管理的角度看贯彻《决定》亟待解决的五方面问题”，载《中国司法》2005 年第 10 期。

## 五、司法鉴定管理的明确化

### （一）明确鉴定程序

1. 建立行业统一技术标准的必要性和可能性。司法鉴定意见的正确与否，取决于是否具有科学的依据，即司法鉴定技术标准，它是指在司法鉴定活动中，针对特定的鉴定事项所制定的统一的必须遵循的标准化方法和具体操作程序。[1] 只有依照法定的鉴定程序、法定的鉴定对象、法定的鉴定标准所作出的司法鉴定意见，才能称得上是一种独立的法定证据，才具有法律效力。因此，建议尽快制定司法鉴定标准，为作出正确的司法鉴定意见提供一个科学的衡量尺度。根据我国司法鉴定统一管理模式的基本要求，由司法行政部门牵头，组织建立起全国统一的司法鉴定技术标准体系已成为可能。

2. 在步骤上总体规划、先易后难，分批分期、重点突破。制定司法鉴定标准是一个很复杂的系统工程，但可以先根据实际情况制定出司法鉴定标准立法的总体规划，先易后难，分批分期，积极稳妥地按步骤进行制定。比如，在总结过去多年的司法鉴定实践经验的基础上，对人体轻重伤、轻微伤鉴定标准等一些部颁标准中不具体、不明确、难以准确理解和把握的实际问题，进行修改、补充、完善以后，以法律或法规的形式重新颁布，作为国家标准统一实施。对于还没有部颁标准的司法鉴定，如物证技术（犯罪侦查学）鉴定中的指纹鉴定、痕迹鉴定、笔迹鉴定、文书鉴定、声纹鉴定、人体外貌鉴定、司法弹道鉴定、司法物理学鉴定、司法化学鉴定等，以及其他学科领域的司法鉴定，可以在总结过去多年司法鉴定实践经验教训的基础上同时借鉴国际技术标准进行科研探讨和科学论证，制定出符合我国司法鉴定实际的暂行标准，先以行政法规或司法解释的形式颁布试行，并在试行的过程中不断完善，然后以法律或法规的形式重新颁布，作为国家标准统一实施。

### （二）明确职业道德

鉴定意见正确与否，依赖于鉴定人的学识和技能。因此从事鉴定工作的人必须具备一定的专业知识和技能，同时必须具有职业道德，遵守职业纪律。《决定》第12条规定，鉴定人和鉴定机构从事司法鉴定业务，应当遵守法律、法规，遵守职业道德和职业纪律，尊重科学，遵守技术操作规范。所谓职业道德和职业

〔1〕 纪念：“论我国司法鉴定的统一管理”，载《中国司法》2005年第9期。

纪律、技术操作规范，都应当属于行业规则，由司法鉴定协会予以明确保障实施。

（三）明确法律责任

我国现行《刑事诉讼法》对有关鉴定人法律责任的规定较为粗疏，仅在第145条第2款规定“鉴定人故意作虚假鉴定的，应当承担法律责任”，是远远不够的。对鉴定人毁坏证据、过错出具错误鉴定意见以及泄露秘密等都应建立相应的责任制度，以纯洁司法鉴定队伍，确保鉴定公正。《决定》第13条对司法鉴定机构和鉴定人的法律责任作了概括规定，具有重要意义。

《决定》第13条前两款规定，鉴定人或者鉴定机构有违反本决定规定行为的，由省级人民政府司法行政部门予以警告，责令改正。鉴定人或者鉴定机构有下列情形之一的，由省级人民政府司法行政部门给予停止从事司法鉴定业务3个月以上1年以下的处罚；情节严重的，撤销登记：①因严重不负责任给当事人合法权益造成重大损失的；②提供虚假证明文件或者采取其他欺诈手段，骗取登记的；③经人民法院依法通知，拒绝出庭作证的；④法律、行政法规规定的其他情形。

鉴定人在提供鉴定服务过程中的违法行为达到较为严重的程度，构成犯罪的，就要承担相应的刑事责任。《决定》第13条第3款规定：“鉴定人故意作虚假鉴定，构成犯罪的，依法追究刑事责任；尚不构成犯罪的，依照前款规定处罚。”凡是鉴定人在刑事诉讼中对与案件有重要关系的情节故意作虚假鉴定，意图陷害他人或者隐匿罪证的，应当按照《刑法》第305条的规定，追究其伪证罪的刑事责任。

根据我国《刑法》的有关规定，鉴定人在执业过程中可能构成的犯罪主要还有以下两种：①泄露国家秘密罪。鉴定人由于承担鉴定任务，需要了解案件中的有关情况，其中有些情况可能属于国家秘密，鉴定人故意或者过失泄露国家秘密，情节严重的，可能构成《刑法》第398条规定的泄露国家秘密罪。②帮助毁灭、伪造证据罪。鉴定人进行鉴定的检材往往是案件中的重要物证、书证或者视听资料，如果鉴定人帮助当事人毁灭检材或者调换检材，情节严重的，可能构成《刑法》第307条第2款规定的帮助毁灭、伪造证据罪。

《决定》规定了鉴定机构和鉴定人在司法鉴定中的两种法律责任，也即行政责任与刑事责任，此处需要特别强调的是《决定》中缺失的民事责任。鉴定机

构和鉴定人接受委托后提供司法鉴定服务，由委托人给付报酬，二者之间形成相应的民事权利和义务关系。《司法鉴定人登记管理办法》第 31 条规定："司法鉴定人在执业活动中，因故意或者重大过失行为给当事人造成损失的，其所在的司法鉴定机构依法承担赔偿责任后，可以向有过错行为的司法鉴定人追偿。"《司法鉴定机构登记管理办法》第 41 条规定："司法鉴定机构在开展司法鉴定活动中因违法和过错行为应当承担民事责任的，按照民事法律的有关规定执行。"鉴于司法鉴定工作存在较大的职业风险，在承担责任方面，宜采取过错责任制度，鉴定人因故意或重大过失行为给委托人造成损失方承担赔偿责任。鉴定人在工作中的一般性过失，即使给委托人造成损失，也不承担赔偿责任。

（四）确立强制鉴定和非法鉴定无效规则

为了杜绝刑事鉴定程序中的非法行为，西方许多国家除规定法律责任外，还确立了强制鉴定和非法鉴定行为无效制度，即违反诉讼程序的鉴定意见即使查证属实，也不得作为定案的根据。如法国 1993 年 1 月 4 日第 9322 号法律规定，在任何情况下，应预审法官、共和国检察官或有关当事人的申请，上诉法院刑事审查庭在案件审理过程中，有权对鉴定中的某一行为或某一证据宣布无效。《意大利刑事诉讼法》第 221 条也有类似规定。但考虑到我国追求实体真实的诉讼传统，可将这一制度限制于一定范围，即只对严重违法行为，如鉴定人收受贿赂、违反回避制度等宣布无效。对于一些轻微的违法行为，只要不影响鉴定意见的真实可靠性，仍可承认其效力。此种情况未来发展趋势是在我国建立中国特色的非法鉴定无效规则，以适应司法鉴定发展的需要。

## 第三节　面向人类社会和谐发展的司法鉴定管理模式

### 一、司法鉴定管理与和谐社会的全面需求

构建和谐社会的基石是以人为本。人性化理念落实到司法鉴定管理模式的建设中来就是要求我们在司法鉴定管理的实践中重视和尊重人的主体地位，以人民群众的需要和权利作为出发点，尊重人权、保护人权。在《决定》中，司法鉴定的定义是："司法鉴定是指在诉讼活动中鉴定人运用科学技术或者专门知识对

诉讼涉及的专门性问题进行鉴别和判断并提供鉴定意见的活动”。这一定义表明司法鉴定不再隶属于侦查行为，也不再是司法机关的专有权力，它成为控辩双方提供证据证明自己主张的诉讼活动，这一转化要求我们改变过去司法鉴定管理模式的职权主义思想，树立以人为本的意识，人民群众成为司法鉴定的主要服务对象，相应的司法鉴定管理模式的理念也应当由权力型转化为服务型，这同时也是党的十七大报告中所提出的“加快行政管理体制改革，建设服务型政府”的要求。十八届三中全会《中共中央关于全面深化改革若干重大问题的决定》进一步指出“加快推进社会主义民主政治制度化、规范化、程序化，建设社会主义法治国家，发展更加广泛、更加充分、更加健全的人民民主”。具体说来，以人为本的理念主要包含了如下三层含义：

1. 树立人权保障观念。近年来我们在司法实践中出现的佘祥林、聂树斌、杜培武、李久明冤案的共同点便是司法鉴定未能及时发挥作用。据统计，在有的案件中司法鉴定的数目超过了 30 次，在这些案件中，凸显了司法鉴定管理的缺位和管理理念落后，司法鉴定管理完全以传统的“重口供轻证据”、“重打击、轻保护”等理念为指导，不但没有将当事人看成司法鉴定的服务对象，而且忽视了对当事人人权的保护。在新时期，树立以人为本的司法鉴定管理理念首先要纠正以往对当事人权利的漠视，重视人权，保护人权，这既符合国际人权标准的要求，也是我国司法鉴定管理体制改革的必然趋势。

2. 树立服务理念。党的十八大报告两次提出了建设服务型、法治型政府的要求，同时，《决定》中也明确了司法鉴定的定位不再是国家权力行使的一种方式，并且《决定》明确规定，法院和司法行政部门不得设立鉴定机构，侦查机关根据侦查工作的需要设立的鉴定机构，不得接受社会委托业务。自此司法鉴定领域开始有了社会机构涉足。这种新局面的出现要求我们尽快转变原先的管理理念与方式，转变角色，为司法鉴定服务。

3. 符合“科学发展观”和“科学决策”的新要求。可以说，自《决定》颁布以来，我们对司法鉴定管理模式的改革就秉持着科学化这一理念，譬如，与《决定》相配套，司法部重新修订了《通则》，《通则》兼顾了诉讼活动的规定与科学技术活动的规律和要求，将实现司法鉴定的科学化作为目标之一，同时《通则》规定了司法鉴定人进行鉴定时应当遵守和采用的技术标准以及技术规范的层级结构和先后顺序，为鉴定意见的科学性提供了重要保证，为建设社会主义法治

国家、推进和谐社会做出了新的贡献。

## 二、法治国家的核心价值与司法鉴定管理

我国《宪法》确立了“依法治国，建设社会主义法治国家”的基本方略。当前，司法改革已拉开帷幕，改革的目标就是实现司法公正。司法鉴定制度改革是司法制度改革的一个组成部分，但司法鉴定的现状已经影响了司法改革的进程。实践中已经开始的诉讼制度和审判方式的改革，不可逆转地把司法鉴定制度改革推向前台。同时在我国计划经济与市场经济体制交替过程中，会出现激烈的变革，纠纷的出现在所难免。在解决纠纷时，人们往往会通过诉讼方式。诉讼的第一要义是证据，而鉴定意见作为法定证据之一，不仅本身具有证据功能，还具有对其他证据审查判定的功能，因此鉴定意见往往被称为“证据之王”。因此改革司法鉴定体制，最终建立起科学、规范、独立、公正、高效的司法鉴定制度，是建设社会主义法治国家的需要。

全面推进依法治国基本方略，扩大社会主义民主，建设社会主义法治国家，发展社会主义法治文明，保障公民合法权益，这对于我们司法鉴定管理模式的建构有着重要的指导意义。在我国依法治国方略指引下，法治化应当作为司法鉴定管理模式的首要理念加以推广。司法鉴定活动是鉴定人向委托人提供鉴定意见的一种服务活动，这种服务活动的根本属性是一种关涉诉讼的专门活动，故司法鉴定活动本身承载着诉讼性、程序性和法律性的属性。所以，法治化也就成为对司法鉴定管理模式予以规范和完善的基本理念。

作为社会主义法律体系的构成部分，司法鉴定管理模式改革是一项系统工程，从促进司法公正的角度而言，司法公正是任何一种法律制度设计都应遵循的道德基础和根本价值目标。就促进司法公正而言，应体现在四个方面：

（1）在立法上，有关的司法鉴定制度要体现权利与义务相一致、相平衡的原则，遵循公开、公正、透明和责任制原则。以程序的公开、公正促进鉴定意见的客观公正。同时司法鉴定制度应该是合理的，符合绝大多数人的利益和愿望。

（2）在鉴定实施中，鉴定人以忠于客观事实为最高准则，鉴定人追求的价值目标只能是客观真实。

（3）司法机关在认定鉴定意见时，应以忠于客观事实为取舍标准，认定事实和适用法律应当准确、客观，合乎理性。司法鉴定管理的目的就在于建立一套科学、规范的鉴定制度，客观真实地反映鉴定问题的本来面目，为正确适用法律提供有力保障，防止因鉴定而产生司法腐败，从而实现公正裁判，维护社会正义。

（4）在监督和救济制度方面，首先应有合理的监督机制，对发生在鉴定活动各个阶段的不公正现象及时进行纠正、补救，实现尽可能的公正。

从提高司法效率的角度而言，公正和效率是一切现代制度设计中都应当遵循的共同价值目标。司法公正和司法效率是辩证的对立统一关系，我们在司法鉴定管理中，既要追求司法公正，又要追求司法效率，对司法效率价值的实现不能阻碍司法公正价值的实现，在追求和实现公正价值时也不能忽视和放弃司法效率价值。司法鉴定管理对提高司法效率的作用主要表现在：从有限的司法鉴定资源中得到最大的经济效益和社会效益，以最小的成本支出达到科学鉴定的目的、提供优质高效的裁判服务，减少裁判资源在鉴定环节中的浪费和所引起的社会不良反应。

## 三、时代进步的长远趋势与司法鉴定管理

随着社会的发展、进步及社会文明程度的提高，人们的思想观念、思维方式、行为方式也在随之发生变化，法制观念进一步增强。人们在日常生活、工作中遇到纠纷、问题时，往往诉诸法律解决。然而，当人们真正拿起这一武器来寻求保护的时候，却常会发现法律并不像想象中那样完美。有些并不复杂的案件久拖不能结案，一些当事人为了讨个说法走上艰难的诉讼路程，最后弄得身心、家庭受到极大的伤害。在这些案例之中，矛盾集中于鉴定意见的占有相当的比例。在大量的人身伤害纠纷、医疗损害纠纷、经济案件纠纷以及交通事故纠纷中，对解决案件起关键作用的鉴定不能得出一致的意见造成诉讼的拖延；那些原本应是客观、公正、高效地揭示案件事实真相的鉴定机构，在卷入了某些特殊案件纠纷之后，其声誉也受到了很大的影响。深入研究造成这种局面的原因，不难发现体制的不顺、鉴定程序的不完善是最为关键的因素。因此，构建完善的司法鉴定管理模式及制度规范，以适应社会发展的需要是当务之急。

### （一）司法鉴定管理与保障当事人诉讼权利

司法鉴定是当事人借以证明其诉讼主张的重要手段之一，司法鉴定权是当事人的一项重要诉讼权利，司法鉴定权能否享有和行使影响着公民能否拥有充分的诉权并实现其诉讼目的。我国诉讼当事人的鉴定权利存在着严重的缺失，当事人没有启动司法鉴定的权利，不能选择鉴定人，对鉴定缺乏监督。只有通过司法鉴

定管理模式的建立，实现鉴定权向当事人的转移，才能保障当事人的诉讼权利，实现诉讼的价值目标。

（二）司法鉴定管理与鉴定权威性的需要

司法鉴定意见本身作为核心证据，能够验证其他证据的真伪，在司法证明中往往发挥着关键作用，具有很高的权威。但在实践中，由于出现了对同一事项的多个不同鉴定结论，鉴定意见的公信力受到很大影响。因此，必须与时俱进，通过司法鉴定管理模式的完善，规范鉴定机构的设置，加强管理，统一鉴定标准和程序，提高鉴定机构和鉴定人的素质，提高鉴定意见的质量，以维护鉴定意见的权威性。

（三）司法鉴定管理与司法体制改革的需要

当前是我国司法体制改革的关键时期，全国各级司法机关正全面推进以司法公正为核心、以司法公开为重点的司法改革。诉讼制度正从职权主义模式向当事人主义模式转变，与此相适应，司法鉴定制度也必然要进行相应的改革。有效整合鉴定资源，实现审鉴分离，保障司法鉴定的中立性、公正性、规范性和准确性，加强对鉴定人的监督，健全鉴定程序，提高鉴定质量和效率，以适应审判工作需要，维护司法公正。

司法鉴定制度是我国司法制度的重要组成部分，是健全司法制度、保障司法公正的一项基础性工作。随着社会的发展和科技的进步，在诉讼活动中遇到的专门性问题越来越多，司法鉴定的应用也越来越广泛，其作用日益引起人们的重视，对我国司法鉴定制度的现状分析与论述显得尤为重要，这对我国司法鉴定工作的完善必将是一种有益的探索。当然，我国司法鉴定制度起步较晚，应该说还很不规范、不完善，司法鉴定管理制度的改革任重道远，随着我国法制建设进程的不断深入，相信在不久的将来，我国司法鉴定制度将逐步完善并走向成熟。

## 第四节　面向未来的司法鉴定管理理想模式

“中国梦”的本质内涵是实现国家富强、民族复兴、人民幸福、社会和谐，在实现的道路上不仅应在复兴中进一步演进中华文明的“文明特征”，也应当超越数千年来创造的农耕文明形态，更应当实现在社会管理上的现代性和现代化。基于以上精神，为从制度上确保对鉴定机构、鉴定人和司法鉴定活动的管理工作公开、公正、公平，从程序上确保依法设立、规范建设和科学管理，司法鉴定管理模式不仅需要走出一条符合中国国情的司法鉴定管理模式的道路，更应当构建一个文明、科学、现代的中国特色司法鉴定管理模式体系。

## 一、构建司法鉴定管理理想模式的深远意义

### （一）时代趋势

在当代司法现代化与全球化的背景下，对司法鉴定方面一系列规范的完善是时代趋势，是保障人权与维护公民权益的全民呼声。在这一片呼声中，构建司法鉴定管理的理想模式是无可回避的，也是我国司法亟待解决的。[1] 因此，构建理想的司法鉴定管理模式是适应时代需求的历史决策。十八大报告纵横历史、视野宽广，确定了党和国家未来一段时期的发展目标、发展蓝图和总体布局，具有系统性、战略性、纲领性和指导性等突出特点。十八大报告标志着我国法治建设已全面进入“深化法治”的发展阶段，法治愈来愈成为党领导人民治理国家、管理社会的基本形式。要领会十八大精神实质，进一步深化司法鉴定管理体制改革。我们不仅要正确把握时代发展要求，善于综合运用政治思维和法治思维解决和处理问题，还要认识到司法鉴定是实现司法公正可靠的技术保障。这就要求我们：一是要切实做好司法鉴定工作、司法鉴定管理职能和司法鉴定制度等三个层面的整合工作；二是以规范化、法制化、科学化建设持续提升司法鉴定的可靠性；三是以合理的制度安排、正当的程序规定和有效的诚信考评保障司法鉴定的可信性。[2]

### （二）现实需求

随着社会各项事业的蓬勃发展，司法鉴定行业也不断地发展壮大。行业的发展对行业管理的标准提出了更高的要求，如何在新的形势下，按照新任务的要求，创新思路，加强指导，科学运作，规范管理，协同创新，促进鉴定行业健康、良性、协调发展，是司法鉴定管理要着重研究的课题。在近几年发生的一系列有影响性的诉讼案件中，人们发现，有不少涉及司法鉴定适用混乱的现象。正

---

〔1〕 霍宪丹、郭华：“司法鉴定制度改革的逻辑反思与路径探究”，载《法律科学》2010 年第 1 期。

〔2〕 参见霍宪丹：“正确领会十八大精神实质 进一步深化司法鉴定管理体制改革”，载司法部简报：《司局长谈贯彻党的十八大精神（三）》。

是对中国司法制度的反思与检讨，使我们意识到建立司法鉴定规范，细化、明确司法鉴定程序是必然之路。在司法鉴定管理工作中，按照“统筹规划、合理布局、优化结构、有序发展”的基本要求，始终坚持“严格条件、严格程序、严格要求、严格审核”的方针，不断加强对司法鉴定机构、鉴定人和司法鉴定行为的日常监管。司法活动日益复杂化、专业化和综合化，司法鉴定必须沿着分工专业化、队伍职业化、技术标准化和方法综集化的方向发展，司法鉴定的资格管理、技术规范、标准体系、布局管理都将进一步的规范、统一和开放，使之构建的管理模式既满足实践的需要，又能推动司法实践向科学发展。

（三）学理铺垫

在经过了五十多年的学术探索之后，我国法学界已经充分了解了西方司法鉴定的理论、制度和规范。构建理想的司法鉴定管理模式已经不再是学术上的一个陌生话题，而成为不言而喻的公众话题，甚至在法学界也达成了相当程度的共识，即使存在争论，也是在学术知识和理论相对成熟之后的深入探讨，并不是对是否建立这样的体系、如何落实这个体系的立场之争。这说明，法学界为构建理想的司法鉴定管理模式提供了足够的智力和学术支持，使构建理想的司法鉴定管理模式不再是一个不知所措的反应，而成为理性选择的结果。这也是实务界与理论界相互沟通与支持的表现。因为设计良好的鉴定管理模式，不仅是司法鉴定科学性和可靠性的保障，而且有助于增加鉴定意见的可信度，对于当事人而言，诉讼过程和结局的可接受性也将加强。因此改革司法鉴定管理模式的目标和价值就在于借助于司法鉴定的管理促进诉讼的公正。

为了保障司法鉴定管理体制达到改革的目标、实现保障诉讼公正的目的，不仅需要更多的理论研究和大胆实践，而且需要有关机关转变观念，能够以开阔的胸襟、开放的眼光看待改革过程中权力与利益的重新配置。这些不仅需要政策的支持，还需要学术理论的铺垫，加强司法鉴定管理模式的研究无疑是需要坚持的方向之一。

（四）舆论影响

一系列有影响性的案件中，有关的核心话题往往是司法鉴定的准确性与科学性问题，这些问题使公众直接产生了对司法公正性与合理性的强烈关注。然而，传媒的压力、舆论的导向已经表达出了民众希望完善中国司法鉴定体系的强烈呼声，也体现出了追求现代司法正义的大众趋势。在此情形下，在司法鉴定管理上不仅需要纠正司法与传媒的偏差，更为重要的是通过广播电视、报刊杂志、互联网络等各种媒体普及司法鉴定的基本知识，从而舒缓大众舆论的情势变化，构建理想的司法鉴定管理模式也是必然之举。

## 二、从立法到司法的转向：构建完善司法鉴定管理的理想模式

### （一）构建完善的司法鉴定管理模式体现立法技艺

构建完善理想的司法鉴定管理模式是我国立法技艺迈向成熟的表现。能够在面对司法鉴定的诸多困境中建立起规范化、统一化、中立化、科学化、明确化的管理法律制度体系，将体现出中国立法者在制定规范过程中原则性与灵活性兼容的优势与智慧。构建理想的司法鉴定管理模式既考虑到了司法鉴定实践的需要，也考虑到维护司法秩序的社会效果，是动态规约的一种全新尝试。

司法鉴定的管理要建立一种“全行业、全过程、动态化”的统一管理模式，这种管理模式不仅包括“从准入到执业过程，到鉴定秩序维护，还包括它的淘汰”机制。从审批准入后到行政注销前的期间，对日常活动、业务监管、教育培训、投诉信访、舆情处理等内容进行分解、归类，设置评估考核项目，配置分值，形成一套涵盖充分、结构清晰的管理模式，从而实现精细化、常态化、规范化的司法鉴定管理。

### （二）构建理想的司法鉴定管理模式符合中国国情

构建理想的司法鉴定管理模式考虑到中国地域差异明显、各地经济政治文化参差不齐、司法环境现代化程度迥然不同的情形，对各地如何运行司法鉴定机制给予宽松空间以便因时、因地制定相应规范。这体现出作为地域辽阔的大国在制定法律规范时必须考虑的不同于欧洲小国或美国这样经济地域差异不大的国家的特殊性。

### （三）构建理想的司法鉴定管理模式符合司法体制的格局

构建理想的司法鉴定管理模式符合当下的司法格局，是对公、检、法各机关权力的重新调整，这其中隐约可见各机关权力的微调与妥善处理司法鉴定问题时各机关的配合。可以说是我国政法机构对司法鉴定问题作出的集体回应，体现了我国司法机关相互制约、相互配合的既定格局。

### （四）构建理想的司法鉴定管理模式具有“纲领性”

构建理想的司法鉴定管理模式可以使当下中国司法鉴定从立法转向司法，《决定》的出台对如何制定规范经论证已经形成共识，未来的重点将放在如何将

已经制定的规范落实在中国大地的真实土壤上。为此，规范的弹性、灵活性和柔软性将会发挥出纲领性的作用而不断激发司法实践中的成功经验。

### 三、构建司法鉴定管理理想模式的未来方向

构建理想的司法鉴定管理模式强调对自身司法问题的深入洞察，对建立怎样的规范体系能够有效改变司法状况的透彻分析，在对系统科学分析的基础上形成的独具特色的规范体系。[1] 这是中国司法鉴定独立自觉的一个重要标志，也是我国司法鉴定迈向成熟的显著标志。构建理想模式为中国司法鉴定体制发展指明了方向。

#### （一）表明态度与立场

对于司法鉴定管理模式的改革必须从维护社会公平正义、促进社会和谐稳定的高度出发，充分认识司法鉴定管理模式转型的重要地位和作用，通过对一系列规范的系统架构和基本体系的完善予以完成，而不是一两个规范的建立，只有这样才能把握司法鉴定的真谛。如司法权与行政权在司法鉴定管理工作中各自的边界的划定，司法鉴定权如何在国家权力和当事人（鉴定人）权利之间进行配置等问题，都需要坚持改革的基本态度和表明的一贯立场。

“作为一个国家，在错误观念没有得到改变之前来修正我们的制度是非常艰难的。然而，改变了相关的错误观念后，我们能够大幅减少冤案，并在这一过程中创造一个更加安全的国家。”[2] 思想是行动的先导，没有思想观念指引的行动是盲动的，而没有正确思想观念指引的行动则可能是恣意的。制度的效能是否能充分发挥出来，往往要仰赖与制度相匹配的观念。正确观念可以转化为建设性的行动，反之，错误观念一旦形成，带来的只能是非建设性甚至破坏性的行动，即使有好的制度也往往会被架空，更谈不上创新和完善。[3] 因此，在司法鉴定管理未来模式的架构上，表明应有的态度与坚持的立场关系到观念的创新以及制度创新问题。

#### （二）指明细化方向

构建理想模式可为今后我国司法鉴定体制的发展提供标准的参照系，也能为

---

〔1〕 霍宪丹：“中国司法鉴定体制改革的实践探索与系统思考”，载《法学》2010 年第 3 期。

〔2〕 ［美］吉姆·佩特罗、南希·佩特罗：《冤案何以发生：导致冤假错案的八大司法迷信》，苑宁宁等译，北京大学出版社 2012 年版，第 83 页。

〔3〕 沈德咏：“论疑罪从无”，载《中国法学》2013 年第 5 期。

司法机关作出进一步的司法解释、各地区作出相关地方规范提供法律参考，它将调整甚至改变中国司法鉴定体制的整体格局。司法鉴定活动日益复杂化、专业化和综合化，司法鉴定管理模式也应当按照分工专业化、队伍职业化、技术标准化和方法综集化方向发展，在司法鉴定的资格管理、技术规范、标准体系、布局管理上都将进一步规范、统一并具有鲜明时代特征。

从2012年修改的《刑事诉讼法》和《民事诉讼法》规定的鉴定人出庭制度的落实角度来看，提升司法公信力应建立主动作为的工作理念：一是“主动管理”，对鉴定机构的管理不能只停留于表面，而要克服体制障碍，主动行使职权，依法合规行使管理职能；二是“主动保障”，司法鉴定对审判工作的保障是比较重要的，司法鉴定管理工作应当主动与审判部门协调，适度延伸自身范围，使鉴定机构和鉴定人也能服从、服务于审判，是司法鉴定管理保障职能的延伸与体现。基于此，司法鉴定管理模式的建构应当以“建设公正高效权威的社会主义司法制度”为基本目标。司法鉴定统一管理的法治化目标是其发展的追求。因为在其法治化过程中，“主要的问题并不是法律的起源，而是法律的目标。如果根本不知道道路会导向何方，我们就不可能智慧的选择路径”〔1〕。司法鉴定作为科学实证活动，其可信性和可靠性是司法鉴定统一管理法治化的具体目标，从而实现司法鉴定管理模式的效率与公正。因此，维护与保障司法鉴定的可信性与可靠性是司法鉴定管理模式构建的具体目标。当今是科学技术迅猛发展和激烈竞争的时代，以科技进步为依托的司法鉴定具有巨大的发展潜能和为司法服务的权威效果。在许多领域，司法鉴定对裁判的结果起着重要乃至决定性的影响。正因为如此，司法鉴定管理在司法活动中的适用范围越来越广泛，特别是随着诉讼客体的广泛和犯罪手段的智能化，一方面需要借助于统一的法治功能强化鉴定机构、鉴定人准入及其活动的法治化，确保鉴定质量；另一方面，统一司法鉴定管理制度的法治化，保障统一司法鉴定管理体制与其他相关法律法规尤其是与诉讼法相衔接，使之保持统一的法制背景的法治状态。这一目标可分解为，在制度上通过建立统一司法鉴定管理体制来确立司法鉴定的可信性制度；在法治化发展过程中以司法鉴定统一管理的法治化来促进司法鉴定的可靠性，从而保障司法鉴定管理模式能够维护诉讼的效率与公正。〔2〕

〔1〕［美］本杰明·卡多佐：《司法过程的性质》，苏力译，商务印书馆1998年版，第63页。

〔2〕郭华：“司法鉴定制度改革的基本思路”，载《法学研究》2011年第1期。

1. 促进鉴定意见的可信性是建构司法鉴定管理模式的基本维度。无论司法鉴定制度改革还是其发展，均是为了保障鉴定结果具有的可信性。鉴定意见的可信性制度是司法鉴定制度改革与发展的基本维度。由于鉴定意见作为鉴定人的个人判断是以专门知识作为基础的。这些专门知识即使在专业领域得到同僚的普遍认可，仍“应当考虑某项科学技术已知的或潜在的失误率和控制技术运作的标准的存在和维持”[1]。鉴定意见在此方面需要更多的“制度供给”与维护。这些供给的制度除对司法鉴定所运用的专门知识进行规范外，还应对鉴定人的判断过程给予规范性限制。因为鉴定意见是诉讼程序和鉴定制度的产物，程序与制度不仅创设了鉴定意见获取的途径，而且还影响甚至决定着鉴定的质量。因此，保障鉴定意见可信性的鉴定机构中立性制度和鉴定人独立性制度在深化司法鉴定体制改革与促进司法鉴定制度发展中需要优先考虑与科学安排，它也是司法鉴定管理模式的实践需求和具体目标。

2. 保障鉴定意见的可靠性也是建构司法鉴定管理模式的基本维度。司法鉴定制度改革在围绕着鉴定意见可信性展开的同时，其本身还需正当性的实施程序予以维护与保障，同时还借助于程序的对抗功能排除鉴定意见的不可靠性，从正反两方面确保鉴定意见的客观性与可靠性，为诉讼活动发现真实提供坚实的科学证据支持。司法鉴定涉及的专门知识本身带有科学性是毋庸置疑的，这并不代表运用它们获得的结论具有必然的科学性。维护鉴定意见可靠性成为司法鉴定制度改革和发展的又一基本维度，保障鉴定意见的可靠性也就成为司法鉴定统一管理法治化的诉讼需求和具体目标。

3. 鉴定制度具有可信性是保障鉴定意见具有可靠性的前提。司法鉴定制度不可信就难以获得可靠的鉴定意见。即使鉴定意见是可靠的，因制度的不可信也就有可能失去应有的价值。鉴定意见的可靠性一方面具有维护鉴定制度可信性的功能，同时也能够保障诉讼实现发现真实的目的，最终实现司法公正的目标。因此，鉴定意见的可信性与可靠性是司法鉴定制度改革与发展的基本维度，也是司法鉴定管理模式促进与提升诉讼效率与公正的基本路径。

（三）吸收经验

构建理想模式的另一大优势在于可以吸收更多的可资借鉴的经验。一方面，

---

〔1〕［美］肯尼斯·R. 福斯特、彼得·W. 休伯：《对科学证据的认定——科学知识与联邦法院》，王增森译，法律出版社2001年版，第19页。

我们可以在地域差异颇大的中国逐渐摸索哪些值得进一步细化、哪些需要进一步补充完善、哪些有可能影响鉴定结果等问题。司法鉴定体制的体系化建设可以搭建起一个理性的结构框架，并没有形成“血肉”。而“血肉”的增加、整个机能的良性运转还需要将具体规范落实到司法鉴定实践的层面予以进一步地检验。没有框架，就没有指导实践的基本思路，而过于细致繁琐的规范，也有可能与不同地域的司法环境“水土不服”从而形成抵制和冲突。在我国司法鉴定管理模式与诉讼模式相适应且能够充分发挥其作用的同时，参考与借鉴大陆法系与英美法系一些国家在此方面的成功经验，这种改革方式是值得提倡的，尤其是其改革中没有盲目移植或者照搬国外的制度与做法，更值得发扬。

（四）过滤意见

构建理想模式使各种有价值的意见被吸收到未来的进一步细化规范之中，成为立法逐步推进的有意识的步骤。它为过滤意见、筛选有价值的建议提供了一种渠道和契机，保持立法与司法上畅通，尤其是司法鉴定管理上与司法鉴定意见适用上的衔接。在社会主义市场经济条件下，司法鉴定的管理也应该遵循市场经济统一、开放、自律的要求，对作为社会总资源有机组成部分的司法鉴定资源实行优化配置，这是我国社会主义市场经济体制的要求，因此，培育和规范司法鉴定市场就成为司法鉴定管理模式亟待解决的问题之一。

（五）制度创新

探索司法鉴定管理模式应当注重保障当事人鉴定的权利，借助制度的力量保持鉴定机构的中立性，借助程序的力量保持鉴定人作为专家具有中立性，促进鉴定人能够提供可信性和可靠性的鉴定意见，维护鉴定意见作为证据的客观性，勾勒出具有中国特色司法鉴定管理的理想模式，使得从理论上和实践上都有可能产生基于我国本土司法鉴定实践经验的有意义的制度创新。构建理想模式的另一优势在于，并没有对各地、各机关的司法人员的司法行为提出过于死板的规范制约，而是提供了一种制度指导，这种指导能够促进和指导司法鉴定主体寻求有利于自己的更为明确的做法和方式。

为了构建理想的司法鉴定管理模式，我们应当采取怎样的做法呢?

（1）坚持统一司法鉴定管理体制，适时跟踪司法鉴定规范的落实情况，加强社会调研，根据实践中反映出来的问题，在统一司法鉴定管理体制下寻求司法鉴定管理模式的最佳方案。根据《刑事诉讼法》、《民事诉讼法》和《行政诉讼

法》在鉴定制度上的修改以及十八届三中全会关于司法改革的基本要求，推进、推动司法鉴定管理从司法鉴定的“准入把关”向“执业监管”模式转变，着眼于提升鉴定的科技能力，实现司法鉴定从“传统管理”向“现代管理”模式转变，服务目标从“注重效益”向“服务大局”的转变。

（2）全面评估司法鉴定管理的实效。可以通过社会调研和统计等方法，全面评估司法鉴定管理在实际过程中出现的种种问题与价值，为中国司法鉴定管理模式的完善与发展提供最具价值的对策。

（3）发掘新问题、提出新对策。通过对现有司法鉴定管理模式实施效果的实地调研，可以掌握其中诸多问题，也可以为实务界提供更多的技术支持与经验，形成理论界与实践界的良性互动，拉近理论和实践的距离。

（4）采取现代化的管理理念，建立起“权责明确、相互配合、相互制约、高效运行”的现代司法鉴定管理体系，司法鉴定管理工作的理念应当适时进行更新。

总之，构建理想的司法鉴定管理模式必将成为中国司法鉴定发展中的一个里程碑，它对未来中国司法鉴定体制的意义绝不仅仅是规范的建立和制度的完善，更重要的是，它的规范化、统一化、中立化、科学化、明确化的管理方案是依据本土情境的充分总结和经验教训的提炼，中国司法鉴定管理模式由此走出了一条不同于其他国家的独特路径——中国特色“理想图景”的模式探索之路，它将成为未来中国司法鉴定管理模式迈向成熟的必然路径，也是司法鉴定管理模式走向科学化的正确道路。

# 附 录 >>>

## 附录一 德国司法鉴定专题考察报告 *

编者按：经国家外国专家局批准，在司法部司法鉴定管理局和司法部司法协助交流中心的组织下，由司法部司法鉴定科学技术研究所党委书记陈俊生同志任团长，中央政法委、全国人大法工委、国家发改委等中央有关部门及部分省市司法厅（局）司法鉴定管理干部共21人组成赴德国司法鉴定培训团，于2009年11月21日至12月11日，考察了法兰克福律师协会、德国法医行业协会、法兰克福大学法医中心、联邦刑警局（BKA）、罗滕堡国家行政管理学院财政和司法培训中心、北威州高级鉴定机构、波鸿鲁尔大学（Bochum U）、马格德堡司法局及地方法院、德国工商总会（DIHK）、德国认证公司（DGA）、德国公开任命宣誓鉴定师联合会（BVS）等，对德国的司法制度和证据制度、司法鉴定管理体制和工作机制、鉴定机构的设置和运作、行业组织的职责和作用、司法鉴定质量管理和认证认可等情况，进行了学习、考察和交流，并分组撰写了五个专题报告。现将报告全文刊登，供参考。

### 一、德国的诉讼制度、审判方式、证据规则及司法鉴定制度的基本特征[1]

通过这次考察，培训团成员对德国的诉讼制度、审判方式、证据规则、司法鉴定管理等进行了系统的学习了解。德国的司法鉴定在发展中通过立法或约定俗成等途径，依托成熟的行业组织形成了颇有特点的管理机制。这对我国进一步贯彻落实中央司法鉴定体制改革精神和《全国人民代表大会常务委员会关于司法鉴定管理问题的决定》（以下简称《决定》），推进司法鉴定改革发展有一定借鉴意义。

#### （一）德国的国家体制与诉讼制度

1. 德国的国家体制。德国全称“德意志联邦共和国”，这一名称表明了它的联邦制结构。在这种国家结构下，德国的国会和参议院负责立法，政府负责行政，法

---

* 报告总主持人：陈俊生、刘朝宽；审稿人：霍宪丹。

[1] 专题一小组成员：刘朝宽、詹启奎、任代祥。

院负责审判（如下图所示）。联邦政府由执政党选举，组成内阁。州长、总理选举后，要由联邦总统任命。联邦议员由民众选举，参议院批准，联邦总统发布。德国在统一后共有16个联邦州。联邦州不是省份，而是本身就具有国家权力的实体。德国的政府机构主要分三级：联邦、州和乡（镇、区）。柏林、汉堡和不来梅等城市与其他州不同，它们下属行政单位是区，各区都设有区议会和区政府。各州不仅有自己的议会、宪法法院、州政府和法院，而且还有自己独立的财政预算和管辖的警察力量，政体结构与联邦政府一致，联邦参议院由16个州选派官员组成，各州的立法权主要集中在文化、教育、农林、市政建设、自然环境保护、土地规划、宗教和治安等方面。关于联邦和州各自立法权限及其关系，《德意志联邦共和国基本法》（以下简称《基本法》）第73条规定，外交、国防、关税、贸易、联邦铁路和航空以及联邦邮政和电信等均属联邦立法范围，各州无权干预。《基本法》第31条规定，联邦权力居于州的权力之上，如果州的法律同联邦法律有冲突时，前者失效。在行政领域，联邦对州行使监督权和一定的执行权。例如联邦政府有权指派代表到州政府监督联邦法律的贯彻情况。如发现问题，联邦政府有权提出指控，并采取必要的措施使该州受联邦约束。实际上，《基本法》把联邦德国引导和确定为一个中央以立法为主、联邦州以管理为主的国家。

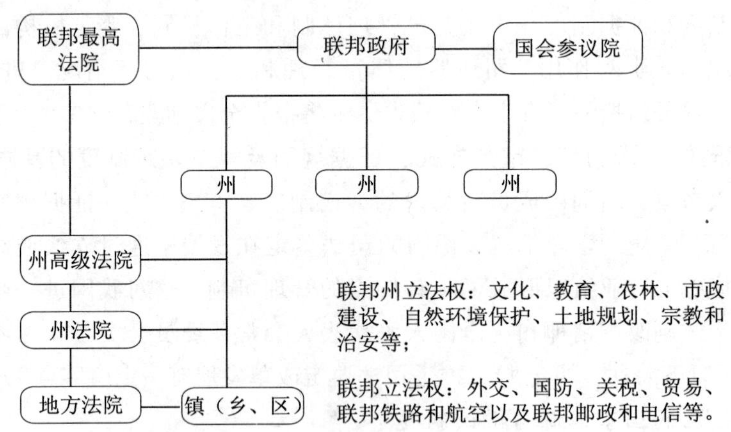


**德国行政结构及审判机关层级示意图**

2. 传统意义上大陆法系国家的诉讼制度。德国是传统意义上的大陆法系国家。大陆法系，又称民法法系、罗马法系、罗马－日耳曼法系。它是以罗马法为基础而发展起来的法律体系的总称。大陆法系以1804年的《法国民法典》和1900年的

《德国民法典》为代表形成了两个支系。大陆法系具有以下特点：从法律渊源传统来看，大陆法系具有制定法的传统，制定法为其主要法律渊源，判例一般不被作为正式法律渊源（除行政案件外），对法院审判无拘束力；从法典编纂传统看，大陆法系的一些基本法律一般采用系统的法典形式；从法律结构传统来看，大陆法系法律的基本结构是在公法和私法的分类基础上建立的，传统意义上的公法指宪法、行政法、刑法以及诉讼法，私法主要指民法和商法；从运用法律的推理方法来看，大陆法系的法官通常采用的是演绎法，即将蕴涵于法典中的高度概括的法律原理进行演绎和具体化，然后适用于具体案件，在进行演绎时往往需要对法律原理、概念、术语等进行法律解释；从诉讼程序传统来看，大陆法系倾向于职权主义，法官在诉讼中起积极主动的作用。德国于 1877 年 2 月 1 日颁行了《民事诉讼法典》和《刑事诉讼法典》，分别规定了民事诉讼和刑事诉讼的程序和原则。

3. 德国法与欧盟法的关系。欧洲联盟（以下简称“欧盟”）的形成和欧盟宪法的诞生标志着整个欧洲从政治、经济等方面形成了更加紧密的联盟。欧盟宪法要求 27 个成员国要在欧盟的法律框架下，制定本国的法律体系，德国也不例外。尽管德国的法律体系在欧盟宪法产生后没有发生大的变化，但欧盟的法律框架在一定程度上对其产生了影响。欧盟法与成员国国内法之间的关系不同于一般国际法与国内法之间的关系。欧盟法是在欧盟一体化中逐步形成的，主要调整欧盟内的经济社会关系，是成员国之间建立共同市场、实现经济货币联盟的法律规则。对于德国而言，虽然欧盟法具有直接适用的效力，但欧盟法要进入德国国内法律体系，还须经过德国的立法或者德国司法判例的方式转化。根据《基本法》第 100 条第 1 款的规定，德国联邦宪法法院可以就各共同体机构颁布的法律文件是否与德国宪法有关结构性原则相符进行审查。如果德国联邦宪法法院作出了这些文件与德国基本法不相符的判决，那么相应的共同体法律文件就有可能在德国国内不产生法律效力。

### （二）德国的审判方式

德意志帝国建立后，于 1877 年 1 月 27 日颁布《法院组织法》，确认了司法独立原则。审判权由法院独立行使，审判只服从法律，法官实行终身制。德国设置了由地方法院、州法院、州高级法院、联邦最高法院构成的普通法院体系。同时，德国设立有宪法法院、劳工法院、行政法院、社会福利法院和财政法院，各成系统，除宪法法院外，其他五种法院的联邦级法院组织组成联合委员会，负责协调工作。宪法法院（包括联邦宪法法院和州宪法法院）的权限和组成由《基本法》规定，其地位凌驾于其他法院之上。

德国刑事诉讼程序具有纠问式的特点。纠问式诉讼，又称为控诉式诉讼或审问式诉讼，在诉讼过程中由法官主导案件事实的调查。德国审判制度的特点是以法官为中心，在审判程序上采取职权主义的庭审制，强调法官对诉讼过程的主导作用。在刑事诉讼案件庭审过程中，法官不仅依职权主持庭审，指挥诉讼，而且负有查明案件客观事实的责任。为了履行这种职责，法官须在诉讼过程中始终处于积极地位。在正式庭审开始前，法官可请当事人、证人到法院，或由法官主动到现场或有关单位收集、调查证据，全面了解案情，决定案件审理的范围和方式。检察官和被告人提供的证据是否作为定案的依据也是由法官决定。尽管检察官是代表国家行使控诉权，但其提供的事实和证据都要在法官允许的情况下才能陈述和展示。

在德国的民事诉讼中也体现了法官处于庭审的核心地位，决定诉讼全过程的特点。在证据方面，法院可依职权主动、全面地收集证据，对双方当事人提供的证据，法院认为不足以证明案件事实的，可不予采纳。法院可以不受当事人请求范围的约束，对当事人的权利义务作出裁判。其具体表现为：一是在一审中的某些情况下法院可以超出当事人的请求范围进行判决；二是负责二审的法院可以超出上诉请求范围全面审查。在诉讼程序方面，法院可依职权主动开始诸多程序。例如，如果法院认为必要，在当事人未提出申请的情况下，可采取诉讼保全、先予执行等；法院发现判决确有错误的，可以提起审判监督程序。另外，有的已开始的诉讼是否需要终结也由法院决定。例如，当事人起诉或上诉后，又提出撤诉或放弃上诉的，不能仅依当事人的意志办理，要由法院审理决定。在决定案件判决结果方面，法官也起主要作用。法官和陪审官根据案件审理情况，就案件的事实问题和法律问题共同投票，按法定多数人意见作出判决。《刑事诉讼法典》规定，法院的任何判决，必须由法官和陪审官2/3 以上的票数通过。评议之后，全体审判人员应回到审判室，宣读对问题所作的评断，宣布有关定罪、赦免或无罪的判决。这种判决方式能使法官尽量避免其他人，包括院长、庭长等对案件处理的干预，依据事实独立依法办案。

（三）证据种类和认定方式

1. 证据种类。为了确保案件的事实真实、保障程序的正当性以及保护被调查者的利益，德国法律规定某些事实材料和方法不能作为证据，即不具有证据资格。根据《刑事诉讼法典》和《民事诉讼法典》的规定，其证据分为五种：

（1）鉴定结论。德国把鉴定人视为“法官的助手”，以补充法官认知能力的不足，也要求鉴定人必须完全中立于双方当事人。一般情形下，鉴定启动权主要属于法官、检察官，但当事人同时也拥有鉴定启动权，当事人可以依法律规定申请鉴定人回避。《刑事诉讼法典》第 168 条规定："法官勘验时如果要聘请鉴定人的，被指控人可以申请传唤他提名的鉴定人到场，如果法官对申请拒绝准予，被指控人可以自行传唤他的鉴定人到场。对被指控人提名的鉴定人，在不妨碍法官指派的鉴定人工作的条件下，应当准许其参加勘验和必要的调查。"当然，鉴定的主要过程仍然由法院主导，《民事诉讼法典》第 404 条规定："鉴定人的选任与其人数，均由受诉法院决定。"第 404 条第 1 款还规定："法院应对鉴定人的工作给予指导并可对鉴定人工作的种类和范围给予指示。"鉴定人接受法官委托开展鉴定，必须按期向法院提交鉴定结论。法院收到鉴定文书后，送交当事人，当事人可对鉴定结论提出书面意见或疑问，鉴定人须答复，法院亦可依职权要求鉴定人说明观点。法院开庭审理案件时，如当事人对鉴定结论持有异议的，异议当事人的律师可对鉴定人进行质证和质询。如法院不满意鉴定结论，可另委托高一级的鉴定人，当事人也有权请求法院委托高一级的鉴定人。

（2）经法庭调查认定的事实。即使起诉书中没有提到的案件事实，法庭在审理过程中也有调查的职责，只要法庭发现的问题就应当处理。法庭的审理内容不受检方起诉书内容的约束，法庭的判决内容也不受起诉书指控罪名的约束。在德国的诉讼中，经法庭调查认定的事实可作为一项法定的证据在审判中使用。

（3）自认和供述。关于民事诉讼中的自认，《民事诉讼法典》第 2887 条规定，如果一方当事人自认了另一方当事人确定的事实，那么法院就应当把这些事实看作是真实的。这种基于辩论主义的自认制度在实际适用中能产生这样的后果：如果当事人之间相互串通，作虚假的自认时，法院要受虚假事实的约束，承认其作为裁判基础的效力。对此，德国法律为诉讼参加人设立了真实义务。如《刑事诉讼法典》第 136 条规定："①对被指控人决定和确认自己意志的自由，不允许用虐待、疲劳战术、伤害身体、服用药物、折磨、欺诈或者催眠等方法予以侵犯。只允许在刑事诉讼法准许的范围内实施强制。禁止以刑事诉讼法的不准许的措施相威胁，禁止以法律没有规定的利益相许诺。②有损被指控人记忆力、理解力的措施，禁止使用。③第 1、2 款的禁止规定，不顾及被指控人承诺，必须适用。对违反这些禁令所获得的陈述，即使被指控人同意，也不允许使用。"

（4）书证。大陆法系国家的德国不像英美法系国家那样，证据规则不是对证据资格或者证据能力方面加以明确规定，而是从审查书证的真实性角度出发，要求当事人提供书证时，原则上应当提交书证的原件。但提供影印件并不当然不具有证据资格，法官将会根据当事人提供影印件的具体情况来评判其证据效力。《民事诉讼法

典》第435条规定，对于公文类的书证，可以提出原本或提出经认证的缮本，但缮本在认证后须具备公文的要件；法院也可以要求举证人提出原本或要求其说明不能提出原本的原因。举证人不能提出原本又不能说明原因时，法院依自由心证原则对该认证缮本的证明力作出判断。

（5）证人证言。证人证言分为普通证人的证言与专家证人的证言两种。证人在作证前须经过宣誓程序。《民事诉讼法典》第391条规定："法院考虑证言的重要性，并且为使证人作出真实的证言，认为有必要命令证人宣誓时，在双方当事人都未放弃宣誓的情形下，证人应当宣誓。""有必要"的情形，具体而言有以下几种：一是基于审判经验而排斥的证据，包括可能引起陪审员偏见的；二是将使对方受到不公平的突袭的；三是容易导致案情混乱的[1]。

关于证人的义务和责任，《民事诉讼法典》第380条规定，经合法传唤而不到场的证人，可以不经申请而命其承担因不到场而发生的费用，同时可以对他处以违警罚款，不交纳罚款时，对其科以违警拘留；如证人再次不到场，即再次给予违警制裁，也可以命令拘传证人。法官在证人作证前应告知证人作真实的陈述并宣誓，在法官开始询问证人时，应询问证人的姓名、年龄、身份、职业和住址等基本情况，必要时还应就证人在该案件的信用情况向之发问，特别应就其与当事人的关系发问。为了阐明案件和证人的各种关系，当事人及其律师经审判长许可，可以向证人发问。对证人应单独询问，对于证言相互矛盾的几个证人要当面对质。

2. 对证据的认定方式。

（1）举证。举证责任制度是指在民事诉讼中当事人履行举证责任应遵循的规章制度。举证责任制度是证据制度的重要组成部分，法院对案件的审理和裁判都是围绕诉讼证据来进行的。德国司法实践通过分配举证责任来解决案件中"无法证明"的情况。举证责任可分为主观举证责任和客观举证责任。根据举证责任，由举证不能者承担败诉的不利后果。德国对举证责任倒置的情形，作出了明确的法律规定，如20世纪90年代颁布的《反有组织犯罪法》，在举证责任上，要求被告人就某些辩护主张举证，否则就被推定有罪。比如被告贩卖1000马克的海洛因被认定，又在其家中查出上万马克的现金或同其收入不相符合的大量财富，就被推定为犯罪所得，予以定罪没收，被告

---

〔1〕德国的证据规则规定了基于发现真实而证据排除的情况，包括：①不能证明正本灭失而提出的书证副本将被排斥；②依法定方式必须具有在场证人的书证，如遗嘱证人，必须到庭陈述而未到庭陈述的；③法庭外的报告书，相关检验人必须到庭陈述而未到庭陈述的；④法庭外所作的关于事实的陈述，原陈述人不到庭的；⑤不法获取的证据及与讼争事实无关联的证据等。

人能举证说明其钱财来源合法性的除外。

（2）质证。以德国为代表的大陆法系国家，通常采用以职权主义为主要特征的质证程序模式，法官主持质证活动。当事人在质证过程中的诉讼行为始终受法官控制，处于消极被动的地位。质证一般实行职权询问，采用以法官为主，以当事人为辅的询问方式进行。《民事诉讼法典》第 401 条规定，对证人出庭，按照《关于证人和鉴定人请求补偿的法律》予以费用的补偿。

（3）认证（采信）。认证是指在证据材料经过双方当事人质证辩论以后，审判人员通过分析判断，认为这些证据材料具备合法性、客观性、关联性，从而确认其为本案证据的诉讼活动。在德国的诉讼活动中，从认证到判决的过程要求公开，具体有以下几个方面的要求：一是认证公开，既要公开认证的结果，又要公开认证的理由，即为什么有的证据材料被认定为证据，而有的证据材料则不能被认定为证据，都要分别说明理由；二是庭审中法官的心证公开，是指法官将其在诉讼审理中所形成的心证于法庭上或程序进行中，向当事人或利害关系人开示、披露，使其有所知悉、认识或理解；三是判决公开，如《民事诉讼法典》第 313 条规定，判决书应记载裁判理由，在裁判理由项下，应简略地、扼要地记载从事实和法律两个方面作出裁判所依据的论据。但对判决理由的公开也不是绝对的，《民事诉讼法典》第 313 条规定："如果当事人至迟于言词辩论终结后的第二天就表示不必要记载事实和裁判理由，并且肯定对判决不会提起上诉时，判决可以不记载事实和裁判理由。"

3. 证人和鉴定人的关系。鉴定人提供的鉴定结论和证人提供的证言证词，同属于德国法律规定的证据种类。二者的区别在于证据来源不同。鉴定人可以替代，但证人是不能替代的。在案件事实认定中涉及证据的收集和提供、证人出庭作证、鉴定人提供鉴定结论、法官对证据证明力的判断等复杂问题，在一些案件中，要想完全客观地再现案件事实是很难办到的。德国的民事诉讼法中没有单独的证据法，鉴定被单独列为一种证据类型，这是德国与英美法系国家的不同之处。鉴定人一方面被视为法官的助手执行准司法职务，而适用回避的规定；另一方面被视为一种证明方式，鉴定结论是否被采纳取决于法官的自由心证。法院认为鉴定不能令人满意时，可以要求原鉴定人或另行委托重新鉴定。

（四）德国司法鉴定的主要特点

1. 司法鉴定的中立性得到充分体现。

（1）警察局的刑事侦查与鉴定相分离、鉴定活动与法官的审判活动相分离。德国的刑事技术机构，主要协助刑警进行现场勘查、提取样品、资料与标准样本收集、

研发工作。在刑事案件侦查中，警察均不参与涉及死因、法医病理的鉴定，而是就近委托法医机构鉴定。作为诉讼活动中的证据来源之一的鉴定，虽然在鉴定启动、选择确定鉴定人等方面是法官主导，但法官意志仅仅是在质证和认证阶段对鉴定结论进行心证时起作用，而具体鉴定活动的实施，与审判活动是相互独立的，法官不能对鉴定人和鉴定活动施加实体性的影响。

（2）鉴定人在诉讼中应当与犯罪嫌疑人或当事人无利害关系，凡有利害关系的必须回避。为了保障鉴定的公正性，在法官同意实施鉴定后，通常被指控人对鉴定程序具有如下参与权：一是有权请求鉴定人回避，如《刑事诉讼法典》第 74 条第 1 款规定："可以要求法官回避的同样理由也适用于要求鉴定人回避。"二是有权请求鉴定人宣誓，如《刑事诉讼法典》第 79 条规定："依检察院、被告人或者辩护人申请，应当要求鉴定人宣誓。"

2. 司法鉴定的启动权得到合理配置。

（1）德国鉴定活动的启动权一般由法官主导。从决定鉴定事项、鉴定范围到委托鉴定人的具体工作主要由法官依职权进行。《刑事诉讼法典》第 73 条规定，在涉及法律规定的若干情况下，法官必须邀请鉴定人提供鉴定意见；需要聘请的鉴定人及其人数由法官决定；同时法官还应与鉴定人达成在何期限内完成鉴定的约定。第 83 条规定，法官如果认为已作出的鉴定尚有不足时，可以要求原鉴定人或请求其他的鉴定人作出新的鉴定。鉴定活动的启动以法官为主导的模式，在一定程度上避免了由当事人启动鉴定程序、决定和委托鉴定人而导致鉴定人充当"当事人的辩护人"情况的发生；同时鉴定人的人选和人数由法官决定，能避免因当事人意志而出现任意增加鉴定人的情况，从而避免因鉴定程序繁琐导致拖延诉讼进程的后果发生。

（2）有举证责任的当事人也有鉴定启动权。在德国，鉴定结论是法律规定的重要的证据种类之一，在诉讼活动中，负有举证责任的当事人一方必须提供事实存在与否的证明，在其过程中如果涉及相关专门问题需要鉴定时，负有举证责任的一方有启动鉴定的权利。

（3）刑事案件的被指控人（犯罪嫌疑人）有一定的鉴定启动权。关于被指控人（犯罪嫌疑人）的鉴定启动权，《刑事诉讼法典》第 168 条第 2 款规定："法官勘验时如果需要聘请鉴定人的，被指控人可以申请传唤他为审判程序提名的鉴定人到场，如果法官对申请拒绝准予，被指控人可以自行传唤他的鉴定人到场，对被指控人提名的鉴定人，在不妨碍法官指派的鉴定人工作条件下，应当准予参加勘验和必要的调查。"该项法律规定赋予了刑事诉讼案件中的被指控人鉴定启动权，但该启动权的行使有前置条件，即“不妨碍法官指派的鉴定人工作”，故此类案件的鉴定启动权仍由法官主导这一原则并未改变。

（4）法官充分尊重当事人行使对鉴定人的选择权。《民事诉讼法典》规定的鉴定有以下几个特征：鉴定人不是证人，但关于证人的规定适用于鉴定人；鉴定由当事人提出申请，鉴定人由受诉法院选定；鉴定人也可以经双方当事人协商一致而由当事人选定，法官充分尊重当事人对鉴定人的选择权。

3. 全面实施司法鉴定的行业管理。在德国诉讼体制中的司法鉴定人主要来源于可信程度逐级递增的五类鉴定师（如下图所示）：第一类是自命的鉴定师，这类人自认为具有相关专业的专门知识，但无任何认证，也无相应资格证书，更无专门的监督检查，在司法实践中这类鉴定师发挥的作用不大。第二类是专业协会认证的鉴定师，一般隶属某一特定的专业协会，接受该协会的规定，并获得相应资格证书，但不接受国家的监督检查，这类协会均属自行组织，数量较多，其内部管理宽严不一，因而参差不齐。第三类是公共机构和国家认可的鉴定师，一般根据法规通过认证并获得相关资格证书，如德国技术监控协会（TUV 协会，接受国家委托）。第四类是德国认证委员会及所属认证机构认证的鉴定师，欧盟对鉴定师有专门标准（4500 条款）以期达到统一标准、统一质量，该标准框架包括必备条件、认证程序和每一专业领域的具体要求。德国认证委员会作为代表德国参加有关国际协议的组织，原有二十多家认证公司，2010 年 1 月 1 日调整为一家联邦、各州、工业联合会各占 1/3 的有

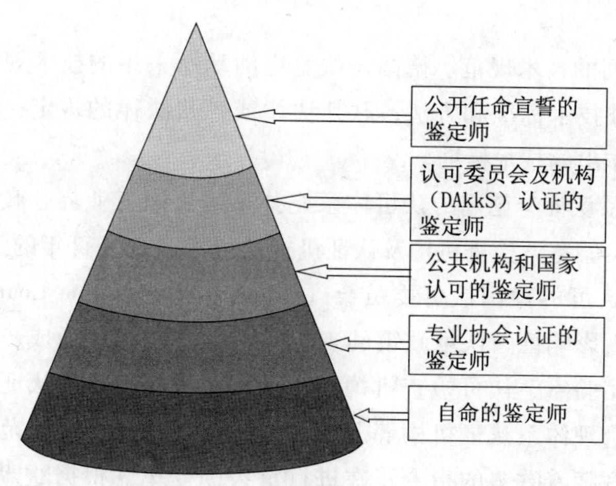


**五类鉴定师**

限责任公司德国认证认可委员会（DAkkS）。这些认证机构通过考试等形式证明有关鉴定师的专业水平并颁发资格证书。第五类是公开任命宣誓的鉴定师，条件最高，程序最严格，管理最规范，因而可信度最高，前四类鉴定师冒充第五类鉴定师要受法律制裁。公开任命宣誓的鉴定师有责任为警察和法庭服务，而《民事诉讼法典》、《刑事诉讼法典》都明确规定法官优先选用公开任命宣誓的鉴定师。对这类鉴定师，德国通过《企业法》、《手工业法》等法律，具体规定了工商协会、手工业协会等相应的行业组织实施准入、管理、监督、编制统一名册等职能。目前，其管理的公开任命宣誓鉴定师达两万多人，涉及专业领域近千个，几乎覆盖所有的司法鉴定类别和项目。

4. 有效保障鉴定的质量和权威。

（1）规范公开任命宣誓的鉴定师的条件。《企业法》将鉴定师的管理（包括资格确认、任命、宣誓和监督）委托德国工商总会负责。德国工商总会对鉴定师条件的把握主要有两方面：一是申请人所申请专业是否合适，如建筑、房产评估等较为常用，有些专业则比较偏、用得较少；二是申请人专业水平必须相当或高于平均水平，在同一人群中应当更出众。申请人也相应要提供相关的证明材料，一要证明在所申请专业领域有相应行业资格，并有不一般的业绩（必须高于中等水平），但不需要行业协会的推荐意见；二要证明有相关专业的鉴定经验，包括提供经历、成果，有无违纪受罚记录等。

（2）对鉴定人的诚信和职业道德有严格的监督（参见本报告有关司法鉴定行业组织部分）。

（3）有一系列的技术规范。德国司法鉴定活动所采用的技术规范大致可以分为以下几种：非标准技术标准和方法；联邦法律或各州法律的规定；各专业行业协会根据法律授权而作出的技术标准。

（4）质量体系认证。德国的认可体系充分采用德国工业界、政府机构、科研机构在检测机构、实验室、检查机构及认证机构认可方面近一百年的经验，机制成熟、运作规范。负责认可的德国认可委员会（German Accreditation Council，简称 DAR）是由政府及能积极影响德国认可政策的工业界代表共同组建而成，认证领域涉及检测实验室、校准实验室、认可检查机构、产品认证机构、人员认证机构、质量体系认证机构、环境管理体系认证机构等七类，与我国认证认可领域范围大体一致。德国的认证认可制度随着欧盟的指令正在进行重大的变革。根据欧盟的要求，为建立有效统一的认可体系、消除行政干预并免除政府的责任，提高认可机构的国际认可权威性，德国于 2009 年 11 月通过了《认证机构法》。该法生效后，德国的认证工作由德国认证认可委员会负责。同时，原认可委员会及德国的其他所有认证机构不再有存在的合法性（参见本报告有关认证认可部分）。

（五）启示与借鉴

尽管世界两大法系的司法鉴定制度各有特点，但普通法系国家不是完全的自由鉴定人制度，也有实行登记管理的成分；大陆法系国家也不是完全的统一管理制度，也有分散管理的成分。两大法系的鉴定制度在诉讼活动中出现了相互借鉴、相互吸收，鉴定管理制度趋于混同的明显特点。德国结合本国国情和文化传统，形成了独特的司法鉴定制度和管理模式，特别是法律授权给成熟的行业组织对相关专业领域的司法鉴定人实施登记、准入、名册、监管等管理，鉴定机构和鉴定人的资质等级划分明晰、合理，鉴定项目覆盖面广，所有的管理规则都得到严格执行，较好地发挥了鉴定服务于诉讼活动的职能。我国司法鉴定体制改革借鉴了世界两大法系司法鉴定制度及改革经验，2004 年 12 月中央 21 号文件明确了司法鉴定体制改革的方向、目标和任务，2005 年 2 月全国人大常委会出台了《决定》。《决定》实施近五年来，我国司法鉴定统一管理体制的格局已经基本形成，符合中国实际的司法鉴定行政管理和行业管理“两结合”管理机制已开始运行，司法鉴定启动制度、实施制度、技术规范正逐步完善。德国的司法鉴定制度及管理模式引发了我们的思考：作为以“法治、中立、客观”为基本特性的司法鉴定，其管理方式和制度设计必然首要满足这三个基本属性。要在不断加强行政管理的同时，进一步加快司法鉴定行业组织建设、加快行业管理步伐。司法鉴定权威性的根本是科学性，科学性的根本保障在于严谨的质量管理体系，质量管理是司法鉴定管理的永恒主题。同时，要进一步完善我国司法鉴定的启动、实施、采信等方面的制度，扩大司法鉴定项目覆盖面，制定和完善鉴定标准，这是我们未来努力的方向。

## 二、德国司法鉴定在法院审判中的地位、作用及启示[1]

（一）德国审判体制基本情况

德国联邦设立宪法法院，执行联邦基本法，负责解释宪法，由 16 个法官组成，宪法法院法官每 12 年一次通过选举产生，不允许连任。联邦设立民事、刑事法院以及财政法院、行政法院、社会福利法院、劳工法院、专利法院等专业法院，行使相关案件的终审权。各州设立州高级法院、州法院、地方法院。标的额为 5000 欧元以下的简单民事案件、轻微刑事案件和青少年案件一审由州地方法院审理，其他民事、

〔1〕专题二小组成员：张虎、许永安、孙大明。

刑事案件一审由州法院审理。多数案件实行三审终审制，少数案件实行二审终审制，一审、二审均需审理事实和法律适用问题，三审则只审理法律适用问题。地方法院审理一审民事、刑事案件，可以由一名法官独任审判，其他案件一般由法官组成合议庭或者由法官和陪审员组成的合议庭进行审判。德国法院的行政事务归政府司法行政部门管理。德国法院实行法官独立审判制度，法院院长不得过问、干预法官的审判工作，但有权定期对法官的工作进行考核，并对法官的职务升迁提出意见。

（二）德国司法鉴定与法院审判的关系

1. 德国法院没有司法鉴定机构。德国法院不设立司法鉴定机构，没有专门对外开展委托司法鉴定的机构和鉴定人，也不参与司法鉴定机构和鉴定人的监督管理活动。在审判活动中如果法官认为需要鉴定的，一般委托公开任命并宣誓过的鉴定人或者其他法官信任的鉴定人进行鉴定，对于涉及国家利益和社会公共利益的民事案件，也可以委托联邦刑警局刑事科学技术研究所进行鉴定。

2. 诉讼活动中司法鉴定的启动程序。德国刑事诉讼活动中，警方可以根据侦查需要依法自行就侦查活动中的专门问题启动鉴定程序。进入审判阶段后，被告如果对警方、检方提供的鉴定结论不服，可以自行委托鉴定人进行鉴定，也可以申请法院委托鉴定人进行鉴定。法院根据审判需要，也可以主动委托鉴定人就专门问题进行鉴定。无论是接受警方、被告人还是法院的委托开展鉴定，鉴定人都应当保持中立地位，客观、公正地出具鉴定意见。

德国民事诉讼中当事人双方在诉讼前都可以委托鉴定人就专门问题进行鉴定。在法庭上，如果当事人一方要求找一个鉴定人就专门问题进行鉴定，法官应予同意。当事人也可以申请法官委托鉴定人进行司法鉴定。法官对于当事人委托的鉴定人提供的鉴定结论，如果感到拿不准，也可以主动委托鉴定人进行鉴定。当事人对于法官委托的鉴定人，如认为是对方亲戚或不信任等，可以拒绝，由法官作出是否应当拒绝的裁定。

3. 司法鉴定结论的证据地位与法院的审查与采信。在德国，司法鉴定人的鉴定报告性质上属于意见证据，对于法庭而言，不具有超越其他证据的效力。法官应综合全案证据，决定是否采信鉴定人提供的鉴定结论。在诉讼中，对于一方当事人委托的鉴定人提供的鉴定结论，如果另一方当事人提出异议，法官可以委托一个鉴定人进行鉴定。如果法官觉得这个鉴定人提供的鉴定结论不可靠或者当事人持有异议，可能会再找高一级的鉴定人进行鉴定，并且一般会依据高一级鉴定人所作的结论作出判决。如果当事人仍然持有异议，法官有可能再委托一个鉴定人进行鉴定，并综合考虑以上三个鉴定结论和其他证据作出判决。大多数案件的鉴定问题就这样解决了，如果当事人仍然不服，仍可以依法上诉。在德国诉讼中，鉴定只是用以认定事实的手段之一，法官并不完全依赖鉴定结论作出判决，对于几个不同的鉴定结论如何采信，完全取决于法官根据全案证据进行综合分析和审查判断。但对于不予采信的鉴定结论，法官应当说明理由。

4. 鉴定人出庭作证制度。在德国法庭审理过程中，如果必要的话，当事人委托的鉴定人应当出庭并就鉴定报告中的有关问题向法庭作出说明，并接受对方当事人、律师及鉴定人的质询。法官委托的鉴定人，如果法官或诉讼当事人提出要求，也应当出庭。鉴定人在法庭上应当客观、公正地发表鉴定意见，不得偏向某一方当事人发表意见。如果鉴定人无正当理由（如工作繁忙、健康不佳等）不出庭作证的，可能面临民事赔偿责任，承担因延误开庭给有关当事人带来的误工费和交通费等相关费用。鉴定人出庭的费用由申请人或委托法院先行垫付，最终法院判决由败诉方承担。

5. 司法审判阶段鉴定人的权利和义务。在德国，无论是当事人委托的鉴定人，还是法官委托的鉴定人，都有义务运用科学技术手段、专门知识和执业经验，按照要求对诉讼涉及的专门性问题进行鉴别和判断，客观、公正地形成鉴定意见。一旦法官决定委托某个鉴定人开展鉴定工作，鉴定人应当接受委托开展鉴定工作。法官委托的鉴定人在鉴定活动中应当接受法官的指导，只能对鉴定对象的事实问题发表意见，除非法官提出明确要求，不得就案件法律责任问题发表意见。鉴定人应当亲自完成鉴定任务，不得将鉴定业务转交其他鉴定人承担，如鉴定任务中有需要其他鉴定人予以协助的，应当经过委托法官同意。鉴定人根据鉴定需要，可以查阅案卷，可以询问证人和被告人，参与全部庭审程序。当事人委托鉴定人的，鉴定费用由双方协商确定；法官委托鉴定的，按照规定的标准支付鉴定人报酬。法官委托联邦刑警局刑事科学技术研究所开展鉴定的，一律不交费。鉴定人故意出具虚假鉴定报告的，会被以欺诈罪追究刑事责任，经过登记或认证取得鉴定人资格的，则会被注销鉴定人资格；鉴定人故意或过失出具虚假鉴定报告造成当事人损失的，应当承担民事赔偿责任，多次过失出具虚假鉴定报告的，也一般会被注销鉴定人资格。

（三）启示与建议

1. 应充分保障诉讼当事人在诉讼中的鉴定启动权。在德国刑事诉讼中，被告人在法庭上对于警方提出的鉴定结论不服，可以委托鉴定人或申请法官委托鉴定人进行鉴定；民事诉讼中，双方当事人在诉讼前、诉讼活动中，均可以委托鉴定人对某

些专门问题进行鉴定，当事人拥有比较充分的启动鉴定的权利。因此，德国诉讼中重复鉴定是较为常见的，除非当事人之间达成和解，许多案件涉及的专门问题，都需要经过多人3次以上的鉴定才能最终形成被法官认可的鉴定结论。在行政管理领域也是如此，如北威州有一个人经过9次驾驶危险性鉴定后，才获得了取得驾驶执照资格。考察中德国有关人员认为这种重复鉴定对于保证司法公正常常是必要的。

目前我国司法活动中也存在重复鉴定问题，与德国不同的是，群众对此反应强烈。一些地方为了解决重复鉴定问题，不允许当事人自行委托鉴定，甚至不允许法院依职权对外委托鉴定。我们应当理性看待这一问题。启动鉴定是诉讼当事人行使诉讼权利、法院依职权查明案件事实的必然要求，基于检材、鉴定程序和科学认知水平等方面的差异，诉讼中一定的重复鉴定对于保证司法公正是必要的。我国重复鉴定之所以遭受的非议较多，主要原因在于鉴定的公信力较差。解决这一问题应当着力于加强对鉴定机构和鉴定人的管理和监督，不断提高鉴定活动的公信力，确保绝大多数情况下鉴定人都会根据自己的专业知识和所掌握的资料，出具客观、公正的鉴定报告，而不是不适当地限制当事人和法官的鉴定启动权。此外，可借鉴德国的做法，建立健全民事诉讼中当事人共同委托鉴定制度，规范法官委托鉴定行为，充分发挥法官委托鉴定在解决争讼中的优势，由败诉方承担鉴定费用，减少重复鉴定。

2. 科学界定我国鉴定人的诉讼地位。美英法系鉴定人的身份是专家证人。而德国鉴定人在接受当事人委托时，其身份是中立的第三人，在接受法官、检察官、警察委托对专门问题进行鉴定时，其身份是法官、检察官、警察的顾问或助手。根据我国诉讼法的规定，鉴定人是诉讼参与人，既不是专家证人，也不是法官的助手。司法实践中，鉴定人往往既不以专家证人身份出庭作证，接受对方质询，参与法庭辩论，也不需要以顾问或助手身份与法官、警察一起对鉴定结果承担责任。这种状况不利于法官通过庭审对鉴定结论作出正确判断，也不利于通过办案质量考评机制督促鉴定人提高鉴定水平和质量。建议立足于我国国情，借鉴德国的做法，明确鉴定人在接受当事人委托进行鉴定时，其职责是向委托人提供一种客观、中立的鉴定意见，如果因故意或重大过失致使提供的鉴定意见错误导致当事人损失的应当赔偿；鉴定人在接受当事人委托进行鉴定时，其地位是司法鉴定人，诉讼中的任务是作为法官专门问题的助手提供鉴定意见。

3. 健全鉴定人出庭作证制度，完善鉴定意见审查、采信制度。在德国，司法鉴定属于专家意见，对于法官没有约束力，采信与否由法官决定，法官可以根据案情作出与鉴定人意见相反的判决。如果当事人不服，可以上诉。法国的做法与德国基本相同。美国、英国实行对抗式诉讼模式，鉴定意见的性质属于专家证言，法官或陪审团会根据当事人双方法庭辩论情况，结合全案其他证据，决定采信或不采信当事人委托的鉴定人提供的鉴定意见。根据我国三大诉讼法的规定，鉴定意见属于诉讼证据的一种，采信与否由法官结合全案证据综合判断。但我国目前鉴定人出庭作证制度尚不健全，很多案件鉴定人都不出庭作证，法官有时难以根据书面鉴定意见对鉴定意见的真伪作出正确判断；诉讼活动中，有的法官过于强调职权主义，采纳或不采纳鉴定人的鉴定意见不说明理由，法官委托的鉴定人一般也不出庭就鉴定中的问题作出说明；有的地方限制当事人和法院委托鉴定的次数，束缚了法官的手脚。这些问题不利于充分发挥鉴定在法院审判中的作用，不利于法官查明事实作出正确裁判，有待尽快采取措施加以解决。建议健全鉴定人出庭作证制度，在诉讼法上明确鉴定人有出庭作证义务，明确当事人有权要求鉴定人出庭作证或说明情况；建立法官采纳或不采纳鉴定意见应当说明理由制度；废止个别地方实行或变相实行终局鉴定的做法，避免因此导致法官作出错误判决。

4. 建立规范的法官委托鉴定制度。德国实行的是法官主导的职权主义诉讼模式，法官有责任主动查明案件事实真相，因此无论在刑事案件还是民事案件中，法官经常就某些专门问题，或者依当事人的请求，或者主动委托鉴定人进行鉴定。我国实行以职权主义为主、兼采当事人主义的诉讼模式，诉讼中有的法官积极主动就某些专业问题对外开展鉴定，有的法官则过于强调当事人在鉴定方面的举证责任，不主动对外委托鉴定，而且法官对外委托鉴定缺乏规范、有效的指导性要求。考虑到我国大多数人民群众法律知识贫乏、诉讼能力较弱的实际情况，我国可以借鉴德国的做法，明确法官必要时有责任通过委托鉴定查明案件事实；规范法官委托鉴定的程序，实行法院司法鉴定委托部门与法官协商委托制度，增强委托鉴定的针对性、及时性，克服法院司法鉴定委托部门在委托鉴定中无须对办案结果负责等问题；建立法官对外委托鉴定的监督制约机制，规定法官一般应当根据案件实际需要在鉴定机构名册和鉴定人名单中选择最合适的鉴定机构和鉴定人接受委托鉴定业务。

### 三、德国的司法鉴定行业组织[1]

#### （一）德国司法鉴定行业组织的基本情况

德国的行业组织及其管理历史悠久、多自成体系。虽然在司法鉴定领域没有全

〔1〕专题三小组成员：罗纪锋、武文宽。

国统一的行业组织，但高度依靠相关行业组织对司法鉴定进行分类规范和管理。

1. 德国工商总会。该会早在1830年已经存在，是依据《工商会法》的规定成立的，其主要任务：一是代表绝大多数会员利益；二是承担国家委托的公开任命宣誓鉴定师准入及监管并提供名单，以及不同的职业培训教育、职业资格考试（如允许运输危险品、保险从业人员资格）等任务；三是促进经济（企业）界发展。该会和私人组织的民间社团明显不同。《工商会法》规定社会上所有企业都为其一分子，具有代表经济企业界的利益、反映经济界情况的作用。该法确认了该会组织形式，即包括不同经济体（涉及不同行业、来自不同城市）的全体会员选举产生会员代表，通过会员代表大会每四年选举董事会及董事长、总经理（负责日常事务）。每年度会员代表大会不但讨论经济界的问题，而且通过与国家有关部门沟通，为会员提供政策咨询。目前德国工商总会下辖不同行业、不同州的工商协会80个。德国工商总会在联邦政府无所隶属的行政部门，联邦经济部只负责相关立法；在州一级政府，州经济部监督有关工商协会。

德国工商总会对公开宣誓任命的管理如下：

（1）公开任命宣誓鉴定师的准入。《工商会法》并未直接规定德国工商总会对鉴定师进行管理，而是相应配套的《企业法》将鉴定师的管理（包括资格确认、任命、宣誓和监督等）委托德国工商总会负责。德国工商总会无具体工作部门专门负责鉴定事务，但下属的80个工商协会共有120人专门对鉴定师进行管理。该会1869年开始为法院提供鉴定师名单，《民事诉讼法典》、《刑事诉讼法典》都明确法官优先选用已经公开任命宣誓的鉴定师作为鉴定人，同时鉴定师可以接受委托受理非诉讼案件。在德国，任何人都可以自称为鉴定师，但必须通过德国工商总会的确认，符合条件的人才能成为公开任命宣誓的鉴定师，并接受法官及社会对不同类别的鉴定师进行评价和比较。目前该会所提供的鉴定师名单中约有8200人（分属80个工商协会）、涵盖245个专业领域，主要包括房地产评估、建筑（结构、密封等）损害鉴定、车辆和机械设备鉴定、土壤保护评估、食品添加剂鉴定、企业（破产清算等）评估、财政（理财、保险等）评估等。德国工商总会根据需要负责鉴定类别的设定，但对鉴定师数量无限制，主要是从标准、质量等方面限制。鉴定师数量过去曾急剧增长，现有下降趋势。值得注意的是，作为自由职业者，鉴定师不是工商协会会员。

（2）公开任命宣誓鉴定师的条件：一是符合德国工商总会对鉴定师规定的条件。主要是两方面：①申请人所申请专业是否合适，如建筑、房产评估等较为常用，有些专业则比较偏、用得较少；②申请人专业水平必须相当或高于平均水平，在同一人群中应当更出众。一般而言，各个行业的入门门槛不能太高，但鉴定师的准入条件应当更高，各专业领域的具体标准由本专业领域专家或鉴定师制订并提供各专业协会使用，目前只有50~60个常见专业领域制订了具体标准并可在门户网站查询。二是申请人要提供相关的证明材料：一要证明有相关专业的鉴定经验，包括提供经历、成果等；二要证明在所申请专业领域有相应行业资格，并有不一般的业绩（必须高于中等水平），但不需要行业协会的推荐意见。三是要有可信度。《企业法》规定鉴定师要有可信度，并规定了专门审查程序，主要审查以下几个方面：①过去所犯错误、接受惩罚的情况，其中警察局负责提供违法方面的名单；②经济状况，包括生活方式、负债情况，要对其同事、朋友、业务关系进行调查和询问，并对其名声评分；③专业表达能力，考察其表达是否清楚、准确、规范；④在纠纷环境中的反应，是否能保持公正地作出判断；⑤地位必须中立，在相关专业领域无复杂关系，如不能在相关企业兼职。各个协会组织专门负责对申请人和申请材料进行评审的评审委员会，但需报备德国工商总会，一般由1~10人组成，不限于服务本州。对申请人的笔试、口试内容主要是专业内容和法律知识。评审鉴定师对相关仪器设备的要求视不同专业而定，允许借用、租用，评审人员一般要到申请人的办公场所考察、检查。通过评审则由工商协会颁发资格证书，但其中并不标明专业领域。申请鉴定师资格需一次性缴费500~1200欧元，评审委员会评审费为1000~2200欧元。

（3）公开任命宣誓鉴定师的工作。关于鉴定师的义务，除《企业法》规定外，德国工商总会还制订了补充规定，该规定在德国视为具有等同法律效力。鉴定师接受委托一要合乎其专业领域；二要与双方当事人无特殊关系；三要有时间保证。鉴定师认为所接受委托的工作任务不合逻辑或存在专业差异可以拒绝或指出。鉴定师的工作一是事先（诉前阶段）接受委托进行预测咨询；二是诉讼阶段接受委托进行分析鉴定。后一阶段工作由法官明确鉴定范围、内容，有疑问可以提出，经法官批准后再行鉴定。鉴定过程应当透明以保证公正性，不得介入双方纠纷，其鉴定意见不应当有倾向性。鉴定师在工作时要表明身份、所属工商协会，要表明对哪些专业领域有把握，要自主完成鉴定并报告（不允许转委托，但可在亲自监控下带助手完成鉴定）。鉴定报告内容应当包括对事物或事情发生的描述、分析事实、调查情况或检验过程、寻找原因并明确责任方、对损失评估或专业评估（如预测咨询，不包括法律责任评估），还要提出预防措施，鉴定报告直接提交法庭。鉴定费用依照《司法报酬和补偿法》的标准计算，中止诉讼或鉴定的只支付已进行部分的鉴定费，在鉴定中一旦超支应当报告法官，由法官再商双方当事人决定是否继续鉴定。

（4）公开任命宣誓鉴定师的监督。工商协会对鉴定师的监督方式一是委托人的投诉；二是协会发现其未达到标准。其具体要求如下：鉴定师除法官批准外不能私自接触双方当事人，经法官批准接触当事人仅限于法律问题提问；一方当事人或其律师接触鉴定师，鉴定师应当告知法庭，法庭应当告知另一方当事人，以保证鉴定师中立性；鉴定师接受一方当事人鉴定材料而未告知法庭和另一方当事人，法庭应当撤换鉴定师。德国工商总会及各协会每5年一次对鉴定师进行符合性条件审查，由鉴定师提出延期申请，程序和条件同初次申请。日常监督发现问题可以随时撤销其资格。工商总会制定专门处罚程序，当地协会可以决定处罚，对违反规定和不履行义务情形予以警告、撤销资格，但不能罚款。对初次申请未通过、申请延期未通过和不服处罚决定的都可以直接到行政法院起诉。鉴定师有严重过失或故意违法可以被控诉。

2. 宣誓鉴定师联合会。德国公开任命的宣誓鉴定师联合会于1961年在慕尼黑地方法院登记成立，为民间社会团体，无法律授权。其主要任务为：一是就有关鉴定事宜与联邦司法部、经济部、交通部、建设部等联邦政府部门沟通，进行与鉴定活动相关的立法建议、立法咨询等；二是代表鉴定师利益联系委托人和社会各界（如银行等），为私人、银行、保险公司和法庭服务；三是与工商总会合作，提供有关鉴定师考试的法律方面内容；四是就法官对鉴定费用的询价提出具体报价；五是为鉴定师在法庭的过失行为提供律师辩护或接受法庭委托（可作为成员）调查鉴定师在法庭的过失行为。

该联合会会员来源于自愿申请、行业协会推荐、本会邀请，其中行业协会主要有工商协会、手工业协会、工程师协会、农业协会及个别州的林业鉴定师协会等，会费每年400～500欧元。该会下属12个州分部、13个专业协会，每3年召开1次会员大会选举理事长和4名执行理事，每年召开1次会员大会、2次总部交流会议。

《企业法》第630条、《手工业法》第91条分别规定了工商协会、手工业协会鉴定师的宣誓誓词，各州根据自治原则可以有所差别。公开任命宣誓鉴定师有责任为警察和法庭服务，警察委托公开任命宣誓鉴定师进行鉴定必须支付鉴定费用，《民事诉讼法典》、《刑事诉讼法典》都明确规定法官优先选用公开任命宣誓的鉴定师，法官在无公开任命鉴定师的专业领域可以选择非公开任命的鉴定师。

3. 德国法医行业协会。该协会设于法兰克福大学法医中心，不是法律规定的行业管理组织，而是自行设立并在地方法院登记的非营利性民间团体。目前德国约有法医学实验室27个（多附属于大学）、法医450人，主要从事检测毒品、酒精、

DNA 和尸体解剖四项业务，也参与部分医疗事故的鉴定，伤残鉴定并不属于法医鉴定。法医参加该协会均为自愿，入会条件为相关专业的专家（已取得相关学位）即可申请，现有会员203人（其中包括荷兰、瑞士、奥地利的个别法医），会费每人每年40～200欧元。德国法医行业协会的主要职责一是代表会员对外交涉、谈判，包括以会长名义受理委托鉴定案件，但协会不对会员的涉嫌违规行为负责；二是在会员工作中遇到困难时予以帮助，包括委托律师提供法律服务；三是提供科研信息，包括帮助了解欧盟有关政策，每三年和日本轮流组织学术交流会议等。

4. 其他相关行业组织。在考察中发现，德国类似于工商协会和相关鉴定师关系的行业组织还有手工业协会、工程师协会、农业协会、林业鉴定师协会。其中德国手工业协会根据《手工业法》和相关法规成立，其性质、运作类似于德国工商总会，约有鉴定师7000人，涵盖650～700个专业领域。农业协会约有鉴定师8900人；而只有一个州成立了林业鉴定师协会。目前德国已经公开任命宣誓的鉴定师在2万人以上。

（二）德国司法鉴定行业管理的主要特点

1. 通过立法明晰鉴定行业组织管理的范围和职责。从德国诉讼体制中可以了解到其司法鉴定人主要来源于可信程度逐级递增的五类鉴定师：第一类是自命的鉴定师；第二类是专业协会认证的鉴定师；第三类是公共机构和国家认可的鉴定师；第四类是德国认证委员会及所属认证机构认证的鉴定师；第五类是公开任命宣誓的鉴定师。德国诉讼法中明确了法官对第五类鉴定师的优先选用原则。同时，德国通过《企业法》、《手工业法》等法律，具体规定了工商协会、手工业协会等相应的行业组织对公开任命宣誓的鉴定师的准入、管理、监督、编制统一名册等管理职能。这些法律从该国发达的行业组织中指定了相关的行业组织具体负责公开任命宣誓鉴定师的行业监管，其管理的专业领域达数百个、覆盖主要的司法鉴定类别和项目。

2. 高度依赖并借助成熟的相关行业组织对司法鉴定人进行管理。

（1）从考察中可以了解到法律规定具体负责公开任命宣誓鉴定师行业管理的行业组织，大多历史悠久、经验丰富、自成体系、深得人心，长则180年、短的也有数十年。通过这些行业组织对鉴定师的准入进行把关，对鉴定师的从业进行监督，确有相当的公信力，其提供给法庭或法官的鉴定师名单也易于被法官及双方当事人所认同，在一定程度上可以减少诉讼中对鉴定结论的争议，从而提高诉讼效率。

（2）行业组织在其本专业领域无疑拥有最大可能的技术资源优势，能够最大限度地对相关专业人士进行筛选，可以始终保持公开任命宣誓的鉴定师在专业技术方

面的先进性。

（3）这些行业组织都有成熟的管理体系和网络，能够充分保障对公开任命宣誓鉴定师的有效管理和监督，能够根据法庭或法官的需要就近提供所需专业领域的鉴定师名单。

3. 行业组织主要在筛选、培训鉴定师和制定行业规范上发挥作用。

从考察中可以发现行业组织在鉴定管理事务中确有其优势，包括：

（1）确定鉴定类别的优势。德国的诉讼体制中，法官是司法鉴定的使用者，即诉讼中涉及的技术问题需要专业人士提供专业意见，而各专业领域如何分类和确定、如何筛选可靠的专业人士、如何编制名册都由法律规定的行业组织负责，当然行业组织要参考诉讼和法官的使用需求，并结合有关专业领域的发展和人才储备，对鉴定专业领域和类别进行分类。

（2）评审专业水平的优势。行业组织对鉴定师的评审采用评审委员会的形式，而该委员会的组成包括本专业领域的专家和鉴定师，非专业人士并不参与决定性意见，如此评审制度最大限度地保证了鉴定师中等以上专业水平认定的客观性。

（3）专业技术层面监管的优势。同理，行业组织对鉴定师的监管同样有赖于专业群体的支撑，基于专业技术中等以上水平的监管和制定切实可行的技术规范、标准可以有效地实施行业管理的职能。

4. 鉴定师可以通过相关行业组织保障其合法权益，从而确保中立地位。从鉴定师的角度而言，德国司法体制重视明晰鉴定师的义务和责任，通过行业组织规范，使其从业有法可依、有法必依、违法必究；重视从程序上保证鉴定师的中立地位，通过行业组织监督，使其只需在法官指导下从技术层面充分发挥作用；重视通过行业组织保障其合法权益，并提供相应的法律服务支持。

（三）对加强我国司法鉴定行业管理的主要启示

通过对德国司法鉴定行业组织的考察，结合我国司法鉴定体制改革中遇到的问题，我们认为可以借鉴德国的一些做法，完善我国司法鉴定的行业管理，尤其是发挥行业管理在专业技术层面的作用，促进司法鉴定的规范化建设，以便更好地为诉讼服务。

1. 加强行业管理应当法律授权并涵盖所有鉴定领域。《决定》第3条规定：“国务院司法行政部门主管全国鉴定人和鉴定机构的登记管理工作。省级人民政府司法行政部门依照本决定的规定，负责对鉴定人和鉴定机构的登记、名册编制和公告。”这已经明确规定了我国司法鉴定行政管理的主体，但并未明确规定行业管理的主体。

我国地大人多，行业组织及其管理只是在近年市场经济发展后才逐步形成，大部分的专业领域行业组织并不完善，完全依赖散布于各专业领域的行业组织进行司法鉴定行业管理并不现实。目前应当设置专门的全国司法鉴定行业协会，并依托各专业领域原有行业组织对所涉及的司法鉴定进行行业管理。由于所涉及的专业领域类别众多，很多涉及部门法律或者专业法律，所以有必要通过法律授权司法鉴定协会进行有效的行业管理。特别是通过行业协会整合各专业领域的技术资源，使行业管理尽可能地涵盖所有鉴定领域。

2. 加强行业管理应当弥补行政管理技术质量监管力量的不足。司法行政机关管理的司法鉴定人执业中出现的一些问题未必达到行政处罚的程度，但又确有瑕疵。通过行业协会可以组织制定行业自律规范，约束并规范司法鉴定人和司法鉴定机构的执业行为，探索建立健全行业自律惩戒规范，实现自我约束机制。目前司法鉴定标准严重阙如，而对适用不同标准的争议也在投诉案件中占有相当的比例。此外，缺乏统一的司法鉴定标准，已成为司法鉴定机构申请通过国家认证认可的一大难点。在制定有关的国家标准之前，由行业协会组织下属各专业领域专门委员会、相关专业专家论证、制定每一鉴定项目的鉴定标准，作为行业规范试行实施；同时通过协会可以解决行业管理甚至行政管理中出现或面临的技术性问题，对一些国家标准或行业标准个别理解进行统一规范，减少不同司法鉴定机构之间因理解不一而造成鉴定结论的争议。行业协会还可以根据不同专业类别的不同需求和面临的主要问题，按照司法鉴定人继续教育的要求，组织司法鉴定分类培训，提高司法鉴定人的专业技术能力和鉴定水平。

3. 加强行业管理应当在细化鉴定人员、仪器设备的准入条件和制订每一鉴定项目操作规程方面发挥主要作用。

（1）《决定》和《司法鉴定人登记管理办法》（司法部令第96号，以下简称“第96号令”）都只对个人申请从事司法鉴定业务的条件进行了原则规定，其每个执业类别的准入条件阙如，实践中容易产生争议的是《决定》和第96号令中的四个“相关”的表述。通过行业协会组织相关专业专家进行论证，提出每一分类“相关”的定义和范围，并推荐给有关管理机关参照使用，应是司法行政机关保障司法鉴定登记许可公开、公正的前提。同理，通过行业协会专门技术人才协助行政管理部门制定每一鉴定项目仪器设备的基本配置标准，也是目前解决司法鉴定管理工作难点的有效方法。

（2）目前司法鉴定操作规程只有《司法鉴定程序通则》（司法部令第107号），

明显不能适应诉讼和司法行政机关监管以及认证认可工作的需要。大量非标方法需要论证，也为司法鉴定机构申请通过国家认证认可增加了困难。即便是已经经过论证和认证认可的非标方法，在诉讼中也容易因人、因案而异从而导致争议甚至投诉。只有通过行业协会组织相关专业专家论证才能确定每一具体项目的操作规程。

4. 加强行业管理应当有利于有效保障执业司法鉴定人和司法鉴定机构的中立地位和合法权益。从落实《决定》规定的“司法鉴定实行鉴定人负责制度”出发，有必要通过司法鉴定协会制定司法鉴定人的职业道德规范和执业纪律、执业指引，进一步明晰司法鉴定人和司法鉴定机构的责任和义务，在具体办理鉴定案件特别是在诉讼程序中更加应当保证其中立地位。此外，一旦司法鉴定人和司法鉴定机构被投诉，也可先由司法鉴定协会组织相关专业领域的高水平的专家或鉴定人进行调查、甄别，通过制定适当程序保持公平调查、高水平专业判断，既达到从严治鉴的目的，也依法有效地保障执业司法鉴定人和司法鉴定机构的合法权益。

## 四、德国司法鉴定机构的管理与运行〔1〕

### （一）德国司法鉴定机构的质量管理

1. 在大学和科研机构中的司法鉴定机构。以法兰克福大学法医中心为例，其主要业务包括毒品、酒精检验、DNA、法医病理、医疗事故、法医精神病、轻重伤及伤残等级鉴定、心理测试和法医毒化鉴定。中心共有鉴定人55 人，每年接受检察院、警察局委托业务量约 25 000 件，与黑森州刑警局有专业协作和科研合作关系，负责黑森州的刑事案件的法医检验，并有多项科研合作项目。

该机构已经通过 17025 实验室认证。据该法医中心主任兼法医行业协会会长（同时任德国法医学、毒物学与生物学认可委员会主席）布拉茨克教授介绍，全德国共有 27 个法医鉴定机构，设在不同的大学。

德国法医协会是全德唯一的法医行业协会，开展对大学所属法医鉴定机构的17025实验室认证，目前全德各大学所属的 20 个法医鉴定机构已通过认证。经询问，布拉茨克教授表示不了解17020检查机构认证的情形，但表示从事法医实验室的均应经过实验室认证，包括该实验室人员的认证，以保证鉴定质量的可靠。布拉茨克教授同时表示，法医中心所有的鉴定报告均需经过他的签字方可发送。

2. 在刑警局中的刑事侦查技术研究机构。以位于黑森州州府威茨巴登市的联邦刑警局的刑事技术研究所为例，据该研究所所长、物理学家哈依斯博士介绍，该所

〔1〕 专题四小组成员：张玫、刘朝晖、侯黎明。

共有60个专项，工作人员由警察、职员、科学家、工程师共325人组成。所有的鉴定工作都是由科学家、工程师个人完成，有215名专业技术人员，警察不参与鉴定和科研工作，只负责现场勘查、提取样品工作。研究所办理的鉴定案件涉及毒品、枪弹、笔迹、指纹、声像视频等，年检案量近万起，其中约1600件涉及DNA检测。此外，还包括以下主要领域：①现场勘验检查。研究所设有现场组，接受联邦刑警局委托，协助刑警进行现场勘查、提取样品工作，包括与国际刑警组织的协作，如对2002年突尼斯清真寺爆炸案是人为因素还是意外事故的原因分析。在现场勘验中有涉及死因、法医病理的鉴定，警察均不具体参与，而是由刑警局就近委托大学所属的法医机构鉴定。②资料与标准样本收集。所有与刑事技术有关的资料信息、与犯罪有关的各类样本物质收集归档，建立犯罪记录信息库和刑事技术资料样本库。③协调16个州警察局的工作。在德国，联邦警察局与州警察局没有隶属关系，是平行关系。该所所长兼任德国刑事科学技术委员会会长，各州警察局是委员会成员，会长协调工作主要涉及刑事科学的技术方法和确保项目研究的不重复。④科研开发。目前该研究所正在开展25个项目的科学研究。哈依斯博士强调所有研究项目的立项和研究，都要符合《联邦刑警局法》的规定，都是与刑事案件的侦破技术有关的，并且必须经过刑警局和检察院的委托或批准，研究范围限于刑事技术开发利用，涉及的领域有痕迹、毒品、枪弹、爆炸物、动物和植物DNA、法医昆虫学等。

该研究所于2006年通过17025实验室认证，2007年通过17020检查机构认证。

3. 经过政执法部门认可的鉴定机构。以北威州科隆大学医学院高级医学鉴定机构为例，据该鉴定机构负责人斯特凡教授介绍，这是一家经州交通管理局认可、发证并进行监督管理的鉴定机构，专门从事与交通安全有关的驾驶人行为能力的鉴定事项。州交通管理局依据《联邦公路交通管理部门认证条例》对提出申请的机构进行资质认证，并进行年度的监督检查。这一类鉴定机构管理松散，业务受理、鉴定工作及收费完全是个人行为，鉴定设备也属于个人所有，由个人负责。该机构有高级鉴定师35名，每个人都有自己的专业领域。

### （二）德国司法鉴定机构的认证认可

德国的认可体系充分采用德国工业界、政府机构、科研机构在检测机构、实验室、检查机构及认证机构认可方面近一百年的经验，机制成熟、运作规范。1991年5月，德国认可委员会（German Accreditation Council，DAR）成立，由政府及能积极影响德国认可政策的工业界代表共同组建而成，成员方有德国联邦经济劳动部（Federal Ministry for Economic Affairs and Technology，BMWA），德国化学认可机构（German

Accreditation System for Testing，DAP)，德国技术认可机构（German Institute for Standardisation，DIN)，德国联邦材料检验研究院（Federal Institute for Materials Research and Testing，BAM）等近20个机构，秘书处设在BAM。DAR致力于协调德国认可体系及其代表委员会，并为以上机构提供讨论和交流的平台。其主要任务是协调实验室、检测机构、认证机构及合格评定机构认证/认可领域的工作，特别是强调与非强制领域认可组织之间的关系；处理自愿性及强制性领域内的一般问题；并在国内外代表德国认可组织发布被认可的认证机构和被认可的实验室名录。

从德国认可委员会成立至2004年，其认可的认证机构颁发的现行有效认证证书共2400余份，认证领域涉及检测实验室、校准实验室、认可检查机构、产品认证机构、人员认证机构、质量体系认证机构和环境管理体系认证机构等七类，与我国认证认可领域范围大体一致。

据德国认证公司认证部经理安多利娅女士介绍，德国的认证认可制度随着欧盟的指令正在进行重大的变革。2008年2月，欧盟向各成员国下达了认证认可的指令，要求各成员国改变现状，各国只能有一家代表国家的认证机构进行认证认可工作，并于2010年1月1日起实施。根据这一要求，德国为建立有效统一的认可体系，避免以前相关机构间互不协调、双重认可的状况，消除行政干预并免除政府的责任，提高认可机构的国际认可权威性，于2009年11月通过了《认证机构法》于2010年1月1日起生效，以统一全德国的认证工作。鉴于这一重大的制度变化，我们可以将德国的认证认可工作从制度设计上分为两个阶段：一是20世纪至2009年底。全德国有20多家各类认证认可机构，分别属于民间和政府，认可的领域也分为强制的和自愿的，分别负责检查机构、检测实验室、个人能力验证等多个认证认可项目的评审和监督检查。德国认可委员会负责协调。据介绍，目前全德国通过实验室认可的有2000多家，通过检查机构认可的有四五家。二是2010年1月1日开始适用德国《认证机构法》。自2010年1月1日起，作为欧盟成员国，德国只能有一个代表国家的认证机构，这家机构具有原认可委员会的作用。同时，原认可委员会及德国的其他所有认证机构不再有合法性。

1. 德国《认证机构法》的主要内容有：建立国家的认证机构。该认证机构必须与相关领域的研究部门建立联系与合作。建立认证工作规则。认证机构与联邦政府有关主管部门共同制定认证工作规则。国家认证公司的联邦主管部门是经济技术部。国家认证机构与联邦政府6个部门对口形成专家顾问指导关系，每个部门都有至少一名联邦相关部委派出的专家作为顾问，代表政府参与意见。对一个机构进行认证评审表决时，必须有联邦部委的专家参与。认证机构不以营利为目的，认证收费标准由联邦财政部统一制定。被认证的机构如果不接受监督检查或不履行义务，按照统一标准罚款，最高限额5000欧元。该规定在《认证机构法》颁布前的监督检查措施中是没有的。目前已获得的认证资格继续有效。认证资格的有效期为5年。期间要接受认证公司的监督检查，首次检查要在获得认证后的12个月内进行，以后每18个月进行一次检查。每次检查包括不同的项目，所有项目的检查要在5年内覆盖一遍。监督检查按照17011标准进行。有效期届满之前，被认证的机构的资格需要延续，要及时提出复审申请。复审的程序和要求与首次申请相同。认证的有关标识符号由联邦政府相关部门确定。

由此看来，德国的认证认可工作自2010年起便具有浓厚的政府主导的色彩，就目前了解的情况看，《认证机构法》没有对司法鉴定的认证认可作出专门规定。

2. 德国国家认证公司（DAkkS）简介。该公司由联邦政府、州政府和DGA公司各占1/3的责任权利组成，是一家有限责任公司，自负盈亏但不以营利为目的。其中，DGA由3家认证公司合并而成，根据《认证机构法》，其有效期限至2009年底。

德国国家认证公司总部设在柏林，下设三个工作部门，分别是认证部、培训部和信息部。认证部负责认证认可工作，培训部负责认证认可人才培养，信息部提供认证认可的相关信息咨询。公司已经取得国际实验室认证联合会的资格认可，成为欧盟认证委员会的成员。该公司有工作人员60名，在法兰克福有分部。公司设有由50名评审组组长组成的专家库，同时有可以组织评审的外部评审员400人的专家库。公司的工作内容和职责由《认证机构法》作出具体规定，于2010年1月1日起承担德国认证认可的所有工作。为了保持认证公司的中立性，公司不得自行经营实验室。

3. 对司法鉴定认证认可的主要要求。标准适用。实验室适用17025标准，但对于法医学实验室要增加适用15189医学实验室标准，检查机构适用17020标准和17011标准，安多利娅女士表示在检查机构的认可方面，对他们来说是一个新的领域，而对鉴定人适用17024标准进行认证已经有将近一百年的历史。对司法鉴定认证认可没有专门的标准要求。司法鉴定机构的认证认可实行自愿认证。据安多利娅女士介绍，德国对食品的认证是强制性的。

### （三）德国司法鉴定的执业种类

1. 执业种类。德国司法鉴定执业种类比较全面和广泛，根据联邦《司法机构薪酬与补偿法》划分的项目，司法鉴定执业种类大致可分为法医和医学类（包括医疗事故、残疾、工作能力、驾驶能力、受审能力、出庭能力、适宜关押能力、抵抗力、行为能力、遗嘱能力、诉讼能力；验尸和解剖、死因分析、检验、化验和抽血、血统检验、生物遗传学的血统检验，等等。例如健康状况是否够监禁、审问或审理条件；与由酒精、毒品、药物或疾病对正常行驶的影响有关的法医学或毒理学的问题；与驾驶执照规定有关的神经心理学问题；与关键死因相关的法医学、毒理学和追踪学的问题；医疗事故或刑事责任能力的判断，等等）及所有涉及专业判断的鉴定类别（例如建筑及其所属的材料、物理、防水、结构；等等；电气设备及电器、机动车、广播电视、乐器、珠宝；对食品、生活必需品、药品、空气、气体、土壤、污泥、水或废水等此类的化验及评估；等等）。根据联邦刑警局的刑事技术研究所通过认可的项目，鉴定执业种类还有笔迹辨认、声像类、毒化或毒理学、DNA、植物痕迹、枪弹痕迹。据德国工商总会法律事务负责人哈克特·黑肯先生介绍，该协会可以提供245个专业领域的鉴定业务，手工业协会可以提供650～750个专业领域的鉴定业务。除此之外，建筑师协会、工程师协会和农业协会等协会还有很多相关的专业领域。所有涉及需要专业判断与鉴别的活动，基本都有具备相应领域专业能力的鉴定人。遇有特殊领域鉴定事项，在诉讼活动中也可由法官指定具备相关专业知识的人员承担鉴定工作。

2. 预防监禁鉴定介绍。据波鸿鲁尔大学从事犯罪学研究的简森迈·潘介绍，在刑事诉讼中，德国自1933年起就开始实行预防监禁（我国有学者称之为“保安监置”、“保安监禁”）。根据德国《刑事诉讼法典》，预防监禁是指法庭对已判处刑事处罚、服刑届满之前的犯人，进行释放后可能危害社会和他人的人身安全危险程度的评估，作出不释放继续监禁，以防止社会危害结果发生的措施。这不是一种判决，而是一种法庭决定。在法庭决定前，鉴定人对犯人重新危害社会和他人的危险性进行鉴定和评估，协助法官作出决定。

预防监禁的适用对象包括以下三种情形：一是已判刑事处罚，被判刑罚较重的；二是被判刑剥夺人身自由2年以上的；三是不是初犯，而是第二次以上被判刑的。这三种情形刑满但释放可能危害社会和他人人身安全，对这种可能性需要作出鉴定，以供法官作出裁决性的决定。这种鉴定是德国特有的，被称为预防监禁鉴定。

预防监禁鉴定的启动程序可以是由法官在作出刑事判决时同时提出，也可以因犯人服刑期间提前释放或刑期届满提出，对上述适用对象的预防监禁鉴定每两年作一次危险性评估，费用由国家承担。

预防监禁鉴定一般由有鉴定权的医生作出，鉴定的内容包括：一是是否有重新犯罪和伤害他人人身的危险性；二是危险程度的指标，该指标有危险度量化的表格，以分值高低计算成正比判断危险程度，内容包罗万象，包括罪犯的心理因素、受教育程度等；三是医学检测检查，包括生理、心理、精神状态以及与上述鉴定内容的相互关系的分析判断。

鉴定报告提交给法官，由法官决定是否适用预防监禁，如果适用，则继续在监狱关押，有精神病的送精神病院治疗。

3. 汽车驾驶人行为能力鉴定介绍。据科隆大学医学教授兼北威州高级鉴定机构负责人斯特凡先生介绍，其所在的机构根据德国《交通安全保障法》开展汽车驾驶人行为能力的司法鉴定。该鉴定是指被吊销汽车驾驶执照的人再次申请驾照时，应当由鉴定人对其作出是否适宜领取汽车驾驶执照的鉴定。鉴定的内容包括：被鉴定人血中酒精含量及各项医学常规指标检查、生活经历、个人品行、心理状态和是否吸毒、酗酒等。根据联邦法院的标准，每百毫升血液中含有1.6克酒精即为酗酒，对酗酒的人必要时给予强制戒酒。汽车驾驶人行为能力鉴定所需要的资料由州交通管理局向鉴定机构提供。

（四）德国司法鉴定技术标准和方法

考察中，虽未过多涉及具体的技术标准和方法，但从相关被考察单位的情况介绍来看，主要情况为：

主要体现在已通过实验室认可和检查机构认可的机构中，例如联邦刑警局刑事技术研究所对毒化微量物质的分析已经精确到纳米级单位，法兰克福大学法医中心对法医病理的死因鉴定和致伤物推断可以运用CT和核磁共振手段。也有相应法律规定，如联邦《司法机构薪酬与补偿法》规定在法医学中对人或尸体进行电子光栅扫描，同时进行定量分析补充。

（五）考察的启示

司法鉴定质量管理是司法鉴定管理工作的核心。认证认可制度是提高和保障鉴定质量的重要途径。科学的、相对成熟的各类技术标准和方法得到普遍适用是鉴定质量令人信服的重要因素。在认证认可工作中，政府主管部门的主导地位和作用不容忽视。鉴于司法鉴定专业的多学科性和多行业性，充分发挥专业行业协会的作用十分必要，例如各类专业行业技术标准的制定和发布等。建立行政主管机关与鉴定行业协会两结合管理制度比较切合我国国情和现阶段的管理要求。

## 五、德国的刑事侦查与司法鉴定[1]

### (一) 德国刑事犯罪侦查制度

1. 德国检察机关的设置。德国检察院的组织机构和职能设置由《法院组织法》和《刑事诉讼法典》予以规定。每个法院设一个相应级别的检察院，包括联邦检察院、州检察院和地方检察院，个别地方有地区检察院。检察院与法院只是对应设置，并无从属关系。上级检察机构与下级检察机构之间为领导与被领导关系，但联邦检察院不能领导州检察院，两者之间只是协调关系。各级司法行政部门对所属检察院进行监督，各级检察院的首席检察官对本院检察官进行领导。德国联邦最高检察院只负责危害国家安全犯罪、毒品犯罪、税收方面的犯罪等少数特定犯罪的侦查起诉工作。其他案件完全由州检察院及其下属的地方检察院负责。

2. 德国警察机构设置。德国的警察机构主要由两个部分组成，一部分是联邦警察机构，一部分是州警察机构，联邦警察机构和州警察机构互不隶属。联邦警察机构主要有联邦刑事警察局、联邦边防警察局、联邦水上警察局和联邦铁路警察局，他们均受联邦内政部领导。德国州警察机构受州内务部的领导，分为州和市两级。州警察机构的主要任务是在本州范围内依据有关法律对危害公共安全和秩序的行为采取措施，依据刑事诉讼法侦查犯罪并追究犯罪人的刑事责任，依据交通法规监督和管理交通等。德国警察制度特点是与其政治体制相适应的，联邦制政体的重要特点就是"地方分权"，因此德国的警察制度呈现出联邦警察与州警察并存的模式。

3. 德国刑事犯罪侦查制度的特点。

(1) 检察机关与警察都拥有侦查权，但警察的侦查权受到检察机关的限制。根据德国《刑事诉讼法》第160条第1款，只要获得有关可能存在犯罪行为的信息，检察机关、警察就必须开始侦查。也就是说，当检察机关或警察了解到有犯罪发生的信息后，都有权进行侦查。但在具体实施侦查时，其侦查的权限就明显不同了。检察机关几乎可以实施所有的发现案件事实及实现国家刑罚的必要措施，法律规定只能由侦查法官行使的一些影响深重的措施除外，权限受到较小限制。警察的侦查权则受到较大限制。当发现有犯罪行为时警察只能采取必要的紧急的行动，例如《刑事诉讼法》第163条规定，警察机构及官员要侦查犯罪行为，作出所有不允许延误的决定，以避免造成调查案件真相困难。而且，警察还要在采取这些紧急行动后，不延迟地将案卷材料、证据送交检察院。

---

〔1〕 专题五小组成员：周卫、王超、蒋佳声。

（2）检察机关在侦查活动中处于主导地位，刑事案件的调查活动受检察院委托进行。德国《刑事诉讼法典》第 161 条规定，检察院可以要求所有的公共部门提供情况，并且要么自行侦查，要么通过警察机构及官员进行任何种类的侦查，警察机构及官员负有接受检察院的请求、委托的义务。因而检察官对一切刑事案件都有侦查权，而且还可以指挥警察进行侦查。检察官在侦查中的指挥权是指检察官拥有指挥警察收集证据和进行专门调查活动的权力。

（3）警察机关是犯罪案件侦查的主体。虽然法律规定检察机关对侦查享有主导权，但现实中侦查活动的实施大部分还是转移给警方。在大多数情况下，案件都是由警察机关独立侦查，待案情基本确定后，才转移给检察机关，除商业欺诈、恐怖活动、谋杀、抢劫银行、纵火等案件外，检察官直接实施或参与侦查的案件很少，一般刑事案件均由警察独立进行侦查。

（二）德国的刑事司法鉴定

1. 德国刑事司法鉴定机构。

（1）侦查机关所属司法鉴定机构。德国检察院、法院没有司法鉴定机构。联邦刑事警察局和州刑事警察局下设的刑事科学技术研究所设立有司法鉴定的部门，联邦和州的刑事科学技术研究所及司法鉴定部门之间互不隶属。我们考察的德国联邦刑事科学技术研究所是联邦刑事警察局下属单位，它可以协调德国 16 个州的刑事技术工作，主要通过刑事技术委员会进行。这个委员会主席由联邦德国刑事技术研究所的所长兼任，委员会每年至少召开 2 次会议，主要目的是刑事技术共享、信息沟通。

（2）医科大学和医疗机构设立的法医鉴定机构。德国法医学鉴定实行大学医学院和医疗机构承担制，即德国法医学鉴定工作均由各大学医学院和医疗机构承担，法院、检察院和警察局均不设法医鉴定机构，隶属于警察局的司法鉴定机构（研究所）也不从事法医学司法鉴定。我们考察的德国法兰克福大学法医鉴定中心设立于 1937 年，负责德国黑森州刑事案件法医学检验。

2. 德国刑事案件犯罪现场勘查与司法鉴定。在德国，犯罪现场勘查和一般性的现场物证检验由地方警察机关承担。当检验遇有疑难、重大技术问题时，由警察机关或者检察机关、法院委托相关机构对其已经取得的案件相关材料、物证进行鉴定。但在特殊情况下，如现场物证难以移动、案情非常重大或当地警察局人员和技术力量无法满足现场勘验要求时，经警察机关和检察机关请求，相关鉴定机构也可以选派人员对刑事案件现场进行勘查。

联邦刑事科学技术研究所现场调查部的负责人向我们讲解了现场勘查工作的主要内容和程序。据她介绍，现场调查部属于研究所的“服务部门”，其主要工作职责就是在案发现场进行现场取证，然后将提取的物证按其检验要求送到各个检测部门进行检测。现场调查部共有33名工作人员，其中包括20名刑事技术侦查员及6名拆弹专家。根据刑事专业技术的不同，现场调查部分为五个部门，并配有一个化学实验室。为保证现场勘查人员人身安全，联邦专门为勘查人员配发了保护服及保护装置。为提高勘查搜索能力，联邦为该部门配备了专用检查车、金属探测仪、可以探测水上水下物品和土壤变化的雷达设备及机载热成像设备。

3. 德国刑事司法鉴定收费。刑事司法鉴定活动可以分为两个阶段，刑事案件侦查阶段和法院诉讼阶段。司法鉴定收费也因阶段不同而不同：①刑事案件侦查阶段的司法鉴定主要由隶属于刑事警察局的刑事科学技术研究所（司法鉴定部门）和医科大学、医疗机构法医学鉴定机构承担。刑事警察局司法鉴定部门是国家投资设立专门为刑事侦查工作提供专业技术支持的专门机构，因此，其接受警察机关和检察院委托从事司法鉴定是无偿的。而医科大学、医疗机构法医学机构则是由政府指定的承担法医学技术鉴定的司法鉴定机构，是为培养法医学鉴定专门人才而设立的，为刑事侦查服务但并非其专门的职能，因此，其接受警察机关和检察院委托从事司法鉴定收取费用，其收取费用标准由德国《司法机构薪酬与补偿法》（JVEG）规定。②刑事案件诉讼阶段的司法鉴定人主要由法官自由选任。由于德国警察机关所辖鉴定机构社会公信力很高，其所作出的鉴定意见一般情况下当事人不会提出异议。但特殊情况下，当事人对司法鉴定结论提出异议并提出重新鉴定申请时，经法官允许可重新鉴定。鉴定所需费用一般由法院先行垫付。一旦作出犯罪嫌疑人有罪判决，该笔费用由罪犯支付；如作出无罪判决，费用由检察院支付。但是很多情况下，由于犯罪嫌疑人被判有罪而服刑后无支付能力，法院无法追偿。

### （三）对德国刑事司法鉴定的借鉴

1. 医学教育与法医学教育紧密结合，培养高素质的法医学专业技术人才。德国医科大学基本都设立有法医鉴定机构，法医鉴定机构同时又是医科大学学生学习场所。在德国要成为一名法医必须经过11年的学习期，其中6年时间学习基础医学，5年时间专门学习法医知识。在法医学习的5年中，学生要用6个月时间学习心理学，6个月时间学习解剖学，还要学习相关的法学知识，参与实习、研究工作，撰写并发表相关论文。只有通过了这些学习并取得实绩，才有可能取得法医资格。正是经过如此漫长的学习和实践，才使得德国法医学技术人才在取得法医资格的同时，便具有了相当高的理论及实践水平，也积累了相当丰富的办案经验。

2. 侦查机关（警察局）所属研究所具有特定的服务对象，即刑事侦查，并且提供的司法鉴定服务为无偿服务。作为国家设立的研究所，其职责是为控方提供专业技术支持，是国家刑事司法公权运行的保证，因此不接受来自于社会的有偿司法鉴定申请。

3. 客观、公正、中立是包括侦查机关所属鉴定机构在内的鉴定机构和鉴定人的价值取向。侦查机关所属鉴定机构中立性价值取向体现在两个方面：一是物证搜集部门与司法鉴定部门分工有相对明确的界限。德国犯罪现场物证搜集基本由警察机关在检察官的主导下完成，司法鉴定部门基本不参与现场勘查，这样就有效避免了“侦鉴合一”的情况出现，在部门分工上保证了鉴定结论的公正性及中立性；二是鉴定人员身份中立。在德国，虽然此类鉴定机构隶属于警察局，但其中的鉴定人不具有警察或检察官的身份，基本上都是由各个领域的专家、学者和职员组成。这种“专家+非警方人员”的身份保证了鉴定结论的权威性、中立性。

4. 司法鉴定、科研开发、信息技术运用一体化建设，推动了司法鉴定技术水平和效率。建设高层次、高水平、高技术含量的司法鉴定机构依赖于国家的高投入，这样的鉴定机构反过来将更好地服务于司法鉴定。此外，鉴定与科研需齐头并进，鉴定实践为司法鉴定技术研究提供现实素材，而司法鉴定技术研究又不断推动鉴定技术手段的创新和发展，两者相互配合、相互促进。在司法鉴定信息技术积累及推广上，司法鉴定技术研究成果应作为犯罪学样本进入数据库，今后发现类似案件，可以循此方法进行侦破，从而有效提高刑事侦查工作的效率。

## 附录二　日本司法鉴定专题考察报告〔1〕

根据司法部和联合国亚洲远东预防犯罪和罪犯待遇研究所〔2〕(UNAFEI，以下简称“亚远所”）的合作协议，2010年11月14日至12月3日，第16期中国预防犯罪

〔1〕 撰写人：汪鸿滨、鲁兰、李义标、杜志华、刘彬、陈雷、商洁；统稿、审定人：霍宪丹、郭华。

〔2〕 联合国亚洲远东预防犯罪和罪犯待遇研究所是联合国的一个地区性机构，成立于1961年，旨在有效发展刑事司法制度以及促进亚太地区的协作，活动内容包括为预防犯罪及刑事司法机关举办培训和讲座、研究预防犯罪和采取的相应措施，目前已举办了16期专题研修班。

和刑事司法研修班在日本举行，本期研修主题是“科学证据与刑事司法鉴定”。经司法部批准，由司法部司法鉴定管理局霍宪丹同志担任研修班团长，15名团员分别来自司法部、全国人大常委会法工委、最高人民法院、最高人民检察院和公安部，司法部司法研究所和中央财经大学法学院的两位专家担任本次研修的课程顾问。

随着中国改革开放和民主法制建设的发展，国家与社会的各项活动已纳入了法治发展的轨道，尤其是宪法确立了国家尊重和保障人权的基本原则，社会矛盾和纠纷的处理也更加有赖于多元化、多层次的纠纷解决机制。证据制度作为法治国家的一项基本司法制度，在诉讼活动中居于核心地位。鉴定意见（鉴定结论）作为一种“科学证据”在解决各种纠纷中的核心作用尤显突出，在某些案件中成为准确认定案件事实和实现公正司法的关键所在。基于现代诉讼的需求与我国司法鉴定体制改革的需要，本期研修将课程的主题确定为“科学证据与刑事司法鉴定”，旨在通过学习、考察和研修日本在此方面的成功做法和有益经验，为进一步深化司法鉴定制度改革，完善相关司法制度提供参考。

针对中方的培训需求和建议，亚远所从课程设计、教官选任到参观考察等作了精心安排，并紧紧围绕主题展开研修。其授课内容主要包括：日本警察制度、侦查与追诉制度、审判制度、矫正制度和更生保护制度，日本警察侦查研究所，日本鉴定程序、审判中的鉴定适用及鉴定评估，精神病鉴定及举证。授课的教官均为现任或曾任警察、检察、法院、监狱、更生保护等部门重要职务的人员。期间，亚远所还安排到日本最高法院、东京地方法院、东京地方检察厅、神奈川县警察本部侦查研究所、喜连川回归社会促进中心以及亚洲预防犯罪基金会横滨支部、枥木支部等单位实地考察。中国司法部、全国人大、最高人民法院、最高人民检察院和公安部的代表在研修中对中国有关此方面制度建设和基本做法作了专题报告。研修课程不仅了解了日本的司法鉴定体制及其制度背景，还分析讨论和比较研究了中日两国在科学证据和刑事司法鉴定领域的经验和做法，为制度的相互借鉴奠定了基础。尤其是实地考察与讲课的问答式交流，对于充分了解日本在此方面基本制度以及与中国之间的不同提供平台，收到了良好效果。

值得一提的是，针对中日两国人民共同关注的话题，亚远所还专门邀请中日恢复邦交时的驻华公使渡边幸治先生作了题为“中日关系的现状及发展前景”的演讲。70多岁的渡边先生以自己的外交生涯为援引，讲述了对中日2000多年来相互关系的认识，以一个日本人的立场和视角，坦诚表达了对中国发展、强大的了解和看法，客观分析与评价了战后日本经济复苏、发展和强大的历程和现今面临的问题，并对中日两国加强交流与合作，增进国民友谊，共同推动亚洲和世界的和平与发展提出了期望。藤泽市政府还专门安排代表团向聂耳纪念碑献花，表达了日本人民希望中日两国世世代代友好下去的良好愿望。在整个研修过程中，霍宪丹团长和研修团成员也多次与日方有关人士进行友好交流，表达了对日本人民友好、文明、爱好和平的赞赏，以及对共同促进中日友好、进一步加强中日司法领域交流的期待。

本次研修内容丰富、形式灵活、针对性强，研修人员严格遵守外事纪律、组织纪律，团结一致，刻苦学习，圆满完成研修任务，达到了预期目的。现将研修与考察的情况报告如下。

**一、日本司法体制和刑事诉讼制度的特点**

（一）概况

1. 日本警察体系。日本行政区划分为47个都道府县（东京都、北海道、大阪府、京都府及43个县）。日本的警察体系与其相适应，从中央到地方分设：警察厅、47个地方警察本部（东京都为警视厅）和若干警察署、派出所（城市）或驻在所（乡村）。警察厅主要负责规划和研究警察政策、体系，监督和协调地方警察机构，从事警察培训等，除在处理国际恐怖主义犯罪、大型救灾或其他事关国家利益的案件中指挥地方警察协同行动外，一般不直接参与行动。东京警视厅是全国最大、人数最多的地方警察本部。警察署从属于地方警察本部。日本的绝大多数案件由警察署直接处理。警察署在城市和乡村社区设有派出所和驻在所，派出所和驻在所的警察实行24小时轮流值班制度和巡逻制度。日本的法律规定警察为公务员，需高中以上学历才能报考，而实际上70%以上的日本警察具有大学本科以上学历（年平均收入为1000万日元，最高长官年收入为4500万日元）。

2. 日本检察体系。日本的检察系统包括最高检察厅（1个，首长是检事总长），高等检察厅（8个，首长是检事长），地方检察厅（50个，首长是检事正）及其支部（203个），区检察厅（438个）四级。检察权在日本属于行政权，置于法务省之下。检察厅的职员主要包括检察官（检事、副检事）和检察事务官（辅佐检察官）。

3. 日本法院（裁判所）体系。日本的法院系统包括最高法院（1个），高等法院（8个高等法院，1个专门的知识产权高等法院，总数为9个）及其支部（6个），地方法院（50个）及其支部（203个）以及家庭法院、简易法院四级。家庭法院负责处理家庭案件和青少年犯罪案件等；简易法院负责处理标的额较小的民事案件和轻罪刑事案件。日本法院和检察厅的四级设置是一一对应的。日本刑事诉讼实行的是三审终审制。

4. 日本法律职业。在日本，检察官、法官、律师的任职资格实行法曹一元化制度。欲从事检察官、法官、律师职业者，均需要法科毕业后通过司法考试，然后进入司法研修所一年，再次考试合格后，才有资格出任法官、检察官和律师，以保证法律职业人员知识背景和职业素养的“同质化”。

（二）特色

1. 日本警察体系的突出特色。根据警察法在国家层面设置国家公安委员会和在47个都道府县设立47个都道府县公安委员会，分别由若干名委员组成。公安委员会作为中立的监督机构具有法定的权力与职责，如负责代表国民依据政策和法规监督警察，以期保持警察的政治中立和抑制警察的自我本位主义，但其监督主要是政策、法规上的监督，并不介入个案的监督或在个案上施加影响。在侦查活动中，凡是要对犯罪嫌疑人采取限制人身自由、扣押财物、搜查等措施的，必须先要向法官申请签发相应的拘留、逮捕、扣押、搜查等令状，实行司法令状主义。

2. 日本检察体系的突出特色。检察官在刑事案件侦查上享有对警察的侦查指挥权，必要时检察官也可自行对个别类型的犯罪进行侦查，这与我国公安机关和检察机关在侦查权上有明确的法律分工有所不同。在刑事案件起诉上，检察机构享有起诉独占（垄断）权，实行起诉书一本主义，与我国的公诉权、自诉权并存，公诉在特定条件下还可转为自诉以及起诉时除送达起诉书还需向法院附送证据目录、证人名单和主要证据复印件的规定不同。此外，检察机构对于职务犯罪享有侦查权。

3. 日本法院刑事审判的突出特色。实行当事人主义诉讼模式，即将程序的主导权交给检察官和被告人及其辩护人，由该当事人双方根据各自的立场进行交叉询问，案件的事实真相通过当事人双方的质辩揭示出来，法院站在公平、中立的立场，居中裁判（判断）哪一方的立场正确和证据具有优势。实行严格的传闻证据法则，即原则上否定传闻证据的证据能力，明确规定凡在法庭审判外制作的陈述（包括供述）的书面材料（包括鉴定书），均属传闻证据，无证据能力，除非公审前整理程序（即证据开示制度）对方当事人予以明确同意。实行证据裁判主义和自由心证主义，即认定事实应当依据证据；证据的证明力由法官自由判断。当然，自由心证并不等于任意心证，而是必须遵循逻辑法则、经验法则和论理法则，定罪的证明标准必须满足于排除一切合理怀疑。程序一体方式。在当事人主义的英美法系国家，实行的是定罪程序和量刑程序相分离的体制，日本却将定罪和量刑程序合为一体。实行裁判员（即陪审员）制度，即从20岁以上的国民中选出裁判员与职业法官，一起参加刑事审判，决定有罪、无罪和量刑的制度。日本的裁判员制度主要适用于杀人、伤害致死、放火等重大犯罪的一审，审判组织通常由职业法官3人、裁判员6人组成，裁判员与职业法官在定罪量刑上享有同等表决权，按多数原则形成裁判结果（但仅由职业法官或裁判员形成的多数不能进行有罪判决）。

**二、日本的司法鉴定体制（以刑事诉讼为主）**

日本在明治时代（1868～1923年）学习近代西欧各国制度，以大陆法系为基础，形成了职权主义的诉讼制度和纠问式的诉讼结构，法官在审判中起主导作用。但第二次世界大战后，在美国的主导下，日本制定了新的宪法和现行的刑事诉讼法，改变为以当事人主义为主的控辩式诉讼结构，但仍保留了部分职权主义色彩。在审判中，作为当事双方的检察官和被告人及其辩护人都要互相尽力陈述自己的主张并出示证据，因起诉一本主义导致法官不可能先入为主，而只能根据检察官和辩护人在法庭上的主张和举证（即预判排除原则）作出裁判。尽管关于审判如何进行的决定权在法官，但检察官和被告人及其辩护人却在审判中起到主导作用。

（一）日本的鉴定体制

1999年，日本内阁成立的司法制度改革审议会经过60次以上的审议后，于2001年6月向首相提出的《司法制度改革审议报告书——支撑21世纪日本的司法制度(一)》中，提出三个支柱性目标：①满足国民期望的司法制度；②支撑司法制度的法律工作者；③确立国民参与司法，体现了诉讼文明化、民主化、科学化的国际发展潮流。在此背景下，日本的司法鉴定在刑事司法审判活动中同样具有重要地位，不论是控辩双方还是法庭审判都非常重视司法鉴定在诉讼活动中的重要作用。尽管日本在刑事诉讼中没有关于司法鉴定管理的专门法律规定，也没有统一的管理部门，但在战后的司法改革中却逐步形成了与日本诉讼制度、审判方式和证据规则相适应、相协调的鉴定体制，以保证司法鉴定的科学性和权威性。

日本宪法确立了刑事审判原则和刑事嫌疑人、被告人的诉讼权利，主要有：①当事人主义。其内容主要是，对于刑事审判而言，不是由法官来积极主动地探求事实真相。事实真相是通过控辩双方在法庭上的质辩揭示出来的。法院站在公平中立的立场来判断哪一方的立场正确。这种制度有利于保障当事人权利，也与日本注重保障私权利、制约公权力的宪政体制相一致。②"疑罪从无"原则。有罪判决是对被告人重大的不利处罚，因此必须特别慎重。一般认为刑事审判中作出的有罪证明的程度，必须达到证明犯罪事实的存在"超过合理怀疑"的水平，并赋予检察官举证程度达到"超过合理怀疑"水平的责任。案件只要还有"合理怀疑"的余地，就不能判被告人有罪，必须宣判无罪。③正当程序。为了将刑罚法令应用于现实当中，

对犯罪人进行刑罚判决，必须依靠法律所制定的正确程序。法庭上作证用的证据必须是通过正当方法收集来的。在证据调查程序中，除由双方举证外，对于当事人出示的证据，如果不给对方当事人充分反驳的机会，不仅有失公平，而且还有可能作出与事实不符的判决。针对这种情况，日本刑事诉讼法在侦查、审判方面规定了严格的程序，同时在各种场合都准备了倾听嫌疑人或被告人辩护的机会。侦查如果没有按照这种正当程序进行，因此获取的证据在审判中不被采用。④公开审判。将法庭的审理以及根据该审理的宣判予以公开，换言之，审理和宣判需在一般公众能够旁听的状态下进行。审判公开原则有别于专制时代的秘密审判和密室审判。为了确保审判的公正性，作为提高国民对司法的关心和信赖所必需的现代司法的要求，该原则在世界各国被广泛采用。但是，在极为严峻的条件下，允许进行例外处理，换言之，在全体法官一致认定存在不利于公共秩序、善良风俗的可能性时，可以不进行公开对抗式审判。即使如此，对于涉及宪法保障的国民基本权利的案件审理，也不能停止公开。⑤日本宪法主要在第 31 条至第 40 条中规定了有关刑事程序的嫌疑人、被告人的权利。这些内容是形成日本刑事程序法律制度的主干，主要内容有：保障法定程序，接受审判的权利，拘留的必要条件，对扣留、拘禁、不法拘禁的保障，住宅不受侵犯，禁止刑讯和酷刑，刑事被告人的权利（接受公开审判的权利、证人审问权），对自己不利的供述、自供的证据能力，禁止溯及处罚、一事不再理，刑事补偿等。

日本对于鉴定书的可信度，并不是以文书形式为标准的，而是根据实质内容来判断，一般认为，鉴定结论的错误、漏洞会在交叉询问和质证的过程中暴露出来。同时，对于有争议的鉴定书如不进行重新鉴定，不能作为证据使用。在日本，鉴定书必须陈述事实，对涉及法律上的判断与评估则完全是由法院来决定。如在精神病鉴定中当事人是否具有刑事责任能力是由法官作出决定的（而中国有时往往出现两个极端的现象：法官要么过于依赖鉴定人，要么一概不信任鉴定人，如此必然导致法庭职能和鉴定职能之间出现缺位、错位和越位）。在日本，如果控辩双方和法庭在穷尽一切合法、合理的手段仍然无法查明案件事实或排除合理怀疑时，法官往往按照有利被告的原则作出决定，并由检察官承担举证不力的后果（宪法保障不得强迫被告自证其罪）。

日本存在鉴定人和“鉴定证人”。“鉴定证人”是指那些基于自己特别的学术经验和知识而对过去的某一具体事实得以了解，从而被要求到法庭作证的人员。如对被害人进行诊断的医生被要求到法庭作证，讲述自己诊断时的情形时，便成为“鉴定证人"，属于证人的一种。简单讲，由法官委托的称为鉴定人，由控辩双方委托的称为"鉴定证人"。

日本通过五个"分离机制"在制度上基本保障了鉴定人在诉讼中的中立性和公信力：①侦、鉴分离机制。在警察机关设立的鉴别课为行使侦查权的行政部门，行使其职权的人员身份为公务员，主要负责犯罪现场调查和证据材料的采集工作。日本警察厅和各警察本部均设立了科学警察研究所或科学侦查研究所，其工作人员专门负责技术检验和刑事鉴定工作，二者之间没有直接的行政领导关系。日本警察机关的科学警察（科学侦查）研究所一律不接受民事案件双方及社会的委托进行鉴定，在刑事侦查活动中，其技术检验和刑事鉴定的经费由国家财政负担。②警、检分离机制。在检警一体化的体制下，检察官可以介入侦查活动或独享某些案件的侦查权，警官和检察官也可以共同侦查，但起诉权为检察官独享并对起诉状负有举证责任。③控、辩平等机制。在当事人主义体制下，非常强调控辩双方平等地位、平等武装，法官居中裁判。④鉴定中立机制。鉴定中立主要表现在以下几个方面：一是鉴定机构的中立性。警察设立的鉴定机构与侦查机关相分离，同时不接受非刑事案件的鉴定，如民事诉讼的鉴定等；而检察机关不设立鉴定机构，其侦查的案件需要鉴定一般可委托警察机构的科学侦查研究所进行。二是鉴定人的中立性。鉴定结论由鉴定人独立作出，尽管鉴定工作是在侦查研究所或其他鉴定机构内完成，但鉴定结论必须由鉴定人签署，否则不能作为证据使用。三是鉴定结论必须经过法庭质证，鉴定人出庭接受质询后，鉴定结论适用传闻证据规则。四是法官的中立性。鉴定人作出的任何鉴定意见，对法官并不具有当然的约束力，法官居于中立地位，可以依据"自由心证"原则作出独立判断。与法官中立相适应的是法庭在选任鉴定人时，也要求鉴定人必须保持中立地位。如果认为鉴定人明显偏向一方时，法庭可以更换鉴定人，以保证鉴定人的中立性。⑤事实证明与事实认定分离机制。如前所述，鉴定书以陈述和证明事实为使命，而对包括鉴定书在内的证据的审查判断以及对案件事实的认定均属法庭职权。按照这种职权划分和分工，再加上疑罪从无原则，也就不必单方面一再要求鉴定机构和鉴定人的权威等级和鉴定意见的"绝对可靠"了。

今天的日本，无论是经济发展程度还是尖端科学的开发，都位居世界先进行列。在世界发达国家中，尤其以犯罪率低而著称。这与日本整个社会及各行各业有较高的道德操守和职业规范密切相关。以国家公务员考试、司法考试为核心的政府官僚和法律专家的准入制度，为国家选拔录用优秀人才奠定了基础。同时，医生、律师、专利代理人等职业在日本享有极高的社会声誉，成为这些领域的专业人才，就标志

着事业的成功并具有较高的社会地位。在日本，要成为执业医生有一套严格的准入制度。除了接受大学的普通教育之外，还要经过几年的临床进修，才能获得医生执业资格。针对在科研院校工作的教授，每年必须从事规定时限内的临床实践，否则不能够通过考核，不能成为职业医师。凡是承担法医学鉴定的医生，通常是本领域公认的专家，尤其是精神障碍鉴定的医生，更是具有非常丰富的临床经验。作为公认的行业规则，为当事人进行精神疾病诊疗的医师，不能担任所涉案件的鉴定人。但经过法官同意，必要时仅可以作为普通证人出庭，陈述当事人的疾病治疗情况，在诉讼中属于鉴定证人。

日本对司法鉴定人的管理主要通过学会和协会进行。目前与司法鉴定相关的专门性学会有日本法医学会、日本药学会、法中毒学会、日本警察科学会等。学会在日本司法鉴定体制中发挥着积极的作用。如对鉴定人资格的管理、司法鉴定技术标准的制定和颁布、学术交流、对外交流、专业杂志的出版等，都以学会为依托。

近年来，日本强化了专业协会在司法鉴定管理中的功能。如在对司法鉴定人的管理方面，日本目前最大的“日本法医学会”从1999年开始实行法医资格的认定制度，包括检案认定医制度（尸表检验医师资格制）和法医病理认定制度（法医病理医师资格制），对申请人的条件提出了明确的规定，实行申请、考试、认定的管理方式。此类管理方式虽属行业自律行为，但对规范鉴定活动、提高鉴定的公信力起到了积极的作用。

（二）日本的司法鉴定机构及执业范围

日本刑事诉讼中从事司法鉴定的机构主要有三类：一是警察机关的科学警察研究所和科学侦查研究所；二是高等院校的法医学和精神病鉴定机构；三是公权力机关之外的科研机构和民间组织设立的社会鉴定机构。

警察机关设立的两级鉴定机构主要接受警官和检察官的委托进行鉴定：①日本警察厅附设的科学警察研究所。该所下设法科学研修所、犯罪行动科学部、交通科学部、附属鉴定所、法科学研究所和研究协调官，对各警察本部设立的科学侦查研究所提供技术支持和业务上的指导。其内设的“法科学研修所”负责对全国各都道府县警察本部的鉴识职员和科学侦查研究所的技术人员进行培训。“附属鉴定所”对铳器弹丸、兴奋剂微量成分和伪造货币等三项事项进行科学鉴定分析。该研究所有100名专职研究人员，通过生物学、医学、理学、化学、药学、物理学、农学、工学、社会学、教育学、心理学等专门知识，从事研究和开发、鉴定和检测、研修和指导业务。②各都道府县警察本部（东京为警视厅）设立的科学侦查研究所。全国

47 个县警察本部和东京都警视厅设立有刑事部鉴别课和科学侦查研究所，北海道设置四方面的本部鉴别课和科学侦查研究室。警察本部刑事部鉴别课主要在侦查阶段进行证据材料收集，具体包括现场照相、摄像、收集指纹、足迹等。测谎仪和警犬的嗅觉识别仅仅是侦查手段。技术人员通常利用拘留期间的半天至一天时间实施简易技术鉴定，简易技术鉴定的结论以书面形式提供给检察官作为参考。以上机构主要接受警官和检察官的委托进行鉴定，均不收费。

高等院校、科研机构和社会组织设立的鉴定机构，主要接受当事人和法庭委托，也可以接受检察官委托。日本实行严格的职业资格管理制度，科学侦查研究所的鉴定机构在法医类鉴定中仅仅能做法医物证（DNA）检验或鉴定。凡涉及其他医学方面（如死因）和精神病的检验、鉴定，必须由具有法医师资格的人员和大学教授进行。

关于鉴定机构的执业范围：①警方的科学警察研究所和科学侦查研究所的业务范围，既有刑事侦查技术，也有刑事鉴定。科学警察研究所主要是 RNA 分型鉴定（SNPS 分析）、法人类学鉴定（根据面部三维图像的个人识别）、化学鉴定（剧毒物成分，同时快速筛选技术）、化学鉴定（微小植物试样）、语言鉴定（骨传导）、交通事故鉴定（交通事故记录仪）、侦查支援（犯罪心理画像）、反恐对策（化学药剂、生物药剂、放射能恐怖活动、爆炸）等。地方科学侦查研究所的执业范围主要是法医学、生物：DNA 分型检测、血清学、人体组织检测和面部图像分析（法医学鉴定只是法医物证鉴定，不涉及临床医学，即不进行死因鉴定）；化学：药毒物分析、法医中毒学检测、微小物品检测；工学：语音分析、枪支鉴定、火灾、爆炸鉴定、事故分析、物理鉴定；文件：笔迹鉴定、印刷品和印迹鉴定；心理：测谎仪、犯罪人面孔画像；现场鉴别：摄影、指纹和脚印检测等。作为技术侦查手段，日本近年来比较多地使用测谎仪、警犬识别等，这对于侦查阶段查明事实真相发挥了一定的作用。但在法庭审理阶段，检察官从不将这两种手段作为证据使用。②高校等社会鉴定机构主要依托其人才和设备优势在职业领域和学科专业中开展鉴定活动，涉及的领域和鉴定类别非常广泛。

（三）日本刑事诉讼中的精神病鉴定

1. 鉴定启动主体。《日本刑法》第 39 条规定：“对于精神失常者的行为，不予惩罚。责任能力减弱者的行为，给予减刑。”对于精神疾病的鉴定，在刑事诉讼中大体可分为侦查阶段鉴定、起诉后鉴定和其他鉴定（如医疗观察法鉴定）三个阶段。在刑事案件的侦查阶段，精神病鉴定的启动主体主要是侦查机关（警察）和起诉机关

（检察官）及嫌疑人、被告人及辩护人。在法庭审理阶段，对已有的鉴定结论质证后，法官认为必要时，可以命令重新鉴定。

2. 鉴定程序及种类。鉴定过程如下：①诊断。首先由高等院校中的精神科专业医生进行诊断，出具医疗诊断书。②综合评价。评估被告人的精神障碍状况对于案件有何种影响。③被告人是非判断能力及行动控制能力：一是实施犯罪时被告人是否存在精神障碍？二是如果确认行为时存在精神障碍，那么该精神障碍对本次犯罪有何种影响？三是如果确认行为时不存在精神障碍，犯罪当时被告人是否有判断善恶是非的能力？是否有根据其判断实施行为的能力及程度如何？

2009年5月以来，为了让参加刑事审判的裁判员尽快明白精神病鉴定意见的内容，日本最高检察厅专门设立了研究会，研究检察官如何应对新的情况，提高起诉的工作质量，让参审的裁判员尽快理解检察官的立证，在精神科专业医生的协助下，制订了《关于刑事责任能力精神病鉴定书的制作规范》，目前正在实践中继续探讨。

3. 精神病鉴定的格式内容。主要包括：①被告人基本情况；②鉴定后事项；③鉴定意见陈述；④诊断依据；⑤综合评价意见；⑥鉴定时间、鉴定人签字。

4. 关于被告人是否具有是非判断能力和依据判断实施行为的能力的鉴定内容主要包括以下事项：①有无对犯罪动机的认识；②犯罪是计划性抑或突发性；③行为的性质，其违法性与反社会性程度；④对于精神障碍免责可能性的认识；⑤行为人有无人格异常状况；⑥犯罪行为的一贯性、合目的性；⑦实施犯罪行为后自身的防御、规避危险的行动。简要地说，就是将鉴定书主要内容限制在两页纸以内，详细内容另外记载，以使在鉴定争议点尚不明确的鉴定阶段，尽量减少裁判员阅读鉴定书内容的负担。到公审阶段提交给法庭的鉴定书再详细论证，这样可以使作为非专业人士的裁判员更加容易理解控方意图。

通过上述格式化的立证方式，对于尽快让裁判员明白检察官举证、控诉的目的，确认被告人是否存在精神障碍以及障碍的程度等发挥了较好的作用。

（四）日本民事诉讼中的司法鉴定

在民事诉讼程序中，针对有争议的伤害案件，例如伤害后遗症问题，经鉴定存在伤害后遗症的，依照既定的伤残后遗症的级别予以赔偿。根据《自动车损害赔偿保障法》规定，所有机动车驾驶员必须参加强制保险项目；在《自动车损害赔偿保障法施行令》中还规定了一系列伤害等级标准，事故发生后，通过鉴定确定伤害等级，加害方应参照规定支付被害方赔偿经费。

在民事审判实践中，法官所认定的赔偿金额实际上往往高于法律规定的金额。

因此，机动车驾驶员往往除了强制参保项目之外，还参加一些任意保险项目。关于伤害程度认定的等级，主要依据医师的诊断书和鉴定意见，参照《自动车损害赔偿保障法》确定，最终的赔偿金额由法院确定。

关于医疗纠纷鉴定：①医事关系诉讼委员会的设立背景。在日本，由于医疗行为具有高度专门性和密室性，故医疗事故诉讼中的因果关系判定往往需要借助医学专家的推理分析意见。而获取这种意见的主要方式就是鉴定。日本民诉法规定，鉴定人由受诉法院、受命法官以及受委托法官指定。在审判实践中，日本法院多根据“诉讼双方的合意”选定鉴定人，如果双方无法达成一致意见，则由法官从《鉴定案例汇编》中的鉴定名册中选定。在这种选定制度下，诉讼双方往往因不认可对方推荐的鉴定人，造成医疗事故诉讼审理周期长、难度大。为了改变上述状况，自2000年10月始，日本最高法院多次召开意见交换会，并与日本医界深入交换意见，构建中立的委员会推荐鉴定候选人的建议随之浮出水面。2001年6月，日本司法制度改革审议会向内阁发出的咨文报告——《司法制度改革审议会报告书》——也提出畅通鉴定人选任方式，实现医疗事故诉讼等需要具有专门知识的案件审理的“迅速化、效率化”。为顺应社会的发展变化，日本最高法院旋即设立“医事关系诉讼委员会”。②医事关系诉讼委员会的工作任务。根据《医事关系诉讼委员会规则》（2001年最高法院规则第5号，以下简称《规则》）第2条的规定，医事关系诉讼委员会的主要任务有：一是对医疗事故民事诉讼、民事调解相关的共通事项进行调查审议，回应最高法院的咨询或向最高法院申述意见；二是依照最高法院的要求，接受基层法院或调解委员会的委托，选定医事纷争案件的候选鉴定人；三是应最高法院的要求，选定具备具有处理医事纷争（民事）相关知识或经验的人士担任候选调解员。③医事关系诉讼委员会的组织架构。医事关系诉讼委员会的建构主要依据《规则》第4～6条之规定进行。依照上述规定，委员会由医疗界人士、医师、律师以及有法官经历人士与社会一般有识之士组成，且委员人数不超过20人，必要时，委员会还可以针对特别事项设定特别委员会。④鉴定人候选人推选。作为最高法院设定的委托日本医学会各分会推荐候选鉴定人的最高法律机构，医事关系诉讼委员会也是基层法院和日本医师会之间的联络中介机构。

### 三、日本鉴定的启动和鉴定意见的证明

#### （一）日本诉讼中的举证责任分配与司法鉴定启动

日本刑事诉讼中的举证责任由检察官承担。刑事司法鉴定可由侦查机关委托鉴定人进行鉴定，也可由法院发布命令进行鉴定，此外辩护方也可委托鉴定。

鉴定可分为侦查阶段的鉴定和庭审过程中的鉴定。对于侦查阶段的鉴定，检察官、检察事务官或者司法警察职员，为实施犯罪侦查，在必要时可以要求被疑人以外的人到场，对他进行调查，或者嘱托他进行鉴定、口译或笔译。警官和检察官可委托鉴定人或鉴定机构进行鉴定。通常是由警察委托警视厅设立的科学侦查研究所进行，但法医类和精神病方面的鉴定会委托高等院校具有权威的教授、医院的医生等进行。警察将鉴定结果以书面形式提供给检察机关。检察机关有权对鉴定结果进行补充鉴定，然后作为证据提供给法庭。审判过程中的鉴定一般是由法院启动的。法院可以命令有学识经验的人进行鉴定。法院的鉴定是在正式起诉后进行，而辩护方委托的鉴定一般在侦查阶段进行。但如果辩护人或检察机关对对方所提出的鉴定结果有异议，也可以在起诉阶段向法院提出鉴定申请。法院会对是否实施鉴定作出判断。当事人主义的诉讼体制在赋予辩方与控方平等地位的同时，也利于激发辩方寻求有利证据的积极性。对于辩方委托专家进行的鉴定，法院一般也会与控方的鉴定同样对待，最常见的做法是辩方要求法院启动司法鉴定。辩方直接委托专家进行鉴定的须自行付费，这种情况并不常见。

（二）日本司法鉴定意见的质证、认证及采信的规定

日本检察官负有举证责任，并承担举证不力的法律后果。①进入审判程序后，鉴定人必须将鉴定结论以鉴定书的书面形式提交法院。但根据传闻证据规则，如果未得到双方当事人的同意，则鉴定人必须出庭作证，接受质询，否则鉴定结论不予采信。②在庭审过程中，通常采用交叉询问的方式，即由检察官进行主询问，辩护方进行反询问，再由检察官进行主询问，必要时由法官补充询问。在日本，鉴定人作证时要宣誓。在审判过程中，对鉴定人不允许进行威胁性、侮辱性的询问，不允许反复进行同样的询问，不允许超过正常限度的过分询问。如一方违反规则，另一方可提出异议，法官有权终止其询问。③对于鉴定结论，法院应当根据一般的经验、常识和逻辑，对其是否正确或能否采信作出审查判断，并依据其自由心证决定是否采纳。法院不受鉴定结论的约束，一是因为对于依据高度专业知识、经验的鉴定结论，法院也可以根据一般的经验和常识，对是否正确或能否信赖作出判断；二是因为法院是依据自由心证对鉴定结论进行评估。

（三）日本法庭审查判断鉴定结论的评估标准及证明力规则

在庭审过程中，检察官首先要证明所出示的鉴定结论是由具有专业技术知识和执业经验的人依据科学的方法和合法的程序作出的。在日本，测谎仪测试、由警犬进行的气味鉴别、声纹鉴定以及DNA鉴定能否作为证据，一直是争议的焦点。但随

着技术的不断进步，DNA 鉴定已得到信赖，但对于心理测试、警犬识别和声纹鉴定因可靠性上存在质疑，日本检察官至今也未将其作为证据在法庭上使用。

法庭对鉴定结论主要从五个方面进行评估：①鉴定人的知识、技术或经验是否存在问题。对此方面，法庭有时在对鉴定人的询问中使问题明确化；另外，侦查官和法官选任鉴定人时会对鉴定人资格进行评估。②鉴定资料是否存在问题。一是不属于专业知识的问题；二是属于侦查官采集或保管鉴定资料的问题；三是属于鉴定人是否采用准确的方法进行鉴定的问题。③鉴定时成为前提的事实关系与实际事实不一致。一是属于事实认定的问题；二是由于前提有错误，需要进行再鉴定的情况较多。④鉴定内容在逻辑上有无矛盾。一是法院必须充分了解鉴定内容后进行研讨；二是法官也必须积累一定的专业知识。⑤根据专业知识提出的见解是否具有普遍性。一是如果鉴定结论涉及尖端、专业领域，不是该领域专家的法务人员无法作出判断；二是有很多事宜需要请更高资质的专家进行再鉴定才能解决。

法院在鉴定结论方面应努力弄清问题所在，具体包括对鉴定是否符合逻辑作出判断。如果无法确信时，则适用“存疑有利于被告人”的原则作出具体的认定。

### （四）日本鉴定争议的解决

在审判中，当控辩双方对司法鉴定结论发生争议时，辩护律师或检察官可以向法院提出再鉴定申请，法院会对是否实施再鉴定独立作出判断。申请再鉴定的一方需说明申请理由，但法院也会听取另一方的意见，在综合分析各方意见的基础上作出裁定。对于存在争议的鉴定结论，如果法官不进行再次鉴定，是不能作为证据采用的。

在鉴定人的选任方面，法院会收集鉴定人的相关信息、鉴定人员的名单以及鉴定的目的和内容等。一般主要从过去从事过鉴定的人员以及由他们推荐的专家中挑选。法院在鉴定人的选任上考虑辩护律师和检察官推荐的人员，听取双方的意见，站在中立的立场上选择鉴定人。对于有理由认为存在偏见的鉴定人，法院是不会选任的。

### （五）当事人权利和义务的规定

日本的鉴定人出庭作为证人可以请求交通费、日津贴费及住宿费。但没有正当理由而拒绝宣誓或者拒绝提供证言的，不在此限。已经预先接受交通费、日津贴费或者住宿费的证人，没有正当理由不到场、不宣誓或不提供证言时，应当将所接受的费用返还。

针对特殊的证人，法律允许采用遮蔽或者其他的方法，使被告人看不到证人。

在法庭审判中可以使用视频链接系统，证人在另一个房间里作证，在法庭上的人员观看视频影像。不过，这一规则一般不适用于受侦查机关委托的鉴定人。

日本的证人负有出庭义务。受到传唤的证人没有正当理由而不到场时，可以裁定处以10万日元以下的罚款，并可以命令赔偿由于不到场所产生的费用，并且法律规定对不接受传唤的证人，可以再次传唤或者拘传。出庭的证人有义务宣誓。

## 四、日本刑事侦查技术和司法鉴定的分工与联系

### （一）日本的检察官与检警一体化

1. 检察官的职责。在日本，检察权属于行政权，日本最高检察院置于法务省之下，属于独立的行政机关。日本的检察官能代表检察院行使权力。其主要任务如下：一是侦查刑事案件；二是决定是否起诉；三是作为追诉官在刑事审判中证明被告有罪，请求法院正确地运用法律；四是指挥监督刑事案件的判决、裁定正当的执行等。

2. 日本实行检警一体化的刑事侦查体制。日本的警察和检察官都具有对犯罪进行侦查的权限。警官必须在“认为有犯罪时”进行侦查，这被视为第一次当然的侦查；而检察官必须在“认为有必要时”进行侦查，具有第二次补充侦查性质。尽管警官和检察官侦查犯罪的种类没有严格差异，但实际情况却是99%以上的犯罪都是由警察机关开始侦查的。作为检察官独自开始侦查的刑事案件，多数是一些受政治影响的贪污、偷税漏税等必须依靠丰富的专业性法律知识和侦查技术才能侦破的特殊智能犯罪以及其他与民事、商事有关的刑事案件等。警官和检察官各自是独立的侦查主体，两者的关系原则上是协助关系，检察官可以对警察行使一般指挥权和具体指挥权，而警察有服从的义务。在犯罪嫌疑人已被警察拘留的情况下，警察要在拘留后48小时以内将犯罪嫌疑人和案件记录解送给检察官，并按照检察官下达的指示（具体指挥权）进行补充侦查。在日本，警官和检察官的关系非常融洽。

### （二）日本刑事鉴定的三种情况

日本的鉴定依据委托主体的不同可分为三种情况：

1. 侦查主体委托的鉴定。由警察和检察官委托鉴定人和鉴定机构进行鉴定。在侦查过程中，以警察委托鉴定为主。在日本的警察机构体系中，与此有关的职能部门是犯罪鉴别课（又称鉴识课）和科学侦查研究所。前者负责犯罪现场调查与证据材料的采集工作；后者负责技术检验和具体鉴定。在日本，侦查主要是用来证实犯罪事实的。根据科学的方法来进行犯罪侦查，是一种重视证据的合理的侦查方法。日本警方法科学检测的内容主要有以下几项：①法医生物鉴定方法，包括毛发、唾液、血痕、精斑等生物样品的DNA分析、检测，血清学、人体组织检测、面部图像

分析等；②化学鉴定方法，包括药毒物分析、法医中毒学检测、微小物品检测等；③工学鉴定，包括语音分析、枪支鉴定、火灾与爆炸鉴定、事故分析与物理鉴定等；④文件鉴定，包括笔迹鉴定、印刷品或印迹鉴定等；⑤心理鉴定，包括测谎仪、犯罪心理画像等；⑥现场鉴别，包括摄像、指纹或脚印检测等。检察机构没有专门的鉴定部门，一般情况下，如果检察侦查过程中需要进行鉴定的，既可以委托警方的鉴定机构完成，也可以委托外部专家（如大学教授、医生）进行法医鉴定、精神病鉴定等。

2. 法官委托的鉴定。检察官起诉后，法官认为有必要进行鉴定的，可以签发令状。法官签发令状进行鉴定主要有四种情形：①受侦查机构委托进行鉴定的情况下，有时需要向法院申请令状；②为了进行精神病鉴定而拘留嫌疑犯人时；③进入他人住所、搜索身体、解剖尸体、发掘坟墓、破坏物品时；④有时为了收集鉴定资料需要申请令状，如采集尿液、血液、毛发时。

3. 辩护方委托的鉴定。辩护方可以委托大学教授和社会组织设立的鉴定机构进行鉴定，由法院通过法庭质证，审查判断其是否信赖、可靠，是否能作为证据使用。但采用不科学的方法或者社会不认可的方法得到的鉴定结论，则不具有证据能力。

（三）鉴定结论的评价机制

1. 评价要素。主要有：一是日本的检察官对鉴定意见作为定案的证据承担举证责任，如果举证不利，或提供的证据包括鉴定结论真伪不明时，检察官将承担败诉结果；二是鉴定人必须出庭作证，否则鉴定书不能作为证据使用；三是对有争议的鉴定书可以请求重新鉴定，如不进行重新鉴定，不能作为证据使用；四是鉴定书是否可信，并不以文书形式为标准，而是根据实质内容来判断的。日本法庭认为，通过主询问和反询问，鉴定意见的错误、漏洞会在质证中暴露出来的；五是是否采信鉴定意见，法官依据其自由心证进行评估，不受鉴定结果的约束。

2. 法官考虑的因素。对于依据高度专业知识经验的鉴定意见，法官也可根据一般经验、常识，对是否正确或能否信赖作出判断。这就意味着对于司法鉴定的意见，法官可以按照“自由心证”进行独立判断，有权决定是否采用鉴定结论，即如何对待鉴定结论属于法官作出裁量的范畴，但不得进行违反“经验性、合理性和逻辑性原则”的事实认定。合理的“自由心证”，包括四个要素：一是法官不得作出任意性的认定；二是必须科学地形成心证；三是必须依据经验与逻辑作出认定；四是不合理的认定会被上级法院撤销。

3. 法官自由心证的限制。在日本司法实践中对于鉴定意见作为证据的自由心证

往往采取以下做法：法官必须从程序和实体两个方面入手对鉴定意见进行审查判断并保证按照法定程序在法庭上对鉴定意见进行质证和询问；如几个意见不一致时，要通过审查比较鉴定过程、方法以及鉴定人素质等要素，尽量从中获得“心证”；在各方穷尽一切合理方法仍难以获得“心证”时，按照疑罪从无的原则作出有利于被告人的判断；在否定某一鉴定意见时，要在判决书中明确表明其理由。同时，在评估鉴定意见是否存在问题时，主要参考如下因素：一是鉴定人的知识、技术或经验是否存在问题；二是鉴定资料或材料是否存在问题；三是鉴定时成为前提的事实关系是否与实际事实不一致；四是鉴定内容在逻辑上是否有矛盾；五是根据专业知识的见解是否具有普遍性等。

## 五、启示

在此次研修过程中，研修团成员通过与在刑事诉讼活动的不同阶段肩负不同职能的日本警察、检察官、法官各种形式的接触，再加上与国内公安局、法院、检察院、司法行政及全国人大法工委等部门的人员共同探讨，多视角、多部门地了解了日本的诉讼制度、证据制度和刑事司法鉴定制度。这次研修不仅加深了研修团成员对日本司法制度及其实际运行情况的了解，也促进了国内各部门在司法鉴定管理工作上的沟通。研修团成员都感到很有收获，很受启发，一致认为分专题继续深入开展研修活动很有必要。

中国与日本作为几千年来一衣带水的近邻，有很多相似的社会传统和文化背景，第二次世界大战后日本现代化的艰难历程以及实现现代化之后遭遇到的挑战和困境也与我们有些相似。我国在推进司法体制改革进程中遇到的一些问题，也是日本曾面对过的，日本在这方面的经验和教训同样值得借鉴。基于此，下面就完善我国司法鉴定制度提出如下建议：

### （一）完善有关诉讼制度和与之配套的政策、机制

在刑事诉讼法的修改中，进一步明确当事人的鉴定启动权，明确诉讼中的举证、质证、认证的程序规定。通过制定配套政策，逐步形成侦鉴分离、侦检分离、鉴定中立、独立审判相统一的机制，保障鉴定的中立性和社会公信力。

### （二）尽快出台司法鉴定人出庭作证相关规定

通过立法，保障司法鉴定人出庭作证有关诉讼权利、人身安全和经济补偿，明确鉴定人出庭作证的义务。

### （三）进一步明确审判职能与鉴定管理职能各司其职、分工合作的原则

鉴定意见作为一种“科学证据”，对其他证据的影响以及在认定案件事实中的重

要作用不言而喻。但是，鉴定意见仅是对案件事实加以陈述和证明，而对于证据的审查判断以及对案件事实的认定均属法庭职权。法官与鉴定人之间既不能缺位也不能越位，更不能错位，法官应当从法律的视角担当鉴定意见作为证据的“守门人”，切实承担和履行对证据的审查判断和采信的职责，对科技含量较高的鉴定意见也不例外。

（四）要树立起打击犯罪与保障人权相统一，保证公权力依法正确行使与保障被告人诉讼权利相一致的目标

从制度上最大限度地压缩随意性、选择性执法和司法权裁量空间，充分利用先进成熟的科技力量与完善的鉴定制度来促进公正司法，维护法律权威。

## 附录三 我国台湾地区司法鉴定专题考察报告*

2011 年 1 月 14 ~ 21 日，以司法部司法鉴定科学技术研究所所长沈敏为团长、副所长朱元戎为副团长的司法鉴定技术考察团一行 11 人，应邀对台湾地区“法务部”调查局鉴识科学处、“法务部”法医学研究所、“内政部”警政署刑事警察局刑事鉴识中心进行了考察访问。考察期间，考察团分别会见了财团法人两岸交流发展基金会有关领导、台湾地区高等法院检察署检察官、台湾大学医学院法医学研究所所长、台南市律师公会理事长等，并就司法鉴定程序、司法鉴定业务等进行了深入交流和探讨。

此次考察的主要目的是了解台湾地区的司法鉴定技术现状和质量管理经验，增进海峡两岸司法鉴定机构间的交流与合作，扩大司法部司法鉴定科学技术研究所的影响力，从而促进本所科研工作和司法鉴定业务的持续快速发展。考察团成员由法医毒物学、司法精神病学、法医临床学、法医病理学、司法刑事技术专业的专家及司法鉴定管理专家组成。通过对“法务部”调查局鉴识科学处、“法务部”法医学研究所、“内政部”警政署刑事警察局刑事鉴识中心的考察、交流，对其技术动态和管理模式有了较为深入的了解。

台湾地区有关方面对我所考察团高度重视，对我们的行程进行了周密的安排。

* 撰稿人：陈忆九、沈敏、施少培、管唯、卓先义、吴何坚。

各机构负责人和高级技术专家全程陪同，详细向我考察团介绍了各自的工作范围和鉴定技术，陪同参观了各类专业实验室，演示了其最新研究成果，所到之处都得到热情接待。在考察访问过程中，彼此之间始终保持着坦诚与信任，在各专业领域进行了广泛、深入的交流，为日后两岸之间司法鉴定的技术交流和合作打下了良好的基础。在考察和交流中，考察团团长沈敏研究员向各机构详细介绍了司法部司法鉴定科学技术研究所的工作职能、从事鉴定业务的领域和范围等。组成人员就司法鉴定专项技术及其相关问题与台湾地区同行展开了热烈的讨论，使他们对司法部司法鉴定科学技术研究所乃至于大陆地区的司法鉴定技术现状和进展有了一定认识。这次考察访问取得了实际效果，达到了预期目的。

## 一、考察的基本情况

### （一）“法务部”调查局鉴识科学处

“法务部”调查局鉴识科学处前身是中国国民党中央执行委员会调查统计局，1949 年改制为“内政部”调查局，1956 年 6 月改属台湾地区“司法行政部”，1980 年正式隶属台湾地区“法务部”。其任务是维护台湾地区安全和打击社会重大犯罪案件。具体职责包括：防治境外渗透活动、反制恐怖活动、保护地区机密、执行地区安全调查、协调地区保防、研究两岸关系、打击贪污渎职和贿选、打击经济犯罪、打击毒品犯罪、打击洗钱犯罪、打击电脑和互联网犯罪。台湾地区“法务部”调查局鉴识科学处 1965 年成立后，为有效打击犯罪发挥了鉴识科学功能。鉴识科学处设以下鉴识技术：①化学鉴识，主要工作为毒品检验，案例达 1 万件，涉及检验样品达 3 万余件。②物理鉴识，主要工作为枪械检验、爆炸物检验和测谎检验。每年案件量达 900 余件。③文书鉴识，除一般文件鉴定工作外，还涉及火灾和污损钱币拼整服务。④DNA 鉴识，工作对象为非生物样品的 DNA 检验（工作重点为毒品来源）和亲缘关系鉴定。⑤资安鉴识，主要业务为电子物证检验工作。1987 年，法医鉴识部分脱离该处，成立法医学研究所，直接由“法务部”管辖。鉴识科学处建立的反毒展览陈列室非常直观地陈列了各种毒品、涉案毒品数量与法律制裁之间的关系、古今各类吸毒工具及近期破获的制毒工具等。该陈列室教育意义重大，每年接待参观者达 4 万余人。鉴识科学处自 2008 年起，毒物检验、DNA 检验和文件检验项目先后通过 ISO/IEC17025 实验室认证。

### （二）“法务部”法医研究所

“法务部”法医研究所于 1987 年 7 月成立。自其成立之日起，原属临时编组的台湾地区高等法院检察署法医中心一并裁撤，所有尸体解剖、死因鉴定业务由“法务部”法医研究所承担。研究所下设三个业务组：法医病理组、毒物化学组和血清证物组。“法务部”法医研究所为台湾地区最高专责法医鉴定机构，执掌全台湾地区法医解剖案件、法医教育培训、法医研究发展与实务鉴定工作。法医研究所专职鉴定人数量不多，仅13人，另有鉴定辅助人18人。由于人数所限，几乎所有精力均投入于检察机关委托办理的尸体检验、死因鉴定业务，每年承担台湾地区的尸体解剖数量达2300余例。而法医疑难检验的解释及研究和法医人员培训工作则开展较少。由于专职法医在台湾地区不超过20人，2002年起，台湾地区法医学界积极推进“法医师法”的制定，2005年底，台湾地区完成首部“法医师法”立法工作。法医研究所各专业组职责为：法医病理组完成台湾地区由地方检察署委托的尸体解剖、死因鉴定工作；毒物化学组则完成法医病理组尸体解剖所送的毒物、药物检验鉴定和各地方检察署送检的毒物、药物检验鉴定工作，每年承担案例达3000余件；血清证物组除受理本研究所涉及的刑事案件DNA检验、鉴定外，还受理法院、地方警察署委托的身份鉴定、无名尸体及寻亲家属DNA鉴定，溺死尸体及水样品中硅藻DNA鉴定，每年案件900余件。

（三）“内政部”警政署刑事警察局刑事鉴识中心

“内政部”警政署刑事警察局刑事鉴识中心是台湾地区建筑面积最大、实验设备最先进、学科门类最齐全、鉴定人员最多的鉴定机构。每年受理案件达26 000余件，检材量达16万。其案源90%来自警察系统。该鉴识中心下设鉴识科、法医室、指纹室。鉴定专业涉及法医DNA检验、测谎、指纹检验、毒物检验、理化分析、枪弹检验、电子物证检验、印文检验、痕迹检验、声纹检验、影像检验等。刑事鉴识中心与大陆地区公安系统物证鉴定中心比较，在专业设置、承担业务范围方面基本一致，唯一不同的是该鉴识中心无法医病理检验项目。该鉴识中心的目标是要建成亚洲一流的鉴定实验室。目前有鉴定人员109人，具有博士学位者5人、具有硕士学位者73人。该鉴识中心于2007年底起有13个鉴定项目通过认证，目前每年参加14项CTS组织的能力验证活动。

## 二、鉴定技术及管理模式比较分析

此次访问的三个机构在台湾地区具有一定的代表性。“法务部”调查局鉴识科学处的服务对象主要是台湾地区政府和民众，“内政部”警政署刑事警察局刑事鉴识中心主要服务对象为台湾地区警察系统，“法务部”法医研究所的工作重点主要是死亡原因鉴定。

（一）法医病理学鉴定

目前台湾地区法医师是由医师转任。半世纪来，有意愿投身从事法医师者寥寥无几。虽然曾经采取种种补救方式，如在学士后医学系增加额外名额项目培育法医、出国留学法医奖助、增加津贴补助等措施，均徒劳无功。以致数十年来，台湾地区法医师人数短缺，具有医师资格的法医师仅有 17 人（其中，法务部编制内仅为 4 人）。法医师人数短缺的主要原因是待遇不高、工作环境艰苦、职业印象不良和出庭作证时面对律师的挑战等。

在台湾地区，住院病人因疾病死亡者由经治医院出具死亡证明书，检察官不参与调查。人体死亡后，若检察官认为案件所涉的死亡为“非病死或可疑为非病死”者，首先由各地方检察署法医检验员（不具备法医病理医师资格，“法医师法”规定此类人员于 2018 年 12 月 28 日前必须参加考试获得法医师资格，否则将取消其进行尸体检验工作的资格）进行一般检验，不能确定死亡原因的，则由检察官会同“法务部”法医研究所专职法医病理医师（可邀请病理专科医师、一般医师共同参与）进行尸体解剖、鉴定死因，尸体检验一般在各地方检察署进行。尸体检验后，若发现存在犯罪嫌疑，则进行必要的调查和勘验，此案进入侦查程序。反之，则检察官即可将该案签署结案，并告知家属。由此看出，在台湾地区，主导人体死亡后是否进行尸体解剖以明确死亡原因的是检察官。若检察官不能认识或认识有误，则可能导致错案的发生。2009 年，台湾地区由各地方检察署尸体检验员检验尸体 17 839 例，由法医师实施尸体解剖的 2204 例，尸体解剖率约为 12.4%。死亡原因构成排列前 10 位的是心脏疾病、毒药物中毒、车祸、溺死、机械性窒息、高坠、钝器损伤、脑血管与中枢神经系统疾病、锐器损伤、一氧化碳中毒。

由于受台湾地区社会和文化背景的影响，法医业务长期受到忽视，医师和法医师的待遇相差甚远。随着国际刑事鉴识科学和法医学的发展及台湾地区对司法鉴定的需求增加，法医师工作的重要性与日俱增。近年来，由于尸体检验造成的案件纠纷上升，民怨徒生，导致民众对司法及地方政府公信力产生怀疑。但台湾地区法医师人员的质和量难以满足日益上升的鉴定需求。经测算，按照 20 万人需配备 1 名法医计算，台湾地区应拥有 100 ~ 120 名法医。台湾法医师的来源难以再仰仗医学界，由此促使台湾地区于 2004 年建立了法医师的独立培养渠道和法医师培训的制度，设立了法医师专业证照考试办法，促进了“法医师法”的制定，并于 2006 年 12 月 28 日起施行。

但“法医师法”也遭到台湾地区诸多业界的反对。医师界认为法医师关系到司法品质，不应从医师界分流出去；律师界认为“非医师”考取法医师在行政机关担任验尸和解剖工作，连续满 2 年成绩优良即可申请鉴定业务（包括创伤、性侵害、虐待儿童、精神法医鉴定等9项涉及专业医师领域的项目），而一般专业医师则不能从事鉴定工作，是本末倒置。“法医师法”立法后，业界提出修法建议：不具备医师资格者，取得学士学位及法医研究所硕士学位后，仅能报考“法医检验师”而非“法医师”；专科医师如完成国内外法医训练部门培训1年以上者或取得学士学位及法医研究所硕士学位，经审查合格后，不经考试即可申领法医专科医师证书。

台湾地区法律规定，下列情况死亡的须强制进行尸体解剖：①死者配偶或其直系亲属请求解剖；②可疑为暴力犯罪致死；③死亡原因可能危害社会公益或公共卫生；④送达医院时已死亡，且死因不明；⑤于执行询问、留置、拘留、逮捕、解送、收容、拘押、管制、治安处分、服刑等过程中死亡；⑥军人死亡，且死因不明；⑦意外事件中的关键性死者（如重大车祸或飞机失事中的驾驶员）；⑧未经认领，可疑为死因不明的尸体；⑨其他非解剖无法查明死因的尸体。

台湾地区执业法医师必须加入法医师公会，并参加其组织的继续教育培训活动，每6年继续教育获得不少于160学时的学分，并不得连续2年无学分。“法医师法”规定，若医学院或医院须设置法医部门，则应有1人以上专科法医师，且需具备法医解剖室、法医相关实验室并通过认证。由于门槛较高，至今台湾地区无任何医学院或附设医院照章执行此规定。目前，仅有台湾大学医学院获准设立法医学研究所，自2004年起，招收已获得学士学位者（主要招收具有医学背景的学员），每年招收学员10人左右，通过2年法医学专门知识的培养，授予硕士学位。获得硕士学位者，经法医实务部门培训1年后可参加法医师资格考试，考试合格者获法医师资格。

近年台湾地区关于法医病理学专业研究主要方向为高坠死亡的生物动力学分析、光学立体测量法应用于刀痕工具痕迹犯罪案件实务评估等。

法医病理死亡原因鉴定的技术手段，世界各国、各地区无明显差异。法医病理鉴定能力的获取，一是需扎实掌握基础医学、临床医学和法医学的基本理论和基本技能；二是需经历较大数量的不同原因死亡者尸体解剖、组织病理学诊断技能的训练；三是应注重对案情、现场物证、毒药物和临床检验指标和数据等因素与死亡原因关系的综合逻辑分析能力的培养。台湾地区“法医师法”中关于法医病理法医师的培养模式和法医病理法医师资格获得的培训、考试办法值得借鉴。

（二）毒物鉴定

“法务部”法医研究所的毒物化学组共有人员14人，其中博士3人，硕士8人，年检案数3000件以上。法医研究所毒物化学专业的主要工作内容是服务于法医病理专业的死因鉴定，2010年承办该研究所病理组案件1793件，检察机关单独委托的案

件1016件，函询355件。在毒物鉴定技术层面，使用液相色谱与离子阱质谱联用建立了800～1000种化合物的快速筛验及确认技术；在唾液、指甲、毛发等检材的毒物检测方面已开展了相关研究和应用；在交通事故所涉毒物分析案例中，血液酒精与药物检测已成为常规项目，积累了大量的数据。法医研究所统管台湾地区所有法医病理鉴定，每年给出的毒物分析结果统计分析全面而有价值，如检出药物成分统计、性别与药物检出相关性、年龄与药物检出相关性、死亡方式与毒药物关系、死亡方式及死亡原因与毒品相关性等，具有重要的参考意义。

"法务部"调查局鉴识处的化学鉴识部门包含有两个业务科，分别是毒化科和化学科。毒化科主要从事毒品、吸毒及制贩工具的鉴定，化学科主要从事文书材料、痕迹材料等微量物证的鉴定。"内政部"警政署刑事警察局鉴识中心的化学鉴识部门也包含毒化组及化学组两个业务组。该两个实验室与法医研究所的分工较为明确，所涉理化鉴定主要为非生物样本，但该两个实验室间的工作内容有一定的交叉和重叠。实验室均配备了先进的仪器设备，并注重实战能力的建设，如使用同位素、成分及含量等信息建立了相应数据库，在毒品制贩工具、毒品来源的鉴定方面达到了较高水平。在酒类、熊胆、麝香、玳瑁、象牙等物品的鉴别方面，具有专业的技术，积累了丰富的经验。其同位素等特色鉴定技术有值得借鉴之处。

（三）个体识别、亲缘鉴定

在司法鉴定领域，DNA分析技术已广泛地应用于个体识别和亲权鉴定检案中。在所考察的"法务部"调查局鉴识科学处、"内政部"警政署刑事警察局刑事鉴识中心和"法务部"法医研究所三个机构中，DNA实验室的设置均较为务实。实验室规模虽然不是很大，但实验室功能分区清晰、有效，流程、走向充分考虑防止污染发生。尤其是"内政部"警政署刑事警察局刑事鉴识中心法医DNA实验室，除设置现场物证DNA提取室外，还专设盗窃案件物证DNA提取室。罪犯DNA数据库工作区域更是相对独立区分和有效隔离。工作台面铺设专用一次性清洁无污染纸张。台湾地区DNA鉴定技术与大陆地区基本一致，某些案件辅以线粒体STR分型检测手段。

2009年8月8日，台湾地区遭受莫拉克台风的侵袭，南部地区单日雨量在100厘米以上，持续超过两天，使得部分山区泥石流淹没村庄，造成数百人死亡。寻获的遗体大多数残缺不全，难以通过外观进行辨认。"法务部"法医研究所制定了遇难者身份鉴定流程，通过指纹鉴定、牙齿鉴定、形态特征鉴定、DNA鉴定后进行综合判定。由于遇难者之间具有亲缘关系，DNA相似度高，使得DNA比对相对困难。鉴定工作除使用常规15个STR基因座外，另增加17个YSTR基因座与线粒体DNA D－

loop HV1 及 HV2 DNA 指标进一步确认母系和父系血缘关系，并采用多人亲属比对模式，避免了仅以一对一比对模式可能造成的近亲误判的风险。

（四）文件鉴定

“法务部”调查局鉴识科学处和“内政部”警政署刑事警察局鉴识中心均设有文件鉴定专业，业务范围涵盖笔迹鉴定、印章印文鉴定、篡改文件鉴定、印刷文件鉴定、票据鉴定等。配置有新型的体视显微镜、文检仪、压痕仪等常规设备及光谱分析、色谱分析等检测仪器。“法务部”调查局鉴识科学处曾开展喷墨打印油墨的研究，通过红外光谱和液相色谱鉴别打印油墨。针对印章印文鉴定中的难点问题，该处购置了自动印章雕刻系统，开展高仿真伪造印章的研究，指导鉴定实践。该处还面向社会，免费提供烧毁、腐蚀票据的鉴别服务，获得了公众的好评，并被媒体多次报道，取得了良好的社会效果。“内政部”警政署刑事警察局鉴识中心十分重视文件数据库的建设，建有“恐吓等重大刑事案件字迹资料库”、“伪造变造新式国民身份证资料库”、“伪造人民币资料库”和“伪造变造消费券资料库”。这些数据库的建立为串并案件提供了侦查方向，对追查犯罪源头发挥了积极作用。对比我国大陆与台湾地区的文件鉴定，两地的鉴定项目、设备和手段相当，鉴定水平应主要体现在鉴定人的专业素养和新技术的研发上，但台湾地区的文件数据库建设和为民服务意识值得我们学习、借鉴。

（五）声像资料鉴定

“法务部”调查局鉴识科学处和“内政部”刑事警察局鉴识中心的声音鉴定、图像鉴定分属不同部门，声音鉴定业务包括录音剪辑鉴定、语音增强和语音同一性鉴定（声纹鉴定）；图像鉴定业务主要有图像剪辑鉴定、图像增强和人像鉴定。台湾地区的语音同一性鉴定主要采用声纹图谱方法，70% 以上特征相似度可出具认定结论，40% 以下特征相似度可出具否定结论，特征相似度在两者之间一般出具无法判断结论。录音剪辑鉴定从传统的模拟磁带介质发展到今天的数字形式，对鉴定技术提出了挑战。由此，鉴定人强调有针对性的鉴定，要求申请人提供他怀疑的剪辑部位，进行有重点的听觉和声谱分析。监控录像是当今案件侦查的重要线索来源，台湾地区也不例外，鉴定部门经常遇到模糊图像的处理案件，但受制于图像质量，很多案件的处理效果有限。比较两地的声像资料鉴定技术，都面临数字技术发展引发的新问题和新技术应用，需要在数字声像剪辑鉴定、自动比对系统的研发和利用、语音特征的量化、有效的图像处理算法等方面进行更深入的研究。

（六）痕迹鉴定

“内政部”刑事警察局鉴识中心十分重视指纹数据库的建设，为独立于其他物证

鉴定专业，单列了一个指纹室。该室从 1991 年开始建立第一套指纹自动比对系统，经过多次升级换代，目前采用 NEC AFIS21 系统，可比对指纹和掌纹，并与各县市警察局的指纹采集/身份识别系统联网，进行网上指纹比对，近两年的网上身份确认案件大幅增加。

枪弹鉴定是“内政部”刑事警察局鉴识中心的一块重要业务，其建有台湾地区涉枪案件的弹头和弹壳三维数据库。现场提取到弹头或弹壳后，首先扫描其三维图像，然后与数据库图像进行自动比对，筛选出相似度最高的弹头或弹壳，最后进行人工比对，确认两者的同一性。该鉴定过程充分利用了高分辨率的三维痕迹图像，缩短了鉴定流程，提高了鉴定成功率。此外，该中心还自主研发了气枪动能检测系统和枪支杀伤力检测系统，用于气枪、改制手枪杀伤力的鉴定。

（七）测谎技术

“法务部”调查局鉴识科学处和“内政部”刑事警察局鉴识中心均设有测谎实验室。前者有 5 名测谎专业人员，每年完成测谎约 900 例；后者有 8 名测谎专业人员，每年人均完成测谎约 100 例。两家实验室的环境设施、仪器设备基本相同，均使用美国 Lafayette 仪器公司制造的 LX4000 型测谎仪。实验室对测谎专业人员以往的学历背景并无严格的限制，但其均需赴美接受 APA（美国测谎协会）主办的为期两个月（约 400 小时）的测谎培训并获得相关证书。测前谈话及测试过程均有全程的录像（可提供给法庭），受测人员需签署同意书或具结书，并在测试所获得的生理指标记录图谱上签名确认。

据介绍，近年来台湾地区法庭对测谎结果的采信率达到 94%，是全世界最高的。虽然台湾地区的“刑事诉讼法”对测谎的证据能力并无明文规定，但台湾地区“最高法院”刑事审判庭于 2003 年的一份判决书（2003 年台上字第 2282 号）对测谎结论的证据效力及采信原则进行了诠释：“……该机关之鉴定报告，形式上若符合测谎基本程式要件，包括：①经受测人同意配合，并已告知其可拒绝受测，以减轻受测者不必要之压力；②测谎人员须经良好之专业训练与相当之经验；③测谎仪器品质良好且动作正常；④受测人身心及意识状态正常；⑤测谎环境良好，无不当之外力干扰等要求，即赋予证据能力”。但具有证据能力并不意味着必然被法庭采信，“具上述形式之证据能力者，始予以实质之价值判断，必符合待证事实需求者，始有证明力；刑事诉讼法就证据之证明力，采自由心证主义，惟法院之自由判断，亦非漫无限制，仍不得违背经验法则及论理法则；测谎检查之受测者可能因人格特性或对于测谎质问之问题无法真正了解，致出现不应有之情绪波动反应，此时若过于相信测谎结果，反而有害于正当之事实认定，又测谎检查之时间过迟，攸关受测者情绪得否平复，与鉴定之精确性并无影响，此时间因素，事实审法院于取舍时不得不予考量；惟一般而言，受测者否认犯罪之供述呈现不实之情绪波动反应，不得采为有罪判决之唯一证据，若受测者否认犯罪之供述并无不实之情绪波动反应，又无其他积极证据证明其被诉之犯罪事实，自得采为有利于受测者之认定……”该判例对测谎实验室及法庭均有非常现实的指导意义。

**三、考察的感受与启迪**

（一）以专业、品质、效率、服务增加社会公信力

“法务部”调查局鉴识科学处实验室面积虽然不大，但紧凑合理，仪器设备一流，高年资从业人员丰富。主要完成地方政府交办的职能任务，尤其以打击毒品犯罪为其工作特色。除完成职能工作外，作为政府工作机构，崇尚服务社会、感动民众的理念，运用其技术手段，多次挽救民众在火灾现场或工作场所破损的钱币，以减少民众所受损失。对于一些贫困家庭，无偿提供技术服务。

“内政部”警政署刑事警察局刑事鉴识中心新建技术大楼占地面积大，实验室规划合理，仪器设备一流，专业分布广，符合警察系统办案需要。该机构鉴定人员充足，高学历人员比例高，以“专业、正义、服务、团队、品质、效率”为追求目标。各项鉴定任务围绕着其所涉及的案件展开，工作量大，实战性强。

“法务部”法医研究所虽然只有十几位专业鉴定人员，却要负责整个台湾地区数千例涉及法医死亡原因的案件鉴定。此外，每年还定期发行关于法医学死亡原因、致死毒药物种类、生物样本血清物证统计年报，负责整个台湾地区法医师的继续教育和培训任务，研究法医鉴定实务发展问题。虽然法医师在台湾地区工作报酬不高，社会地位不及医师，但他们的敬业精神可嘉。

上述三个机构每个鉴定领域的鉴定人员数量均不多，但从其每年完成的工作量来看，体现出相当高的工作效率。

（二）分工明确，重点突出；有所为、有所不为

“法务部”调查局鉴识科学处、“内政部”警政署刑事警察局刑事鉴识中心和“法务部”法医研究所的某些实验室虽有重叠，但承担工作的职能和案件来源却有着明确的分工。就毒药物鉴定专业看，“法务部”调查局鉴识科学处工作的重点主要涉及毒品犯罪和维护地区稳定所涉及的恐怖活动防范，并行使一定的政府职能和为民服务工作，检验、检测对象主要是实物样品检材。警政署刑事警察局刑事鉴识中心的工作重心主要是打击刑事犯罪，所有现场物证的提取与检验任务由该机构负责实

施，检验对象主要是从犯罪现场提取的检材。由于台湾地区从事死亡原因鉴定的法医师数量较少，警政署刑事警察局刑事鉴识中心不设法医病理鉴定业务。台湾地区尸体解剖、死亡原因鉴定均由“法务部”法医研究所承担。“法务部”法医研究所仅设法医病理、毒药物鉴定、血清物证组三个组。法医病理组负责全台湾地区的死亡原因鉴定工作，毒药物鉴定、血清物证组则负责涉及死亡原因鉴定的生物检材的毒药物鉴定和血清物证鉴定，检验对象主要是尸体解剖后需检验分析的生物检材样品。由此看出，整个台湾地区三个主要实验室的鉴定职责、内容、特色明确，扬长避短，重点突出，避免了人力、物力的浪费。

（三）鉴定质量控制是机构管理的关键

建立质量管理体系，对影响鉴定质量的所有要素进行控制，已成为各国、各地区鉴定机构的共识，我所和被访问单位均按照 ISO17025 等国际标准建立了质量管理体系。但在考察中，我们还是能深刻感受到对方管理理念、管理手段的先进性以及管理的严谨性和有效性。“法务部”调查局鉴识科学处、警政署刑事警察局刑事鉴识中心的有关鉴定项目均通过台湾地区 ISO17025 认证。法医物证学实验室设置严格，按照国际惯例实行单向操作流程，消除了样品和嫌疑样品之间可能发生交叉污染的隐患，确保了结果的准确和可靠。实验场所一尘不染，给考察团每一个成员留下了深刻的印象。

同时，在刑事警察局鉴识中心举行的交流中，对方同行对我们采用的以 ISO17020 体系为依据，对检查类的工作内容进行质量管理的实践表现出了极大的兴趣和共鸣，认为这是实现质量管理全覆盖并提高品质的十分有效的途径。

大家深切地感受到，司法鉴定意见的科学性、可靠性以及鉴定意见的国际相互认可等对司法鉴定机构的管理水平和技术能力提出了更高的要求。

（四）增进交流、促进合作意义重大

由于历史的原因，过去我们与台湾地区的交往甚少，以致台湾地区同行对大陆地区的司法鉴定技术现状缺乏了解。此次访问中，考察团成员除了认真、积极地学习对方的先进技术与管理理念外，也向他们介绍了我所的基本情况、司法鉴定技术以及研究成果，特别是我们的一些技术领先项目，如汉字的笔迹鉴定、毛发中滥用药物的检测、DNA 芯片的研究、道路交通事故综合鉴定等。我所在这些领域所取得的成绩为台湾地区同行所称道。总的来说，考察团成员普遍感受到双方的司法鉴定技术水平大致处于同一层面。“法务部”调查局鉴识科学处、“内政部”警政署刑事警察局刑事鉴识中心和“法务部”法医研究所均表示希望与我所加强互相交流和合作，也非常愿意有机会来我所考察、交流。

当前，海峡两岸进入了一个新的历史大发展时期，各层次、多领域的交流、交往蓬勃开展。我们这次的考察访问正是在有利于两岸交流、有利于两岸发展、有利于两岸人民的大背景下进行的。我们认为，这次应邀对台湾地区的考察访问是两岸司法鉴定领域交往中一次十分有意义的活动：不仅使两岸司法鉴定领域在技术业务和科学管理方面开始了真正意义上的交流，为未来的合作打下了良好的基础，而且加强了彼此间的了解，增强互信。交流是互信的基础，是合作的开始，也是发展的起点，司法鉴定不仅仅是技术业务工作，更是彼此在科学技术领域中共同语境下研究的对象，对于推动业界的合作和发展具有促进作用。通过这次考察访问，我们结识了新朋友，了解了新情况，交流了新经验，同行间彼此相互学习，取长补短。这次考察访问，必将为今后两岸司法鉴定领域进一步的交流合作打开广阔的空间。

## 附录四　韩国司法鉴定专题考察报告*

2011 年 5 月 25～27 日，以司法部司法鉴定科学技术研究所（以下简称“司鉴所”）陈忆九研究员为团长，向平研究员、黄平博士及司法部司法鉴定管理局司法鉴定管理处李禹处长为团员的代表团一行四人，应邀参加在韩国首尔举办的第 3 届亚洲法庭科学研讨会（Asian Forensic Sciences Network 3rd Annual Meeting & Symposium）和第 23 届韩国法医学大会（23rd Conference of Korean Society of Forensic Science），并应邀参观访问了司鉴所的合作单位——韩国国家科学调查所（National Forensic Service，简称 NFS）。此次参会的主要目的是了解亚洲地区法庭科学最近研究进展和法庭科学鉴定现状，增进司鉴所与亚洲地区司法鉴定机构间的交流与合作，扩大该所在亚洲地区法庭科学研究中的影响力，从而促进其科研工作和司法鉴定业务的持续快速发展。

通过此次活动，代表团成员对亚洲各国司法鉴定机构及相关实验室的技术动态和管理模式有了较为深入的了解，达到了了解进展、展示司鉴所专业成果、共同切磋专业技术、促进学科发展的目的。大会期间代表团成员就 DNA 科学、违禁药品、

* 撰稿人：陈忆九、向平、黄平、李禹。

法医毒理学、痕量证据分析及质量控制和标准化等多个专题与参会专家、学者进行深入交流和探讨，了解了亚洲法庭科学学会组成及其定期召开年会、中方参与程度等情况；参观 NFS 期间就法庭科学领域面临的诸多问题与 Heesun Chung 院长、法医学部徐中锡部长等人进行深入的交流；访问期间受到仁川中部警察署热情友好的接待。

**一、AFSN 基本情况**

亚洲法庭科学学会（Asia Forensic Science Network，简称 AFSN）成立于2009 年，本着为亚洲法庭科学研究者提供共同交流的平台、为亚洲法庭科学发展提出战略性发展规划的宗旨，通过建立专家工作小组提供专业培训、合作学习及能力验证等手段，与国际上同类型的法庭科学组织建立联系，从而共同促进法庭科学的进步。该学会年会每年举办一次，自成立以来分别在马来西亚、文莱成功举行了两届年会。此次在韩国首尔举行的第三届年会的参会代表主要包括韩国、中国、日本、新加坡、菲律宾、马来西亚、蒙古等亚洲国家，美国、英国、比利时、德国等欧美国家也有代表到会。本届年会采取大会交流和专题研讨会的形式，采用口头报告和科学海报两种交流方式，围绕法医毒理学、违禁药物、DNA 鉴定、痕量物证鉴定和鉴定质量控制五个主题展开交流。

大会首日上午邀请了国际知名法庭科学家进行了三个大会主题讲座，包括：瑞士洛桑大学法律和刑事司法学院 Piérre Margot 教授的“法庭科学教育 - 洛桑模式”，联合国毒品和犯罪问题办事处 Justice Tettey博士的“司法和安全的法庭科学”以及美国 FBI 犯罪实验室前质量控制培训员 Anja Einseln 女士的“在美国国家科学院的科学报告（2009）：如何在美国法医科学界建立统一鉴定质量标准”。5 月 25、26 日分别进行了 5 个专题科学报告会。在 5 月 27 日下午的大会闭幕式上，来自中国、菲律宾、泰国、新加坡、蒙古等国家的代表做了各自国家法庭科学中心和各自中心科学研究现状的介绍。同时选举产生了亚洲法庭科学大会委员会国家和新加入 AFSN 的国家单位成员，并宣布新一届大会轮值主席和下一届大会举办国家（泰国）。

**二、AFSN 2011 年第三届年会五个专题研讨会**

（一）DNA 鉴定

此次大会共有 17 位专家和学者对法医 DNA 分析领域内新技术和应用进行了报告，其中包括来自美国等国的 3 家大型试剂公司。与会人员从技术、方法学、应用及质量控制等多角度解读了 DNA 分析在当今法庭科学中的巨大潜力和应用价值。

（二）违禁药物

此次大会共有 9 位专家和学者对违禁药物及其分析手段和方法的最新研究进展

进行了交流。与会人员从样本采集分析、方法应用、质量控制及特殊案例报道等方面解读了违禁药物及其分析在当今法庭科学中的重要作用和实际意义。

（三）法医毒理学

此次大会共有10位专家和学者就毒物分析的最新方法及研究进展进行了精彩的发言。司鉴所向平研究员参加了毒理学研讨会并作大会发言，题目为“A Study on the Screening of Drug of Abuse in Hair by LC－MS/MS”，受到亚洲各国代表的认可，与会专家和学者就此进行了深入交流。

（四）痕量物证鉴定

此次大会共有6位专家和学者报告了痕量物证鉴定过程中涉及的最新研究进展和发现，并就该专业领域内的最新方法、特殊案例进行了深入的交流。研究热点包括傅立叶红外光谱仪在油漆、纤维等微量物证中的运用。司鉴所法医病理室黄平博士参加了痕迹证据鉴定研讨会板块的科学海报展示，其内容为“Finite Element Analysis of the Bone Fracture of Human Lower Extremities in Forensic Practice”，这是法医病理室历经两年时间得出的最新研究进展。

（五）鉴定质量控制

此次大会共有8位专家和学者就质量控制过程中遇到的问题、解决方法及其在法庭应用过程中的重要作用进行了交流。如何建立犯罪实验室统一的鉴定标准和开展多国之间的能力验证工作是此次大会重点研讨内容。

**三、第23届韩国法医学大会**

AFSN 2011第三届年会举办期间召开了第23届韩国法医学大会（5月27日上午），司鉴所代表参加了会议。该会议分三个分会，第一个会议主题为数字法庭科学，具体研究内容为运用数字技术对犯罪现场进行重建、影像技术对尸体进行虚拟解剖、计算机网络技术进行安全控制和司法鉴定等。后两个分会为韩国法医的内部会议，会议采用韩语。第一个分会NFS法医病理Yang博士汇报了影像学CT技术在法医虚拟解剖中的价值和意义，结合心肺复苏造成肋骨骨折的实际案例进行说明，同时讲述了三维软件如何对犯罪现场进行重建并给犯罪侦破提供数字证据。韩国国家警察局Dong Uk KIM报告了数字法庭科学未来，主要讲述了网络犯罪和电子证据。

**四、参观韩国国家科学调查所**

韩国国家科学调查所1955年成立之初隶属于韩国民政部，1963年迁移到韩国Cheongun－dong，1986年迁移到现在地址Shinwol－dong。该所1993年在Busan建立南区分所，1997年在Jangsung建立西区分所，2000年在Deajeon建立中区分所，2005

年在Wonju建立东区分所，不同分所覆盖韩国不同的地域。其组织机构主要由两部分组成：法医学部及法庭科学部。其中法医学部主要由法医病理、DNA分析、犯罪心理及文检组成；法庭科学部则由药物与毒物分析、麻醉药分析、化学分析、物理分析及交通工程构成。主要业务为通过法医学及司法科学技术手段为案件或事故的侦破提供线索或原因分析；研发快速、准确的分析方法和技术；通过开设专业课程培养人才；通过对外交流促进信息交流和新技术的引进。

（一）法医学部

1. 法医病理室。法医病理室拥有法医学尸体解剖室、组织病理学实验室以及法医齿科学实验室，两个分支机构分别位于首尔大学医学院（首尔东北部地区案件）和天主教大学医学院（首尔东南部地区案件）。法医学部接受警察局、军队、检察院及法庭委托的自然死亡、暴力死亡以及可疑死亡的案件，并给出官方的尸检报告，包括死亡原因、死亡方式以及其他相关法医学解释。该部由此建立了一个名为“实验室信息管理系统”的数据库，用以处理保存所有的相关数据、文件、尸检照片，建立流程化档案。每年案件大约4000例，包括交通事故、刑事案件、猝死及医疗纠纷等。

2. DNA分析室。DNA分析室成立于1999年，其前身为生物系，于2004年7月改为目前名称，在同年8月通过KOLAS认证并成为国际认可的测试机构。该部门是韩国国内公认的最佳DNA分析机构，并通过Seolae villige案件享誉国际。DNA分析室为刑事犯罪案件（包括个人身份识别）提供最关键的线索。目前该室共有7个小组，分别为遗传分析1组、遗传分析2组、遗传研究组、失踪儿童的调查组、遗传信息组、遗传怀疑搜索队和法医生物学组。中心共拥有国际先进的Biomek FX 2000、ABI 3100及ABI 3730基因分析仪。

3. 司法精神病室。司法精神病室秉承对刑事调查的科学态度，在心理学和犯罪心理学领域开展研究。通过催眠诱导增加受害者对犯罪现场的回忆以及物证的搜集能力；通过测量犯罪生理相关参数的变化侦查罪犯的虚假陈述；并就犯罪心理学在犯罪侦查过程中的影响展开研究。司法精神病室包括两个部分：犯罪分析组，利用催眠等技术和手段对犯罪的原因和方法进行深入研究；心理研究组，使用测谎仪来识别个人的陈述是否真实。

4. 文检室。文检室主要业务包括对笔迹进行比较研究和分析、邮封检验、印章检验及伪造品的鉴定。同时，该部门也做图像分析、修复、测量并对伪造的录像带、照片图像等进行检测。此外，该部门还可以对数字媒体，如手机、硬盘中储存的信息进行修复和检验，包括短信、图像、电影等。

（二）法庭科学部

1. 药物与毒物室。药物与毒物室分为三个组，包括药物分析组、食物分析组和毒物分析组。该部门针对死后生物检材中残留的药物、毒物、农药、天然存在的毒物、非法使用的有害物质以及有碍健康的食物进行分析。其中，药物分析组和毒物分析组自 NFS 成立以来一直持续发展，而食物分析组则是为了发展公共卫生事业而成立于 1987 年。

2. 麻醉药分析室。该部门为禁毒（如种植、生产、销售、贩运、非法拥有和使用毒品等）工作提供科学证据。该部门包括三个组：麻醉剂分析组、精神类药物分析组和致幻剂分析组。麻醉分析主要对生物样本，如尿液、血液和唾液样本进行分析，并提供相关的分析服务。

3. 化学分析部。化学分析部成立于 1948 年，该部门主要对化学、生物样本、毒气进行高质量的法医学检验，同时鉴定和比较特殊的痕迹为犯罪现场调查提供证据学支持。此外，该部门也承担着引入新方法、技术的任务，以便让鉴定变得更高效、准确。

4. 物理分析部。该部门共有研究人员 14 人，采取全年无休的工作制度，通过物理证据鉴定来确定火灾、爆炸和安全事故的原因；对声音进行个人识别及评价录音记录的真实性；评估枪弹及爆炸的颗粒和成分。

5. 交通工程部。交通工程部的主要任务是对交通事故责任进行认定，该部门主要由车辆调查组、事故现场重建组以及车辆分析组三个组构成。任务包括结构性缺陷或汽车零件疲劳检查、号牌识别、碰撞事故重建、冲击速度推断、逃逸汽车车型识别。车辆调查组主要从事结构缺陷及汽车零件检查、车辆车速鉴定、数字转速表分析、逃逸车辆汽车号牌识别等。事故现场重建组以机械、电子、化学、生物检测和尸检结果，进行交通事故重建，查明事故原因，确定驾驶员。主要使用软件为 MADYMO、HVE、PC－CRASH。车辆分析组主要分析车辆及车辆与行人碰撞中的物理和化学证据，包括汽车与汽车、汽车与摩托车及汽车与行人事故；检查相关车辆、衣服及油漆，以找出逃逸车辆。

**五、参会的感受与启迪**

国际学术会议是司鉴所开展国际合作与交流的一个重要渠道，通过参加高水平的国际学术会议，可以迅速了解国际前沿学术信息和最新学术成果，促进了学科建设和发展，有利于推进高层次学术研究领域的国际交流与合作。此次参加的第三届亚洲法庭科学大会，是由NFS主办的国际性会议，其办会的前期准备、会议日程、会议学术水平、组织及协调能力给与会人员留下了很深的印象，有很多值得借鉴的经验。如大会时间安排合理，聘请了专业的会务组和会务司仪，而非NFS员工，并得到了许多国际知名仪器及试剂公司赞助，所有工作餐均为精美的韩式盒饭，既不浪费又可以让所有参会人员现场交流。所有会场均使用英语，会务组人员能给与会人员提供最佳的服务和信息，会议同时设置有多媒体形式。

通过不同国家法庭科学中心代表的介绍，可以看出不同国家在鉴定水平、仪器设备装备、鉴定人员配置上仍存在一定的差距。经济实力较强的国家如中国、日本、新加坡、韩国、泰国，其司法鉴定水平和科研水平处于亚洲领先。大会许多代表提出了一些有意义的建议，如泰国国家物证鉴定中心提议形成统一的亚洲法庭科学联盟，因为在亚洲不同国家，美国AB公司提供的试剂价格不同，范围在2000~7000美元，在中国的AB分公司STR物证检测相关试剂的价格在亚洲中最低，因为中国可以独立研发STR物证检测试剂盒，对国际大公司依赖性低，由此反映中国法庭科学研发技术水平在亚洲处于前列。通过菲律宾代表的介绍，我们发现菲律宾大学的鉴定实验室和仪器与我国相比虽处于劣势，但其科研水平，尤其是在国际法医知名期刊论文发表数量很高。

韩国国家科学调查所是韩国国内唯一的法庭科学鉴定中心，其中心总部设在韩国首尔，但为了满足韩国国内其他地区的鉴定要求，在韩国东、南、西和中央分别设置了分中心。就其规模和设备来说已处于国际领先水平，该中心业务范围几乎覆盖了所有的司法鉴定领域，其委托方主要是韩国警方，法院、检察院、军方和其他机构所占比例很小。NFS包含了法医学部和法庭科学部，它将法医病理学、DNA分析、司法精神病、文件和图片鉴定归为法医学部，药品和毒物分析、化学分析、交通事故、麻醉剂分析、物理分析归为法庭科学部，与司鉴所设置基本相同，但又有其特征。NFS将文检专业归为了法医学部，而药物、毒物分析和麻醉品分析归为法庭科学部。由于国情不同和实际需求不同，NFS的设置和司鉴所相比有许多共同点，也有很多不同点。从案件数量上说，因为韩国国内所有司法鉴定案件均要送往NFS，故其要高于司鉴所。其法医病理每年的解剖案件达4000起，解剖室没有固定的解剖台，仅有6台简易的解剖推车，有14名法医病理医生，所有法医解剖均送往中心完成。从每位法医年工作量上说，NFS平均每位法医年鉴定案件数量为300例左右，而司鉴所在法医病理案件总量上与其有差距，但平均每位法医年工作量与其相同。从个别技术上说，NFS提出的数字法庭科学均为目前国际法庭科学前沿领域，其死后

CT 研究与司鉴所相比处于起步阶段，司鉴所已经开展了近 5 年的虚拟解剖研究，并且拥有专职影像科医生，而 NFS 没有专职影像医生，其 CT 也在 2012 年引入。NFS 法医毒物学实验室业务工作以案件鉴定为主。从国家投入上，由于韩国所有的司法鉴定案件大都送往 NFS，所以其国家投入明显强于司鉴所。

此次访问过程中，除认真学习对方的先进技术与管理理念外，代表团成员也积极地介绍司鉴所的基本概况、司法鉴定技术以及研究成果，特别是一些技术领先项目，如虚拟解剖、损伤有限元分析、汉字的笔迹鉴定、毛发中滥用药物的检测、DNA 芯片的研究、道路交通事故综合鉴定等。总的来说，考察团成员普遍感觉到中韩双方的司法鉴定科技术水平大致处于同一层面，但又有各自的特点。NFS 表示希望与司鉴所加强互相交流和合作，并愿意有机会再来司鉴所考察、交流。

## 附录五 澳大利亚司法鉴定专题考察报告*

### 导 论

科协组织开展的司法鉴定是为促进和谐社会建设，发挥自身专家优势而进行的一项服务司法的技术活动，目前已在许多省市科协和全国学会开展多年，在社会上产生了积极反响，初步形成了科协司法鉴定服务体系，得到各级司法行政机关和法院的高度评价和关注。

司法鉴定活动是在诉讼活动中鉴定人运用科学技术或者专门知识对诉讼涉及的专门性问题进行鉴别和判断并提供鉴定意见的活动，对于参与者和组织者有较高的素质要求。为使科协组织在司法鉴定活动中更好发挥作用，需要学习和借鉴发达国家在立法和管理方面的成功做法和成熟经验。为此，经中国科协审批、国家外专局核准，中国科学技术咨询服务中心组织地方科协和全国学会从事司法鉴定工作的管理干部和技术骨干共 14 人，组成培训团，由中国科学技术咨询服务中心主任盛小列同志任团长，于2011 年10 月5 日至10 月25 日赴澳大利亚，开展了为期21 天的专题培训。

* 本文原载于《司法鉴定参考资料》2012 年第6 期。考察团为中国科协司法鉴定培训团；报告总撰稿人：盛小列、刘倩、唐光临、张宇红、韩平、曹利军；审稿人：霍宪丹。

## 一、综 述

### （一）培训内容及准备工作

澳大利亚联邦（The Commonwealth of Australia），简称澳大利亚（Australia），是英联邦内的独立国，属联邦制国家，由六州两区组成，即新南威尔士州、维多利亚州、昆士兰州、南澳大利亚州、西澳大利亚州、塔斯马尼亚州及澳北区和首都区。

澳大利亚与中国的法律制度虽分属英美法系与大陆法系，但随着近年来两大法系相互借鉴日益增多，互相融合的趋势十分明显，制定法已成为与普通法并列的法律渊源之一，共同构成澳大利亚的法律体系。特别是澳大利亚在其当事人主义诉讼模式下，法庭审判采取抗辩制的同时，确立了完整的证据法规则，在证人、专家证人及专家意见采信等方面作出了详细的规定，在专家证人参与诉讼活动、实验室资源共享等方面形成了顺畅的流程。

科协组织拥有强大的科技专家队伍、庞大的组织网络体系以及良好的社会公信力，在借鉴发达国家成功经验的基础上，形成中国科技社团在司法鉴定活动中的良性外部环境和内控管理机制，将为我国司法鉴定提供强有力的科技支撑作用，为构建社会主义和谐社会做出科协组织应有的贡献。结合科协组织司法鉴定工作的实际需要，行前经认真研究，确定了以下培训内容：①澳大利亚有关司法鉴定的法律制度与司法鉴定管理体制；②澳大利亚司法鉴定活动的历史沿革与近年发展状况及趋势；③澳大利亚司法鉴定机构的职能、执业条件和准入制度与监督；④澳大利亚政府对司法鉴定社会服务机构的委托关系、合作与服务方式，对司法鉴定行政管理、司法鉴定服务收费等方面的规范要求；⑤科技社团在司法鉴定活动中提供科技服务的范围、方式及法律地位；⑥澳大利亚科技社团在司法鉴定活动中的运营方式、服务形式、管理模式、定位和作用；⑦司法鉴定人在诉讼中的权利和义务，出庭作证制度、法庭质证和法庭审查的规定；⑧司法鉴定结论的评价机制和审核办法；⑨澳大利亚司法鉴定行业协会的职责任务，近年来行业自律规范管理方式和主要做法，开展鉴定机构（鉴定人）诚信评价、能力评估、质量控制、教育培训（执业培训、继续教育）的主要方式和保障措施；⑩澳大利亚科技社团在科技类、疑难复杂类、跨学科类司法鉴定中彰显司法鉴定科技支撑作用的典型实例分析；⑪澳大利亚科技社团参与司法鉴定新技术标准准入、落后技术标准淘汰的机制和发挥的主要作用。

为圆满完成培训任务，培训团在出国前收集整理了澳大利亚相关背景资料；邀请中央财经大学副教授郭华就“澳大利亚司法体系与司法鉴定概况”作专题讲座；并与司法部司法鉴定管理局霍宪丹局长、刘少文处长，北京法源司法科学证据鉴定中心主任何颂跃，中国政法大学副教授郭金霞、刘鑫，中央财经大学副教授郭华等专家一起座谈，围绕澳大利亚司法制度、澳大利亚司法鉴定管理体制和司法鉴定机构、专家证人等问题进行探讨与交流，力求在境外有限的培训时间内，学习更具针对性，学有所获。

（二）专家授课及参访情况

在澳期间，培训团按照预定日程邀请专家授课，参访专业机构，学习了解澳大利亚司法制度、司法鉴定管理体制及专家证人、科技社团在科学技术鉴定活动中的作用等重点问题，培训内容丰富，针对性强，获益匪浅。

1. 专家授课。

Cedric Spencer 教授是联邦高等法院和新南威尔士州最高法院律师、大律师，商学硕士，悉尼科技大学法学博士，澳大利亚多所大学法律系客座教授。Spencer 教授在对澳大利亚的法律起源、法律体系、司法体系、诉讼程序等基本内容进行介绍的基础上，强调了近年来联邦及各州法律的变化与发展趋势，并针对专家证人等相关问题与培训团交流探讨。

Lance Egan 教授曾就职于警局及政府行政管理部门，退休后从事司法鉴定行业培训工作，主要介绍了警局司法鉴定小组情况；澳大利亚各大学在司法鉴定领域方面的研究，如悉尼大学的司法鉴定医学、悉尼科技大学的司法鉴定科学和堪培拉大学的生物信息学等；司法鉴定新技术准入的条件或标准；专家证人介入诉讼的三个阶段等。

Glenn Dawes 教授、Deborah Graham 教授、Roger Wilkinson 博士、Carry Kidd 博士、Mark David Chong 博士是詹姆斯库克大学犯罪心理学专家。在介绍了该大学犯罪心理学研究基本情况的基础上，重点阐述了澳大利亚心理学会在专业领域研究、行业管理、资质认定、标准制定等方面的重要性。

Alastair Ross 博士是澳大利亚联邦国家司法鉴定研究所、澳新司法鉴定协会主任，对两机构的组织结构、与相关部门的关系、国际合作与开展的主要项目进行了介绍，并就专家委员会设立、技术标准制定、实验室认证等情况与培训团深入交流。

Len Cubitt 博士是澳大利亚工程司法鉴定学会高级顾问、Andrew Short 博士是澳大利亚工程司法鉴定学会秘书长、Michael Waugh 律师、Tia Orton 博士和 Shane Richardson 博士是澳大利亚工程司法鉴定学会专家。几位专家从交通事故现场调查、火灾爆炸事故现场调查、地面摩擦系数测定、计算机软件在数学动力模拟方面的应用和汽车翻滚事故保护系统等方面，运用大量实例，对科学技术在司法鉴定活动中的重

要性以及科技社团在司法鉴定活动中发挥的作用进行了阐述。

2. 参访情况。

培训团在澳期间，先后访问了悉尼科技大学、新南威尔士州最高法院、澳新司法鉴定协会悉尼分会、澳新司法鉴定协会墨尔本分会、澳大利亚联邦国家司法鉴定研究所等机构，沟通交流相关问题。此外，培训团还根据澳大利亚工程司法鉴定学会的建议，与澳大利亚 DELTA - V EXPERTS 等单位的专家进行了学术交流。

悉尼科技大学。悉尼科技大学（University of Technology Sydney）位于澳大利亚新南威尔士州首府悉尼的市中心，是目前澳大利亚最大的综合性公立大学之一，是一所以商、法、科技为主的重点综合性大学，在澳洲高校各项指标评估中名列前茅。悉尼科技大学法学院成立于 1975 年，在很多方面和其他学校的法学院不同，该法学院更为强调强有力的专业核心，专业能力发展的投入，并积极努力地迎合学生们对知识的渴求，尤其是针对就业的需求。法学院的法律实践培训课程（Practical Legal Training）获得新南威尔士州最高法院的法律从业资格委员会的认证。悉尼科技大学也是第一个开设此类培训课程的大学。

新南威尔士州最高法院。新南威尔士州最高法院（Supreme Court of New South Wales）是新南威尔士州最高司法机构，由 1 位首席大法官和 46 位其他法官组成。其中包括 1 位衡平法首席法官，1 位普通法首席法官，1 位上诉庭主席和 9 位上诉庭法官。州最高法院以下有两级法院，分别是区法院和地方法院。州最高法院的判决可以通过特别准许上诉至联邦高等法院。

澳大利亚联邦法律与州法律各成体系，民事诉讼程序法亦然，其至今并未像英国那样制定统一的民事诉讼规则，民事诉讼规则主要表现为各法院的法院规则，并且不同法院各有自己的程序规则。

新南威尔士州的民事司法改革对于澳大利亚而言举足轻重，在很多方面甚至走在了联邦司法改革之前。新南威尔士州民事司法改革的第一大步是 1970 年的《高等法院法》和《高等法院规则》的制定。1976 年，澳大利亚成立联邦法院，在首任首席大法官（其曾经在新南威尔士州高等衡平法院担任首席法官）的支持下，新南威尔士州《高等法院规则》成为 1979 年《联邦法院规则》的模本。2005 年，作为改革顶点的一个标志，新南威尔士州开始施行《2005 年民事程序法》（the Civil Procedure Act 2005），并颁布了《2005 年统一民事诉讼规则》（Uniform Civil Procedure Rules 2005）。《2005 年统一民事诉讼规则》保留了《高等法院规则》和《地区法院规则》的部分规定，并对其加以补充完善。

澳新司法鉴定协会（悉尼分会、墨尔本分会）。澳大利亚司法鉴定协会成立于1971年，目的是为了在涉及司法鉴定的科学家、警察、犯罪学家、病理学家及法律界之间架设一座桥梁。1988年，新西兰司法鉴定协会并入澳大利亚司法鉴定协会，更名为澳新司法鉴定协会（Australia New Zealand Forensic Science Society），并确立宗旨为促进司法鉴定的研究及应用。协会在澳大利亚各州和特区以及新西兰都设有分会。会员分为正式会员和荣誉会员，正式会员要求任职于司法鉴定机构或从事司法鉴定工作，并有相关的大学学历或相关的司法鉴定经验；荣誉会员指对协会有突出贡献的正式会员。另外还有学生会员和非正式会员，即对司法鉴定有兴趣的人士。该协会制定了《会员行为守则》并要求会员遵守，原来还有一套对司法鉴定从业者的登记注册制度，但目前已经停止使用。

协会下设八个专家委员会，委员会由每个州的司法鉴定服务中心派出的专家代表组成，委员会收集各行业标准，并邀请行业协会研究人员参与标准的制定。委员会资金由澳大利亚司法鉴定研究所提供。

协会致力于通过举办正式和非正式的讲座、研讨会、展示会等形式，促进司法鉴定质量的提高。举办两年一次的国际学术研讨会是协会的一项主要工作，研讨会涉及司法鉴定各学科门类，包括毒物学、生物学、病理学、犯罪现场勘查如枪弹、火灾、爆炸、足印等以及文检、毒品犯罪等相关鉴定项目，研讨会由各分会轮流负责主办。为鼓励专家学者参加该研讨会，协会对参加人员提供奖励。

澳大利亚联邦国家司法鉴定研究所。澳大利亚联邦国家司法鉴定研究所（National Institute of Forensic Science）位于墨尔本市内。1991年根据澳大利亚警务部长会议决定设立，是国家的警察服务机构。研究所由7人组成的管委会负责，其中主席由联邦政府任命，有3名高级警察代表、1名司法鉴定专家、2名司法鉴定实验室主任。管委会负责指导并控制研究所的管理和运作，并就研究所的运作情况每年向澳大利亚警务部长会议报告。

研究所的功能主要是提供研究项目资助；组织国内司法鉴定机构业务合作交流，技术支持和培训；与其他国家的司法鉴定机构进行合作等。值得注意的是，该研究所公开申明：研究所不是司法鉴定的教学机构或司法鉴定的测试评估机构，更不是司法鉴定的实验室。我们认为研究所更像一个司法鉴定工作的管理、指导、服务机构。研究所经费部分来自于联邦政府拨款，部分来自于各州警察部门的资助。另外，研究所还通过科研项目的成果转化或争取其他政府及民间项目资助筹集更多的经费。

由于此次培训需要学习了解的内容很多，课程专业性很强，加之翻译占用时间较多，培训团成员普遍感到学习时间比较紧张，为保证在有限的时间内有更多收获，培训团一方面发挥英语较好的同志的作用，加班加点对授课和交流中获取的资料进行翻译，另一方面也利用晚上时间召开专题讨论会，交流学习心得体会。有时为弄清一个概念或一个问题，常常通过互联网与澳大利亚的专家进行反复沟通和请教。澳大利亚的接待单位和专家对培训团的认真态度和钻研精神表示十分赞赏。

此外，培训团在澳大利亚期间注意收集各方面资料，及时整理、消化吸收，在21天的培训结束后，结合出国前收集整理的相关背景资料，形成共约44万字的专题培训资料汇编。

由于澳大利亚与中国在社会制度、文化传统、法律体系、司法制度方面有很大差异，培训团在学习期间始终把握两点：一是由于思维方式不同，会出现相同制度解决不同问题的情况，在学习过程中注重从解决问题的实际效果考察澳大利亚与中国在司法鉴定活动中的差异，从中学习澳大利亚的先进经验；二是由于中国与澳大利亚分属不同法系，因此在了解澳大利亚司法体系与司法鉴定情况时，更加关注澳大利亚在保证司法公正和科学方面的举措。

经过21天的培训，培训团对澳大利亚的司法体系、司法鉴定体制，特别是科技社团在科技鉴定中的地位、作用有了更深入的了解。我们所要借鉴的不仅仅是澳大利亚司法鉴定工作的模式，更重要的是要学习国外思考问题的方式和解决问题的方法，促使科协系统在我国科学技术鉴定活动中发挥更充分的作用。

## 二、澳大利亚立法、司法及司法鉴定制度体系

澳大利亚于1901年成立。作为英联邦成员，其立法、司法及司法鉴定制度体系是在英国法传统的影响下形成的，属英美法系国家。

### （一）澳大利亚法律起源

1. 英国法律对澳大利亚法律体系的影响。早在4万多年前，土著居民便生息于澳大利亚这块土地。1770年，英国航海家库克船长（Captain James Cook）发现澳大利亚东海岸，认为这是无主地，将其命名为“新南威尔士”，宣布这片土地属于英国。英国人不断移居之后，在澳大利亚逐渐建立起6个各自为政的殖民区。在殖民地时期，作为统治者的英国人，对原有的土著人及其土地权利不予承认，在殖民地适用英国的公平理念和英国法律体系。

2. 殖民地法案对澳大利亚法律体系的意义。1828年以前，澳大利亚作为一个罪犯流放地，其法律与戒严方面的法律有关，而有别于英国的法律系统。①1828年《澳大利亚法院法》［The Australian Courts Act 1828 (Imp)］标志着澳大利亚法律进化

的开始；②1850 年《澳大利亚宪法法案》［The Australian Constitutions Act 1850 (Imp)］使澳大利亚成为一个能够制定本土法律的殖民地，从而向独立立法又迈进了一步；③1855 年《新南威尔士州宪法法案》［The New South Wales Constitution Act 1855 (Imp)］确立了宪法和成立了享有立法权的议会；④1865 年《殖民地法律有效性法案》［Colonial Laws Validity Act 1865 (Imp)］赋予各州修改本州宪法和制定适合澳大利亚自身条件的法律，而不适用英国本土法律的权力。

3. 1900 年澳大利亚联邦宪法法案对澳大利亚的影响。1900 年，六个殖民地居民举行全民公决，投票决定将六个殖民地统一成一个联邦国家。1901 年 1 月 1 日，澳大利亚联邦成立，同时通过第一部宪法。带有司法权限（包括一些专有权）的国家议会在《澳大利亚联邦宪法法案》［The Commonwealth of Australia Constitution Act 1900 (Imp)］中得以确立。州议会在本州范围内享有除海关、货币、贸易和军队以外任何方面的立法权。

1931 年《威斯敏斯特法案》［The Statute of Westminster 1931 (Imp)］将《殖民地法律有效性法案》的效力扩大到联邦议会法案。

1986 年《澳大利亚法案》(The Australia Act 1986) 和 1985 年《澳大利亚（请求和同意）法案》［the Australia (Request and Consent) Act 1985 (Cth)］标志着澳大利亚宪法依赖于英国法统的结束。

（二）澳大利亚法律渊源和法的分类

澳大利亚法律有两个主要法律渊源：普通法、成文法和授权立法。

如下表，按照不同的标准，澳大利亚将法律规范划分为不同的类别，主要有：

**澳大利亚法律规范的类别**

| 分类依据 | 类 别 | |
| --- | --- | --- |
| 法律创制和适用主体不同 | 国际法 | 国内法 |
| 法律效力、内容和制定程序不同 | 根本法 | 普通法 |
| 法律所维护的利益不同 | 公 法 | 私 法 |
| 法律规定的内容不同 | 实体法 | 程序法 |

其中，公法与私法的分类是最主要的分类方法，澳大利亚公法与私法的划分见下图：

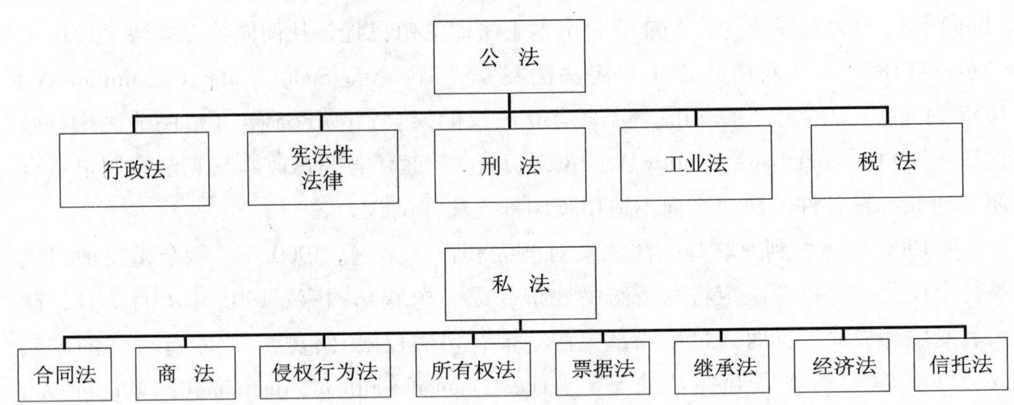


**澳大利亚的公法与私法部门**

（三）澳大利亚法律体系

澳大利亚的法律体系并不是集中统一的，而是包括横向的三权分立和纵向的联邦、州和地区的法律体系。

分权的目的是确定政府的立法、行政和司法分支的专属权。联邦和各州的法律制度虽然体现了所谓的三权分立，但实际上，没有行政机关和立法机构之间的真正权力分离。由于澳大利亚总理和其他政府部长都必须为议会成员，因此，行政机关和立法机关不分离，即立法权和行政权分界不明。而司法则是完全独立于立法和行政部门的，在解释和适用法律时，法官独立于政府。

在联邦宪法之下，联邦和州的权力的划分有三种形式：一是联邦的专属权，如国防和海关等，只有联邦可以立法；二是并行权力，以联邦立法权为主，同时联邦和州共同享有立法权的领域如保险、银行、劳资关系；三是剩余权力，宪法没有明确的特别领域是各州的专有权力，如教育和交通。（见后图）

澳大利亚的法律体系由联邦法律和各州/领区法律组成。联邦宪法采用了美国联邦宪法立法模式，仅列举了联邦议会的具体权力。各州享有独立的立法、行政和司法权，澳大利亚各州议会分别根据本州的地方特色，有针对性地进行一些立法。

在法律的制定上，澳大利亚有两套体系。联邦议会为6个州和2个领区制定法律，即联邦法律；州议会为本州制定法律，可以就任何与所在州有关的事宜进行立法。如果议会通过违反宪法的法律，在宪法限定的权力范围内，有效的联邦法律可以推翻州法律。

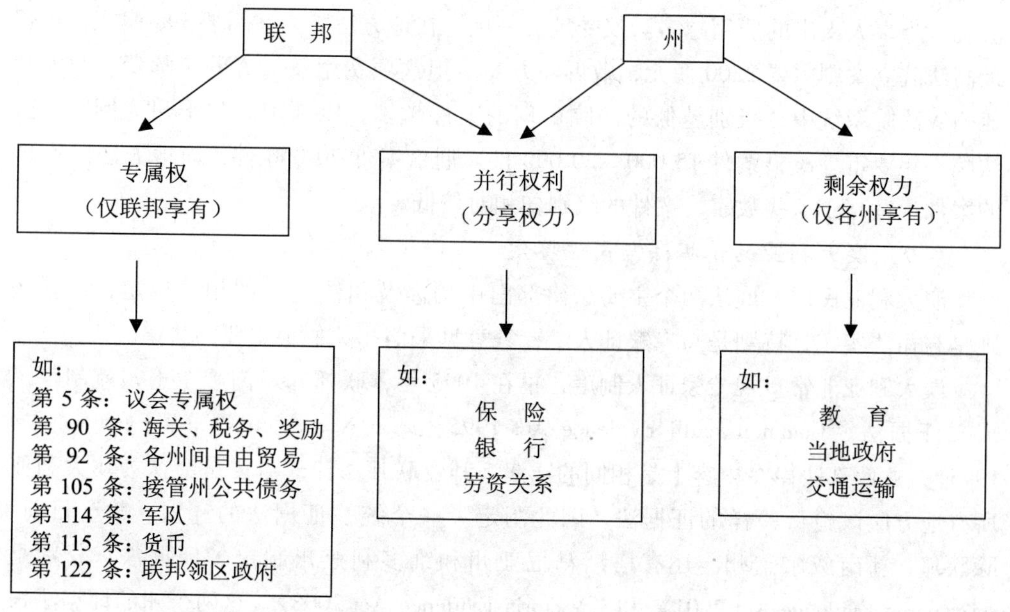


**联邦和州的权力划分**

澳大利亚的刑法和民法都在不断地发生变化，法律改革的工作由联邦的澳大利亚法律改革委员会和澳大利亚各州的法律改革委员会承担。这些委员会不断就法律的问题进行研究和探讨，并且就修改法律或者新的立法问题向政府提出建议。

澳大利亚的法院分为联邦法院和州法院两套系统。联邦高等法院是澳大利亚法律体系中的最高法院，设在首都堪培拉（按照国家外专局的有关规定，培训只能在三个城市进行，因此，此次培训未能深入了解澳大利亚联邦高等法院的详细情况）。联邦一级的法院还有家庭法院、工业关系法院等专门法院。联邦高等法院受理各州的上诉案件和涉及联邦事务的一审案件。澳大利亚认为公民的离婚案件属于联邦事务，由联邦级法院审理。另外，州与州之间的工业关系案件等也都由联邦法院审理。州级法院分为州最高法院、地区法院、地方法院，此外还有儿童法庭、赔偿法庭、租赁关系法庭等专门法庭。联邦法院与州法院之间没有领导和隶属关系。

各级法院的管辖权都由宪法明确规定，即使是州级法院内部的管辖权也由一个专门的法院议案（章程）作出明确的规定。地方法院受理的案件标的额一般不得高于40 000澳元，地区法院受理的案件标的额不得高于750 000澳元，而州最高法院可受理一切案件，没有标的数额的限制。在各级法院诉讼的费用也不相同，级别越高的

法院，当事人支出的费用越多。仅受理费一项，在地方法院立案需要398澳元，在州最高法院立案则需要2500澳元，败诉一方要承担这项费用及对方的律师费。澳大利亚州级法院系统中，级别越低的法院审理的案件越多，以新南威尔士州为例，地区法院一年要审理民事案件15 000～20 000件、刑事案件20 000件，而地方法院审理的案件远远高于这些数字，案件的级别却相对较低。

（四）澳大利亚的证据法与司法鉴定

澳大利亚民法、刑法两个主要法律部门中均涉及司法鉴定的相关规定，证据法则是与司法鉴定，特别是与专家证人、专家意见采信相关的最重要的法律。

澳大利亚非常重视专家证人制度，早在1995年，联邦和新南威尔士州就制定了成文证据法《Commonwealth Evidence Act 1995》、《New South Wales Evidence Act 1995》，这两部法律在内容上是相同的。澳大利亚联邦法律改革委员会认为澳大利亚所有地方应该施行一样的证据法，因此制定了一个统一证据法的计划。截至目前，除联邦、新南威尔士州，还有塔斯马尼亚州和维多利亚州制定了证据法，分别是《Tasmania Evidence Act 2001》和《Victoria Evidence Act 2008》。这两个州的证据法根据自身背景情况制定，与联邦、新南威尔士州的证据法在规定上是有区别的。而昆士兰州、南澳大利亚、西澳大利亚虽然尚未通过证据法，但从长远来看，其也会加入统一计划。

澳大利亚的民事诉讼采取“对抗式”的诉讼模式。其中最主要的是普通法判例部门和衡平法判例部门。在普通法判例部门，又有不同的列表，如过失表、大意表等。州法院因案件性质的不同而分为不同的庭审过程，并不是所有的案件都适用同一种庭审程序。作为律师，最重要的是首先了解案件在哪个部门的哪个列表中，然后才能决定如何去办理这个案件。有时律师可以向法庭提出要求适用某一程序，但法官有权拒绝律师的选择。

开庭前的事务性工作既繁琐又严格，全部由法官助理、登记员完成。不论是法庭还是双方当事人及律师都要做许多准备，因此，有的案件可能会两年后才正式开庭审理。对于简单的民事案件，首先由一个登记员负责受案、整理，之后给法官审阅。复杂、紧急的案件可以由法官进行庭前了解、审查，决定是否是紧急的案件需要提前审理。开庭之前，法庭会交给双方律师一个时间表，上面列明提交证据、交换证据、接受询问的时间等。律师必须按照法庭规定的时间完成各项工作，否则法官会要求他解释原因并承担后果。证据法中规定了庭前证据交换制度，双方律师必须按照法庭的要求，列出详细的证据目录以便与对方进行证据交换。调查取证是律师的职责，法官不具有调查取证的职权，只能在双方提供证据的基础上认定事实。当事人如果不能提供证据，将承担一切后果。对于案件事实问题，一方当事人可以要求对方出示任何证据，对方当事人必须出示，不得隐瞒。例如原告诉被告违反合同，假设被告有另外一份合同能够免除其违约责任，则被告在他的答辩中必须写明这个事由并提交出另外那份合同。如果被告在庭前证据交换过程中，未通知原告另外那份合同的情况，那么，在庭审过程中，被告再提出那份合同要求免除其违约责任时，被告的请求可能会被法庭拒绝。

同样，在一审诉讼中，一方要求对方提供某一证据而对方未提供，则在上诉审程序中，即使对方再提供这份证据，也得不到上诉审法院的支持。在澳大利亚，只能对法律适用等问题提出上诉，而不能对法庭认定的事实上诉，因此，不允许在上诉庭审中提出新的证据。双方当事人在开庭前充分地提供、交换证据，使双方的证据非常透明，责任大小一目了然，为下一步庭前调解的顺利进行奠定了基础。

澳大利亚法律并未规定每起案件都要有律师代理诉讼，这一点与美国的律师强制代理制度不同。一些案件，特别是婚姻家庭案件，当事人往往自己进行诉讼。但法庭在审理没有律师代理的案件时比较麻烦，因为人们不一定全面了解法律及诉讼程序，法庭会反复指导当事人提供证据，直至合乎法庭的要求，这样没有律师代理的案件可能会拖延很长时间才能审结。

适用合议庭审理案件的形式只存在于州最高法院，在地方法院和地区法院，不论是民事案件还是刑事案件都由一个法官独自审理。民事案件中很少使用陪审团，因而提高了审判效率，大部分民事案件都由法官当庭宣判。澳大利亚法律没有规定审限，法官有权决定用案件需要的时间来审理，一般民事案件的审结期限在两年之内。当然，如果一方当事人故意拖延时间，法庭将对其处以金钱惩罚。

民事案件庭审程序中最关键的环节是对证据的主询问（examination in chief）和交叉询问（cross - examination）。庭审开始后，首先由原告进行陈述，之后，法庭传唤原告的证人到庭，原告的律师就事实问题向证人提问。证据规则规定了提问的原则，不能诱导证人，一切证据全应从证人的发言中体现出来。律师必须按照证据规则的要求提问，而且所提的问题均要与证据有关，这就是主询问。接下来，由被告的律师向原告的证人提问，即交叉询问。在交叉询问中，不可直接询问涉及案件的问题，但允许被告的律师向原告的证人询问一些引导性的问题。这时，原告的律师可以站起来说“反对”，法官决定反对是否有效。如果反对有效，则被告律师不得再向证人询问类似的问题。原告在“证据目录”中所列的所有证人必须通过这两个询

问，其证言才能作为有效证据被法庭采信。对原告进行证据询问后，法庭会对被告进行证据询问，也要经过主询问和交叉询问两个环节。

对于法院判决的案件，当事人可以无限上诉，直至联邦高等法院。但是，并不是当事人上诉后法院就要受理，上诉审法院会对当事人的上诉进行审查，认为符合上诉条件的案件才能启动上诉审程序，否则，法院会驳回当事人的上诉申请。这就要求上诉方提供充分的上诉理由。

从上述庭审过程可以看出，专家证人在案件审理中往往起到决定性的作用。

## 三、澳大利亚专家证人制度

"专家证人"一词来源于英美法系。在英美法系国家，鉴定人被称为专家证人。专家证人系英美法系对证人的分类，是指基于特有的实践经验或专门知识对案件事实提出判断性意见的人，属于证人的一种。所谓"专家"，《布莱克法律词典》的定义是："在某个专业领域内具有知识的人，其该种知识的获得既可以是通过正式教育，也可以是通过个人实践。"专家证人是为法院诉讼目的提供或者准备证据的专家。具体而言，是指在法庭审判过程中，由当事人一方或双方聘请或由法庭指定的具有专门知识的人，是对某些需要专门知识才能确定或者澄清的证据或者案件事实提供专业意见，从而使得法官或陪审团得以清楚地理解和认识证据以及案件事实的本质，并进而作出正确判断的证人。在立法上不确定专家证人资格，也不将专家证人权利固定授予特定的人或机构。任何人都可能成为案件的专家证人，只要参与审理有关案件的法官或陪审团认为其具备专家证人资格即可。充当专家证人并不要求必须受过高等教育或具有较高的专业技术水平，只要对案件中的某个专门问题具有一般人不具有的专门知识和经验即可。

英国早在14世纪就承认专家证言在诉讼中的作用，不过当时的专家证人只是法官的助手，由法庭指定。到了18世纪以后，在独立自由主义宪法精神的影响下，才改由当事人聘请专家证人。当事人被允许聘请专家证人，并且专家证人一般只对当事人负责，无须具有中立性。《美国联邦证据规则》第702条规定，如果科学、技术或其他专业知识将有助于案件事实审判者理解证据，或者确定争议事实，凭其知识、技能、经验、训练或教育够格为专家的证人，可以用意见或其他方式作证。相对于大陆法系的鉴定人而言，英美法系将这种具有专门知识的实际起到鉴定作用的人看作广义的证人。在18世纪庭审过程中，专家证人证言的真假一般是通过当事人双方及其律师的交叉询问予以确定的。专家证人制度是整个英美法系普遍存在的一种证据制度，在英美法系国家，各国专家证人制度所体现出来的诉讼理念、诉讼结构基本是一致的，这种制度所包含的诉讼程序也大致相同。但是，这并不意味着专家证人制度在所有的英美法系国家都是完全相同的，不同英美法系国家的专家证人制度有自己不同的特色。在所有英美法系国家中，英国和美国是最具有代表性的，而澳大利亚、加拿大、南非、新西兰由于历史文化和地域等因素，分别实行了与英国或者美国高度相似的制度。值得说明的是，在这些不同英美法系国家中，英国、澳大利亚、新西兰、南非等国家可以视作为一个群体，而美国、加拿大则代表另一个群体。就司法传统而言，澳大利亚基本上沿袭了英国的司法体制及传统，但是随着时代的变迁，澳大利亚在专家证人制度方面也逐渐形成了自己的特色。

（一）专家证人与鉴定人的诉讼地位

在大陆法系国家，通常将专家证人赋予鉴定人的称呼，法律一般都明确将鉴定人同一般的证人区分开来，赋予鉴定人比证人更高的诉讼地位。有的国家将鉴定人作为审判官的辅助人，有的国家将鉴定人视为法官的助手，有的国家甚至将鉴定人定位为“科学的法官”。鉴定人乃法官“事实发现上的当然辅助者”，而非当事人的辅助者，即使在少数情况下鉴定人是由当事人所选任者亦同。德国著名法学家埃·施密特将给鉴定人定义为：“所谓鉴定人，就是根据审判官在诉讼上的委托，根据某一专门知识提出带有经验性的报告或者对法院提供的事实资料以及法院委托调查的事实资料，运用他的专门知识和法律上重要事实的推论相结合的方法，来帮助法院认识活动的人。”日本学者则认为，鉴定人是接受法院或审判官的命令，依照专门知识和经验法则，对具体事实进行判断和报告的第三人。大陆法系国家采取的是职权主义诉讼模式，比较重视诉讼中的安全价值，强调对犯罪的控制与打击。法官和控方一样也承担着查清案件真相以有效惩罚犯罪的任务，被告方处于被处置的地位，正所谓“主动的法官，消极的当事人”。因而，鉴定人一般都由法官而非当事人聘任，其地位自然要高于普通证人。其主要表现为，鉴定人有权了解必需的案件材料；鉴定人为了弥补法官知识和经验的不足，而被要求独立于双方当事者，其地位与证人有别。一般认为，鉴定人与证人的区别可从以下几个方面来理解：①鉴定人是法官根据案情的需要、根据鉴定人所具有的专门知识指派或聘请的，因而是可以挑选的，也是可以替代的；证人是由案件本身决定的，既不能被任意指定，也不能别人替代或更换。②鉴定人向法院或司法机关陈述的内容是对案件中的专门问题通过科学的检验与分析得出结论；证人则是向法院或司法机关客观陈述自己耳闻目睹的与案件有关的事实。③鉴定人必须具有解决案件中问题的专门知识或专门技能；证人不需要具有专门知识或专门技能。④鉴定人如果与案件有利害关系或其他法定情况，

则需要回避；证人不论是否与案件有利害关系，均不需要回避。⑤鉴定人因鉴定需要，经有关部门同意，可以查阅案卷和有关材料，必要时还可以参加勘验、检查，可以直接询问有关证人；证人则不具有这些权利。

在英美法系国家，鉴定人与证人一般没有严格的区分。法律把鉴定人规定为一种特殊的证人，理论上称之为“专家证人”（expert witness），普通证人则被称为“外行证人”（lay witness），也就是说，鉴定人和证人的诉讼地位是大致相同的，两者有其共同点：对鉴定人的口头询问，在程序上与询问普通证人规则基本相同，只有少数例外情形；鉴定人由当事人带上法庭，像对待普通证人那样由控辩双方对其进行主询问和交叉询问，对专家证言进行质证等。一些学者认为，专家证人和普通证人之间的区别仅在于其掌握的知识多寡不同，二者的陈述无论在逻辑上还是心理学上，无论在诉讼地位上还是在法律意义上，都没有本质的差异。英美法系国家采取当事人主义诉讼模式，比较重视诉讼中的自由价值，强调保护当事人的权利，因而在诉讼中查清案件事实的责任由控辩双方承担，正所谓“争斗的当事人，沉默的法官”。控诉方和辩护方的诉讼地位是平等对抗的，鉴定作为探明案件事实真相的一种手段，双方当事人都有权聘请鉴定人，而鉴定人受当事人聘用，当然要为当事人服务，从这一角度看，鉴定人和普通证人具有相同的诉讼地位。另外，鉴定人资格的审查、专家证言的真伪都需要接受控辩双方的辩驳和质证，与证人资格的审查、证人证言无异，加之其诉讼权利和义务基本与证人一样，因此，英美法系国家把鉴定人视为证人就理所当然了。但是，英美法律实际承认专家证人和普通证人之间的差别，因而在适用法律规则上对专家证人有特别的界定和要求。即专家证人要具备相关的知识或经验，可以向法庭陈述自己的看法或见解，并作出有结论性的意见，同时还可向法官和陪审团阐述作出结论的根据。而普通证人作证时只能陈述自己了解的案件事实，不能发表自己根据这些事实得出的结论或意见，否则根据传闻规则将被排除。“传闻证据排除及意见证据例外”规则中最主要的是证据排除规则，即除非法定例外，传闻证据因相对方的适当异议而排除。澳大利亚 1995 年《联邦证据法》保留了传闻证据排除规则，并将传闻分为第一手传闻和非第一手传闻。传闻规则以及其他证据可采性规则，都受制于法院的自由裁量权。如果采信证据的不利之处超过了其证明价值，则排除法官自由裁量权的行使。英美法律中虽然没有形成独立的鉴定制度，但其有关鉴定的法律规则已包括在证据制度中。

澳大利亚联邦立法规定的证据规则中，证人只应就他曾经亲身感知的事实提供证言，而不得就这些事实进行推论，证人关于案件事实进行的推论，一般不具备可采性。也就是说，证据规则强调的是证人应当对其所体验的案件事实发表陈述，证人的意见常被排除而不予采纳。但是，当法令有明确规定这样的意见证据是包含于特定的证明文书或文件中，并且这些文书或文件是具有证据效力的情况下，以上限制便不能适用。其中专门知识（Specific Knowledge）便属于不受限制的范围。普通法持这样的立场，即具有相关性的专家证据或意见证据具有可采性。因为如果没有这些专家的专业知识或特殊经验的支持，很难想象普通人能对那些常识之外的问题得出逻辑严密、准确可靠的判断。既然针对的是专门知识，该规则就不适用于普通的案件争议事实或属于法院职权调查范围内的事项，同时一般人所具备的常识也不属于证据法所调整的意见证据的范围。因此，这种意见规则的例外情形便针对专家证据，即具备专门知识的专家在全部或者实质上基于其专业训练、才识和经验所作出的意见证言具有可采性。但对于何为"专门知识"，相关法律中并没有给出清晰的界定。对此，有的观点主张采用一种在相关学科中的"普遍接受"的标准，而另外一些观点则主张法院制定一个"可靠性"的标准，还有的观点对两种标准同时采用。

关于专家证人的资质问题，澳大利亚1995年《联邦证据法》［该法案最初制定时间为1995年，经多次修订，最终于2011年4月形成最新的《联邦证据法》，但仍冠以1995年，也称做联邦1995年《证据法》（Evidence Act 1995）］第79条规定，如果某人基于训练、研究或者经验而具有专门知识，则该人全部或者主要基于其专门知识所提出的证据不适用证据规则。从此种意义上讲，专家证人须符合一定的标准，具有一定的适格性，但是在澳大利亚现行法律中，仍没有对专家证人的资格作出详细具体的规定。从其众多判例中可以看出，专家资格的认定需"具体问题具体分析"。在具体案件中，证人究竟是否可以以专家的身份在法庭上提供专家意见，属于法官自由裁量权的范围。在司法实践中，法官可以允许街头巡逻的警察对毒品、滋事的案件作为专家发表看法，甚至一些熟悉审判事务的法官可以充当法庭"技术陪审员"，参与法庭的审判活动，只要该证人被认定为"具有专门知识"。从严格意义上讲，虽然专家辅助人同专家之间存在一定的差别，但是在本质作用上，二者是基本相同的。值得一提的是，所谓的技术陪审员（Assessor）是完全忠实于法院的，系协助法院处理技术问题的"专家"，鉴于技术顾问也坐在法官席位，与法官一同审理此案，故被称为技术陪审员。

（二）专家证人的启动

在澳大利亚，诉讼过程中涉及专门知识问题时，是否需要专家证人，出具何种专业意见，以及由谁来担当专家证人等事项均由诉讼当事人自己决定。因而专家证

人的启动，应用最为广泛的是专家证人由诉讼双方当事人提供，各自指派具有相关专业知识的专家证人参与诉讼及法庭审理过程。这样的专家证人制度，显然深受英国司法传统的影响，是较为明显的对抗制诉讼制度。因此，在澳大利亚，专家证人也理所当然要服务于当事人。在对抗制诉讼模式下，一方当事人指定专家证人并承担（高昂的）费用，经常无意识甚至有意识地提供支持一方当事人的证词，即易出现专家证人当事人化的倾向。控辩双方掌握鉴定的主动权，双方各自选任本方的专家证人，实质上是把专家证人当做于本方有利的一种证据来源。这种专家证人制度的设置，通过诉讼中双方当事人之间的竞争促进鉴定质量和效率的提高，借助处于对立面的双方当事人的相互制约机制，更加全面地揭示案件的客观事实。在程序上，能充分保障双方当事人平等的诉讼权利。但其缺点是对专家证人的交叉询问使原本繁琐的诉讼程序变得更为冗长，“专家证人当事人化”所带来的专家证言具有明显的倾向性，一些品行不佳的专家证人甚至有意识地提供虚假的证言，因此人们对专家证人的客观公正性深感怀疑，从而使专家证言的权威性大大降低。美国证据法学家Langbein将专家证人比喻为“萨克斯风”，律师主演主旋律，指挥专家证人将这种乐器奏出令律师倍感和谐的曲调。因此，对于对抗式的专家证人制度批评声音不绝于耳，且愈发高涨。正是在这样的背景下，在司法领域对于由法庭指派专家的呼声也随之不断高涨。

通过法庭指派专家证人，法庭在诉讼进程初期就可以对案件进行干预并且提出恰当的解决办法。法庭可以只采用一个专家的证言从而避免对立的专家在法庭上导致的成本消耗，这既有利于减少诉讼成本，又有助于避免专家行为当事人化的可能性。譬如，澳大利亚联邦法院对控制当事人运用专家证据，规定了法院拥有“固有的”或“默示的”权力，在特定情形下，法院可运用固有权利独立指派专家证人，取得专家证据。联邦法院认为，专家证据的使用应当完全由法院控制，但是法律改革委员会认为，法院有权禁止传唤专家证人，而当事人也有权根据法院意见选择提供意见证据的证人。事实上，在澳大利亚的司法实践过程中，法庭指定专家证人只是一种替代性措施，法庭极少运用自己选定专家证人的权力。而且，法庭往往只是在他们认为当事人双方所提供的专家意见太具偏见性，或法庭无法在双方的专家意见之间作出选择的时候，才可能自行选定专家证人。在绝大多数情况下，专家证人的选任均由当事人自行决定。因此，目前在澳大利亚，对于专家证人制度的启动仍然是以当事人一方提供为主，而法院只是在特定情形下直接指派专家证人。由于当事人对专业问题并不熟悉，故在选择专家证人过程中对其代理律师有较强的依赖。

很多律师对法律研究有所侧重，故在接受案件委托时已经审核，在相对熟悉的领域寻找专家证人并不困难。在律师遇到不熟悉的专业或不能确定哪些专家在该行业更具有权威性时，会向行业协会咨询，以便在诉讼过程中得到更具有权威的专家意见。

（三）专家证人的权利与义务

在英美法系国家，专家证人必须出庭并在法庭的对抗式诉讼模式中接受质询，对专家证人不出庭的甚至可对其适用强制措施。为了更好地贯彻执行专家证人制度，英美法系各国均对专家证人的权利作出了相应的补充性规定。从英国、澳大利亚两国的众多判例和现行法律中可以得知，专家证人作为法庭证人拥有非常重要的“协助指令权”。所谓协助指令权，是指专家证人在某种特定情形下可以向法院提出申请，要求法院签发指令，协助其履行作为专家证人的职责。专家证人请求法院作出指令的，无须向任何当事人送达通知书。但是法院就专家证人作出指令时，可以责令当事人送达法院指令之副本以及专家证人申请之副本。此项协助指令权内容规定较为宽泛，凡是专家证人认为现阶段法庭审判过程中出现了影响其继续作为专家证人出庭发表意见或者评论的情形，均可以向法院提出协助申请，从司法判例来看，一般情况下法庭皆予以应允。

相比较而言，专家证人作为具有专业性知识或者经验的“特别证人”，其发表的意见或者评论往往能够左右整个案件的事实判断，因此在庭审过程中，对于专家证人义务的规定相对一般证人较为严苛。概括而言，作为专家证人有义务如实向法庭提供专家证据、协助法庭作出专家鉴定或者报告。具体而言，专家证人出具专家意见时应遵循以下六个方面的要求：①专家证人应当独立地、自主地向法庭提供专家证据，不受其他外界因素的影响。②专家证人须运用自己的专业知识，客观、公正、不偏不倚地向法庭提供专家意见，专家证人向法庭提供证据时应该保持中立者的态度。③专家证人应如实向法庭阐释作出专家意见所依据的客观事实及假定，切忌凭空进行主观臆测。④仅对当事人争议的至关重要的事项以及就其专业领域内的事项提供意见，当一个特别的问题或事项超出其专业领域的范围之时，专家证人应当作出清楚的阐释。⑤专家证人在作出专家意见时，应考虑发表意见时的全部重要事实，专家须列明其意见形成中所依赖的事实、文献或其他资料。如果由于数据资料不充分而无法得出准确的结论时，须将该问题陈述清楚且表明此意见仅仅是暂时性的。⑥如果在证据交换之后，一方专家证人在查阅了对方报告或因其他原因而改变自己的意见时，应该毫不迟延地、适时地通知对方或在恰当的时候告知法庭，如果专家证据涉及照片、计划书、计算数据、分析报告、测量报告、调查文件及其他报告书

和类似文件时，须在双方证据交换时提供给对方。

澳大利亚专家证人享有的权利主要有以下几种：①受司法保护的权利。法律对专家证人出庭作证的保护性规定也适用于普通证人的保护规则，如禁止以暴力、威胁等非法方式阻止专家证人出庭作证，禁止对专家证人侮辱、诽谤、殴打、诬陷和打击报复，对特殊的、重要的专家证人也可以采取特殊保护措施。②有获得经济补偿的权利。专家证人在参与诉讼活动过程中，要使用特定的技术、仪器设备进行鉴别确定，会消耗一定的时间、精力、财力，因此法律规定专家证人有获得合理经济补偿的权利，具体的数额通常由法院决定或与当事人自行协商确定。③拒绝作证的权力。专家证人有权根据自己的情况决定是否接受当事人的委托，完全可以拒绝担当专家证人的角色。

专家证人同时还要履行以下义务：①及时出庭作证并接受询问的义务。专家证人和普通证人一样都要出庭作证，用自己的言辞直接向法庭陈述他的知识、技术和经验所感知的案件事实，接受双方当事人及律师的交叉询问，而对拒绝出庭作证的专家证人，法律一般将其视为蔑视法庭而加以处罚。②如实陈述的义务。专家证人提供的证言是证明案件真实情况的一个必要条件，如果专家证人不能恪守职业道德，作出了违背事实的证言，将会严重影响案件的公正裁判。③专家证人有尊重其专业的义务。由于案件审理中遇到的专业有时会很多，遇到不擅长、不熟悉或不属于其专业的问题时，专家证人应明确提出，以避免无法完成委托事项。④回避的义务。专家证人如果是本案当事人、代理人的近亲属的，与本案有利害关系的，与本案当事人、代理人有其他关系可能影响意见公正性的，均应当回避。澳大利亚法律虽然没有明确规定专家回避的问题，但在法官判定一位专家证人的证言效力时，会考虑到他与当事人的关系。

（四）专家证据的可采性规则

由于在多数情况下，专家证人为一方当事人所聘请，其言辞很可能自觉或不自觉地出现代表一方当事人利益的情况，因此在英美法系国家的审判过程中，对于专家证言的可采性审查是由法庭进行的。专家证人出庭作证能够保证诉讼程序公正，提高诉讼文明程度，这也是保证专家证言效力的必要前提。一般而言，由于陪审团成员大多由普通民众组成，而专家证据又具有极高的专业性和复杂性，他们不仅对于专家证据的专业本质没有透彻的理解，而且对于专家证据的法律特性和法律限制也没有太多的知识，因此只能依靠具有丰富经验、熟悉法律事务的审判官来担任审查重责。近几年来，如何有效地将专家证据展示在事实裁判者面前，已成为澳大利亚司法界讨论的热门话题，其中问题的核心在于如何对专家证人的证言进行可采性审查。为确保准确、高效地使用专家证据，澳大利亚法院经过几十年的积累，形成了一系列详细而系统的规则，这些规则可以分为以下五个方面：

1. 专业领域规则（Area of Expertise）。专业领域规则是指案件中所涉及的问题是否属于某个领域的专业知识。对于案件中出现的证据，如果凭着普通知识或生活经验，陪审团就能作出判断，就没有聘请专家证人的必要。这里所说的专家，肯定是关于某一事务或某一领域的专家，不管该专家所拥有的专业知识是通过学习或训练获得还是凭自己多年的实践经验积累而成。在判断某个人是不是专家时，人们首先要问的就是“他是哪一方面的专家”。在一般情况下，专家证据如果是属于医学、财产评估等人们早已熟知的领域，法庭就比较容易接受，但若属于某一新领域的专业知识，事实裁判者在判断专家证据的可靠性时，通常会考虑以下几个方面的因素：①该理论或技术是否可以得到检验或者已经得到检验；②是否得到同行的认可；③这种判断出现错误的概率及具体的标准；④是否被一般的科学团体所接受。

在法庭上，法官询问的重点通常放在得出结论的方法及所依赖的原则上，而不限于结论本身。

2. 专家资格原则（Expertise）。简言之，专家资格规则是指所谓的专家必须是真正的专家，而不是冒牌的。目前，澳大利亚已允许专家证人对大量问题提供专家证据。作为普通证人，一条最基本的原则就是不能向法庭提供任何形式的意见证据，他只能就自己的所见所闻所感作如实陈述，不应作任何评价或推理。然而，一旦被法庭确认为专家证人，他就享有向法庭提供意见证据的特权。也就是说，专家证人既可以提供事实方面的证言，也可以对自己所观察到的事物发表意见。专家资格规则强调必须是真正的专家，但并没有要求专家必须是该领域的带头人或者是资深的执业者，而只是要求专家必须拥有成为专家所必需的足够技能。但一个专家是否被允许提供意见证据，关键要看其证言的有效性及该专家所擅长的技能与所要证明的案件事实之间是否具有相关性。目前，在澳大利亚，各方面的专家都可以出庭作证，如医学、科学、会计或工程方面的专家等。澳大利亚法律没有对专家证人的资格问题作出明确的规定，一个证人是否能以专家的身份在法庭上就案件所涉的相关事实提供意见证据，这属于法官自由裁量权的范围。在司法实践中，允许有一技之长或特殊经验的人发表专家意见，不看重专家的文凭、头衔，只关心其是否具有解决问题的实际能力，并且采取比较宽松和灵活的态度，这无疑有利于各行各业拥有专门知识或经验的人在需要的时候，为法庭解决专门性问题提供切实有效的帮助，并使整个专家证据制度在适用上具有实用性和灵活性的特点。

3. 普通知识规则（Common Knowledge）。普通知识规则是指只有在专门知识超出陪审团的知识和经验范围时，才有必要聘请专家提供专家证据。也就是说，如果证据所涉及的知识和经验在陪审团完全有能力作出判断的范围之内，就没有必要聘请专家。因此，法院的传统做法是需要作出判断的事情若在陪审团的知识范围内，就拒绝接受专家证人的帮助。在澳大利亚，普通知识规则是法官限制使用专家证据最常用的手段之一，其适用的核心问题是由法官告知陪审团判断案件事实的方法，以及在解释、判断、引用案件事实时采纳专家意见的标准。通常情况下，陪审员的知识面是相当广的，对发生在社会生活中的案件事实，尤其是与社区生活或地方风俗习惯有关的事实问题，是完全有能力作出准确判断的。所以，如果在没有任何帮助的情况下，法庭就能运用普通人的知识及能力对摆在他们面前的证据的分量和重要性作出判断，专家证据就不会被采纳。法庭适用这一规则的目的是为了防止滥用专家证据对法官和陪审团判断案件事实造成误导。而关于“普通知识”的概念及其具体标准，迄今为止，澳大利亚立法并没有明文规定。在审判中，这属于法官自由裁量权的范围。

4. 基础规则（Basis Rule）。基础规则内含四个方面的内容：①专家在提供意见证据时所依据的原始资料已得到具有可采性证据的证明。②作为专家，必须将其意见证据所依据的事实或前提解释清楚，如果没有这些解释，不具有专业知识的法官就很难对专家意见的有效性进行评估和检验。③专家可以以各种不同的方法提供相关的事实。④专家可以使用的第二手资料包括科学杂志上刊登的文章、报告或标准的统计表等。专家证人就事实问题提供证据时，通常都会提到他们对事实问题所产生的感觉或意见，而且大多是在用各种形式描述所感受到的事实时出现的。当他们以这种形式在法庭上提供证据时，其适用的规则同其他证人所适用的规则是相同的。通常情况下，专家证人无需对其以权威出版物上发表的材料为依据的内容进行重新确认或证明。另外，澳大利亚的法院在适用专家证言时对不同专家证人的要求也有所不同。如对心理学家和精神病医生在法庭上充当专家证人，就认为其有必要提供病人所说过的话作为证据。

5. 终局性问题规则（Ultimate Issue）。终局性问题规则是指专家证人不能对终局性问题发表意见，因为终局性问题是事实裁判者应该作出的决定。终局性问题规则的基本理念是，如果允许专家证人对终局性问题发表意见，就可能影响事实裁判者作出自己的判断，甚至会导致专家的意见取代事实裁判者的决定。尤其是在专家证据的可靠性问题得不到有效的交叉询问的情况下，发生这种情况的概率就会更高，因为专家的意见很可能会混淆视听，容易使事实裁判者无所适从。归根到底，专家证人毕竟只是证人而已。在涉及终局性问题时，不允许发表意见证据的出发点在于，阻止专家证据对“门外汉”——陪审员产生不恰当的影响。因为专家证人有时会带有偏见，而陪审员的能力有限，对专家所提供的信息中所包含的那些不熟悉的术语和概念不可能作出有效判断。事实上，澳大利亚法院对终局性问题规则的适用采取越来越宽容的态度，尤其是在家庭法庭中，法官们对终局性问题规则的态度也处于不断变化之中。

需要说明的是，虽然澳大利亚经过几十年的实践总结确定了上述五项基本规则，但是澳大利亚理论界和实务界对上述规则都产生了相当大的怀疑。譬如，在专业领域规则方面，倘若在诉讼中涉及新的或者正处于发展之中的、尚未成熟的知识领域时，是否可以使用专家证言？对于指纹、测谎、DNA 等在诉讼中的证据作用都曾经遭遇过这样的困惑。然而，在澳大利亚，现有的证据法中对此并没有具体的或者肯定的规定，并且这一直都是人们激烈争论的话题，澳大利亚和新西兰的最高法院直到现在也没有对此问题有清晰、准确的表述。目前，在英美法系国家，比较统一、稳定的做法是，各国法庭对于新的知识领域中的专家证据使用非常审慎，新兴的科学知识领域往往不能成为专家证据的主题，法院认可的专家证据一般都是在科学界已经得到普遍承认的、成熟的科学知识。具有代表性的案例之一是澳大利亚的 R. V. Parker，1912，VLR152。该案中，主审法官 Madden 裁定指纹不能作为认定凶手的证据，其理由是将指纹作为同一认定的证据不是科学界所普遍承认的理论。另一名法官 Cussen 也指出，每个人的指纹都不相同的理论不具有可采性，因为任何人在指纹认定领域的知识都不是建立在已有科学界所普遍接受的理论上的，而仅仅是一种经验主义的认识。对于普通知识规则，应当说在英美法系国家，是法官历来在排除专家证人意见时使用最多的规则之一。但是也有学者指出，普通知识规则仍然存在显而易见的缺陷。它很容易导致法庭在审查证据的可采性方面武断地、生硬地将证据分为可采的和不可采的，并且这种标准很不容易把握，因为不同的事实裁判者的知识范围是不同的，并没有一个统一的标准。因此澳大利亚 1995 年《联邦证据法》第 80 条明文规定了对普通知识规则的废除。近年来，澳大利亚也出现了比“普通知识规则”更加开明的规定，法庭对专家证言的可采性审查不再集中于是否属于事实审理者的知识或者经验的范畴之内，而是看该证言对于争议的事实判断是否有帮助。这一新的标准摆脱了原有僵硬既定标准的束缚，变得更加包容和宽泛。对于基础规则，目前澳大利亚理论界和实务界亦开始认识到此项规则的局限性。他们认为，要求专家证人对其意见所包含的基础事实一律要用具有可采性的证据予以证明是不切实际的。因为大量的专家证人只能依赖他人的理论或学说来形成自己的意见，自己对这些理论或学说没有第一手的知识，如果要他们将这些理论或学术观点一一加以证明将是一件不可能完成的事情。因此，目前澳大利亚法庭的基本做法是利用事实裁判者对证据效力的自由裁量权来处理此类难题，简言之，与其强调专家证据都必须建立在业经证实的事实基础之上，不如把这个问题看成是一个证据效力问题。正如澳大利亚 Blackburn 法官指出的："在我看来这是一个证据效力的问题，而不是可采性的问题。法庭应该敏锐的审查专家证据的事实基础，并据此作出决定。"同许多其他证据规则一样，终局性证据规则的应用同样一直被批评声所伴随。甚至有学者指出，这条规则是最不可能的、观念错误最严重的一条规则。澳大利亚法律改革委员会曾经建议废除此项规则，此后澳大利亚 1995 年《联邦证据法》第 80 条明文废除终局性规则。然而，即便是法律对这条规则作出了限制和废除，在澳大利亚的某些地区，在诉讼过程中，终局性规则仍然发挥着技术性的作用。

总之，如何确保专家证言的质量，确保其最终在诉讼过程中的可采性一直是一个不断研究、探讨的课题。应当说，一项证据规则产生以后并不意味着其一成不变，伴随着社会发展，新的诉讼理念的改变，以及不断涌现的新的证据形式或者种类，促成着证据规则的不断变化，澳大利亚对证据法案的不断修订就是例证。

### （五）澳大利亚专家证人的管理模式

1. 专家证人的执业资格。如前所述，澳大利亚 1995 年《联邦证据法》第 76 条"意见证据规则"要求不得采纳意见证据以证明所表达意见的事实之存在。第 79 条规定，如果某人基于训练、研究或者经验而具有专门知识，则该人全部或者主要基于其专门知识所提出的意见证据不适用第 76 条的意见证据规则。应当说，在澳大利亚，专家证人的资格同改革前相比，规定的条件和范围已经大大拓宽。同英美法系其他国家一样，澳大利亚对于专家证人的资格审查和认定持一种开放的、非常宽松的态度，他们不再强调专家证人必须拥有某方面领域的专门知识，而只要法官认为该证人的专门知识能够对案件的审理有所帮助，即可作为专家证人出庭接受询问。正如 Blackburn 法官所述："在（专家证人资格审查）这一问题上，并没有什么确定的规则。法庭应该对一个专家证人的资格作出裁决。裁决的依据一方面是基于该证人自身的陈述；另一方面是基于这样的一个推定，即法官和证人之间能够相互理解。法官认为能够恰当的领会专家的知识领域的本质，并据此来决定该专家是否具备该领域的足够的知识或经验来使自己的证言具有可采性。这种裁决的过程在很大程度上依赖法官的个人判断。”具体而言，对于专家证人资格问题，仍然属于法官“自由裁量”的范畴。

2. 专家证人的执业规范。对于专家证人的执业规范，澳大利亚法律并无太多的规定，只是在程序方面有所涉及。例如，在审前阶段，联邦法院可在有关指令的审理程序中，就专家证据的开示作出命令，责令交换专家证据，当事人自行取得的专家证据，须依法定程序开示，否则不得使用。在澳大利亚，为了节省诉讼成本，对于专家证据的费用有上限规定，限制专家费用的补偿。在形式上，专家证据也有要式性要求。例如，专家在提供专家证据时必须采用书面形式或格式形式。南澳大利亚最高法院曾建议，法院应要求对一切专家证人的主询问皆应采取书面形式，特殊情形除外。此外，专家证人在庭审过程中还须遵循一定的职业操守和规范。例如，专家证人不得随意同法官接触，不能随便与法官私下交谈，在出庭作证过程中要注重礼仪等。需要特别说明的是，澳大利亚行业协会在对本行业从业人员职业操守的监管方面发挥着十分重要的作用，如果其会员作出有悖职业操守和规范的行为，将受到相应的惩处。譬如，澳大利亚医学会（The Australian Medical Association）建议，为提高医疗专家证据的质量，医学院应登记有资格担任专家证人的医疗专家名单，供法院和律师选择指定，正如欧洲大多数国家皆有专家清单一样。

3. 专家证人的执业纪律和执业道德。澳大利亚法律规定，专家证人的压倒一切的义务是在与其专业知识领域有关的问题上向法庭提供帮助；专家证人不是当事人利益的主张者；专家证人的最高义务是向法庭负责而不是向聘请专家证人的人负责。相关法律强调专家证人应该不带有任何感情色彩、不考虑当事人的诉讼结果，对案件事实进行客观的调查和研究，在此基础上形成自己的专家意见，并坦白地、无偏私地向法庭提供自己的专业观点。除此之外，澳大利亚的一些机构也出台了一些行业规范，用以管理规范专家证人的执业纪律和操守问题，如澳新司法鉴定协会的《医学道德原则》、澳大利亚在1998年9月15日出台的《专家证人在澳大利亚联邦法庭程序中的行为守则》等。总的来说，上述规范只是一般性的规定，其内容主要包括专家证人的诚实性规定、专家证人的独立性规定、专家证人的保密要求、专家证人的忠诚问题、专家证人的报酬问题、专家证人的证据开示问题以及专家证人的庭审行为规定等几个方面。

所谓专家证人的诚实性，包括专家证人应该在其能力范围内提供服务和进行研究，对其研究和服务的领域必须具有相应的“专业资格”以及专家证人应如实陈述

自己所进行的实验结果的准确性和局限性，不得有任何欺骗性陈述和保留。

专家证人的独立性，是指专家证人在其意见的形成和提出过程中，有自己的主见，依据自己所了解和观察到的事实，严格按照科学的方法得出自己的结论，不受聘用自己的当事人和律师的立场的影响。事实上，专家证人的独立性和中立性已经成为英美法系各国专家证人制度改革和发展的主要方向。专家证人的独立性包括专家证人在专家证据准备过程中，必须依靠科学方法和客观事实来形成自己的专家意见，不受律师影响；专家证人在准备专家证据过程中可以参考律师提出的建议或者意见，但不得违背专家证人职业道德和操守。

专家证人的保密义务同样包含两个层面：一是普通层面上的保密义务，即专家证人不得利用参与诉讼期限所获悉的当事人的信息为自己谋取利益；二是特殊层面上的保密义务，即在庭审前，除了正式的专家证言开示程序中，专家证人不得擅自与对方当事人及其律师和专家证人进行接触，更不得向对方透露与自己当事人有关的信息。

关于专家忠诚问题，主要包括两个方面的内容：①专家证人不能在不同的案件中就同一或类似的问题提出对同一当事人有利和不利的问题，哪怕这两个不同的案件的发生时间有先后。此做法是为了防止专家证人按照不同当事人的需求来“制造”专家意见的做法。②关于专家证人是否能够“变节”的问题，即在达成聘请协议后，由于当事人对专家证人的工作或者工作结果不满意而辞掉他，那么该专家能否转而接受另一方当事人的聘任而担任其专家证人。目前，在澳大利亚并无此项禁止性规定，但出于行业规范要求，此类事情极少发生。

在专家报酬方面，存在多种收费方式，如统一收费、设定最低收费、打包收费等。但是，无论采取哪种收费形式，专家证人均不得收取“或有费”。所谓“或有费”是指依据专家证人所提供的证言的内容或诉讼结果而收取的费用。换言之，如果专家证人所提供的证言符合当事人的诉讼目的或者专家证人的证言帮助当事人赢得了诉讼，那么他将来就在本来应有的报酬之外得到一笔额外的报酬。无论在哪个国家，此类做法均是被禁止的。尽管专家证人不能收取“或有费”，但并不意味着专家证言能够做到完全客观中立。事实上，由于专家证人是当事人根据自己需求所启动，故专家证人的倾向性是难以避免的。律师在接手案件时有很强的选择性，对没有赢得诉讼可能性的案件通常不愿代理，在寻找专家证人时，也会极力寻找持有对己方有利意见的专家。

4. 专家证人的法律责任。在各种因素的诱使下，实践中存在着专家证人严重不负责任甚至故意弄虚作假的现象，例如典型的澳大利亚巴恩斯争议（the Barnes Controversy）。为此，很多学者主张严格规定专家证人的法律责任，从而确保他们能够本着良知，以客观公正的原则为法庭提供有帮助的证言。应当说，在所有的英美法系国家专家证人制度早期，专家证人享有的是"绝对免责权"，即专家证人的作证行为不受任何形式的法律责任的约束，随后才逐渐发展到"部分免责权"或"有条件的免责权"，并规定了专家证人应负的法律责任的情况。

专家证人的法律责任，不外乎民事责任和刑事责任两种。一般而言，各国均对专家证人出于恶意作伪证的行为予以刑事制裁，并规定了较为明确的刑事责任，澳大利亚也不例外。此外，还存在一种程序性的刑事责任，即专家证人在庭审过程中的不当行为可能构成刑事责任，如无法定理由拒不到庭作证、在庭审过程中不遵守法庭纪律等。专家证人的刑事责任主要表现为伪证罪和蔑视法庭罪。伪证罪一般是指经过合法宣誓后，自愿地、故意地和恶意地作出与询问问题有重大关系的虚假证词的行为，在司法实践中，只有专家证人故意误导法庭时才会被追究伪证罪。蔑视法庭罪是指故意冒犯或干预法庭的正常庭审活动的行为或言词，一般表现为：专家证人拒绝宣誓或拒绝回答合法问题，或者没有法定理由拒不出庭、中途退庭，不遵守庭审纪律等。蔑视法庭在客观上表现为藐视法庭的要求和传唤，实施法庭禁止的行为，在主观上表现为故意。对于专家证人的民事法律责任，同刑事法律责任存在一定的差别。当事人与专家证人之间是委托代理的契约关系，基于此，从法律上讲，因专家证人违反合同约定以及法律所规定的强制性义务，如诚信忠实等所应承担的主要是违反契约的违约责任。这是包括澳大利亚在内的普通法系国家的一贯规定。这种规则主要理由是鼓励专家证人大胆地提出公正和真实的证言，而不用担心万一自己的证言出现错误会被追究法律责任。20世纪80年代以来，随着对消费者权益保护力度的不断加大，西方发达国家出现了追究律师、医师、建筑师等专家的民事责任的情况，当事人可以针对专家证人的工作以职业行为失当、欺诈、疏忽大意、代理失职、违反委托义务、违约、违反公平义务等理由提起民事诉讼。此外对专家证人在刑事诉讼中由于疏忽大意或者严重不负责任而给当事人造成损失的，当事人也可以对其提起侵权诉讼而要求赔偿。在澳大利亚逐渐完善的专家证人执业法律和行业管理环境下，专家证人出现违反执业道德行为的成本很高，甚至会丧失在本行业的生存地位。因此，在澳大利亚，专家证人违反执业道德的情况很少。

（六）澳大利亚专家证人制度与我国鉴定人制度区别

专家证人大致相当于我国的鉴定人，也有观点提出"鉴定专家或鉴定人在英美

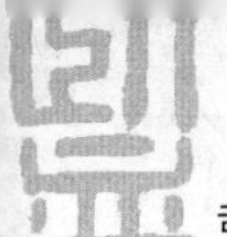



法上亦称专家证人”，但两者在诸多方面存在差别：①从鉴定人和专家证人的资质和选聘程序上看，澳大利亚的专家证人一般受当事人聘请，向法院提出申请，经批准后，由当事人带入法庭并于当事人一侧参与庭审，且要求专家证人在主体上必须是自然人；我国受职权主义的影响，鉴定人始终处于中立地位，由法院指定，对法庭负责。②从主体资格看，英美法系国家往往从广义的角度来看待这种专家证人的范畴，即某些行业和领域具有相关的技能和知识或特殊才能的人都可以看作是某一特种行业的专家，并无其他限制；而我国的鉴定人实行严格认证制度，除具有相关知识和技能外，还有资格限制，鉴定人必须具有国家特定机构授予的资格证书，并且在我国，法院主要采信的是鉴定机构的鉴定意见，即法定鉴定部门的鉴定，自然人只能发表个人意见而不能出具鉴定结论。我国对鉴定人的资格认证采取的是事前审查的方式，由相关机构对鉴定人的资格预先统一确定，制定鉴定人名册，对鉴定人的学历、经历、职业水平均有严格的规定，在此基础上，法官方可从鉴定人名册上选任相应鉴定人。③鉴定人和专家证人的证明效力不同，我国鉴定结论由鉴定机构出具后经法庭质证可以成为裁判案件的证据依据，没有足够证据不能推翻；而英美法系中当事双方的专家证人可以出具多个专家意见，专家意见内容差异较大或者完全对立，最终由陪审团或法官决定是否采信及如何采信。

专家证人制度在应对社会专业分工日益细化给司法带来的巨大挑战上确实成效卓越，其适用也日趋频繁。专家证人制度的优点较为明显的是，一方面可以通过诉讼中双方当事人之间的竞争促进鉴定质量和效率的提高；另一方面可以借助于处于对立面的双方当事人的相互制约机制，更加全面地揭示案件的客观事实，有利于法官全面分析，防止偏听偏信。但是，专家证人制度也有其难以克服的弊端。为了各自的目的，控辩双方往往不是为了澄清案件事实去寻找最优秀的专家，而是为了获得胜诉去寻找最佳的证人。因为鉴定人是当事人所聘请，服务于当事人的胜诉目的，他们在选取有关鉴定材料和作出鉴定结论时，通常会自觉或不自觉地表现出一些倾向性。在利益的指引下，也许不会有哪个当事人愿意花钱找一个坚守公平理念而对自身利益形成不利的专家证人。专家证人制度产生的另一弊端是诉讼迟延及居高不下的诉讼费用。尤其是随着科学技术的进步，专家证人在诉讼中发挥越来越重要的作用，这种费用上升的势头就愈加明显。由于采用按时计费的收费方式，专家证人的工作时间越长，报酬越高，因而其有意无意地拖延诉讼难以避免。

在我国传统鉴定模式下，鉴定人由法官而非当事人选择确定，与当事人无直接联系。对鉴定机构资质进行认定和选择，使鉴定的客观中立属性有了制度上的保障。

法官启动鉴定的模式也赋予了法官有效控制诉讼进程的职权，避免司法资源不必要的浪费。而我国和其他大陆法系国家一样，鉴定人制度也存在一定不足。首先，鉴定人并非当事双方指定，故其在鉴定过程中寻找过失的动力不足，远不如专家证人那样“敬业”。同时鉴定人也存在中立性缺失的问题，鉴定人在诉讼中受法官委任、指挥，其不可避免地受到法官意志的影响，鉴定人本身作为法官的辅助人，也容易唯法官的态度是从。其次，诉讼中没有像英美法系国家那样由当事人聘请的鉴定人对其进行旗鼓相当的对抗，即使诉讼中赋予了当事人质证权，但没有专业人士支持的当事人因为没有相应的专业能力而无法对鉴定结论和当庭陈述进行有效的质证。由于缺乏有效对抗，造成法官对鉴定结论的严重依赖。

**四、主要收获体会**

通过培训和交流，我们认为澳大利亚在司法鉴定法治建设、司法鉴定管理模式、科技社团作用、鉴定机构中立化、鉴定人员继续教育及司法鉴定资源共享等方面具有特色。尽管我国与澳大利亚在法律文化传统、司法体制、国情以及对司法鉴定的理解与实践方面有很大差异，但加强司法鉴定职能，实现鉴定公正，确保司法鉴定质量，提升司法鉴定社会公信力，科学、公正地为社会服务的目的是一致的。因此，在我们着力建设中国特色的社会主义和谐社会时，借鉴澳大利亚成功的做法和经验，吸收其合理内容，对于推动我国司法鉴定制度建设和加强面向社会服务的司法鉴定机构的管理大有裨益。

（一）澳大利亚司法鉴定制度的特色及其启示

1. 发达的法治体系、完善的证据质证制度，为司法鉴定提供了有力支撑。澳大利亚的司法鉴定制度的运行主要受其《刑法》、《证据法》、《验尸官法》、《验尸官规则》和《司法鉴定程序法》等法律的调整和规范。联邦和各州的法律都十分严谨明确并附有实施细则。例如，1995 年《联邦证据法》对证据的合法性、可采性、证据的排除法则、证人资格、强制作证等均有十分详细的规定。该法第四部分第 177 条“专家证据”明确规定既可采纳专家意见证据，也可采纳非专家意见证据；规定了鉴定结论的展示程序、当事人的质询权、专家出庭作证义务等，从而进一步促进了证据规则的合理化。

在澳大利亚，司法鉴定结论属于法定证据的一种，但同样需要经过法庭质证才能采信。澳大利亚在对司法鉴定结论的审查和采信过程中，一般都需要鉴定人以专业人员身份出庭作证，向法官、陪审团就其鉴定过程及鉴定结论进行明确的解释，并接受对方聘请的鉴定人或辩护人的质证。这种质证机制，有利于排除司法鉴定过

程中的各种干扰，剔除各种伪证和虚假的证据，有利于鉴定人提高鉴定的法律责任意识和质量意识，对于保证司法鉴定结论的真实性、提高鉴定质量、保障司法公正是十分必要的。同时，澳大利亚司法鉴定的法庭质证程序，对于培养鉴定人与法庭进行沟通的能力极有好处，鉴定人不仅需要对案件中的专门性问题提供结论，更需要在法庭上面对一般公众，通过通俗易懂的方式，讲解科学技术理论。这既是对鉴定人专业能力的检验，也是鉴定人个人素质与才华的展示，更是一种促进和保障证据准确性的有效机制。我国司法实践中，鉴定人或很少出庭，或因缺乏系统的训练而不能在法庭上准确解释专门性问题，从而影响了法官和当事人对鉴定结论的认可程度。我国的诉讼制度改革应该重点研究建立鉴定人出庭质证制度，让鉴定的科学性在法庭上接受检验，更有效地促进司法鉴定事业的健康规范发展。

2. 针对鉴定机构和鉴定人的严格管理机制，为司法鉴定的质量提供了有力保证。从主体架构上来看，有管理政策的制定机构，即澳新司法鉴定高级管理者委员会，其主要职责是制定司法鉴定实验室的管理政策。从管理模式来看，政府管理和行业自律管理相互作用，澳大利亚联邦政府通过澳新司法鉴定协会实现对司法鉴定的管理，管理的内容主要有以下两个方面：①对各州的司法鉴定工作进行监督和指导，明确州司法鉴定检测局的主要职责是对鉴定人进行技术培训，负责鉴定质量，每2~3年对所有实验室进行测试和资格评估，制定通行的司法鉴定技术标准。②全国每年定期举办年会，加强交流和合作。澳大利亚对司法鉴定的管理体现在实行严格而规范的资格管理制度上。虽然澳大利亚没有司法鉴定从业的法律限制，且普通法传统上将司法鉴定人定位为“专家证人”，但并不意味着国家对司法鉴定放任自流。澳大利亚的司法鉴定机构，无论是政府投资设立的鉴定机构，还是民间设立的实验室，无论其规模大小和服务对象，都要接受行业管理部门的评估测试。行业管理部门主要是通过设计评估指标体系，对鉴定机构人员组成、学术成就、仪器设备数量与质量、内部管理制度、技术标准与技术含量等进行量化评定（分值确定），并将评定结果向社会公布。实行鉴定机构的评估制度，实现鉴定机构的后置化管理，提高了鉴定工作的社会认知度，强化了鉴定机构的自律意识，塑造了执业机构的品牌价值观，促使鉴定机构不断加强自身各项建设，以图不被激烈的市场竞争淘汰，有助于从制度上实现司法鉴定质量控制。

在鉴定人的管理方面，澳大利亚对司法鉴定人实行资格许可管理，每两年对鉴定人进行一次考核，内容主要包括鉴定人工作业务量及质量、学术成就、接受继续教育情况、遵守职业道德与执业纪律情况等，对考核合格的鉴定人方予注册并颁发证书。这种打破鉴定人终身制的考核机制，使得鉴定人随时具有职业忧患意识，不断瞄准专业前沿、更新专业知识，从而保证对鉴定领域的技术制高点的占据，也促成了该国鉴定人队伍的整体技术素养的动态提升并保证了鉴定人的公信力。

3. 重视司法鉴定基础工作和队伍后备人员建设，保证了鉴定人人才库的稳定输入。澳大利亚十分重视司法鉴定学科发展及司法鉴定专业人员的教育和培养工作，司法部门、司法鉴定机构与大学的合作非常密切，司法鉴定事业发展有强大的队伍保障与智力支持。澳大利亚众多的大学开设专业或实践课程，司法鉴定相关专业的大学生可以到警察局的实验室实习，以此对学生进行研究性和实践型学习能力的培养，给该国司法鉴定人队伍源源不断地输送新鲜血液。

4. 注意将高等教育资源整合到司法鉴定人员的培养中，实现了司法鉴定人员培养资源的共享。澳大利亚属于发达国家，经济实力雄厚，成熟的市场经济体制下的专业化分工协作和资源合理配置与共享机制对于司法鉴定的长远发展起到了事半功倍的效果，这是澳大利亚司法鉴定事业发达的一个重要原因。澳大利亚的司法鉴定机构无论是政府出资设立，还是大学、民间出资设立，资源有偿共享是其突出特点。澳大利亚很多鉴定机构都认识到，科学发展日新月异，犯罪智能化趋势明显，司法鉴定实践需要大量高性能尖端仪器设备。但是由于经费等问题，并不是所有的好设备都是能购置或需要马上购置的，因此，澳大利亚通过加强司法鉴定机构之间的沟通和合作，建立协作机制，最大限度地发挥人和仪器设备的作用，实现“双赢”的发展目标。另外，澳大利亚鉴定机构分工高度专业化，求精、求专，而不一味追求门类齐全。长期以来，我国鉴定机构因不同的隶属关系而形成了重复设置与多头重复投入的弊端，造成了资源的极大浪费。结合我国国情，我们认为通过资源的优化配置，高效率地使用有限的资金和共享资源，最大限度发挥科技社团集聚高层专家和科研院所拥有仪器设备的优势，实现“人机”有效结合，提高鉴定质量是司法鉴定体制创新中应重点关注的问题。

澳大利亚高等学校的专业实验室承担了大量司法鉴定领域的科研项目，形成了实践与理论研究的良性互动关系。同时，司法鉴定工作者密切关注司法鉴定技术的世界发展趋势，并有专门的组织考虑如何及时将世界前沿的理论与技术成果运用、推广到司法鉴定领域，使得该国高等教育及科研资源与司法鉴定人员的培养实现了共享，保证了司法鉴定事业的可持续发展。

5. 鉴定人员以科学工作者的身份中立化，保证了鉴定结论的公信力。澳大利亚的司法鉴定机构和鉴定人完全独立，鉴定机构不隶属于警察、司法、执法部门，鉴

定人不具有官方身份，仅以科学工作者的身份为解决诉讼涉及的科技问题提供服务，参加诉讼活动时处于中立地位，无疑提高了鉴定结论的公信力。

6. 澳大利亚司法鉴定人员具有广阔的国际视野和敏锐的前沿嗅觉。澳大利亚司法鉴定人员的国内外合作交流频繁，司法鉴定从业人员视野开阔。这主要得益于以下几方面：①有法治的大环境保障，从业人员在整个社会中具有较高的地位，执业活动得到应有的尊重，排除了人为的制约因素；②司法鉴定服务市场良性竞争机制已经形成，司法鉴定从业人员充分认识到自己必须紧跟科技发展的步伐，始终站在司法鉴定科学技术研究与应用的前沿阵地，才能立于不败之地，从而有压力与动力去不断提高自己的综合素质；③因为澳大利亚有健全完善的从业人员继续教育制度，使得从业人员有大量的机会去参加国内外以及同行业的专业研究和学术讨论。

（二）收获体会

1. 实验室认证认可与科技专家准入制度建设并重有利于司法鉴定事业的科学发展。在澳大利亚的诉讼活动中，由实验室提供的科学证据与专家证人基于特有的实践经验或专门知识对案件事实提出判断性意见从不同方面发挥着重要作用。因此，澳大利亚对司法鉴定实验室与对专家证人采取了不同的管理方法。

对于为司法活动提供科学数据的实验室，由专门的机构——联邦国家测试认证中心负责认证，虽然这样的认证是自愿的，但就其效果而言，起到了保证证据科学性的作用。到目前为止，全澳大利亚只有一家实验室没有参加认证。司法鉴定实验室资源共享是澳大利亚的一个突出特点。鉴定机构不求实验室大而全，而求有特色，并且专业化程度很高。司法鉴定机构之间通过协作建立合作伙伴关系，互相扬长避短，最大限度地发挥人力和仪器的作用，实现共同发展。

专家证人是根据诉讼需要，依靠专门知识和经验为司法鉴定活动提供证据的，其证据可以来源于司法鉴定机构的实验室，也可以从专家本人所从事的专业活动中获得。因此，澳大利亚并不对专家证人所在机构的设备条件进行“认证”，而是通过建立一整套专家证人制度，解决专家证人的资质、行为规范、执业道德、权利义务等问题。

在我国司法鉴定的管理中，非常强调鉴定机构自身的实验室能力，对合理配置司法鉴定的实验室资源和专家资源不够重视，实验室重复建设严重，实验设备利用率低下，鉴定机构的经济负担日益加重，而一些依托专家资源开展工作的机构又因没有实验室装备难以达到认证认可的标准，使司法鉴定事业的健康发展受到严重制约。此外，随着人类社会的进步和经济科技的发展，在司法鉴定实践中跨学科的重大疑难案件越来越多，而这种案件往往既需要鉴定人发挥专业特长，又需要进行多种跨学科检测才能得出鉴定结论。但现实生活中同时具备多种跨学科检测能力的鉴定机构几乎不存在，从而导致复杂疑难案件因找不到合适的鉴定机构而久拖不决。

我国可以借鉴澳大利亚的成功做法，制定引导性政策，充分利用高校、研究机构的实验室，经过严格的认证和监管，使国家已经拥有的基础设施能够实现资源共享，以最低的成本实现人与仪器的高效结合。即：鉴定机构可以根据鉴定工作的需要，委托经过认证认可的实验室进行检测，得到科学检测结果，鉴定人则依据检测结果，综合其他证据得出科学的鉴定结论。

2. 完善证据质证制度有利于维护当事人的诉讼权利。司法鉴定是证据制度的重要组成部分，鉴定人是司法鉴定的具体实施者，也是现代诉讼活动的直接参与者，鉴定人出庭接受质证，既能够保障诉讼双方充分行使其诉讼权利，是实现司法公正、确保鉴定结论准确的有效措施，又是鉴定结论产生证明效力的必要前提条件。

由于受立法传统的影响，我国的司法鉴定制度与大陆法系的司法鉴定制度类似，而与专家证人制度存在较大差异。我国的司法鉴定制度设计伊始，因其中立、公正、高效而得到了社会普遍认可。随着司法体制改革的不断深入，在实际工作中对司法鉴定制度也多有质疑之声。

在我国司法实践中，普遍存在司法鉴定人出庭率低的现状，究其原因主要是：①民事诉讼中的各类鉴定主要是由法院委托相关鉴定机构进行的，鉴定机构再指派其工作人员进行具体的鉴定工作，鉴定结论出来后，虽然鉴定人要在鉴定结论上署名，但法院更看重鉴定机构的公章。一般来说，只要鉴定结论符合形式上的要件，鉴定人不出庭不会导致对方当事人的质疑。当事人和法院看重的是书面的鉴定结论，至于鉴定人出不出庭则是无所谓的态度，即重实体而轻程序。②由于各类鉴定都是由相关的专业人士进行的，专业性较强。当事人对鉴定结论无法提出实质性意见，只是表示对结论认可还是不认可。因此即使鉴定人出庭，当事人也很难提出有意义的质询。故实践中当事人很少对鉴定人不出庭提出异议。③实际操作存在困难，有些鉴定是委托市外乃至省外的鉴定机构进行的，让他们出庭作证，费用太高，对申请鉴定的当事人是不小的负担，并且鉴定人也不愿来回奔波，往往会寻找借口拒绝出庭。④鉴定人不愿出庭，在某些特殊鉴定领域，存在着出庭鉴定人受到威胁的问题。

为减少或消除我国现有司法鉴定制度的弊端，促进司法鉴定公正、科学、有序进行，在不改变我国目前鉴定人制度及优势的前提下，适当引入针对鉴定结论的有

效质证机制是改革的方向。

在法庭指派鉴定人作出鉴定结论后，如果双方当事人对鉴定结论有异议，认为鉴定结论有偏差，目前部分案件已经采取允许当事双方自行聘请专家证人参与法庭质证活动，由各自的专家证人对鉴定人进行交叉询问。这样能够最大限度地检视鉴定结论，以达到解疑释惑、去粗取精、去伪存真的目的。这种专家证人在一定程度上属于专家辅助人，可以有效改善因缺乏对抗导致的对鉴定公正性的质疑。在适当增加对抗机制的同时，还应建立技术顾问制度和专家陪审员制度，特别是要充分发挥各个专业的专家委员会的作用。在当事双方的专家意见差距较大，难以辨别时，可以通过由行业权威专家组成的专家委员会作出最有权威的专业解释、鉴定，来辅助法官判别鉴定人的鉴定结论，也可以考虑由专家委员会行使仲裁的职能。专家顾问或专家陪审员由法庭指定，在庭审过程中可以对鉴定人提问，这样可以起到协助当事双方对鉴定结论进行质证的作用，强化当事人之间针对鉴定结论的有效对抗，使鉴定人的鉴定结论能够受到当事双方的有效质疑。这种专家证人和鉴定人制度相结合的庭审模式不仅为法官采信鉴定结论提供了更好的参考，也可以大大减轻法官对鉴定人的依赖。

司法鉴定制度改革应与审判方式改革相适应，我们应逐步制定并完善我国鉴定人出庭作证制度的具体措施，如通过明确鉴定人的法律地位、可不出庭的情形、鉴定人出庭的经济补偿、司法保护制度等务实性对策，以期克服目前鉴定人出庭难、鉴定结论的法庭质证流于形式的不足，从而进一步完善司法鉴定的立法与实践，维护司法公正，让鉴定的科学性在法庭上接受检验，更有效地促进司法鉴定事业的健康规范发展。

3. 制定专家证据可采性规则有利于专家证据准确而高效地使用。给我们留下深刻印象的是澳大利亚制定的专家证据可采性规则。由于专家证据在现代诉讼中所起的作用越来越大，澳大利亚在司法改革中考虑到了专家证人问题。为了克服专家证人被滥用的弊端而限制专家证人的使用，澳大利亚法院经过几十年的积累，已形成了一系列详细而系统的专家证据可采性规则。

目前，由于我国既没有一部全国适用的统一的证据法，也没有在刑事诉讼法中对专家证据的可采性问题作出必要的规定。司法实践中，一旦案件中出现多份鉴定结论，而这一鉴定结论对判决又起着关键性甚至是一锤定音作用的时候，拥有很大自由裁量权的法官却因缺乏对专业知识本身及背景知识的了解，对摆在面前的专家证据往往会感到一头雾水而无从解读。他们既无法借助明确的专家证据可采性规则来淘汰那些虚假的、不正确的鉴定结论，也无法从控辩双方在庭审中的质证过程中发现哪一份鉴定结论更加科学、合理，从而作出准确的取舍。再加上最后的判决书又缺乏对鉴定结论的采纳或排除理由的充分阐述，其必然的后果是案件的当事人因对法官采纳鉴定结论的理由不服，继而对整个判决的合理性和公正性产生怀疑，因而一而再、再而三地进行上诉或申诉。这既影响了司法判决的权威性，也给整个社会带来了某些不安定、不和谐的因素。事实上，我国的法官往往习惯于从法律和其他规范中寻找明文的法律依据，不愿意在审判时发挥过多的主观能动性，也不愿意对一个模糊的现成法律条文作出自己的价值判断。在现实生活中，法官们在判断证据的可采性问题时所拥有的自由裁量权为司法中的腐败提供了滋生的土壤，并经常出现犯罪事实和犯罪情节相似，而判决结果大相径庭的现象。尽管如此，从法官的心理来看，他们更喜欢在审理案件时有明确的法律依据可以遵循。毫无疑问，系统而详尽的专家证据可采性规则，不但能为法官在判断鉴定结论是否应该采纳时提供具体的指导和帮助，同时也能对错误的、有瑕疵的鉴定结论起到过滤器的作用。

如上所述，澳大利亚的判例法和制定法对专家证据的可采性规则作出了相当详细而完备的规定，这些规则使法官在考虑证据的采纳问题时有所依据，还有助于不同的法官在审理不同的案件时能做到基本的统一。因此，为了充分发挥科学技术在诉讼中的独特优势及重要作用，在我国司法鉴定制度的改革中，有必要对鉴定结论的可采性规则作出详细而系统的规定，无疑我们可以借鉴澳大利亚有关专家证据可采性规则的一些做法。

4. 发挥科技社团的作用有利于保证司法鉴定的科学性和公信力。澳大利亚通过各类行业协会、学术机构对参与司法鉴定工作的专家证人进行自律性管理和培训，并形成了行业规范、技术标准、质量控制以及准入与淘汰等约束性机制，较为成功。

澳大利亚没有专门审批司法鉴定人从业资质的政府机构，只要具备某行业从业资质的人员都可以作为专家证人从事司法鉴定工作。这些专家证人的公信力来自两个方面：一是其专业特长通常是通过其所在的行业组织得到确认的，在与澳大利亚专家座谈中了解到，在法庭诉讼中，当事人一般通过律师寻找最优秀的专家作为专家证人以确保胜诉，律师一般十分熟悉某一领域的优秀专家，如果遇到律师不熟悉的领域，他们也会通过行业协会帮助推荐；二是专家的行为受到行业组织的监督，一旦出现不符合行为规范或违背道德的行为，将面临严厉的处罚和行业乃至社会的谴责，并会因此而丧失在本行业的地位。

例如，澳大利亚充分发挥了注册会计师协会/特许会计师协会等科技社团的作

用，以指导和约束“法务会计”的执业活动。澳大利亚的“法务会计”制度在全球范围内最早实现了准则化。自20世纪末，为了适应涉及专业性问题案件的司法处理，澳大利亚法律改革委员会发布了多项法律改革报告，主要用来规范注册会计师协会（Australian Society of Certified Public Accountant）和澳大利亚特许会计师协会（the Institute of Chartered Accountants in Australia）中专门从事法务会计服务的会员（即法务会计特别职业团体，Forensic Accounting Special Interest Group）的执业行为。2006年后，澳大利亚会计职业界进行了一次大规模的改革并成立了会计职业与道德准则委员会（Accounting Profession and Ethics Board），促成了法务会计的新发展。该组织于2008年12月发布了新的“法务会计”职业准则《APES215：法务会计服务》，并于2009年7月1日正式施行，以此维护这个职业的内在尊严和操守。澳大利亚“法务会计”准则约束的是从事法务会计专家服务的行为，对于诸如不涉及专家证人服务的咨询服务、调查服务以及普通证人服务未做强制性的要求。与司法会计比较，“法务会计”不仅仅可以提供司法鉴定服务，还可以延续到整个诉讼过程，提供除具有鉴定服务以外的服务。基于现实和司法实践的考虑，澳大利亚法务会计准则细分了服务类型，将法务会计服务分为咨询专家服务（consulting expert service）、专家证人服务（expert witness service）、普通证人服务（lay witness service）和调查服务（investigation service）。

可见，行业组织的作用对于保证司法鉴定的科学性和公正性至关重要。澳大利亚某研究院负责人认为，我们将自己定位在科学家上，我们从事的一切只是现有的科学技术水平在司法实践中的体现，我们只向我们发现的事实真相负责，我们从不关心是谁出钱委托我们工作，司法鉴定应体现公益性，价值规律和等价交换规律不能操纵法律。

澳大利亚的科技社团在技术标准制定方面也发挥着重要作用。澳大利亚心理学会是权威性学术组织，该学会负责本行业的技术标准制定。澳大利亚心理学注册委员会是一家独立的国际质量标准组织，是由政府授权的认证实体，在行业内其完全采用澳大利亚心理学会所制定的各种技术标准，并要求澳大利亚健康医疗执业者管理机构监管的澳大利亚牙科委员会、澳大利亚医药委员会、澳大利亚护理助产委员会、澳大利亚物理治疗委员会等机构，当然也包括澳大利亚心理学委员会采用该标准。

由我国社会制度所决定，我国的科技社团在服务于司法鉴定方面应当有比资本主义国家更明显的优势：①科技社团能够组织大量具有专业知识的专家，这些专家不仅在专业技术方面具有很高权威性，在社会上也享有很高公信力。在我国，行业内具有一定声望的专家工作十分繁忙，所在单位对其有明确的任务指标，收入也较高。如果实行专家证人制度，首先是当事人在选择专家证人时比较盲目，即便是审判经验较为丰富的法官，有时也很难搞清谁是真正的专家，谁更能把问题解释清楚、透彻。同时，当事人以个人的身份请权威专家参加诉讼活动时，不仅要专家本人同意，还要征得其所在单位同意，并支付一笔可观的费用，其难度不言而喻。因此，在一定程度上可以理解为，谁能掌握专家资源，谁就有发言权，就占领了鉴定领域的制高点，在诉讼过程中就占据了有利位置。在寻找解决问题的途径时，人们的目光不约而同地关注到学会这样的科技团体。②随着中国的改革发展，科技社团正在社会管理方面发挥着越来越重要的作用。科技社团参与下的科学道德建设以及司法鉴定技术标准制定，有助于推动司法鉴定的科学发展。

针对目前社会司法鉴定门槛较低，管理存在一定混乱的情况，应更多发挥专业科技社团的作用，由专业团体制定行业标准和鉴定资质标准，法院、司法机关等部门进行管理，形成司法部门与专业团体协同监督的格局。同时，要从立法的角度建立健全司法鉴定技术方法的准入和监督制度，并由司法机关确立司法鉴定技术与方法的准入机制、审查程序等具体操作步骤和管理规范，还要由鉴定相关行业组织开展司法鉴定技术与方法的论证工作，对技术标准的科学可靠性进行筛选。

中国科协是科学技术工作者的群众组织，有专家荟萃，学科丰富和专业性、综合性、权威性的特点。因此，科协组织参与司法鉴定活动具有较大优势：一是科协所辖众多学会，根植于广大科技工作者，与各领域、各专业的权威专家有密切联系，对科技工作者有非同一般的号召力，有能力组织多学科、跨专业的复杂鉴定工作；二是参与鉴定活动的科技人员是来自科协所辖各专业学（协）会、研究会中的拥有较高专业技术水平的科技骨干，专业知识扎实，经验丰富，并有多年养成的严谨的科学态度和职业道德，能够保证鉴定的科学性和权威性；三是参加司法鉴定活动的科技人员与其所在单位的工作职责及经济利益无任何关联，体现出行政上相对超脱；四是科协组织的司法鉴定是一项公共服务事业，不以营利为目的；五是科协体系完善，具有健全的组织网络，运行灵活，同时科技团体组织有严格的纪律要求，受到行规和公约的自我约束，对专家能够实施有效的管理，具有其他组织无可比拟的优势和特点，对保障鉴定质量有积极意义。

中国科协及各地科协经过八年多的努力，已经建立了一套较为完整的鉴定体系，拥有齐备的执业鉴定人专家队伍和训练有素的鉴定工作人员队伍，制定了严格的操

作程序，积累了丰富的鉴定组织经验。在工作开展中，得到了司法行政部门、法院及有关部门的大力支持，目前已经有21个地方科协在省、市、自治区司法厅（局）注册成为司法鉴定机构，开展了大量司法鉴定，涉及专利审查、工程质量、环境污染、法医病理鉴定、法医临床鉴定、法医物证鉴定、法医毒物鉴定、声像资料鉴定等多个领域和专业。科协组织的鉴定符合我国司法审判制度的资质要求，程序规范、结论科学性强，得到了委托单位和社会的普遍认可，社会影响力也与日俱增。今后，中国科协和各地科协还要发挥优势，开拓进取，在技术鉴定、技术咨询、专家证人、专家辅助人的组织和培训等方面不断探索，加强与司法机关合作，争取在中国司法鉴定体制改革过程中发挥更大作用。

## 五、对我国司法鉴定相关制度建设的建议

结合学习澳大利亚司法鉴定制度得到的启示，我们从国家宏观管理和发挥科技团体作用两个方面对我国司法鉴定相关制度建设提出建议。

### （一）对国家司法鉴定宏观管理方面的建议

1. 制定《司法鉴定法》。2005年以来，在司法鉴定工作改革过程中，司法部根据国务院职能配置，颁布了《司法鉴定机构登记管理办法》和《司法鉴定人登记管理办法》两个规范性文件，规范了面向社会鉴定机构的设立条件、鉴定人的资质条件等准入标准。四川省、黑龙江省、重庆市、吉林省结合本地实践，先后出台了司法鉴定地方性法规，有力地推动和规范了上述地区的司法鉴定工作。但从全局看，我国至今没有一部全国统一的司法鉴定法，对司法鉴定的法律规定分散于三大诉讼法中。由于没有规范司法鉴定的统一法律，只有各部门规定的调整特定范围的司法鉴定规则，由此导致的突出问题是：鉴定的标准和效力层次无统一规范，鉴定的程序和方法无统一规则，鉴定的受案范围无统一标准，鉴定的执业分类无统一规定，鉴定的管理无统一的主管部门，鉴定的法律责任无统一的确认体系等。于是，国家各司法机关因司法工作需要，相继制定了一些调整司法鉴定的规范性文件：如公安部制定的《刑事技术鉴定规则》，最高人民检察院制定的《法医工作细则（试行）》，最高人民法院下发的《人民法院司法鉴定工作暂行规定》，还有最高人民检察院、最高人民法院、公安部、司法部联合发布的《精神疾病鉴定暂行规定》和《人体轻伤鉴定标准》、《人体重伤鉴定标准》等，这些规定虽在一定程度上缓解了司法鉴定领域无法可依的困扰，对于本部门的司法鉴定起到了一定的规范作用，但总的来说难以解决根本问题。其原因有以下几点：①这些规定的效力从本质上讲只适用于本部门，而不具有普适性。②这些规定限定了司法鉴定的主体范围，实践中鉴定对象的

范围日益扩大，使超出本部门规定范围的司法鉴定对象无法可依，大量的民事、经济案件或找不到鉴定机构，或因当事人对鉴定机构的鉴定权有异议，而被拖延甚至无法裁判的极端现象时有出现。③对司法鉴定机构的设立和鉴定人权利义务等规定参差不齐。各部门的规定内容详略不等，技术标准和法律水准不一，各行其是，往往会造成矛盾、冲突现象，难以适应诉讼领域逐步拓宽、新型案件不断出现、司法鉴定范围日趋扩大的新情况。

因此，尽早制定一部完整统一的《司法鉴定法》，加快司法鉴定国家标准的制订，以统一规范全国的司法鉴定工作已成为当务之急。

2. 解决我国司法鉴定科技基础薄弱的问题。司法鉴定是司法制度的保障性制度，而科技进步和技术创新又是司法鉴定学科和行业发展的根本动力，也是提高鉴定质量的重要保证。目前，我国司法鉴定科技基础建设工作相当薄弱，远不能适应新形势下构建社会主义和谐社会的要求，其表现有以下几方面：

（1）使用的司法鉴定技术方法大多未经过专门的科学性研究，可靠性不足。科学性是司法鉴定的本质属性，司法鉴定活动无论是在法律意义上还是在科学意义上，都要符合科学技术活动规律，司法鉴定所使用的技术方法都应当建立在严格的科学基础之上。当前诉讼中，很多司法鉴定技术方法只是将经验作为判断基础，没有经过足够的局限性和科学性研究。除了像 DNA 分析这样被严格证明能够高度确定地支持“个体识别”的司法鉴定方法外，其他学科如笔迹鉴定、工具痕迹鉴定、司法精神病鉴定等在科学发展水平和遵循科学调查原则的程度上都比较低，因而大大降低了司法鉴定活动的科学性、可靠性，妨碍了司法机关对事实真相的发现，影响了司法公正的实现。

（2）司法鉴定关键装备的自给率低。司法鉴定是国家设立的法定证明制度，我国一定要有自主研发能力和技术保障能力。目前我国与发达国家的鉴定科技水平差距较大，尤其是在一些重大、关键技术与基本技术保障方面，对国外的依赖程度较高，相关产品基本被国外垄断，受制于人。例如，进行毒物分析的几乎所有设备，甚至如 DNA 鉴定用的试剂盒等耗材都依赖进口。

（3）司法鉴定科技基础设施薄弱。司法鉴定缺乏必要的科研积累，基础设施建设严重滞后。例如，司法鉴定基础数据库是保障司法鉴定效率的重要前提，而我国至今没有建立起全国统一的有毒物质基础数据库及标准样品库，油墨、燃料等材料基本数据库及样本库和易燃易爆物质标准库。

（4）司法鉴定人才队伍和法律职业队伍的科学素质亟待提高。一方面，除了法医等个别领域的人员是在其学科领域系统学习之后，经过实践经验传承后开始从业的，其他很多学科都是从学徒式的实践经验传承开始职业活动，在相关的基础科学领域缺乏严格的教育和培训；另一方面，非司法鉴定技术人员的法官、检察官、律师、侦查人员等在司法鉴定科学方法的培训和知识背景方面常常不足，他们常常不能充分理解各种司法鉴定使用的方法，不能按照司法鉴定要求有效收集证据，不能对科学证据的可靠性进行有效审查判断。

（5）司法鉴定科研机构建设布局不平衡，非司法鉴定机构的社会科研资源未能充分发掘。长期以来，我国司法鉴定机构建设集中在侦查机关，科研建设集中在与刑事诉讼密切相关的三大类司法鉴定种类上，司法鉴定的中立性、客观性易受质疑。随着近年的司法鉴定体制改革，社会司法鉴定机构有了一定的发展，体现了诉讼活动所要求的对抗性和公平性，但是这些机构从总体来看缺乏科技投入的动机、机制和能力，导致司法鉴定能力不足，不能够适应司法活动客观公正的高标准要求。此外，根据最高人民法院的统计，2005 年和 2006 年全国一审案件均为 516 万件左右，其中民事案件占 85%，刑事案件仅占 13%。民事案件所涉及的大量非三大类的新型司法鉴定业务并没有为侦查机关的司法鉴定科研建设所涵盖，而蕴涵于各类科研机构等非传统司法鉴定提供者的科研能力并没有在这些案件中得以发掘，从而服务于司法，服务于社会。

3. 解决我国司法鉴定的规划协调和统筹管理问题。当前，司法鉴定体制中规划管理欠协调、统筹管理不一致的现象较为突出，严重制约了我国司法鉴定制度的发展。具体表现有以下几点：①没有司法鉴定科技发展规划。司法鉴定科研工作在不同的科技管理部门中长期处于边缘化，缺乏司法鉴定科技发展规划和中长期计划，导致科技投入严重匮乏、布局不合理、涵盖不全面等问题，相关研究获得资助的机会十分有限。例如，司法部所属的唯一国家级司法鉴定科研机构，近十年来从国家获得的科研项目总投入很少。②协调机制不完善。由于没有建立起统一的司法鉴定科研管理体制，国家在科研投入方向上偏重于公共安全和突发事件应急，一些急需解决的司法鉴定科学基础性研究难以开展。已有投入因缺少跨部门、跨行业的协调机制，无法形成整体合力，造成学科投入不均衡、重复建设等问题，学术研究自主性有限，主要集中在与刑事诉讼有关的应用性研究上，忽视、抑制了对其他司法鉴定技术方法科学基础问题的探究。③人才交流渠道不畅通。司法鉴定界与教育界的交流渠道不畅。一方面，教育界在司法鉴定领域的专业设置缺乏，导致司法鉴定教育、培训不能满足实际需要；另一方面，司法鉴定学科进步所取得的任何成果无法有效地通过法学教育传达给法官、检察官、律师等法律职业工作者。

（二）发挥科技社团科技支撑作用的建议

从科协组织自身特点出发，我们建议，应当充分发挥科技社团的优势和科技专家在司法鉴定活动中的重要作用。即通过发挥科技社团组织网络、集聚高层专家等优势，创新司法鉴定模式，发挥科协组织在科学技术鉴定活动中的科技支撑作用。

1. 在司法鉴定科技基础建设工作中发挥作用。司法鉴定科技基础是指支撑司法鉴定的以科学技术基础理论、科技人才、科技基础设施为核心的综合能力。司法鉴定本质是法律制度规范下的科学技术活动，科学性是司法鉴定公信力和权威性的基础，科学技术既是第一生产力，也是司法鉴定的生命力和成长力。司法鉴定科技基础建设工作，是保证司法鉴定科学性的前提。通过进一步完善司法鉴定科技研发的体制和制度，加强司法鉴定科技基础建设，提高司法鉴定水平，促进司法鉴定科技进步，对实现司法鉴定行业跨越式发展，促进司法公正、构建和谐社会具有重要意义。

结合我国国情，可以考虑以下几方面的工作：①配合司法行政机关制定司法鉴定科技发展规划，把司法鉴定科技基础建设纳入国家科技支撑计划重点项目，取得对司法鉴定行业的稳定科技投入，重点攻克一批影响鉴定能力、制约行业发展的关键技术，如电子数据、网络安全、医疗纠纷、伪造文件、重大突发公共事件等领域的新技术，推动司法鉴定技术进步和学科专业的发展；②开展继续教育，组织新技术培训和传播司法鉴定新知识，建立和促进司法鉴定界与科技界在人才培养方面的稳定联系，保证司法鉴定学科进步所取得的成果能够直接传达给其他法律工作者；③整合智力资源，建立专家数据库和远程专家诊断网络，实现“人机”高效结合，最终形成优质资源（高层专家）+ 优质仪器设备 = 高质量的鉴定结论的质量控制局面。

2. 在技术方法准入及标准化建设中发挥作用。司法鉴定意见的法定证据性质和证明价值决定了其应有较其他行业更为严格的准入和标准化要求。司法鉴定准入制度是判断机构、人员、装备、技术和方法是否具有参与司法鉴定资格的制度。司法鉴定技术标准是指鉴定人在司法鉴定活动中运用专业技能判断专门性问题的尺度与依据。

科学技术进步为司法鉴定的发展奠定了科学基础，也为推动司法鉴定领域吸纳先进成熟技术，享用科技创新成果提供了必要条件。建立既符合我国国情，又符合科学原则和国际规则的司法鉴定技术和方法准入制度与技术法规、标准体系，对于

提高司法鉴定的社会公信力，保证诉讼活动的顺利进行至关重要。

目前，我国在司法鉴定技术方法准入制度和鉴定标准方面存在以下问题：①司法鉴定技术应用缺乏限制，其可靠性受到质疑，不能满足司法需要。目前我国涉及诉讼的鉴定业务类别已近200种，其中，原已纳入人民法院鉴定名册的鉴定业务达158种，已经司法行政机关核准登记的鉴定业务有30余个门类。在使用司法鉴定技术和方法方面存在三种不良情况：一是应用到司法鉴定领域的新技术日渐增多，随之而来的是一些不够成熟的技术也未加限制地被直接运用于司法鉴定；二是一些陈旧、可靠性低的技术未被及时淘汰；三是现用技术和方法大多是从相关学科专业领域转换过来的，先进成熟的技术方法不能及时有效地应用于司法鉴定领域。由此造成司法鉴定结论不可靠、公信力不高，为司法审判带来诸多困扰。②司法鉴定技术标准缺位，其科学性受到质疑。我国长期没有建立司法鉴定技术法规、标准体系，司法鉴定技术方法和标准研究严重滞后，供需矛盾突出。为了满足诉讼需要，一方面采用由相关部门联合发文形式规定标准，例如，司法部和卫生部颁布了人体轻伤、重伤标准和精神疾病司法鉴定的规定；另一方面，采取借用其他行业相关技术标准的办法弥补所需，而相关行业的技术标准与司法鉴定的目的、任务、作用、要求不同，在司法鉴定适用中存在较多问题。在司法实践中，当事双方往往把诉讼争议的焦点转移到鉴定意见上，但由于目前适用的技术标准不统一，缺乏对鉴定意见进行质证、比较的依据，造成多头重复鉴定和久鉴不决，人民群众反映强烈。

司法鉴定技术和方法准入原则包括：科学原理一致性及经验可证实、得到相关团体内部的普遍接受、同行复核、同行的充分证明等。那些通过审查评价，符合成熟、可靠、稳定、实用特性要求的司法鉴定技术和方法才能被许可在司法鉴定领域应用；而对于已经运用于司法鉴定领域的技术和方法，一旦经后续的科学研究和实践检验被认为是错误的，或者已被新的技术所取代，则应当通过落后技术的淘汰和限制程序加以纠正、撤销。我国三大诉讼法中虽然都规定鉴定结论为法定证据种类之一，但是没有对鉴定结论所依据的科学技术标准予以明确规定，其他现行立法、司法解释以及行政法规在司法鉴定技术与方法的科学性评判标准问题上也基本上没有作出具有可操作性的规定。由于缺乏司法鉴定技术的准入评价制度和管理规范，引发鉴定争议问题屡见不鲜。

澳大利亚已将司法鉴定标准纳入了国家标准管理体系，并通过专业标准化委员会或相关行业协会、专业研究机构对司法鉴定标准进行管理。我国在司法鉴定技术和方法准入以及标准化建设上，首先应当建立和完善司法鉴定技术和方法准入、限制与淘汰机制，不断促使先进成熟的技术和方法能够及时运用于司法鉴定领域，同时淘汰落后和不适合的鉴定技术方法，在根本上解决司法鉴定中应用技术的随意性，从而保证司法鉴定的科学性、可靠性。此机制中的具体标准，可由司法部依托科技社团组建行业司法鉴定标准化技术委员会拟制并落实。与此同时，在开展技术和方法准入的论证、审查时，也可以发挥科协所属专业学会作用，建立相应的评价制度，并提供自编方法上升为行业推荐性技术规范，直至国家标准的有效途径，实现对司法鉴定技术的有序管理。

3. 在司法鉴定活动中的发挥科技专家作用。科技专家往往是行业的领军人物和技术权威，通常能敏锐洞察到各技术领域的发展方向和未来趋势，因此，在司法鉴定活动中充分发挥科技专家的作用显得尤为必要。根据我国现行法律规定，科技专家参与司法鉴定活动有两种形式：一是取得执业资格，作为司法鉴定人对诉讼涉及的专门性问题依法进行鉴别和判断并提出专业意见，其出具的专家意见具备合法的证据形式，对法庭查明事实真相，特别是对案件的定性起着关键作用；二是当事人的聘请并经法院准许，以专家辅助人身份出庭辅助当事人对诉争的案件事实所涉及的专门性问题进行说明或发表专业意见和质疑鉴定意见，其参与对于提高当事人对鉴定意见质证的有效性至关重要。随着科学技术日新月异，司法鉴定活动中涉及专业知识、专门问题的纠纷日益增多，围绕技术权益的纠纷案件也不断攀升，难度不断增加，迫切需要科技专家发挥其专业特长，参与解决司法鉴定中各种专门性问题。建立科技专家与司法鉴定人衔接机制，明确科技专家在司法鉴定中的法律地位，是及时应对科技进步所带来的诉讼难题的重要手段，也是促进社会公正的重要举措。

当前制约科技专家参与司法鉴定活动的问题主要表现在以下方面：

司法鉴定对科技专家的迫切需求与科技专家合法参与鉴定之间矛盾突出，主要表现在：①只有极少数科技专家能够成为司法鉴定人参与司法鉴定活动。根据最高人民法院统计，全国各级人民法院办理各类案件总数由2006年的810余万件激增至2008年的1000余万件，其中民事案件占到85%。从北京、吉林、山西、湖北、重庆等地司法机关的调研情况看，经过司法鉴定的案件数量一般占总案件数量的10%，更有大量案件由于种种原因未启动司法鉴定程序。实践中涉及科学技术问题的鉴定呈快速增长趋势，诉讼涉及的鉴定业务类别已达200多种，司法鉴定需要解决的交叉性和边缘性问题越来越多，迫切需要科技专家参与司法鉴定。但是，截至2010年，我国司法鉴定机构为4700余家，执业司法鉴定人仅52 000余人。目前司法行政机关制定的司法鉴定人执业许可制度和法院系统的司法鉴定专业机构名册制度，对鉴定

领域和司法鉴定人的准入限制，使绝大多数科技专家无法取得合法地位参与司法鉴定，其出具的专家意见的证明效力也无法确定。②重大、疑难等复杂事项鉴定中缺少科技专家资源的有效利用。随着社会的发展和科技的进步，高科技和各种专门性问题大量出现，尤其是重大、复杂、疑难或者特殊事项迫切需要知识面广、专业水平高，有着丰富理论和实践经验的高层次科技专家提供意见，科技专家应成为国家司法活动中应对重大、突发事件的重要资源，但实践中还没有就科技专家资源在司法活动中的应用建立有效渠道，导致对重大、疑难等复杂事项鉴定应对困难。③鉴定争议解决中没有很好地发挥科技专家的定分止争作用。由于受到专业水平、业务能力和实践经验的影响，以及使用仪器设备、鉴定方法、鉴定标准、所处环境条件的制约，针对同一鉴定问题会出现不同意见，从而引发鉴定争议。法庭需要借助科技专家的专业特长，在相互冲突的多个鉴定意见之间进行审查判断。现实中还没有科技专家参与鉴定争议审查判断的途径，导致久鉴不决、重复鉴定案件经常出现。

科技专家与司法鉴定人衔接机制不畅、司法鉴定缺乏科技专家资源支撑，具体表现在：①现有制度缺乏科技专家与司法鉴定人衔接的有效机制。长期以来，科技专家如何参与司法鉴定、采用何种法律身份参与、应当具有何种法律地位以及享有何种权利、履行何种义务均无明确规定，不能满足科技专家以合法身份参与司法鉴定的需要。2005 年全国人大常委会《关于司法鉴定管理问题的决定》明确规定对法医类、物证类、声像资料等三大类鉴定事项和与之相关的司法鉴定人实行统一登记管理。但是司法实践中涉及的鉴定事项远非此三大类能够涵盖。随着科学技术的发展，需要鉴定的“其他类”事项越来越多，现有对司法鉴定的范围、种类和司法鉴定人的执业类别的规定，不能满足司法鉴定的现实需要。只有通过科学合理的制度设计，充分发挥社会现有科技专家资源和各类专业机构的作用，才能帮助诉讼各方及时有效地解决司法活动中遇到的各种专业、复杂和综合性的问题。②科技专家资源尚未有效整合，司法鉴定活动缺乏科技专家库作为支撑。逐年增多的涉及科学技术的案件凸显出司法鉴定对科技专家的强烈需求。由于没有对丰富的科技专家资源进行有效整合，建立科技专家库，为司法鉴定活动提供足量、有序的支撑，致使法院和当事人没有一个成熟的专家选择渠道，往往难以选择到权威的专家。③尚未建立权威审查判断机制。司法实践中，当事人在鉴定结果对其不利时，会不断寻求“重新鉴定”以获得有利于自己的鉴定结果，导致重复鉴定、多头鉴定经常发生。由于受到自身能力的影响，以及使用仪器设备、鉴定方法、鉴定标准、所处环境条件的制约，科技专家会对同一鉴定事项得出不同意见，甚至出现截然相反的意见，从而引发鉴定争议。由于没有建立权威审查判断机制，法官难以对冲突的多个鉴定意见进行最终裁定。

为充分发挥科技专家在司法鉴定活动中的作用，包括专家辅助人在重大（要）疑难、重复鉴定及出现鉴定结论争议等案件中的作用，建议在法医、物证、声像资料三大类鉴定类别以外的科技司法鉴定中，从机制和基础建设上重视发挥科技社团和科技专家的作用：①构建科技专家与司法鉴定人衔接机制。包括科技专家转化为司法鉴定人的资质审查、评议和核准程序、同行监督机制等，实现科技专家与司法鉴定人合理对接及合法、科学转化。②构建科技专家与专家辅助人衔接机制。包括确立科技专家作为专家辅助人在诉讼中的主体地位、确立科技专家作为专家辅助人参与诉讼活动的执业资格、确立科技专家作为专家辅助人的资格审查和认定程序等。③建立"准司法鉴定人信息库"。借助科协组织等科技社团，根据科技专家与司法鉴定人之间条件、能力的共性特征，建立"准司法鉴定人信息库"，并对入库科技专家进行特定形式的培训，在司法机关委托或聘请时，即由"准司法鉴定人"转变为实质意义上的司法鉴定人。"准司法鉴定人信息库"中的科技专家也可以直接担任专家辅助人。④建立司法鉴定专家委员会。司法鉴定专家委员会由具有专业技术特长的权威科技专家组成。其功能一是在司法鉴定涉及重大案件或遇到涉及特殊、复杂、疑难的技术问题的鉴定事项时，向法庭提供技术方面的专家意见；二是在针对同一鉴定事项的多份专家意见出现冲突时，担任技术"顾问"的角色，向法庭提供技术方面的咨询评价意见；三是协助司法行政部门，参与司法鉴定标准化建设工作。

## 附录六　荷兰司法鉴定专题考察报告*

2012年9月8～28日，司法部司法鉴定培训团一行24人赴荷兰进行了为期21天的培训。培训内容包括荷兰司法制度、司法鉴定管理、司法鉴定机构管理、司法鉴定人注册培训、司法鉴定执业分类、司法鉴定业务发展等。培训期间除在荷兰司法

* 本文原载于《司法部司鉴局简报》2012年第32期。考察团为司法部司法鉴定培训团；考察报告撰写：曾军、陈玉敏、马向东、郑江峰、潘广俊、罗良方、鲜辉、李登榜、王满怀、刘沛奎、阎交勇、张海松、陈瑶、夏文涛、张纯兵、王文举、谢朝化、窦建耀；主持：胡占山；审定：霍宪丹。

鉴定所（The Netherlands Forensic Institute，以下简称 NFI）集中授课外，还参观考察了 NFI 实验室、莱顿大学医学院司法鉴定中心、海牙警察局鉴定室、荷兰总检察院（荷兰最高检察院）、荷兰精神病学和心理学司法鉴定所、司法鉴定人注册委员会、荷兰儿童伤害鉴定中心、荷兰警察大学、阿姆斯特丹大学司法鉴定研究中心等，与荷兰司法鉴定相关专家、学者进行了广泛交流。

## 一、荷兰国家概况及刑事司法制度

### （一）荷兰概况

荷兰位于欧洲西北部，东邻德国，南接比利时，西、北濒北海。荷兰海拔很低，很多地方接近甚至低于海平线，所以又称“低地之国”。荷兰的首都是阿姆斯特丹，但是政府部门、女王王宫和大多数使馆都设在海牙。荷兰 1463 年正式成为国家，16 世纪前长期处于封建割据状态。1848 年成为君主立宪国。第一次世界大战期间保持中立。第二次世界大战初期宣布中立。1940 年 5 月被德国军队侵占，王室和政府迁至英国，成立流亡政府。1945 年恢复独立，战后放弃中立政策，加入北约和欧共体及后来的欧盟。

荷兰人口总数是 1673.37 万人，是世界上人口密度最高的国家之一。居住有多个民族，其中近 81% 是荷兰人，印尼、土耳其、苏里南为较大的少数族裔。荷兰经济发达，是西方十大经济强国之一，人均 GDP 超过 5 万美元，排在世界前十。荷兰是外向型经济，主要以商品和服务业为主。

### （二）国家制度概况

荷兰是实行地方分权的单一制国家的典型，由一个统一的中央政府和多个地方政府组成。荷兰宪法规定，荷兰为世袭君主立宪王国，立法权属国王和议会，行政权属国王和内阁，枢密院为最高国务协商机构，主席为国王本人，其他成员由国王任命。

立法权由国王与议会共同享有。国王享有立法提案权和解散议会权。议会通过的法案须经国王批准、颁布才可生效。在立法方面，女王可以直接立法，但只能在涉及公民方面即公民福利等方面，无权在刑法、政府权力等方面进行立法。宪法同时规定，国王针对法案、一般行政法草案或报请议会批准的条约的提案，须征询国务委员会或下属机构的意见，因此，国王的提案权是受到限制的。同样，国王行政权力的行使也受到了限制。

荷兰政府是由国王和大臣组成的。内阁是政府的领导机构，由首相负责。首相和部长由议会选举产生，对议会负责。议会有倒阁权、弹劾权。大臣会议是政府的决策机构。

荷兰地方政府主要分为省、市两级，共有12个省和770个市镇。各省、市设有自己的议会。

（三）荷兰的司法体制

在荷兰，司法体系是由公共安全和司法部、法院、检察机构、警察等构成的法律实施组织体系。

1. 荷兰公共安全和司法部。司法行政制度是荷兰司法制度的重要组成部分，具有保证国家司法权有效行使和规范国家司法行为的重要功能。荷兰司法部因吕特内阁上任后，将原属于内政部的部分公共安全职权移交至司法部，故于2010年10月14日改名为“荷兰公共安全与司法部”（Ministerie van Veiligheid en Justitie），任务是维护社会秩序，确保公正、安全和统一。

荷兰公共安全和司法部的主要职责如下：一是管理全国警察。负责警察部队的组织运作，包括警察的人力资源管理与装备、经费、外部关系管理等。二是负责国内反恐协调。包括反恐信息交流、制定反恐政策和战略、协调处置危机、监控和预防、国家安全以及民航等特殊行业的安全。三是负责司法和执法。负责法律法令的落实和实施，负责制定执法政策，监管司法和执法的有效运行，为司法和执法机构提供行政服务。具体包括法院、检察、公证员、律师、法警、司法鉴定、法律援助、调解、国际司法协助、刑事罚金收缴等相关事务的管理和服务。四是关心预防青少年犯罪和刑罚执行。具体职能是制定犯罪预防和犯罪制裁的政策，制定及实施青少年犯罪预防政策，进行监狱管理。五是负责公共秩序和安全。包括对刑罚执行的监管，对公共秩序和安全的监督。六是负责公诉事务，内设检察总长委员会。检察总长委员会是一个相对独立的组织，为司法系统的一部分。司法部还有权对检察权的实施给出宏观性的或具体的指示，但是受到一定的限制，司法部在作出决定前必须咨询检察总长委员会，并对相关内容予以说明。

司法部设有司法部长和部务秘书长。司法部长是司法委员会副主席，通过国家司法委员会实现对法院院长的任命和对法院系统的管控。部务秘书长的主要职责是协作部长开展工作。部务秘书长是文官，负责统领司法部内各个部门的运作。司法部的本部设在海牙，司法部与荷兰内政和王国事务部位于同一栋大楼，它拥有3万名公职人员，分布在荷兰各地。

2. 法院。荷兰设有61个初级法院（市镇法院）、19个地区法院（2013年将合并为10个），5个上诉法院（2013年将合并为4个）和1个最高法院。此外第二院还

设有军事法庭、行政法庭等3个特别法庭。其法院分为刑事法院、民事法院、行政法院。

初级法院主要管辖争议标的额较小的简易案件和一般刑事案件，实行独任审判。地区法院主要管辖重大刑事案件和复杂的民事案件，实行合议制审判。无论是基层法院还是地区法院都是初审法院。上诉法院主要负责审判上诉、抗诉案件，仅就案件的事实进行复审，如认为初审时的事实不清或有出入，必须发回重审，对下级法院的判决有否决权。荷兰最高法院是所有刑事、民事案件的终审法院，主要负责对涉嫌犯罪的重要政治人物进行起诉（高级官员履行职务中的犯罪案件），同时有权对适用法律错误或违反正当程序的裁决进行复议。荷兰的地区法院设立了一个独立的专门部门，负责审理与行政法有关的纠纷案件，他们有权上诉到国家委员会所属的行政法委员会，还拥有撤销权——根据荷兰宪法的规定，该部门若发现行政机关作出的决定与法律和公共利益冲突，有权予以撤销。

荷兰的法官必须都是法律专业人士，并且经6年的培训符合条件后，由女王和内阁任命，任职期限为终身制，70岁退休。法官若提出辞呈或达到法定退休年龄，应立即离职。根据议会法令规定，法官须由法官隶属的法院宣布停职或解职。法官在法庭审理中处于中心地位，主导庭审过程。法官在审判的过程中，只能适用法律而不能援引判例，但最高法院的案例法除外。在刑事诉讼中法官是监督者，监督警察与检察官的行为是否合法。但法院的审判则受到检察部门的监督，检察机关设在法院内部，实行检审合署，检察机关接受司法部的领导。

代理法官制度也是荷兰司法制度的一大特点。法学教授、专家、学者在接受法官职业培训或具备相应的法律执业经验后，可经法定程序被任命为代理法官，与法官组成合议庭审判案件，资深的代理法官可以独任审判，行使与法官同等的权力。代理法官制度拓宽了司法资源，有利于缓解各国普遍存在的审判力量不足的问题，提高了法院审判效率。

3. 检察机构。荷兰的检察机构呈等级式，处于金字塔顶端的是总检察长委员会，其下有地区检察院、上诉检察院和国家检察院，这三者不存在隶属关系，直接由总检察长委员会管理。此外，荷兰还设有独立的检察机构——荷兰最高检察院。

地区检察院是与地区法院对应设立的，总计21个（19个地区级和2个国家级，2013年合并为12个），此外还有交通执法办公室、刑事局、国家公诉办公室、国家经济和环境犯罪公诉办公室、国家内部调查部等机构。他们的主要职责是负责刑事一审案件的侦查与起诉。上诉检察院同样是与地区法院相对应的，总共5个（2013

年合并为4个）。他们主要负责处理上诉案件中的刑事指控。国家检察院位于鹿特丹，它的主要职责是调查、起诉严重或有组织犯罪、全国性犯罪以及需要由荷兰国家犯罪署侦查的国际犯罪；负责监督国家犯罪署的刑事执法活动（国家犯罪署主要负责侦查诸如贩卖人口、恐怖主义犯罪、洗钱犯罪以及诈骗等国际犯罪）；负责制定与国际有组织犯罪相关的侦查与起诉政策，并且负责处理国际司法合作事务。

总检察长委员会由3～5人组成，主席由荷兰女王任命。总检察长委员会的权力包括：指导检察院与检察官行使法定权利，这种指导可采用普通政策或特别指令的形式进行，都具有法律效力；在侦查与起诉方面，总检察长委员会有权监督检察机构是否正确执行起诉政策，警察机构执行侦查政策时是否有误。检察总长要对安全和司法部长负责，部长对议会负责。

荷兰的检察官同法官一样都是终身制（有条件的终身制，其解职是由检察官委员会决定的），但检察官比法官要早5年退休。检察机关的职责主要是担任国家公诉人，但荷兰检察官的权力相对于其他国家的来说是非常大的，包括：①对警察的侦查活动予以监督。检察官在侦查阶段有权引导或指挥警察实施工作，例如，刑事强制措施的实施、财产冻结等。警察若需要采取具体的侦查行动，需要得到检察官的批准。②决定是否起诉。在起诉阶段，检察官接到侦查机关移交的案卷时，有权决定起诉或不起诉。若检察官决定不起诉，其他任何机构或个人都不能再起诉。③决定庭外解决。这是荷兰检察官比较有特色的权力，检察官有权对轻微的不起诉案件的当事人处以罚金。对于有些刑事案件，检察官认为起诉效果不好或为了节约司法资源，可以采取庭外解决的方式，即检察官可以告诉被告人及辩护律师，只要被告人接受上千美元（或欧元）的罚款，检察官就不将被告交付法庭审判。④在法庭审判阶段，检察官可以向法官提出具体的意见，对最终的判决有很大的影响；检察官不仅可以对无罪判决的案件进行上诉，也可以对那些他们认为量刑太轻的案件提出上诉。另外检察官还可以介入到民事案件中。

4. 警察。荷兰现有25个警区，每个警区内设有若干个基层警察局，2013年合并为一个全国性的警察机构，设立国家级警察局，警察局接受国家安全和司法部的领导，对部长负责。

警察的主要职责是调查犯罪。荷兰常见的犯罪案件类型主要是财产型犯罪、暴力犯罪、性犯罪、毒品加工、爆炸、纵火等犯罪，对一般的偷盗、抢劫以及危害不大、难度不大的案件，由基层警察局或警区进行调查处理。除常规警察机关外，还有一些刑事执法机构也属于警察体系的构成部分，是地方或国家政府机关的一部分，

有权侦查和调查特定种类的案件。

荷兰实行检察主导的侦查体制，警察在行使侦查权时受到检察院的领导，警察的权力受到严格的限制。在刑事诉讼中，负责立案侦查工作，在执行涉及犯罪嫌疑人人身自由的强制措施时，主要采用“司法令状主义”。若需要拘留、逮捕犯罪嫌疑人，必须事前得到预审法官的批准，并在3日内将嫌疑人带到预审法官面前，超过3日有面临被撤诉的危险。搜查犯罪嫌疑人的居所及与犯罪相关的场所，警察必须取得检察长、预审法官的批准，并说明正当理由，没有正当理由则会被驳回。警察的整个侦查活动必须接受检察官的指导与监督。

5. 司法体制改革。2011年，荷兰开始进行司法体制改革，并于2013年正式运行新体制。改革的主要内容是调整司法辖区，减少司法辖区的数量，相对集中资源，减少官僚主义，提高工作的效率。主要举措有：一是将警察管理由原来的内务部移交司法部管理，全国原有的25个警区合并为1个。二是减少法院和检察机构的数量。地区法院由过去的19个减少至10个，5个上诉法院减少至4个；21个地区公诉检察官办公室减少至12个，5个上诉检察官办公室减少至4个。法官、检察官人数不减少，只减少机构，集中资源，提高司法的效率。三是设立荷兰司法委员会。司法委员会管理除最高法院以外的全国各级法院，行使原属于司法部的涉及法院事务的职能，负责管理法院系统的资金、法官的招聘、任命、晋升和培训等。司法委员会的职责主要包括：负责提出法院预算，将经费分配至各级法院，并向司法部报告经费使用情况；与各法院共同研究，制定办案标准规则，督促法官提高工作效率；有权对办案质量、效率较差的法院发出改进指示，甚至可以减少该法院的办案经费；向法院提供各方面支持，负责法官的任命、晋升、培训、宣传，组织庭审观摩等，并向当事人发放评议表，了解各界对法院的意见。这样改革的主要目的是提高法官的工作效率，探索对法院和法官实行企业式的量化管理模式。

### （四）刑事法律制度与证据制度

1. 法律制度的特点。荷兰属于大陆法系国家，其法律制度也继承了大陆法系的特点：①在法律的历史渊源上，荷兰的司法制度继承了罗马法成文法典的传统，制定了很多部法典，比如《荷兰民法典》、《荷兰刑法典》、《荷兰行政法典》等。《荷兰宪法》第107条第1款规定：“民法、刑法、民事诉讼法及刑事诉讼法的制定必须依据议会制定的统一的法典，但也不妨碍根据议会的单独法案规范其他领域。”因此，荷兰法的渊源是由议会法案、法典（民法、刑法、民事诉讼法及刑事诉讼法）、条约及案例法组成，所以法律制度以成文法为主，辅以最高法院的判例，这打破了大陆法系国家的一贯作风，形成了特有的法律制度；②在法律形式上，构建了完整的成文法体系，针对重要的法律部门制定法典，并辅以单行法规，法典完整、清晰、逻辑严密，重视理论概括；③在司法上，强调成文法典的权威性，法官只能适用法律，在现存的法律规定中找到适合的法律条款，不能以判例为判案依据。

荷兰的法律制度以温和性和务实性著称。温和性体现在荷兰刑法在1982年全面废止死刑，即使军事刑法和战争期间的刑法也不允许使用死刑。而且，在荷兰，刑法中的终身监禁刑也用得非常少，在刑法典颁行后的50年里，平均每两年才判处一次终身监禁。务实性的精神体现在三个方面：一是认为犯罪是正常的现象，应以人道方式对待犯人；二是认为定罪量刑应该考虑是否造成社会失序，具体是指是否有重新犯罪的危险、他人模仿犯罪的危险、被害人无法受到抚慰、公众的愤怒和焦虑；三是认为应当尊重犯罪人的人格尊严。

2. 刑事诉讼制度。荷兰有成文的刑事诉讼法典，详尽规定了刑事诉讼的原则，诉讼参与人的权利义务，审理案件的程序和步骤等。荷兰刑事诉讼的主要原则有：①合法性原则。《荷兰刑事诉讼法》第1条规定，只有依据法律的规定才能进行调查和起诉。②辅助原则和比例原则。辅助原则和比例原则是刑事审判中两项极为重要的原则。辅助原则是指如果用不太严厉的强制措施足以达到目的，当局就不应适用更为严厉的强制措施。与此密切相关的是比例原则，该原则是指使用的调查手段必须和犯罪的严重性成比例。《荷兰刑事诉讼法》规定，只有在调查进展紧迫必要的情况下，警察实施羁押才是合法的。③不得自证有罪。“不得自证有罪”原则系指任何人都没有义务或被强迫合作而使自己被定罪，嫌疑人享有沉默权。《荷兰刑事诉讼法》第29条规定，禁止调查官员为了得到非自愿提供的口供而采取任何行为。④公开审理。任何案件都由法院公开审理。⑤可使用传闻证供。⑥自由裁量。对于各种证据的真伪、证明力的大小及案件事实如何认定，法律并不作具体规定，完全听凭法官根据“理性”和“良心”自由去判断。法官必须以自己的自由心证作为裁判的唯一根据。

《荷兰刑事诉讼法》具体规定了诉讼参与人的权利（职责），包括：①犯罪嫌疑人的诉讼权利有沉默权、得到律师协助、参与审判（出席庭审）、知情权（在审判期间出席得到关于指控、证据的有关信息）、无罪推定等；②受害人的诉讼权利有了解案件调查审理的进展情况、对不起诉决定提出抗议、查阅案件卷宗、得到（经济上的）补偿、在法庭上作口头声明等；③公诉人的职责有负责/领导犯罪调查，决定对犯罪是否起诉，出于技术方面的原因或者公共利益决定撤销起诉，通过和解方式解

决，向法院提起诉讼，监督判决的执行等。

刑事诉讼程序分为两个阶段：一是庭前程序。庭前程序从合理怀疑刑事案件发生开始，一旦立案，警察就要进行调查。通过现场勘验、讯问犯罪嫌疑人、询问证人等方式进行调查。调查方法由检察官或法官确定。预审法官决定审前羁押、传讯证人、许可侵入性措施。二是庭审程序。不复杂的案件由1名法官审理，复杂的案件由3名法官审理。庭审中，法官发挥主导作用，有权决定询问被告、证人，审查鉴定，下令进一步进行调查。在庭审结束后14天内作出裁决。荷兰的刑罚分为主刑和辅刑两种：主刑包括监禁刑罚（无死刑）、任务刑罚（劳工处罚）、罚金；辅刑包括撤销、没收、向受害者支付赔偿金、强制治疗。

3. 证据制度。荷兰属于大陆法系国家，具有大陆法系证据制度的许多特点，具体包括：①庭审证据调查方式。由主审法官主导证据的提出与调查，一般不采用交叉询问。②证据形式。包括警察的记录、法官的法庭观察、书证、证人证言、专家证言和司法鉴定意见。③证据规则。荷兰采用补强证据规则，要求法官在运用某些证据证明案件事实的时候必须有相应的证据予以佐证。无论这些证据看上去多么可靠、多么有证明力，法官也不能单独根据该证据认定相应的案件事实。这主要源于1838年的补强证据规则，它规定了法庭不能仅根据被告人的口供或一个人的证言就判被告人有罪，对法官的自由心证加以限制。荷兰也采用推定规则。所谓推定即按照一定规则从一个已知事实推断出一个未知事实的认识活动。无论哪个法系，推定规则都是证据制度的重要组成部分，特别是在民事诉讼中。荷兰在非法证据排除上，不承认使用非法手段获取的证据，比如，通过刑讯逼供、诱供、骗供等所取得证据。此外，在刑事案件中，测谎仪是不允许使用的。④证明标准。根据荷兰证据制度要求，定罪的证据须确实充分，同时又坚持定罪证据必须排除一切合理怀疑。⑤鉴定人。荷兰把司法鉴定人称为“专家证人”，体现了司法鉴定具有人证、言词证据的特点。专家通常给予书面或口头的证词，如果遇到特殊的专业性问题需要质询，当事人可以申请专家出庭，法庭也可以传唤专家出庭。质询后，如对鉴定意见仍有异议的，可以提起重新鉴定。当然，法官也可以不采纳该鉴定意见，自行宣判。

## 二、荷兰的司法鉴定制度

### （一）司法鉴定的启动和采信机制

1. 鉴定意见的性质。在荷兰的刑事诉讼中，鉴定意见是作为证据使用的，荷兰的鉴定意见与证人证言在诉讼中的地位相近。鉴定意见属于法定证据性质，但作为一种专家证言，需要通过法庭举证、质证及辩论，由法官决定采信与否，最终才能成为裁判的定案根据。由此可见，鉴定意见是证据，但不一定能成为定案的依据。这与国内并无差别。在荷兰，由于民众的信赖、鉴定机构及其鉴定人准入资质条件很高，在司法实践中，重复鉴定从总体上讲并不多。鉴定意见本身以及由此而派生的相关问题在荷兰也不是关注的焦点，就这一点而言，恰恰与国内存在较大的差别。

2. 鉴定人独立负责制度。在荷兰，鉴定人开展鉴定活动遵循鉴定人独立负责的原则。司法鉴定人独立开展鉴定活动，他人不得横加干涉，司法鉴定人对鉴定意见负责，鉴定意见产生的后果原则上由鉴定人承担。当然，这种独立负责并非绝对的。司法鉴定机构从质量管控角度要对司法鉴定意见进行审核、把关。据NFI和荷兰精神病学和心理学司法鉴定所介绍，鉴定机构对鉴定人鉴定活动的管理主要体现在对鉴定报告或意见的审核把关上：一是审核鉴定意见或报告的论据部分。重点审查其论据是否充分、是否表述清晰，有助于客户（委托人）对鉴定结果的理解及信赖。二是审核鉴定意见或报告的建议部分。以精神病司法鉴定为例，鉴定人对个案鉴定对象未来是否有可能重新犯罪会作出评估，而评估中必然会涉及一些指导性建议，作为司法鉴定机构而言，其中一项很重要的工作就是要审核这些建议是否稳妥审慎，其建议的内容在实践中是否具有可操作性。

一旦出现鉴定人与鉴定机构意见不一致时，可彼此沟通交流，尽量做到二者观点一致或趋同。如果出现严重分歧，且无法通过沟通协调消除存在的分歧，则鉴定机构将在该鉴定人正式出具的鉴定意见的基础上，以鉴定机构名义，向客户（委托人）尤其是向法官出具一份信函，并在信函中将鉴定机构对该个案鉴定的真实看法一一列明，从而便于客户（委托人），特别是法官作出综合判断，但不允许鉴定机构压制鉴定人的专家意见，鉴定人作出的意见抑或报告，必须被真实地呈现于客户（委托人），特别是法官的面前。从这一点上看，鉴定人独立负责的原则，得到生动的、淋漓尽致的体现。当鉴定意见出现严重错误时，NFI作为一个机构，会主动承担因错误鉴定结论导致的后果。由此可见，在荷兰，司法鉴定人、司法鉴定机构共同对司法鉴定意见负责，理论上更强调司法鉴定人独立负责，同时也鼓励司法鉴定机构对鉴定意见进行复核、审查，以确保鉴定意见的客观、准确。

3. 司法鉴定的启动。刑事案件的司法鉴定工作，由检察官、警察以及法官启动。据NFI介绍，在刑事诉讼活动中，有权启动鉴定的是警察、检察官、法官。对警察而言，一旦有刑事案件发生，首先由警察局内部的鉴定工作人员（从事刑侦辅助的技术人员）做鉴定的初期工作（包括证据收集、初步判定等），然后按规范送交NFI等司法鉴定机构进行鉴定，但在重大疑难复杂案件中，由NFI派出现场罪案工作车

辆及人员，直接开展罪案现场的相关工作。对检察官而言，有权对受到严重质疑的鉴定案件，在与 NFI 等鉴定机构的鉴定人沟通后仍无法排除疑问的情形下，进行补充性鉴定或重新鉴定。对法官而言，他有权在审判活动中作出补充或重新鉴定的决定。

民事司法鉴定可由当事人自行启动。荷兰的司法鉴定机构主要承担刑事案件司法鉴定工作，目前对民事案件的司法鉴定没有专门性的管理规定。在民事案件中，通常由原被告协商确定双方认可的司法鉴定专家，经法官确认后，承担司法鉴定任务，出具司法鉴定报告。

当事人在下列两种情形下可以申请司法鉴定：一是在刑事案件中，当事人一旦对控方的鉴定意见或报告产生怀疑，可由其辩护律师向检察官提出（在提出指控未进入法院之前）或向法官提出（在法院审判阶段），由检察官、法官各自以他们的名义启动补充或重新鉴定。二是在民事案件中，当事人及其委托的律师可在法院立案前，以单方证据的形式，委托进行司法鉴定活动，一旦案件进入法院，则鉴定的启动权（不论补充鉴定还是新的鉴定）就掌握在法官手中。当然也有特殊情况，例如荷兰儿童伤害案司法鉴定中心，该鉴定中心旨在开展结合儿童心理特点的有针对性的鉴定项目。我们了解到，来此处委托鉴定的一般是上述主体，但倘若儿童的法定监护人（父母）双亡或丧失行为能力，则可能由非政府组织的儿童维权机构出面，委托该鉴定中心开展鉴定活动。

4. 鉴定意见的采信以及补充鉴定、重复鉴定。司法鉴定意见必须经过法庭质证，只有法官经自由心证确认后才能被采用并作为定案的证据。在荷兰，鉴定人的鉴定意见或鉴定报告享有崇高的权威、诚信度，司法鉴定证据通常很少受到质疑，要求司法鉴定人出庭的情况很少见。司法鉴定人出庭时要回答的问题一般包括：①解释使用的司法鉴定调查方法；②使用方法的可信度有多少；③证明使用方法得出结果的可信赖程度；④司法鉴定人有没有足够的能力做这个司法鉴定。按照 2009 年新颁布的法令规定，只有经过司法部注册的司法鉴定人才有资格出庭作证。

在荷兰的司法实践中，出现重复鉴定、补充鉴定的情形并不多见，也没有法律、法令等规范性文件对此进行规制，主要靠法官在审判活动中基于自由心证，开展自由裁量，决定在个案中是否开展补充鉴定抑或是重复鉴定。实践中，如果当事人对司法鉴定意见提出质疑，司法鉴定人不能令人信服地回答质疑的问题，法官可以委托另外一家司法鉴定机构进行鉴定。如果后一个司法鉴定意见与前一个司法鉴定意见不一致，甚至出现重大分歧，法官可以从中挑选更有说服力的司法鉴定意见作为证据使用，也可以都弃之不用，不再审理鉴定所涉及的事项，倘若鉴定意见是唯一证据时，将会宣布证据不足，撤销案件。迄今为止，还没有出现过对同一对象的第三次司法鉴定。

（二）荷兰司法鉴定管理体制的特点

1. 实行统一的行业管理。荷兰公共安全和司法部统一负责司法鉴定工作的管理。荷兰公共安全和司法部内设专门的司法鉴定行政管理部门，负责研究制定有关司法鉴定的政策、法令，负责司法鉴定工作的人员选拔、培训和有关财政保障。荷兰公共安全和司法部下设的司法鉴定注册委员会负责对全国的司法鉴定人进行注册管理。荷兰公共安全和司法部直接管理两所国家级专业、独立的鉴定机构，一是荷兰国家司法鉴定所，承担与刑事案件相关的司法鉴定工作；二是荷兰精神病学和心理学司法鉴定所，专门从事精神病学和心理学司法鉴定。另外，荷兰公共安全和司法部对各警区设立的专门负责犯罪现场调查的警察技术部门进行指导、管理。

2. 实行司法鉴定人注册制度。为确保司法鉴定的业务水准，避免因错误的司法鉴定报告导致错案的发生，2009 年，荷兰先后颁布了《刑事法律中的司法鉴定人法案》和《司法鉴定人注册法令》，要求从事刑事案件司法鉴定的专家进行注册管理，同时规定警察、检察官、法院要委托经过注册的专家进行刑事鉴定，对于尚未开展注册的鉴定项目或者注册专家不能解决需要聘请未注册专家的，必须作出特别说明。根据上述两个法案，2010 年 1 月，荷兰正式成立了司法鉴定注册委员会（简称 NRGD），对从事刑事案件司法鉴定的专家进行注册。自 2010 成立至今，司法鉴定注册委员会已完成了 DNA、笔迹、精神和心理疾病鉴定、毒物、毒品、枪支弹药等六大领域的评估标准的设置。目前已注册专家人数分别为：DNA 专业为 28 名（全部为荷兰国家司法鉴定所专家），笔迹鉴定为 3 名，精神和心理疾病鉴定为 600 名，毒物鉴定为 8 名，毒品鉴定为 6 名，枪支弹药鉴定为 6 名。所有注册专家姓名均通过互联网对外公布，接受社会监督。

3. 采取集中与开放相结合的机构管理模式。荷兰司法鉴定机构的基本管理模式是严格区分刑事和民事案件的司法鉴定。从事刑事案件司法鉴定的机构由政府集中管理，NFI、荷兰精神病学和心理学司法鉴定所从事有关领域的刑事案件鉴定，警察的技术部门负责现场勘查、提取检材以及简单的鉴定。此外，荷兰安全和司法部对社会司法鉴定机构授权从事刑事案件的司法鉴定，如授权莱顿大学司法鉴定中心做 DNA 鉴定，授权阿姆斯特丹自由大学法医学系做法医病理鉴定。从事民事案件鉴定的机构实行开放式的管理，国家没有专门规范司法鉴定机构的法律法令，大学、企

业或私人可以按照公司法有关公司设立的规定，自由出资建立司法鉴定机构，但是鉴定人必须经司法鉴定注册委员会注册。目前，全荷兰只有数家这种类型的机构，这种机构鉴定范围单一，规模小，主要从事法医鉴定或一些特殊事项鉴定等。从全荷兰的情况看，司法鉴定机构数量不多，呈现出以国家级司法鉴定机构为主导、其他机构为补充的格局。NFI 在刑事司法鉴定领域处于绝对垄断地位，承担了全国 97% 的刑事案件司法鉴定工作，荷兰精神病学和心理学司法鉴定所几乎承担了所有的精神疾病鉴定案件，其余刑事案件和全部民事案件司法鉴定工作由大学、科研机构和私人出资的社会性司法鉴定机构共同完成。

4. 实现强制培训和评估。据荷兰司法鉴定人注册委员会介绍，该委员会十分重视业务培训工作，该委员会已注册专家达到 4 年注册有效期后，必须在 NFI 或有关院校进行为期一周的专业培训才能重新提出注册申请。已注册专家在执行过程中一旦被投诉，注册委员会将根据情况组织专家对被投诉的专家进行能力评估，对于不符合条件的，将撤销注册。

（三）司法鉴定注册制度

1. 荷兰司法鉴定注册委员会。荷兰司法鉴定注册委员会为荷兰司法部的直属机构，经费由政府全额拨付，总部位于荷兰乌特勒支市。司法鉴定注册委员会的主席和所有成员由司法部长任命。委员会会议共由 9 人组成，包括 4 名科技领域的专家（其中 3 名有教授职称）、1 名检察官代表、1 名警察代表、2 名法院系统代表、1 名国防部选派的专家。注册委员会的任务是，通过收集和公布司法鉴定专家的有关情况，组织专业能力测试等方式，对符合法案规定的资格认证标准的司法鉴定专家进行专业认证和注册，促进刑事司法鉴定水平的提高。具体职责有：①根据荷兰刑事法律中的司法鉴定人法案的有关规定，受理注册申请和再注册申请，取消司法鉴定注册人注册资格；②制定司法鉴定执业分类及各专业的注册标准；③制定司法鉴定人行为准则；④制定其他与司法鉴定人注册管理工作有关的工作规范。

注册委员会下设秘书处。秘书处中又设立了三个由各方面专家组成的委员会：一是标准委员会，任务务是划分专家领域、确定注册标准以及如何进行专家评估；二是申诉委员会，任务是接受和处理各种投诉、申诉；三是评估委员会，负责对申请人的资质进行评估，评估委员会在每个鉴定专业下都设有由 3 名专家组成的审查小组，负责审议司法鉴定人的注册申请报告，对有关申请人进行面试，向委员会提交审查意见，由委员会决定是否给予注册。

注册委员会颁布的注册有效期为 4 年，有效期截止后，专家需要重新向注册委员会申请注册。如果注册专家在有效期内出现重大的鉴定问题，注册委员会可以随时撤销其注册专家的资格。对于部分满足注册条件的，委员会可以给予2年的试注册，在此期间，如申请专家完全达到有关注册条件，委员会将正式给予注册。

2. 司法鉴定人注册标准。关于司法鉴定人注册的具体标准是：①具有与所申请的司法鉴定专业领域相符的丰富的专业知识；②具备丰富的与司法鉴定相关的法律理论和实践经验，对法律规定的司法鉴定专家有关职责任务有准确的认知；③能够依据相关司法鉴定专业知识对司法鉴定委托方提出的有关问题进行准确客观的咨询解答；④能够根据司法鉴定申请要求制定和执行有关工作规划；⑤能够根据司法鉴定申请要求，按照司法鉴定文书规范对有关调查物证信息进行搜集、归档、解释和评估；⑥能够根据现有标准运用最新调查手段；⑦能清晰地以书面或口头的形式向法庭报告鉴定方法、结果；⑧能够在规定时间内完成鉴定调查、出具鉴定报告；⑨能在执业活动中保持独立、公正，认真对待并充分展示能力，确保鉴定结果的可靠可信；⑩要求申请的注册专家必须在最近4年内完成8件案件的司法鉴定工作。

3. 司法鉴定人注册程序。首先，申请人向注册委员会提出申请。申请人从司法鉴定注册委员会网站上下载文件包，根据文件包的要求向委员会提出申请材料。申请材料包括：个人简历、申请表、接受教育和培训的情况、行为准则、无犯罪记录证明及所作司法鉴定案件清单。其次，评估委员会对申请人进行评估。在评估过程中，评估人员将从申请人的鉴定案件清单中选取3~4个鉴定案件，申请人自己选取一个。评估中还要进行口试。如果申请材料做得完整、充分、出色，评估委员会可以决定不进行口试。在评估中有时还会进行一些额外的口试、笔试。评估结果有通过、不通过、有条件接受申请在一定期限内通过三种。最后，评估委员会将评估情况向司法鉴定注册委员会会议报告，由委员会会议决定注册结果。通过注册的颁发注册证，在注册网站上公布。评估不予通过的，申请人可以向申诉委员会进行申诉。申诉委员会将予以审核，将审核结果报注册委员会会议。如果申请人对申诉处理结果仍存异议，则可向法院直接起诉，由法院进行裁决。

### 三、荷兰司法鉴定机构及内部管理制度

司法鉴定机构是司法鉴定的组织实施者，在司法鉴定工作中具有十分重要的地位。荷兰司法鉴定机构主要由五部分构成：①隶属安全和司法部的国家级司法鉴定机构，负责向司法部门、公诉人、警察部门和其他公共调查机构提供服务，专业涉及30多项；②警察部门的实验室，主要开展指纹、弹痕方面的鉴定。一些基层警察局的法医、兼职在警察局值班的执业医生也做简单的鉴定；③大学的鉴定机构，主

要是法医学鉴定机构，如根据有关DNA法律的规定，莱顿大学可以做DNA鉴定，阿姆斯特丹大学法医学系可以做法医病理鉴定；④公司、社会组织设立的鉴定机构，这类机构较少，如DSM化工公司，主要从事毒物、微量物证鉴定；⑤私人机构，个人利用特殊技能从事一些鉴定服务。

（一）NFI（荷兰司法鉴定研究所）

NFI是一所集鉴定、技术研发、知识转化的国家级水平的鉴定机构，在荷兰乃至欧盟具有举足轻重的地位。它是荷兰规模最大、业务最全、水平最高、影响力最大的司法鉴定机构，是欧洲司法鉴定联盟的创始人之一。

1. 基本情况。荷兰司法鉴定研究所的前身是于1945年7月成立的法庭科学实验室（Forensic Scientific Laboratory）。1948年11月，根据司法部法令的规定，该实验室成为司法部的一个自治部门。1951年更名为法庭医学实验室（Forensic Medical Laboratory），1983年又分为法庭实验室（Forensic Laboratory）和法庭病理学实验室（Laboratory for Forensic Pathology）。1999年该机构被正式命名为荷兰司法鉴定研究所。2004年又被定位为司法部直接管理的一个独立机构，负责完成司法部指令性任务，由司法部拨款，不再向检方和警方收取费用。

该所拥有5万平方米的实验大楼，配有世界一流的仪器设备，现有职员700余名，其中全职员工600余名，特聘专家100余名，是荷兰唯一有能力提供超过30个领域高科技司法鉴定服务的机构。它主要为刑事案件的侦破提供技术支持和帮助，2011年鉴定业务量近8万件。该所主要有三大职能：一是开展司法鉴定工作。这是司法鉴定研究所最主要的工作，占业务量的70%。二是开展研究开发，占业务量的15%。出于长远利益考虑，除了鉴定工作外，该所还投入足够的资金、人力到技术研究项目上，不断开发、测试和引入新仪器、方法和程序，使该所处于技术开发方面领先地位，也带来了不菲的收入。三是充当司法鉴定知识和技能的中心，占业务量的15%。包括参与对犯罪现场的侦查员和公诉人的指导和培训，创建和维护信息收集及其他数据系统，对最新立法提出建议，出版文集等。

2. 内设机构及业务活动。NFI的组织机构包括：最高决策层、基因数据库、后勤管理体系及四个部门即实验室部、培训部、前台办公室、科研开发部。NFI还有一个移动鉴定实验室，两个不同的分队：一个是移动的鉴定分队，协助警察或检察官去现场搜集证据，另外一个分队负责大规模的伤害事件，如飞机坠毁、生化、放射或恐怖事件等。

NFI最主要的服务对象是检察院、警察局和法院。2005年以来，NFI逐步拓展了服务范围，开始接受海关、国防、税务调查单位和保安系统等政府部门的委托，同时也接受国际组织如国际刑事法院以及其他国家政府的委托。NFI 的业务包括生物学、有机化学分析、微小痕迹追踪、电子信息科技、法医学等三十多个领域，在整个荷兰开展司法鉴定业务，而且有一个调查队会去到犯罪现场协助警察取证。在700名员工中，可以从事司法鉴定工作的为400人左右，有资质可以签署司法鉴定报告的专家为120人，另外有100人左右为外聘兼职专家。每年预算为7800万欧元。2012年，NFI 的财政预算为7800万欧元，其中7100万欧元为司法部拨款，另外700万欧元为其他商业收入。近些年，全世界包括荷兰的司法鉴定行业发展都很快。NFI 十年前仅有200名员工，现在发展为700人；十年前每年完成1万宗案件，去年完成8万宗。主要原因是科技发展促进了司法鉴定的发展。

3. 运营模式与战略。NFI 的主要运行模式是：政府为 NFI 拨款，NFI 为犯罪侦查机构提供服务。近几年来，司法部向 NFI 拨款7000余万欧元。这些经费相对于 NFI 的雄心而言是不能满足其需要的，要保持全国最高鉴定的水平，参与国际竞争，需要新的办法。自2005年以来，NFI 根据社会及行业的发展需要，重新进行了战略定位，在做好政府规定的鉴定任务即为侦查机构提供鉴定服务的同时，积极开拓服务领域。在开拓新领域方面，一是发展商业化的鉴定服务，主要为荷兰的政府部门、国外政府、国际组织提供有偿的鉴定服务。比如 NFI 开拓了与税务部门、国家情报部门、外交部、反垄断部门等的合作，这些部门要向 NFI 付费。二是开展高端的服务，根据客户需要量身打造鉴定服务。三是开发鉴定仪器、设备、软件。近几年，NFI 利用 IT、微生物、航天、游戏、健康领域的科技成果，开发出了许多的产品。四是开展鉴定咨询和培训。NFI 的定位由过去的单一鉴定服务，变为鉴定服务提供者、大学（培训）、科研中心、生产商四位一体的定位。

为实现上述战略，NFI 采取了一些新的措施：①在内部管理上，建立以服务对象为导向的理念，推广员工合同制，引进精益六西格玛等优化运营方法。②在对外关系上，采用服务等级协议，定期与警察局、检察院、法院等服务对象签订协议，约定送检方必须达到的送检条件、办理鉴定的数量与交付鉴定的时间，有效地解决了过去一直存在的送检方不负责，NFI 积压、推延鉴定的问题，同时，向各大警察局、检察机关、法院派驻鉴定联络员，积极沟通信息，提供帮助，极大地改善了与服务对象的紧张关系。③在技术创新方面，建立黄金三角的创新平台，一是由阿姆斯特丹大学、莱顿大学、德尔福理工大学等知名大学，以及多个国家重点实验室组成的知识阵营，为创新提供知识积累和理论支持；二是由警察、检察官、法官组成的使用者阵营，提供开发方向和实用性验证；三是由飞利浦等大型跨国公司以及网络公司、高科技创新企业组成的开发阵营，进行实用性开发。NFI 进行项目策划、制定计划、组织实施。目前，创新计划取得了突破性进展，由其开发的新一代现场勘验和物证提取技术进入了定型阶段，即将推出。这种新的技术采用电子和 3D 技术，可以快捷、准确地进行现场勘验，快速发现、固定现场的物证，即时与数据中心的数据库进行比对，彻底颠覆了传统的方法，一旦实现将是革命性的。

4. NFI 未来的发展。NFI 认为，要更好地适应司法鉴定行业的发展和客户的需要，最重要的是做好自身的转变：①要快速增长。科学技术发展很快，要为客户提供符合科技发展和进步的服务，就是要跟上科技发展的步伐。要在过去人员快速增长、业务快速增长的基础上，加速科研的增长。②要更好地满足客户。只有满足客户提出的需求，NIF 才能和客户保持非常紧密的关系，才能实现自身存在的价值。要从三个方面满足客户：一是更多的信息附加值，从客户提供的检材中，提取、挖掘更多的有用信息；二是快，客户不但需要更多的信息，而且需要能够快速地提供，因为“快”能够帮助罪案的调查；三是费用，要在做到上述服务的同时，尽量将费用降低。③要拓宽服务领域。既要适应新鉴定要求不断出现的新形势，开拓电子、网络等新领域的鉴定业务，又要立足传统的检察、警察、法院的客户，拓展政府部门、国际组织、国外政府等新客户。拓展业务要有真实的需要，依托自身的专业化能力，并且保持关键质量。④要完善运作模式。坚持四位一体的战略定位，发展商业化的鉴定服务，开展高端的服务，开发鉴定仪器设备和应用软件，开展鉴定的咨询和培训。⑤要加快创新。加强与外界合作与发展，一是与大学合作进行基础理论研究；二是与研究中心合作进行从理论到实际的研发；三是与工业部门合作进行产品开发，发挥各自的优势，形成司法鉴定的科研开发网络。

（二）荷兰精神病学和心理学司法鉴定所

1. 基本情况。荷兰精神病学和心理学司法鉴定所（简称 NIFP）是荷兰司法部下属的机构，与 NFI 性质相同，主要承担精神、心理方面的司法鉴定和治疗方面的服务。该所共有 450 名工作人员，其中有行为专家 380 人左右，包括 90 名精神病方面的专家和 50 名心理学专家。总部设在乌特勒支，设有观察中心，类似于附属的精神病院，用于观察鉴定和治疗住进去的病人或者罪犯。该所在全国有 27 个办公地点，每个办公地点有 10～20 个精神病学或心理学专家，各个区的治疗工作由各个区的专家负责。该所是荷兰唯一的司法精神病学鉴定机构，他们的业务量几乎占到全荷兰的 100%，只有在极个别的情况下，当事人对他们的鉴定提出异议时，法官会指定不属于该所的专家进行鉴定。该所每年的预算大约为4500万欧元，其中大部分为司法部拨款。2011年司法部拨款额约为3700万欧元，另外一部分来自服务收费，由委托鉴定的机构支付，这部分收入约为800万欧元。

该所的主要工作内容有三个方面：一是对待审的犯罪嫌疑人的精神、心理状态进行司法鉴定，为法官定罪量刑提供帮助；二是对在监狱中服刑罪犯的心理状态、精神状态等问题进行疏导和治疗，荷兰的监狱设有专门的心理医生，该所的工作是指导监狱的心理医生开展工作，并对严重的精神病人进行治疗；三是就罪犯的精神、心理状况向法官提出建议，帮助法官决定是否减刑以及罪犯出狱后的精神、心理问题的疏导治疗方案。除了这三个任务以外，该所还做其他专业方面的调研，包括和荷兰的一些大学合作。此外还进行科学研究，为他们的工作提供基础。

2. 鉴定工作情况。该所主要接受警察、检察官、法官的鉴定委托开展精神病鉴定，有时也接受社会组织、个人的委托。接受委托后，一般让疑似患有精神疾病的人住进附属的观察中心，由鉴定专家进行观察和鉴定，目前约有250个罪犯住在该机构的观察中心。观察阶段一般为7周时间，在这7周中要对罪犯进行各种必要的调查、观察和鉴定，包括心理、精神方面的问题以及身体状况。

在观察期间，鉴定专家要围绕以下几个问题寻找答案：①罪犯是否有精神方面的问题；②在犯罪期间他是否存在精神方面的问题；③如果在犯罪期间他有精神问题，那么这种精神紊乱对于他的犯罪行为是否有影响，这种影响有多大，法官在量刑上是否应考虑这种影响；④如果罪犯的精神方面的问题一直存在的话，要确定他今后重复犯罪的可能性有多大。

专家在经过观察、调查后，独立作出鉴定报告。过去，该机构对鉴定报告没有统一的格式标准。从2002年起对鉴定报告有一个统一的格式，主要内容和逻辑顺序包括调查情况、分析、得出结论和建议三个部分。另外根据调查内容的不同，格式也有所不同，比如精神方面的鉴定和心理方面的鉴定格式可能不同，还有一些其他的调查格式也可能不同。鉴定报告中需要提出一些建议，供法官审判案件、定罪量刑时参考。专家完成鉴定报告后，要将鉴定报告提交鉴定机构进行审核。鉴定机构将对报告是否清晰、证据是否充足、论证是否严密、是否给出建议以及建议是否具有可行性等审核，如果经过审核发现报告存在问题，鉴定机构会向专家提出修改建议。如果专家坚持己见，鉴定机构不能干涉，但会在专家的鉴定报告提交给法官后，另附上一封信函，向法官说明鉴定机构的意见，由法官决定是否使用这个报告。

该所从事鉴定的专家都于3年前在荷兰司法鉴定注册委员会进行了注册。该所尚未开展ISO/IEC17025或者ISO/IEC17020质量管理体系认证的工作。

3. 狱内疏导和强制治疗。荷兰有50个监狱，关押着11 000名刑事罪犯；另有2000左右非法居留者被关在外侨监狱，等待被遣送；有750名青少年罪犯被关押；有1800人被关押在由司法部指定的强制治疗机构。在所有的这些罪犯中大概有85%～90%的人符合国际上对于精神疾病或心理疾病判定的标准。其中，性格上有缺陷及具有反社会倾向者，占总数的50%；智力方面有问题的，占总数的20%；有吸毒、酗酒等恶习史的，占总数的50%。100年前，荷兰有专门的监狱来关押在精神方面或心理方面有问题的罪犯，这对于他们本身的精神状态和心理状态是不利的。现在的做法是按一个人一个房间或者是两个人一个房间进行关押，不把同案犯人关在一起，同时对有精神或心理方面问题的罪犯进行心理辅导或治疗，使其在出狱时有所好转。在荷兰，罪犯的平均关押时间是4个月，80%的罪犯在3个月之后就出狱了。

该所设立的办公地点，除负责联系当地司法机关、接受鉴定委托外，主要负责对各区域的监狱内罪犯的精神心理疏导和治疗工作。每个区的办公地点有10～20个精神病学或心理学专家，各个区的治疗工作便由各个区的专家负责，其中5个办公点专门负责外侨监狱的指导。精神病专家每周要去监狱一次，与监狱里的心理医生一起就罪犯一周的表现进行交流，对疏导和治疗情况进行指导。具体任务是：对刚入狱罪犯的精神和心理状态进行评估，制定疏导和治疗计划，确定在罪犯关押期间对其怎样治疗或辅导；对于罪犯服刑中出现的种种精神和心理问题进行疏导和治疗，监狱里的心理医生可以处理一些简单的问题，如果病情比较复杂需要额外的治疗的话，这些人员也可以提供帮助和指导；对罪犯出狱前的精神和心理状况进行评估，开展罪犯出狱的心理辅导，让罪犯在重返社会后有一个稳定的心理和精神状态从而得以正常地生活，减少重复犯罪的可能性。对于仍有精神心理问题的罪犯，会提出出狱后继续治疗的建议和方案，包括需要找什么样的医生，到哪一个诊所或机构治疗，甚至会建议社会保障部门提供后期治疗费用。

荷兰对精神病人的强制治疗由法官决定。法官通常根据两个或两个以上精神病专家或心理学专家的建议，决定是否对精神病人进行强制治疗。强制治疗在司法部指定的医疗机构进行，治疗费用由司法部承担。治疗两年后，由法官决定是否继续进行治疗。

### （三）莱顿大学司法鉴定所

莱顿大学司法鉴定所于1994年建立，隶属于莱顿大学，是一所中立机构，完全独立于荷兰的司法系统以外。以前荷兰只有一个司法鉴定机构——NFI，随着DNA科技的发展，DNA技术可以用来确定罪犯。由于只有NFI一家司法鉴定机构可以进行DNA司法鉴定，如果这个机构出现问题，就会导致错案的发生，为了预防这种状况的发生，法律允许被告人寻求第二个中立机构再做一次验证工作。在此背景下，该司法鉴定所成立。

莱顿大学医学院在荷兰排前三位。司法鉴定所是莱顿大学医学院下属的人类临床基因研究中心的一个部门。莱顿大学司法鉴定所成立时的建设经费来源于司法部，后期的运营是按完成的鉴定项目由司法部付费。该实验室目前有5名技术人员和2名经过注册的可以签署报告的专家。该所主要从事DNA的司法鉴定。在荷兰只有NFI和莱顿大学司法鉴定所可以承担刑事案件的DNA司法鉴定工作。

NFI是法定的刑事案件鉴定机构，承担了全荷兰95%的刑事案件DNA鉴定任务，莱顿大学司法鉴定所是根据司法部的授权从事刑事案件DNA鉴定的，一部分鉴定来自警察的委托，一部分鉴定是根据NFI要求协助解决的疑难鉴定，还有一部分为当事人申请的二次鉴定（这些鉴定由政府付费）。该机构每年完成大约200例，处理1200个样本。该所也像其他一些私人的公司一样，从事民事案件中的DNA鉴定，每年从事民事案件鉴定的数量占全年办案量的10%左右。

莱顿大学司法鉴定所依托莱顿大学人类临床基因研究中心开展技术研究。该中心专门有4个博士生、1个博士后从事DNA研究和基础的研究。该中心目前研发了一种新的DNA检验测试方法，正与NFI合作验证新方法。该中心的所有先进仪器设备既可用于科研工作，也可用于司法鉴定。关于莱顿大学司法鉴定所与NFI的关系，对于具体的案件，莱顿实验室是独立的第三方机构，可以起到与NFI相互验证的效果；从技术发展角度看，他们之间又是密切合作的伙伴关系，共同研究开发新技术。

（四）荷兰儿童伤害鉴定中心

荷兰儿童伤害鉴定中心是全荷兰唯一经过认证的专门从事儿童伤害的法医鉴定机构。2004年成立，当时只有一名医师，资金全部来源于个人。目前这个机构属于非政府、非营利、带有一定公益性质的鉴定机构。该机构工作人员的薪酬为固定薪酬。

荷兰儿童伤害鉴定中心的任务是对受伤儿童的受伤程度、伤害原因及方式进行鉴定，确定是否存在虐待儿童的情形。目前平均每天要完成一个鉴定案件。该机构共有4名专职鉴定医师，都是注册的鉴定人，提供24小时服务。全荷兰共有7名注册的儿童伤害鉴定医师，其他3人在NFI，但NFI的只是进行档案、照片鉴定，不直接和儿童接触。儿童伤害鉴定中心有自己的实验室，并在实验室对儿童进行鉴定。

荷兰儿童伤害法医鉴定中心的业务来源大致如下：一是其他医师委托的非法律问题的咨询业务，大约占总业务的50%，这部分业务是由荷兰卫生部付费；二是警方委托的司法鉴定，这部分业务约占25%；三是由法庭直接委托的鉴定，这部分业务约占25%。后两项业务的费用由司法部支付。该中心的经费来源比例与业务来源比例相当。

（五）NFI的质量管理体系

从满足司法鉴定的实际需要，即客户（委托方）的要求和鉴定结论作为科学证据的内在要求出发，NFI使用最先进的科学和技术，严格质量管理系统，提供高品质的司法鉴定服务。高要求的NFI专家致力于及时提供客观、科学的司法鉴定分析，通过加强组织、明确职责、规范标准、完善设施、严格人员管理，缩短鉴定完成时间，确保高质量的鉴定服务。

1. 鉴定技术方法的准入管理。司法鉴定的目的是为法庭提供科学证据，其完成有赖于具体的技术和方法。司法鉴定技术与方法的准入管理，就是要为新的技术和方法进入司法鉴定活动设置一道门槛。荷兰除了DNA鉴定等少数专业以外，其国内目前关于司法鉴定技术与方法的准入并没有专门的、统一的法律规定，主要还是通过法官的司法活动来认定。换言之，目前荷兰的司法鉴定新技术、新方法的准入很大程度上是通过成功的案例得以实现。同样，荷兰国内在大多数鉴定项目上迄今均未见成文的专业鉴定领域内的行业规范或技术标准，故此多数以“行业公认”作为鉴定的技术准则。NFI于1996年建立了符合ISO17025（国际标准化组织“关于检测实验室的通用要求”，等同于我国实施的CNAS：17025）的质量管理体系，严格按照ISO17025的原则进行技术方法的研发和创新，所有运用于司法鉴定的新技术、新方法均需按规定经过严格的审批程序。这一程序既包括行政审批，也包括专家论证。但对技术上虽被广泛认可、但方法上有一定创新或者部分以往没有经过该方法鉴定的新型检材，也可以通过“小项目计划”加以验证。NFI还规定，凡是采用新的技术方法完成的鉴定，均应在报告中加以特别的注明，以保证法庭不受误导。

2. 严格质量控制。NFI严格按照ISO17025有关管理要素与技术要素的要求实施管理，定期组织内部审核和管理评审，接受外部评审，完成各种质量控制活动。按照ISO17025体系的要求，为保证鉴定质量，NFI采用三类方式控制质量，一是对已知样本的检测进行自我检测；二是通过使用未知样本进行盲样测试，由他人进行质量控制；三是参加外部的能力测试，进一步检测和保证质量。

按照前文所述的执业分类原则，该所进一步细化分为诸如 DNA、法医病理学、虐待儿童及家庭暴力、药物滥用、毒物化学分析、文件鉴定、笔迹鉴定、入室盗窃、现场勘查等约三十个项目组（部分专业有不止一个项目组），每个项目组均设一名负责人，包括至少 3 名鉴定技术专家（授权签字人），以保证鉴定工作中出现“第二意见”时仍能顺利形成最终结论。NFI 非常强调鉴定人在不受干扰的情况下独立完成鉴定。通常是第一鉴定人形成初步报告，转交第二鉴定人审校，形成最终报告交司法鉴定顾问，发送委托人。若第一、第二鉴定人意见相左而存在“第二意见”时，则提请第三名鉴定人参与讨论，形成最终结论并据此发出报告。不同意见在内卷存档。对于鉴定工作有关的文档，NFI 要求保留鉴定工作有关文件及原始记录，以尽可能保证能追踪溯源，不断改善。

3. 机构规范建设。对外联络办公室是荷兰司法鉴定研究所最近几年新设置的独立的部门，下设前台服务组、客户管理部、司法鉴定顾问组与机动鉴证小组。通过设置对外联络办公室，鉴定人从以往忙于应付委托人及与相关人士的沟通中解脱出来。能将更多的时间和精力投身到鉴定和科研工作中，同时有效监督鉴定过程，并保持与客户的沟通，最大限度地满足客户需求，及时进入程序，减少鉴定延误和投诉。该制度成效明显，全所检案周期平均缩短近 70%，客户满意率上升至 70% 以上，具体做法是：①前台服务组主要负责日常鉴定的接待、鉴定材料的分配、流转与存档、鉴定工作量的日常统计与报告，将鉴定材料（包括以往的）形成电子数据加以长期保存，并建立数据库。同时负责网上委托受理平台的建设。②客户管理部根据专业作业指导书负责常规客户与常规鉴定项目的管理，有助于维持全所鉴定业务的有序开展。其主要工作一是与警察局、检察院及法院等常规客户签订“服务水平协议”，保证客户委托送检日常检案；二是由客户管理经理主要采用“点对点”的接触模式，即每个委托人均由某一客户经理负责接触，实现“案件流”的质量控制与管理协调；三是通过鉴定项目的数量、质量与客户服务结果的调查、分析，提出鉴定机构持续改进的建议，确保所有项目组能够具有大致相当的工作量。③司法鉴定顾问是 2006 年起设置的一个全新职业。担任司法鉴定顾问的人员可能并非鉴定技术专家，但应通晓司法鉴定各种专业的主要方面和各种技术、方法及其基本原则。目前，在荷兰、英国等国已有高等院校培养这类专业人才。司法鉴定顾问是鉴定技术专家与客户（委托人）之间的桥梁，主要是为客户委托鉴定提供全方位的服务，协助客户选择鉴定项目、确定鉴定技术、方法与所采用的标准，签订委托受理协议；协调鉴定技术专家与客户两者之间的关系，并给予全程监督；同时在客户与鉴定技术专家之间形成一种相对的隔绝，维持鉴定技术专家在鉴定过程中与形成鉴定意见时的相对独立性。④机动司法鉴定小组主要由部分鉴定技术专家（主要是现场勘查专家和痕迹如足印、指纹检验专家）组成，其任务是在刑事案件中协助、指导警方侦查人员及其现场勘查专家进行现场勘查、取证，一般在接受警方邀请后介入，协助警方制定现场勘查方案并进行现场物证的采集，在某些紧急且较为简单、明确的情况下，也可以出具鉴定意见。

4. 严格人员管理。NFI 严格把握人员能力的培训，包括新进人员能力的公共知识与专门技术的培训、考核，严格掌握鉴定资格的授予。对于已经取得资格的鉴定人，则采用多种在职教育、培训的形式，且至少四年一次进行专项考核，持续保证其具有足够的鉴定能力。荷兰司法鉴定研究所按不同能力要求对不同等级的鉴定人进行能力考核和评价。培训与考核的计划由专门的培训顾问、培训讲师、项目主管、本项目的权威专家及与鉴定结论相关的、外聘的法官、检察官、本专业其他专家等共同制订并实施，计划完全个体化，考核以人为单位单独进行，保障质量广泛认可，甚至对于各专业项目中的技术权威或项目主管，研究所仍然会组织国外的权威专家实施能力考核和评价，避免考核“走过场”。

## 四、荷兰司法鉴定业务、技术发展及国际合作

### （一）荷兰司法鉴定业务分类

在荷兰，司法鉴定业务主要分为三大类，即法医生物学类、物证技术类及声像数码技术类。具体而言，法医生物学类主要包括法医病理学、家庭暴力和虐待、性侵犯、DNA、药物滥用、毒物化学等；物证技术类包括文检、痕迹、爆炸物检测等；数码和视听技术类包括声像分析、电子数据分析、现场三维重建等。根据荷兰颁布的《刑事法律中的司法鉴定人法案》和《司法鉴定人注册法令》，荷兰司法鉴定注册委员会（NRGD）对司法鉴定业务分类编制说明和规范，截至目前已完成对 DNA 分析和解释、笔迹鉴定、司法毒理学、药物滥用、枪械弹药检验、司法精神病学和司法心理学等六个鉴定业务的分类说明，正在开展法医病理学和司法会计学的分类说明和注册要求的编制，并将进一步扩展注册的司法鉴定业务范围。在 NGRD 的业务范围说明中，一般首先明确相关司法鉴定专业能做什么，其次明确注册专家需要什么样的能力，最后对于该项业务相关的业务或技术能力作出说明。

1. DNA 分析和解释。

（1）应用范围和任务。一是现场是否有生物学痕迹，如有，该生物学痕迹来源细胞物质的本质是什么；二是生物学痕迹来源于何人；三是生物学物质在犯罪现场

的放置方式，即生物学痕迹和犯罪活动是否有关系及是否存在生物学痕迹遗留在特定场所的其他可能解释。

（2）核心活动。DNA 分析和解释专家的主要任务是回答生物学痕迹源于何人，同时专家也应有能力运用 DNA 技术回答现场是否有生物学痕迹，以及生物学痕迹和犯罪活动是否有关系，是否存在生物学痕迹遗留在特定场所的其他可能解释等问题，同时要求专家能清晰地说明答案的可能性和局限性。

（3）方法包括以下四种：常染色体 DNA 分析、Y 染色体 DNA 分析、微量痕迹 DNA 分析以及统计确定痕迹吻合的证据价值。专家同时也应意识到线粒体 DNA 分析的可能性和局限性。

（4）边界。在 DNA 分析或解释实践中，存在 3 个特定的问题需要额外的专业技能和经验：一是亲缘关系 DNA 检测（Kinship DNA Testing），调查一个样本与个体或痕迹的生物学关系；二是外在可视特征，通过对痕迹证据的 DNA 分析确定一个未知供体（可能罪犯）的地理起源或外在的可视化特征；三是线粒体 DNA 检测，接受线粒体 DNA 检测的生物学痕迹，开展线粒体 DNA 检测的比较。

2. 笔迹鉴定。

（1）核心活动。核心任务是确定书写样本是否来源于同一个人。此外，笔迹鉴定人可以提出关于书写者书写状态的意见，该意见仅适用于笔迹样本因为作者动作而有突出变化，如由于帕金森病、药物滥用或情绪激动等导致的震颤状态。除了出具笔迹来源的意见，笔迹鉴定人还可就笔迹形成方式发表意见，例如一个签名是否复印而来。

（2）方法。评定样本的几何学和结构学等可视化特征，同时评定源于运笔的笔迹细节性和可测量性特征，评定书写时的压力和笔画顺序。将检测样本的特征与已知样本的特征进行比较。

（3）边界。下面的这些活动不属于笔迹鉴定的内容：一是根据书写者的笔迹推断其人格特征；二是根据书写者的笔迹推断其一般或特定情况下的精神状态；三是根据书写者的笔迹推断其语言特征；四是对源于电脑或 PDA 的笔迹进行推断，这类鉴定需要其他特殊的专业技能。

3. 司法毒理学。

（1）核心活动。司法毒理学被认为是隶属于人类或医学毒理学范畴的一个有特别意义的亚学科。广义上来说，从执法角度出发，司法毒理学是研究暴露于物质的后果的一个特别学科。司法毒理学的核心任务是对关注项目进行咨询，制定检测计划，选择分析方法，并对试验结果进行解释。从这个意义上来说，司法毒理学的关键问题如下：一是在非自然死亡案件中确定是否存在外源性物质以及其对死亡是否有影响；二是对未死亡的受害人来说，是否存在外源性物质，以及其对受害人健康是否有影响；三是毒品、酒精、药物等物质是否存在于体内，对行为的影响如何。

（2）方法。在分析前阶段选择分析样本，制定生物分析检测策略；在分析阶段，监督有资质的分析员进行生物分析，分析实验室必须通过认证；在分析后阶段，根据可能的分析结果阐明影响效应。司法毒理学家必须注意所采用分析技术的可能性和局限性。

（3）边界。从某种程度上来说，源于毒理学的毒品检验技术关注的是毒品的生物学特征及其对人类的影响。对这个问题进行检测时，司法毒理学成为第一个接触者，其必须意识到从精神药理学等特定亚领域出发，可对如下特定问题发表意见，但必须意识到与其他专业比较而言存在的局限性：一是一般情况下，毒品浓度与特定效应（如对行为的影响）之间的可能关系；二是生物分析调查的有效性；三是估计的暴露程度。

4. 毒品分析和解释。

（1）核心活动。毒品分析和解释专家主要回答与生产程序检测和比较检测中解释阶段的问题。此外，这类专家也能回答定性和定量、痕迹检测、生产程序检测和比较检测等在理化阶段的问题。

（2）方法。在毒品分析专业领域，存在4种差异显著的检测：定向和定量、痕迹检测、生产过程检测和比较检测。每种检测都涉及两个阶段，分别是理化检测阶段和解释阶段。①定性和定量。定性目的在于确定荷兰鸦片法、滥用化学物质防治法欧洲指南所列的物质或那些法律明确规定的物质是否存在。定量目的在于确认物质的数量。理化分析阶段的任务是确定物品或相关物质能否得到确认，如能，是什么，毒品的数量是多少。②痕迹检测。痕迹检测目的也是确认毒品是否存在，不过这些检测是在痕迹样本或特定检材上进行。在理化检测阶段，主要集中于毒品或其他相关物质的痕迹能否被确认，如果能，在痕迹样本上确认的是什么样的痕迹。在解释阶段，则关注在案件相关的假设框架内对理化检测结果的意义进行评价。③生产程序检测。生产程序检测目的在于确认制造了什么样的毒品，以什么样的方式，在生产过程中产生了什么样的废物。与生产程序检测相关的毒品通常是在犯罪现场发现的。将在周围环境中获得的信息和在犯罪现场获得的物质结合，可以对物品可能的生产和制造程序发表评论意见。如生产合成毒品和前驱物；试验器提取或转换可卡因；生产尖端物质，如与海洛因相关联；尖端、包装或制造毒品片剂；生产粉末油。在理化检测阶段，主要集中于是否发现荷兰有关预防鸦片、滥用化学物质等法律中列出的毒品或在法律中被界定的物质，如果是，浓度和数量如何；何种化学物质被发现，数量如何；在解释阶段，则关注在犯罪现场是否发现毒品或者违禁物质，运用了何种生产程序，在犯罪现场发现了哪种物质（前驱物）或用于制造该物质的设备，在犯罪现场发现的设备的生产能力如何，与被抛弃物质相关联的生产程序是什么。④比较检测。比较检测目的在于确认不同的样本是否具有共同来源，通过比较物理特征和化学成分等检测对同源性进行调查。在理化检测阶段，主要集中于检测物质的外在特征和物理特点是什么，检测物质的化学成分是什么，浓度如何。在解释阶段，则关注检测样本是否具有同源性，具有同源性的检测样本是否与既往检测的物质来源一致（数据库）。

（3）边界。在回答痕迹检测解释阶段的相关问题时，毒品分析和解释专家必须意识到他们答案的局限性。

5. 武器和弹药的司法鉴定。

（1）核心活动。武器和弹药司法鉴定专家证实、分类或描述便携式武器，并根据武器判断、确定为其配套的弹药。主要内容一是子弹比较；二是为现场重建而进行的武器技术性检测；三是弹道学检测。

（2）方法。武器和弹药的司法鉴定专业技能由对便携式武器的检测组成，包括武器的技术检测、在枪击事件中使用武器的鉴定及枪击事件现场重建。该专业技能不包含射击残留物检测、爆炸品检测、病理学专业技能和与武器和弹药法相关的评价专业技能。主要方法包括：一是子弹比较。如子弹是否从武器中击发；弹药成分来源于单一还是多种武器；所使用武器的类型及品牌；与荷兰境内的其他枪击案能否建立关联；与其他国家的枪击案能否建立关联。二是弹药鉴定。对受害人体内的子弹进行 X－线或 CT 扫描以了解未知子弹的口径和品牌，金属碎片是否源于同一子弹，如果是，子弹的类型是什么。三是武器的技术性检测。如枪支的功能是否正常；能否解释发生的失败；武器能否因为掉落、抛掷、击打等而击发；自制武器能否击发；什么导致的武器的击发。四是弹道司法鉴定检测。根据子弹的影响效应判断击发距离多远；枪击能否导致死亡（存在其他枪击后损伤时）；如果击发枪击，会造成什么后果；根据射击造成的损害，从原始弹道轨迹中能得出什么假设。

（3）边界。武器和弹药司法鉴定专家必须意识到下面这些专业技能的可能性和使用限制：犯罪现场调查、射击残留物检测、病理学专业技能、爆炸物检测专业

技能。

6. 精神病学和心理学司法鉴定。精神病学和心理学司法鉴定主要涉及行为学专家对嫌疑人、受害人或证人的评估，核心问题是评定嫌疑人、受害人或证人的各种相关能力状况，并明确该状况是人格特征的结果还是该人格特征与特定因素相互影响的结果。①对嫌疑人的评估包括人格（或人格特征）、存在精神障碍或发育障碍、刑事可责难性、精神障碍对被诉行为的理解能力和在刑事诉讼法律框架内维护自身权利能力的影响，犯罪行为发生时罹患精神障碍的持续效应、犯罪行为发生时对心理功能和行为的持续影响、再犯危险性、再犯的可能性等；②对受害人的评估包括是否因犯罪行为而导致精神症状出现；③对证人的评估包括应对刺激的能力和作出清晰陈述的能力。

精神病学和心理学司法鉴定注册分为四个亚类：刑事成人精神病学、刑事成人心理学、刑事青少年精神病学和刑事青少年心理学。如果技术全面，专家可注册多个亚类。

（二）荷兰鉴定技术的现状及发展

在对抗犯罪的斗争中，司法鉴定在引导调查和提供证据方面的作用越来越重要。荷兰司法鉴定行业适应形势的需要，不断探索将先进科学技术应用于司法鉴定，创新司法鉴定技术。作为荷兰司法鉴定行业的翘楚——NFI 近年来不断加大科研开发的力度，开发先进的鉴定技术，推出最实用的高端鉴定产品和服务。

在外部合作中，NFI 在研究和发展过程中提出黄金三角的理念，根据警察、检察官和法官的要求，结合自身状况明确司法鉴定的具体要求以及数据库建设的需求，与拥有最先进知识和最出色试验能力的大学以及飞利浦等最具创新能力的企业形成科研黄金三角，不断开发鉴定技术和技能。在内部研究开发中，形成了需求、时间和价值三个支点，认真分析、选定研究发展项目。通过内部、外部措施相结合保持 NFI 的优势鉴定地位。NFI 主要从以下几个方面入手：①加强客观的取证方法；②缩短鉴定时间；③多学科鉴定调查；④就基因法医学从多个机构获取资金，与莱顿大学等两所大学的教授合作，建立了荷兰法医基因组学联盟（Forensic Genomics Consortium Netherlands，FGCN）；⑤更新犯罪现场的调查方法和用具，包括生化、放射和核，NFI 与 13 个合作伙伴合作，在海牙成立了犯罪现场调查科，从 2009～2012 年开展了 3 年的项目，在技术发展方面实现了犯罪现场的数字化，提升了现场痕迹发现的技术并建立了犯罪现场移动分析，同时建立了犯罪现场实验室，实现了犯罪现场训练指导、跟踪记录和案件重现等；⑥建立大型数据，如荷兰炸弹数据系统等。

为了在自动化分析生物痕迹的过程中消除样品错置的可能性，并减少可能发生的沾染，NFI 在 DNA 的流程最佳化（Process Optimization DNA，NFIPOD）方面取得了长足进展。该项技术始于 2010 年开始的基准研究。调查发现 NFI 不是唯一一家思考如何自动化实验室环境的机构，同时还发现有很多的市场提供者，通过比较选择汉密尔顿（Hamilton）公司为实验室仪器供应商，组建完整的 NFIPOD 组织结构，制定完整的研究发展计划，重新设计二位编码管，实现了高质量的存储和 DNA 提取、定量化及聚合酶链反应（PCR）的全程自动化。

由于玻璃制造商改进产品控制导致产品的差别越来越小，诸如显微镜观察、傅立叶转换红外光谱、X 射线荧光光谱和气相色谱质谱方法等经典的快速司法鉴定技术的局限性越来越大，鉴定能力逐渐下降。同时司法鉴定检查多样化要求鉴定具体、细致化。在此情形下，为进一步满足客户的鉴定要求，NFI 在鉴定技术方面不断创新，通过对成熟技术的组合、测试和科学性检验，形成了感应耦合等离子体质谱（ICP－MS）和同位素比值质谱（IR－MS）等不同组合的检测方式，适用于多方面的司法鉴定，如极高灵敏度的等离子体质谱适用于痕迹识别；采用高鉴别力的技术组合，能快速提交用于情报目的的指示性结果；结合背景特征变化测量的信息为法庭提供有力证据。NFI 用于玻璃板（建筑和汽车玻璃的）司法比对鉴定的激光烧融等离子体质谱法代表了全球司法鉴定发展趋势，已经通过了荷兰认证委员会（Raad voor Accreditatie）的认证，成为全球第一个经认证的司法鉴定感应耦合等离子质谱法。

为更好地对图片（照片）进行解释，通过进行虚拟测量或场景测试实现鉴定过程的可视化，NFI 发展了用于司法调查的三维计算机模型，能为复杂情况的解释提供帮助。

为应对全球恐怖主义活动不断出现造成重大伤害而需要多部门、多组织介入的特殊情况，NFI 组建了 CBRNe 应对团队。该团队由 7 个不同学科的 20 名司法鉴定专家组成，接受每年至少 6 个培训课程的污染事故现场调查的培训，并对事故第一反应者进行大型的培训。该团队重点应对三个问题：① CBRNe 犯罪现场的管理；②有效降低传统 CBRNe 现场痕迹的污染；③ CBRNe 取证代理。应对团队的建立能有效应对突发恐怖事件，及时开展相关司法鉴定调查、检测工作。

作为大学研究机构，莱顿大学医学中心法医 DNA 鉴定实验室在专业领域内的学术研究水准很高，并通过了 ISO17025 认证。目前与 NFI 及其他大学合作进行的学术研究成果已经深入到运用 DNA 进行诸如虹膜的颜色、皮肤的颜色、脸形、估计身高

等人体外形生物学特征分析，斑痕经过实践分析、个体地域来源地分析以及复杂的混合斑检验等层面，并取得一定成果。该实验室同时在弹痕的DNA提取和分析上都具有明显的优势地位，几乎垄断了荷兰此类案件的DNA分析鉴定工作。

荷兰大多数警察局都建立了刑事技术部门，主要负责犯罪现场调查和证据材料收集工作，有的也可以完成某些特定刑事技术鉴定工作，如一般痕迹的DNA检验、枪支弹药鉴定等。如海牙警察局就拥有先进的数字痕迹分析技术，可以高效追踪犯罪预防和控制相关的数字信息。但是，在诸如法医病理学、法医牙科学、复杂痕迹的DNA检验等领域，仍要委托警局之外的司法鉴定部门进行鉴定。在荷兰警察大规模改组和重新整合的大背景下，分散在不同地方的警察技术部门即将整合成一个单位，今后是否会形成相应的技术优势，并组建一个具有广泛影响力的鉴定技术部门，从而与NFI在某些方面形成竞争关系尚待进一步观察。

（三）国际合作

1. 欧洲司法鉴定联盟（European Network of Forensic Science Institutes，以下简称ENFSI）。1992年，欧洲一些政府所属的司法鉴定机构的负责人们认为应当有一个常规会议，便于讨论大家共同感兴趣的事项。1993年，第一次会议在荷兰Rijswijk召开，11个鉴定机构的负责人出席。会议一致同意ENFSI应当向欧盟所有成员国开放成员资格，启动了ENFSI的创立之路。1995年10月2日，ENFSI成立大会在荷兰Rijswijk举行，ENFSI正式诞生。在成立大会上，联盟创立者们签署了关于联盟运作的备忘录，选举了第一届理事会，并公布了ENFSI的标志。1999年，ENFSI在莫斯科年会上通过了第一份章程，同年建立网站。2002年，ENFSI成立秘书处，NFI成为秘书处所在；同年引入了会费制度。2004年，新的章程通过，从个人会员制度转向机构会员制度，并明确引入年费制度。2009年，欧盟理事会承认ENFSI的“垄断地位”，即承认ENFSI在司法鉴定领域为唯一的权威组织。2012年，ENFSI拥有64个会员，来自欧洲36个国家。

ENFSI的会员资格：①活跃于司法鉴定领域；②拥有广泛的司法鉴定专业；③有足够的公信力和权威性；④至少拥有25名具有能签发报告的科学家；⑤通过认可或有近期获得认可的明确计划，2011年35个国家的62个机构中有47个获得认可；⑥机构属于任何一个欧洲理事会会员国。

ENFSI的运行架构：ENFSI由5人组成的理事会领导，理事会对全体成员负责，ENFSI常设秘书处。ENFSI设立质量和能力、研究发展、教育培训3个委员会和17个专家工作组。17个专家工作组分别为：①动物、植物、土壤跟踪；②数字影像；

③DNA；④文件；⑤毒品；⑥爆炸品；⑦纤维和毛发；⑧指纹；⑨枪械和GSR；⑩弹药和爆炸物调查；⑪笔迹；⑫司法信息技术；⑬痕迹（Marks）；⑭喷涂；⑮犯罪现场；⑯司法语言和声音分析；⑰交通事故。ENFIS尚未覆盖的领域有：会计学、人类学、考古学、法医药物、病理学、测谎、精神病学、毒理学。理事会、委员会和专家工作组通过项目运行来完成ENFSI的目标和任务。

ENFSI通过如下几种方式来确保全欧洲的司法鉴定质量处于世界前列：①成员会议；②专家会议；③法医学开放会议；④管理委员会；⑤常务委员会；⑥专家工作组。专家工作组的活动主要发挥如下作用：①信息和专业知识；②促进质量保证和开发专业标准；③建立良好的实践守则；④工作协调的方法（Harmanise methods）；⑤开展合作研究活动；⑥在特定领域提供教育和培训；⑦建立数据库的国际接口。

ENFSI当前有三个热点话题：一是欧盟范围内的垄断项目：提升质量水平和认证、司法鉴定证据的评估、提高司法鉴定的方法、制定良好的操作手册。二是CEN项目：司法鉴定标准化的发展。三是欧洲司法鉴定基础设施建立2020（Establishmeng of Forensic Science Infrastructer in Europe 2020，EFSA2020）。

ENFSI的国际化。ENFSI源于欧洲，力求通过国际司法鉴定联盟（International Forensic Science Association）推广先进技术和管理，提升全球司法鉴定水平。国际司法鉴定技术联盟包含：ENFSI、美国犯罪实验室主任协会（America Society of Crime Laboratory Directors）、澳大利亚和新西兰司法鉴定实验室高级管理人员（SMANZFL）、拉丁美洲犯罪学实验室（AICEF）、南非区域司法鉴定联盟（SAFSN）、亚洲司法鉴定联盟（AFSN）等多家区域性司法鉴定联盟机构。

2. 案件的国际合作。荷兰在司法鉴定案件国际合作方面包含两个部分的内容：一是接受国际司法鉴定的委托。国际司法鉴定的委托可通过两种方式，即直接向NFI提出协助要求，但是要经过荷兰外交部、安全和司法部的批准；或者向位于组特梅尔的荷兰国际法律援助中心提出援助要求，但是否提供援助仍需要NFI的批准。二是NFI向欧洲其他国家寻求技术支持，在此种情形下，NFI可以直接邀请欧洲司法鉴定专家来所提供帮助，无需特别程序。

NFI于2005年开始接受国际司法鉴定工作，目前平均每年接受10～12个案件，多为具有重大影响的案件，如黎巴嫩首都贝鲁特的拉菲克·哈里里爆炸案等。为有效应对此类情形，特别设置了2名国际司法鉴定顾问（International Forensic Advisor）。司法鉴定顾问主要在如下方面发挥作用：①协调国际科学支持及提供国际司法鉴定建议；②在技术方面对犯罪现场调查提供鉴定支持，如果需要，可组建一个由多学

科专家组成的以司法鉴定国际顾问为核心的犯罪现场调查专家小组赴犯罪现场开展相关调查工作；③协调关于痕迹追踪、复原等的多学科协调，可能涉及证据追踪、昆虫学知识运用及血迹分布形状的分析以及对微小物品使用X光等；④法医考古学和法医人类学技术的运用。

3. 交流和培训。作为高水平的司法鉴定结构，NFI自身管理向高标准靠拢，从应该知道什么（知识）、应该做什么（技能）和应该持什么样的态度（态度）三个方面入手，细化NFI鉴定人员的能力要求，包括：知识方面如方法和技术、历史和发展、质量保证、法律、刑事侦查学和贝叶斯证据评估、NFI的政策和组织、客户、合作伙伴等；技能方面如收集资料、检查和处理项目、开发实验室调查策略、进行调查、解释调查结果、报告结果，在法庭上陈述、交流；态度方面如合作、重视质量、计划和控制、定制、分析和解决问题、创新能力、权威。

然后根据能力要求，制定培训计划，对鉴定人员开展培训，一般从两个方面进行：一是通用标准及培训，适用于所有鉴定人员，包括撰写报告（5个半天）、模拟庭审（2天）、相关法律知识培训（5个半天）、刑事学及贝叶斯证据思维（10天）、质量保证（1天）、客户关系（1天）；二是特定培训，结合鉴定人员的专业技能，由专业部门负责，进行培训，包括在资深鉴定人的督导下工作（调查、报告）、文献回顾、案例讨论、参加会议和论坛、参加特定的外部课程学习。特定培训一般持续数年。

在独立鉴定前，对鉴定人员需要进行评估，包括：①课程后的评估，如庭审训练后的评估等；②考试，由聘请的外部专家、检察官、部门首席科学家、部门主管等组成专家组，进行综合考试。

为持续保证鉴定人员的鉴定能力，每四年就会对鉴定人员进行重新认证、考核，但目前对考核周期内鉴定人员的学习内容和形式尚无明确规定，仍在进一步探索中。

## 五、启示和建议

### （一）加快统一管理体制改革的进程

统一管理是司法鉴定行业健康发展的前提。荷兰的司法鉴定行业在荷兰安全和司法部的统一管理下，形成了以国家级司法鉴定机构为核心，大学、公司等社会司法鉴定机构为补充的合理布局，荷兰司法鉴定机构之间和谐相处，在竞争中合作，合作中发展，司法鉴定机构与警察局、检察院、法院依照职责分工，相互尊重，相互配合，整个行业的执业活动规范，社会公信力高，执业环境好。特别是2010年推行司法鉴定人注册制度后，各行各业的鉴定专家统一进行注册，实现了准入标准的统一，确保了司法鉴定人的素质，提升了鉴定行业的社会公信力。从2005年全国人大出台《决定》以来，我国的司法鉴定管理体制改革取得明显的成效，统一管理体制初步形成，但在管理体制大框架下的一些机制性问题尚需进一步解决。要按照司法鉴定工作“九统一”的基本要求，进一步理顺司法鉴定的职责分工，只有统一号令、统一规则，行业才有公信力，才能健康发展。要完善司法鉴定名册制度，切实消除实践中存在的各种干扰现象，进一步树立司法鉴定名册的权威性，确保司法鉴定名册制度的应有作用得到充分发挥。要进一步统一思想认识，消除分歧，协调各部门司法鉴定机构之间的关系，将各部门的司法鉴定机构纳入统一、规范、和谐、合作的发展轨道。

（二）加强高资质、高水平司法鉴定机构的建设

在荷兰，以NFI、荷兰精神和心理司法鉴定中心为核心的国家司法鉴定机构，在推动司法鉴定行业规范健康发展方面发挥了举足轻重的作用。在规范执业活动方面，他们起着示范和样板的作用，引领其他机构规范执业，威慑不规范执业者；在解决鉴定争议方面，他们往往发挥着一锤定音的作用，有效平息公众的疑虑，提升司法鉴定的公信力和权威性；在技术创新方面，他们是开发者、推广者，不断研究开发和推广新技术、新标准、新产品，推动了整个行业的技术进步。在我国，2010年中央政法五部门遴选出了10个国家级司法鉴定机构，这些机构在过去几年中发挥了很好的作用。下一步要按照“三最”要求，加强10个国家司法鉴定机构的建设，进一步发挥规范执业的示范引领作用，发挥解决重复鉴定、疑难鉴定中的作用。各省也要重点扶持、建设一批高资质、高水平的司法鉴定机构，形成以高资质、高水平司法鉴定机构为龙头，以其他司法鉴定机构为补充的格局，进一步规范鉴定秩序，减少重复鉴定，提升司法鉴定的社会公信力。

（三）加快完善司法鉴定的执业分类规范

执业分类是司法鉴定管理的基础，审核鉴定人和机构的执业资质，调查处理司法鉴定人和机构的执业行为，制定执业标准等都会涉及执业分类问题。从荷兰乃至欧盟国家的情况看，制定司法鉴定执业分类是一件十分困难的工作。司法鉴定的执业分类是经过长期的发展而形成的，在形成过程中科学技术发挥了一定作用，但经验、法律习惯、社会风俗等起到了更大的作用。如何科学设置鉴定分类，准确描述各个鉴定类别的原理、方法、要求，确定对鉴定人的资质要求等，是对制定者的重大挑战。荷兰司法鉴定注册委员会成立两年来，全力推进执业分类的制定工作，截至目前，已出台了6个鉴定项目的规范。欧盟各国的司法鉴定执业分类并不一致，

许多国家也没有成文的执业分类标准，这对各国的司法鉴定合作与协作造成了困难，目前欧盟司法鉴定联盟正致力于推动执业分类规范建设。我们要借鉴荷兰的做法，采取先易后难、逐个规范的方法，尽快修订颁布多年的司法鉴定执业分类，细化各司法鉴定专业的具体要求。

（四）完善司法鉴定人的管理制度

鉴定人负责制是司法鉴定制度的基础性制度，也是世界各国通行的做法。荷兰先后颁布了《刑事法律中的司法鉴定人法案》和《司法鉴定人注册法令》，并由安全和司法部成立了司法鉴定注册委员会（简称 NRGD），对从事刑事案件的司法鉴定人进行注册。以司法鉴定注册委员会为平台，荷兰制定了注册程序、注册标准并建立了专家评估机制，以四年为周期组织专家对司法鉴定人的能力水平和执业情况进行实质性的专业评估，未能通过评估考核的，不予注册或取消注册资格，从而确保鉴定人的能力水平符合要求，保证鉴定质量。我国《决定》从执业年限、学历、职称等方面规定了成为司法鉴定人的条件，实践中这些形式上的条件并不能完全反映鉴定人的实际鉴定能力，从而导致鉴定人能力水平参差不齐。借鉴荷兰对鉴定人管理的经验，加强和完善对司法鉴定人能力水平实质性的专家评估和淘汰退出机制是保证和提高我国鉴定质量的有效措施和途径。

（五）探索建立司法鉴定技术创新机制

荷兰的司法鉴定技术在欧盟乃至世界范围是比较领先的，NFI 作为国家司法鉴定机构发挥了重要作用。NFI 具有“4D”的传统优势项目：基因检测（DNA）、毒物检测（DRUGS）、电子数据（Digital Traces）、数据库（Databases），近年来又在此基础上大力创新，研发出许多处于世界领先水平的新技术，比如 3D 技术、感应耦合等离子体质谱（ICP－MS）、同位素比值质谱（IR－MS）组合检测及新一代现场勘验和物证提取技术等，开发出了网络数据提取器等新型司法鉴定实用产品。其秘诀就是建立“创新黄金三角”机制，与大学、研究所等机构结盟，开展基础理论研究，进行知识创新，与警察、检察官、法官等鉴定使用者结盟，提供开发方向和实用性验证，与网络公司、高科技创新企业结盟，进行实用性开发。我们要加强司法鉴定技术、产品的开发研究，扶持培养一批创新型鉴定机构、研究机构、公司企业；要在行业内部形成科研的氛围，鼓励鉴定机构开展科研，不断完善改进鉴定技术。

（六）加强司法鉴定的国际交流合作

全球化为跨国犯罪创造了条件，跨国犯罪促进了各国司法的合作，司法的国际合作必然要求司法鉴定的国际交流协作。为适应形势的要求，NFI 参与了欧洲司法鉴定联盟的发起和组建，并逐步成为欧洲司法鉴定联盟事实上的盟主（秘书处设在该所）。近年来，针对欧盟各国司法鉴定分类不统一、标准不统一、资质水平不一等问题，NFI 首先以通过 ISO/IEC17025 认证为加入欧洲司法鉴定联盟的标准，在欧盟各国推行，借此以统一欧盟司法鉴定机构的质量管理体系，同时积极推行欧盟执业分类及标准的制定。欧盟司法鉴定联盟积极与美国犯罪实验室主任协会、澳大利亚和新西兰司法鉴定实验室、拉丁美洲犯罪学实验室、南非区域司法鉴定联盟、亚洲法医学联盟等多家区域性司法鉴定联盟机构联系，协商建立世界性的司法鉴定组织。我国是一个大国，我国的司法鉴定机构要积极参与国际交流合作，为对外经济交流、司法合作等提供帮助，同时在国际交流合作中取长补短，吸收他人的先进技术、理念，加快发展速度。可扶持一些国家级司法鉴定所，作为我国司法鉴定对外交流的平台，参与国际性司法鉴定组织的活动，及时了解掌握国际动态，参与国际标准、规则制定。

## 附录七　俄罗斯司法鉴定专题考察报告 *

2013 年 7 月 5~9 日，应俄罗斯联邦司法部司法鉴定中心邀请，司法部司法鉴定研究所（以下简称“司鉴所”）考察团一行六人赴俄罗斯进行技术考察与访问。此次考察的目的一是进一步了解俄罗斯国家司法鉴定体制机制；二是进一步落实司鉴所与俄罗斯联邦司法部司法鉴定中心签署的合作协议的具体事项，探讨多方位合作的可能性。

### 一、考察基本情况

#### （一）俄罗斯联邦司法部司法鉴定中心

俄罗斯联邦司法鉴定中心位于首都莫斯科，成立于 1962 年，鉴定人 2000 余名，全国分设 10 个州/市级分中心，拥有 40 多个实验室，年鉴定量逾 15 万例。该中心承担了俄罗斯联邦主要的司法鉴定工作，但其服务不局限于诉讼，同时扩展到仲裁、调解、反恐、警民暴力冲突等领域，该中心以中立性和科学能力在相关事务的解决中发挥了不可替代的作用，并以服务收费作为政府拨款的有效补充。该中心同时具

* 撰稿人：朱广发。

有培训和技术管理的职能，是俄罗斯联邦政府授权的鉴定人资质认定机构，并参与起草政府在司法鉴定领域的技术规范。该中心设有笔迹鉴定、文书鉴定、痕迹鉴定、弹道鉴定、计算机鉴定、声像技术鉴定、语言学鉴定、产品质量鉴定、环境生态鉴定、司法心理鉴定等专业。考察团主要参观了该中心位于莫斯科的中心实验室和位于圣彼得堡市的西北分中心。

（二）“司法鉴定领域立法”会谈

考察团与俄方举行了“司法鉴定领域立法”的会谈，俄罗斯联邦司法部副部长Elena Borisenko女士出席会谈并致辞，俄罗斯联邦司法部司法鉴定机构管理事务负责人、法律援助事务负责人、俄罗斯联邦司法部司法鉴定中心主要负责人等参加会谈。Borisenko女士在会谈中回顾了中俄两国司法部在多个领域开展的交流与合作，重点介绍了俄罗斯联邦政府近年来为完善司法体系，在开展司法鉴定立法、建立司法鉴定活动法律保障体系方面进行的探索和取得的成绩，对双方在司法鉴定领域开展进一步合作寄予期望。俄罗斯联邦司法部和联邦司法鉴定中心负责人在会谈中分别介绍了俄罗斯司法鉴定立法进展、鉴定活动法律保障体系现状及联邦司法鉴定中心基本情况。双方就落实2013年5月在上海签署的合作协议具体事项进行了协商，在开展技术合作、人员培训、短期交流等方面达成初步意见。

（三）拜访霍尔金教授

在俄方帮助下，考察团拜访了曾于20世纪50年代在司鉴所任教的Valentin Koldin教授。Koldin教授是司鉴所创立初期任教的两位前苏联专家之一，现已年逾八旬，还在莫斯科大学执教，并兼任俄罗斯联邦司法鉴定中心总鉴定专家，获得过俄罗斯联邦功勋科学工作者、俄罗斯联邦功勋法律工作者等荣誉，在俄罗斯司法鉴定界享有很高的声誉。沈敏团长代表司鉴所向Koldin教授表示了慰问，Koldin教授向司鉴所赠送了三本学术专著及其中文版权。

## 二、考察体会

通过短暂的参观与交流，考察团认为我国司法鉴定体制及其管理与俄罗斯联邦颇为相似，因此具有进行比较研究的条件与意义，尤其在以下几方面可以引起相关思考与探索。

（一）司法鉴定立法与法律保障

在俄罗斯联邦宪法框架下，司法部、内务部、卫生部、国防部、安全部、海关、药品管理等部门均设有鉴定机构，形成了一个庞杂的鉴定体系。为了规范司法鉴定活动，联邦政府于2001年出台了《俄罗斯联邦司法鉴定法》，该法共6章43条，涉及司法鉴定概念与定义、鉴定主体的权利与义务、鉴定活动的管理与调整、对公民权利与自由的保障、司法鉴定工作的保障、对非国立鉴定机构的鉴定人资质要求等。同时民法、刑法、刑事诉讼法也相应规定了司法鉴定应遵从的准则，如鉴定人权利、责任，鉴定程序等。在俄罗斯联邦的鉴定制度中，法院具有很高的地位，如果审判过程中遇到不完全符合法律要求的情形，联邦仲裁法院和联邦最高法院有权提出调整建议。如2006年12月20日俄罗斯联邦最高仲裁法院全体会议第66号决议《关于仲裁法院采用有关鉴定法规的若干问题》，2010年12月21日俄罗斯联邦最高法院全体会议第28号决议《关于刑事案件范围的司法鉴定》等。

俄罗斯司法鉴定体制经过近20年的发展也出现了很多新情况，因此政府启动了对2001年《俄罗斯联邦司法鉴定法》的修订工作，修订的主要目的是扩大法律的调整范围，完善对鉴定人资质认定的判断及资质管理，增加国际合作内容，扩大对鉴定人教育培训等。新法已进入到立法的最后阶段，2013年秋天将生效。

（二）司法鉴定机构管理

俄罗斯司法鉴定体系非常庞杂，由司法部、卫生部、国防部、内务部下设鉴定机构及民营机构构成，司法鉴定统一管理的紧迫性日益突出。为了进一步加强对各类机构的管理，联邦政府除了利用法律法规进行规范与调整外，同时通过对国立司法鉴定机构的重点扶植，使得政府掌握了在解决重大重要问题方面的主动权。在俄罗斯，根据法律规定，俄罗斯联邦司法部是法律授权的司法鉴定行业管理部门，但在技术层面，联邦司法部司法鉴定中心具有终局鉴定的权利。同时，政府为了协调各领域的鉴定机构，成立了由各方组成的独立工作小组，可以在联邦最高法院全体会议上对鉴定程序的启动等问题进行会商。

（三）鉴定人考核准入制度

俄罗斯联邦政府非常重视对鉴定人准入资质的管理，在新修订的法案中对鉴定人资质提出严格的要求，授权俄罗斯联邦司法鉴定中心作为鉴定人资质认定的机构，规定鉴定人资质的取得必须经过严格的培训和考核，同时规定了鉴定人资质的非终身制。俄罗斯联邦司法鉴定中心为了响应政府对鉴定人资质管理的高要求，对鉴定人培训作出了十分具体的规定，发布了《司法鉴定教学大纲》，涵盖56个专业的培训要求，主要包括：司法鉴定基础教学大纲、犯罪侦查学基础教学大纲、笔迹鉴定、文件技术鉴定、人像鉴定、痕迹鉴定、录像录音鉴定、枪弹及其残留物鉴定、爆炸技术鉴定、材料物质及其制品鉴定、纤维及其制品鉴定、土壤鉴定、生物学鉴定、汽车技术鉴定、火灾技术鉴定、爆炸技术工艺鉴定、工程技术鉴定、司法会计鉴定、

司法财务经济鉴定、司法商品学鉴定、法医心理学鉴定、司法计算机技术鉴定、司法生态环境鉴定、司法家用电器鉴定和司法语言学鉴定等。

（四）国际交流与合作

访问期间，俄方表示出对开展国际交流与合作的积极性，表达了想与中国以及其他新兴国家加强合作的强烈愿望。俄罗斯联邦司法部 Elena Borisenko 副部长在交流中提到希望能以上合组织以及欧亚合作共同体为基础，进一步发展中俄两国在司法鉴定领域的合作伙伴关系。据介绍，俄罗斯联邦司法鉴定中心已于2013年与南非国家司法鉴定机构举行了交流，就开展金砖国家司法鉴定合作交换了意见，该中心计划将于2014年在俄罗斯举办相关的学术交流活动。

## 附录八　美国司法鉴定专题考察报告*

经司法部和国家外国专家局批准，由司法部司法鉴定管理局组团的一行22人赴美国伊利诺伊大学学习考察美国司法鉴定制度。

伊利诺伊大学建校于1867年，是一所对美国社会有深远影响的名牌大学，以杰出的教学科研水平，优越的学习环境和现代高科技资源而闻名于世。该校学科门类齐全，覆盖面达150多个专业领域，该校的工学院、商学院、法学院、农学院以及公共行政管理学院等都居全美学院前列。

我们的培训时间共21天，其中11天在学校接受培训，由专家教授进行授课、案例分析，其余时间考察法院、警察局、法庭科学实验室、验尸中心、律师协会、律师事务所以及法律援助基金会等机构。

### 一、关于美国的司法制度（略）

### 二、美国的诉讼制度和审判方式

（一）美国民事诉讼制度（略）

（二）美国刑事诉讼制度（略）

（三）美国刑事审判方式（略）

---

* 撰写人：王亚辉、徐国杰、宁娟、袁军、刘建伟、严思斯；统稿人：杨少华、王敏夫、郑振玉；审稿人：霍宪丹。

（四）刑事诉讼中的举证责任分配和鉴定的启动程序

1. 美国刑事诉讼中的举证责任分配。

（1）美国刑事诉讼中的证据。美国的证据法主要存在于大量的法院判例之中。1975 年通过的《联邦证据规则》主要适用于各级联邦法院。虽然统一各州法律全国代表大会早在 1953 年就推出了《统一证据规则》，但是各州的证据法仍有很多差异。美国证据法的另一个特点是其刑事案件中的证据规则与民事案件中的证据规则基本相同。按照美国的传统法律，证据有两种基本类型和三种基本形式。两种基本类型是直接证据和间接证据或旁证，三种基本形式包括言词证据、实物证据和司法认知。

（2）举证责任。在美国的刑事案件中，举证责任完全由检方承担，辩护律师和被告人不需要向警方提供任何合作，辩护律师的责任是最大限度地为客户辩护。

起诉方举证：作开场陈述后，起诉方向法庭提供证据以支持控诉，包括出示物证和传唤证人出庭作证，一般以传唤己方证人出庭作证为主。证人在法庭作证要经过宣誓或以其他方式声明如实陈述，要接受控辩双方的询问。由提名或传唤证人作证的一方询问称作直接询问，目的是使证人说出所了解的案件事实，展示证据。直接询问中不允许提出诱导性问题。由对方律师发问称作交叉询问，目的在于暴露证人作证中的缺陷和不足，向陪审团揭示证人的不可信。交叉询问时可以提出诱导性问题。询问的顺序依次为直接询问，交叉询问，再直接询问，再交叉询问，可以反复进行数轮，直至无可再问或无必要再问。美国诉讼理论高度评价法庭询问，特别是交叉询问规则的积极作用，称其为查明事实真相而创立的最大法律装置，认为只有在这种一而再、再而三的询问过程中，才能让对立的观点互相抗衡，才能澄清争议事实，才能体现司法正义。

辩护方举证：当起诉方结束举证后，被告人或辩护律师进行辩护，并提供支持辩护主张的证据。对辩护方传唤作证的证人，同样由辩护方和起诉方依次进行直接询问和交叉询问。需要注意的是，在美国刑事诉讼中，被告人既不得被迫自证有罪，也不要求被告人证明自己无罪。因此，除非被告人希望作证，否则不要求被告人在法庭上提供证言；除非辩护律师选择这样做，否则辩护方不需要在法庭上举证。

2. 启动司法鉴定。

（1）美国的司法鉴定制度。美国司法鉴定机构的设置是分散型和独立型的，多称为“犯罪侦查实验室”或“司法科学实验室”，主要分为两种：一种是由政府投资设置的政府或官方实验室，这些实验室主要是为执法机关提供司法鉴定服务；另一种是私人的司法科学实验室，完全由个人投资设立或在大学设立。虽然这些实验室

与官方实验室比较规模相对较小，鉴定人员也比较少，但是他们在美国的司法鉴定活动中发挥着重要作用。美国所有的鉴定实验室都是中立的，与包括警察局在内的各司法机关不存在任何隶属关系，而是以委托关系的形式为司法服务。无论是联邦调查局的犯罪侦查实验室，还是州、县、市的法庭科学实验室均是独立设置。美国的公立实验室分别由联邦、州政府直接投资，而不是投资给某个部门，再由部门划拨，并且具有严格的程序规范。在美国，无论是搜集证据还是在实验室做样品检测，均有严格的法定程序和统一的标准，涉及程序的法律是由联邦制定的，而鉴定标准有的是由国家制定的，有的则是由行业协会制定的，一旦出现程序违法，证据就彻底失去效力。美国的司法鉴定机构并不具备鉴定主体身份，不从事鉴定活动，也不承担责任，这些鉴定机构中的个人以专家身份提供证言。在美国，专家证人要求具备相关的知识或经验，可以向法庭陈述自己的看法或见解，并作出有结论性的意见，同时还可向法官和陪审团阐述作出结论的根据。

（2）启动鉴定程序。《美国联邦证据规则》第706条（a）规定，法院可依自己的职权或基于当事人的申请裁示专家证人不能被聘请的原因，并可以要求当事人提出（专家证人）人选。法院可以聘请当事人所共同同意的专家证人人选，也可以自行聘请专家证人。该条规则明确了聘请专家证人可以由当事人或法院提出。

（五）法庭质证程序和相关证据规则

1. 刑事诉讼中的法庭质证程序。刑事庭审本质上由举证、质证、认证三个环节构成，质证是其中的中心环节。质，即质疑，欲质疑，则须辩驳。所以，从实质来讲，质证是指在庭审中，具体讲是在法庭调查过程中，控辩双方当事人在法官或其他听证官员主持下进行相互质问、反诘、交叉询问的一种诉讼活动，以提高其所提供证据真实性的过程。质证的内容是证据的可采性与证据能力。质证的作用主要在于检查对方证人所提供的证据是否可靠，是否全面。为弄清事实真相，由当事人互相盘问对方证人是一种有效的方法。因此，质证的目的在于弄清事实真相。但在具体实践中经常会遇到质证范围如何界定的问题。由此可见，质证具有如下特征：一是质证的主体是控、辩双方；二是质证的对象是控方或辩方在当庭举证中所提出的各种证据；三是从形式上讲，质证实质上是控、辩双方给予对方所举证据的一种“攻击”行为；四是质证是当事人程序上的权利。在美国刑事诉讼庭审中，主持质证的法官一般不限制当事人质证权利。因此，主持质证的法官会尽可能地让当事人相互质证、交叉询问，从而更好地了解案件的事实真相。

美国刑事诉讼理论称交叉询问为“查明事实真相而创立的最大法律装置”。这个规则由提名或传唤证人作证的一方询问称作直接询问，目的是使证人说出所了解的案件事实，展示证据。直接询问中不允许提出诱导性问题。由对方律师询问称作交叉询问，目的在于暴露证人作证中的缺陷和不足，向陪审团揭示证人的不可信。交叉询问时可以提出诱导性问题。询问的顺序为直接询问、交叉询问，再直接询问、再交叉询问，可以反复进行数轮，直至无可再问或无必要再问。

在美国，法庭在审理刑事诉讼案件之前，通常进行庭前证据交换，并建立"证据先悉"（即证据开示）程序。证据先悉指在庭审前，各方当事人了解对方所掌握的诉讼中必要或有价值的材料，特别是辩护方从控诉方摸底，这其实就是指预审程序。控诉方必须在预审中提出足以确立合理根据的必要证据，并且有义务将准备传唤出庭的证人名单和其他准备在法庭用作证据的目录提供给法庭和辩护一方，并应法庭和辩护人的要求作出解释和说明。在预审中，被告人可以出示证据，但通常没有义务这样做。

2. 民事诉讼中的法庭质证程序。美国有州与联邦两套法院系统。联邦法院系统有统一的民事诉讼法，此即通过于1938年的《联邦民事诉讼规则》（FRCP）。这部民事诉讼法不适用于各州法院，各州法院有自己的民事诉讼法。这些州级民事诉讼法尽管各有差异和特色，但总体上均类似于《联邦民事诉讼规则》。事实上，现在已有一半以上的州法院毫无保留地采纳了《联邦民事诉讼规则》，那些没有采纳的州法院近期也不断地修正其民事诉讼法，使之与《联邦民事诉讼规则》本质地形成一致。

（1）诉答程序。在美国，民事诉讼程序始于当事人的起诉，没有起诉便没有程序，也就无所谓质证与审判。美国《联邦民事诉讼规则》第3条规定："民事诉讼从控方把诉状递交给法院时开始"。当法院收到起诉状之后，诉讼程序就开始，至于辩方是否提出答辩以及答辩内容如何，都不影响诉讼程序的进行。英美法系一向很重视起诉阶段以及起诉与答辩的内在关系。起诉引起诉讼程序的开始，但诉讼程序是否有继续进行的必要，不是取决于控方的意愿，而是由辩方的答辩意愿来决定的。辩方若不愿答辩，法院则依控方的诉求作出不应诉判决，诉讼程序至此告终。一般诉讼程序继续进行的前提是控辩双方形成了事实问题的实质争议。由此可见，在美国，以控辩双方的内在关联与相互作用来控制诉讼程序的内容和方向。因此，在美国，起诉与答辩是联系在一起考虑的，统称为"诉答程序"，诉答程序是对抗制诉讼程序的第一阶段，它与发现程序、审前会议等一起，构成美国民事诉讼的审理前程序。美国的民事诉讼程序开始于原告向法院书记官提交"诉状"之时。根据《联邦民事诉讼规则》第8条（a），起诉状应包括受诉法院对本案享有审判管辖权的理由

陈述；原告有权获得救济的诉讼理由与事实根据；原告寻求诉讼救济的请求，即诉讼请求。

（2）发现程序。诉答程序结束后，一个以调查事实、收集证据和出示、交换证据为主要内容的审前程序便告开始，此即《联邦民事诉讼规则》1938 年修正时确立的所谓"发现程序"，该程序有五种手段，即笔录证言、书面质问、要求提交文书和物证、要求自认、要求检查身体和精神状态。在发现程序中，当事人有权要求包括对方当事人在内的任何人在宣誓后出示或公开与本案有关的任何证据材料、信息和知识。根据对抗制的原则要求，发现程序基本由律师主持和进行，法院或法官相对超脱，一般不介入其中。任何必要的发现会议，包括证人证言的提供，一般均在要求发现的律师的办公室里进行。通过发现程序，律师可以向对方证人询问，并要求对方当事人及其律师提供所有即将在审判中当作证据使用的各项文件的副本，还可对有形的实物证据进行检查。发现程序虽然是由控辩双方及其律师进行的，却是以国家权力和制裁措施为后盾。

（3）事实陈述。陪审团在组建、宣誓并就座后，开庭审理遂进入第一阶段：律师向陪审团或法官（无陪审团审判时）作事实陈述。其目的在于使当事人的律师依次向陪审团描述一下事实的大概情况，将陪审团引导到自己的主张或抗辩中来。因为诉讼中即将呈现的证据不是依照事先编好的顺序有条不紊地提供的，而是由证人作证的随机性无规则地涌现的，因而在举证程序开始之前，由双方律师首先作一事实陈述，向陪审团概括一下案情状况，使之对本案梗概有一初步了解和印象，对它将来听取、考虑和评估证据都是大有裨益的。可见，这对律师来说无疑是清楚并完整地陈述案情，并因此取得主导地位的机会。当然，各方律师所陈述的案情"故事"是大不一样的。

（4）举证程序。举证程序是审判程序最为重要的组成部分，双方律师在此一阶段将大展身手。举证的顺序是这样的：首先由原告举证，提出有利于自己的事实和证据，形成所谓"原告的案情"，在刑事诉讼中则称之为"政府的案情"或"国家的案情"。原告初步举证后，被告可基于原告的证据提出"直接裁决"的申请，要求法官作出裁定驳回原告的起诉，因为单凭原告提出的证据，一个合理的陪审团尚不足以作出对原告有利的裁决，更无需考虑被告提出的反证了。在举证程序过程中，对于证据及证言的认定，类似于刑事诉讼中的"直接询问"、"交叉询问"，对证人进行的"直接询问"和"交叉询问"的次数不加限制，双方律师若认为有必要，可以进行多次；并相应地称之为"再次直接询问"和"再次交叉询问"。举证责任的要求是必须遵循“谁主张，谁举证”、“不举证，则败诉”的规则。通过庭审质证后，法官将根据陪审团给出的意见作出最后判决。

3. 对抗式质证程序。以美国为代表的英美法系国家，以控辩式质证程序模式应用最为广泛，适用于刑事与民事诉讼案件。其主要特征是注重控辩双方在质证程序中的主体地位，注重发挥控辩双方在质证程序中的主观能动作用。在庭审中，控辩双方互相对抗争辩，成为庭审的主导者和控制者，而法官在质证程序中则处于超然的听证者地位。法官对检察官的起诉只作程序性的审查，而不作实体性的研究，检察官在向法院起诉时，只需移交一份附有简要案情的起诉状和证据清单，案卷和证据并不随案移交，即所谓“起诉状一本主义”。控辩式质证程序模式的优点是可以防止法官先入为主，在对案件进行审理之前作出预断，在庭审时，法官仅主持质证，不起主导作用。特别是陪审团和法官不主动调查证据，如何提供证据以及如何对证人进行询问由控辩双方自行决定，因而更加符合设立质证程序机制的本意。其缺陷是容易导致诉讼拖延，诉讼效率不高。

4. 相关证据规则。

（1）证据规则的独立性。美国有两个体系的证据规则：一是法院审判案件采用的证据规则。这类规则最早起源于普通法，后集中规定在 1975 年《联邦证据规则》（Federal Rules of Evidence）中。《联邦证据规则》第 101 条规定：“本证据规则根据规则 1101 条所载明的范围和例外，适用于在联邦法院、联邦破产法院和联邦治安法院进行的诉讼。”二是行政程序适用的证据规则。这类证据规则由《联邦行政程序法》（The Federal Administrative Procedure Act）、各州行政程序法、单行法律、行政法规和一些司法判例确立。1946 美国《联邦行政程序法》对证据制度作了一些规定，如举证责任、听证等，但这些规定相对比较原则，许多证据制度的具体内容只得借助司法判例来确认。美国法院的证据规则过于繁琐，采用法院的证据规则效率较低，不能适应行政机关经常要作出大量行政裁决的需要。另一方面，美国法院的证据规则来源于普通法，是陪审制度的直接产物。在这种制度下，案件事实问题由陪审员决定。而陪审员是随意挑选的一般公民，他们对于所决定的事实，没有事先的经验。为了减少陪审员不正确地认定事实的危险，在证据法中必然要规定很多限制和技术性的规则，规定某些证据不能提出，某些证据没有证明力，避免陪审员受到错误引导，从而产生混乱和偏见。

（2）证据排除规则。《联邦证据规则》第 802 条规定：“除本规则或者最高法院根据成文法授权制定的其他规则或国会立法另有规定外，传闻无可采性”。禁止使用传闻证据的理论依据是缺乏对声称者作反讯问的机会。反讯问可以揭露原来的陈述所遗漏的重要内容，能够暴露传闻证据的提供者弄虚作假，揭发其观察记忆和叙述上的错误，至少可以使陪审团对证言的证明力产生怀疑。如前所论及，由于陪审团构成上的特点，陪审员没有判断证据的经验，容易过分重视传闻证据的证明力量，不易判断证据的真实情况。依据美国《联邦宪法》及司法判例的有关规定，行政机关在行政程序中应当排除三类证据：一是排除与案件无关、不重要和过于重复的证据。行政机关可以根据自己管理事务的情况自己规定排除证据的标准，排除自己认为与案件无关、不重要或过于重复的证据。当然，如果被行政机关排除的证据对于案件事实的确认有重大证明价值，当事人因此受到损害时，行政机关的决定可以被法院撤销。二是特权证据。特权证据指政府和个人基于法律规定的特权可以拒绝向他人提供的证据，包括政府特权和私人特权。政府作为一方当事人享有三方面证据特权：政府机关的律师为进行行政裁决的控诉或防卫而准备和收集的证据，有关行政活动的信息或国家机密，政府机关为制定政策而收集的工商秘密。私人特权系普通法承认的私人生活中一些极端信任的交往，法院不能要求作证，如夫妻间、牧师与忏悔者间、医师和病人间、律师和委托人间的关系，基于这些关系获知的情况，不能要求其作为证据提供。特权证据属于可以排除证据，行政机关不能接受此类证据认定案件事实。三是非法证据。为了保护公民的权利，美国宪法第四修正案规定："人民的人身、住宅、文件和财产不受无理搜查和扣押的权利不得侵犯。除依照合理根据，以宣誓或代誓宣言保证，并具体说明搜查地点和扣押的人或物，不得发出搜查和扣押状。"为了保证公民此项宪法权利，美国上诉法院判决确认，行政机关不能利用私人偷来的证据，因为私人偷取这个证据的唯一目的是供行政机关使用。同时，美国宪法第五修正案规定："不得在任何刑事案件中被迫自证其罪"。该项规定原本应用于刑事案件中，后被应用于行政程序中，在行政机关进行调查或听证时，证人可以主张这个特权，拒绝作证。

(3) 证据引出规则。"证据引出"规则是在刑事审判过程中，要求控辩双方通过一定的方式使一项证据材料能够被允许作为证据在法庭上出示的规则，其实质是在控辩双方向裁判者展示自己的证据材料之前，对其准备在法庭上展示的证据材料进行前置性审查，以排除不具有证据能力的证据材料，使之不能在法庭上向裁判者展示。证据引出规则对于实现实体公正、程序公正和诉讼效率等都有现实意义。《联邦证据规则》第103 (c) 款规定："在陪审团审理的案件中，诉讼程序的进行应尽可能地防止不可采纳的证据通过任何方式暗示陪审团，例如在陪审团听证时作出陈述、提供证明或予以提问。”美国最高法院咨询委员会对这一规则所作的注释则更加直截了当地说：“不妨进行一种假设，在陪审团审理的案件中，如果被排除的证据仍然能够让陪审团听到，那么排除证据的裁定将毫无意义。”

对于现场物证的合法性引出往往是以证人证言的形式完成的，在这一引出过程中作证的应当是搜集现场物证的侦查人员。在西方国家，警察向法庭作证是诉讼制度中天经地义的事情，警察需就物证的搜集、口供获得的过程与方法等许多方面提供证词。美国辛普森杀人案，负责侦办的富尔曼警官就曾应法庭传召出庭，就物证搜集等情况作证，不敢有所怠慢。同时，法庭根据证人证言排除一切合理怀疑后，才可以定罪量刑。

（六）专家证言的可采信性评价（科学证据的评价标准）

1. 专家证言可采信的一般理论。在英美法系国家，证据的可采性是英美证据法的核心问题，亦称证据的容许性，是指一项证据是否具有在法庭上提出的资格。美国著名法学家乔恩·华尔兹（Jon Waltz）教授指出：“‘可采性’是涉及何种事实和材料将准许陪审团听、看、读甚至可能是摸或闻的一种决定。”不具有可采性的证据不能在法庭上提出，也不允许被事实审理者看见或听见，因而也就不会产生证明力。“可采纳性是一个反面、消极的、纯粹法律性的概念。这一概念意味着‘排除规则’的存在，按照各种排除规则，一项证据虽同时是重要的，有关联性的，也不应该接受。”

在美国的证据规则中，证据的可采性处于核心的地位。确定一个证据是否可以采用，主要应考察其实质性、证明性和有效性。而实质性和证明性合在一起即构成了相关性。由于美国律师们在就对方证据提出反对时经常使用无相关性、无实质性、无有效性这三个概念，所以有人把证据的可采性规则概括为“三无”规则。《联邦证据规则》的宗旨是为法官在判断证据是否具有资格时提供原则和依据，这是一部主要规范证据可采性规则的成文法典。从一般到特殊，从原则到例外，再加上一系列重要判例对证据可采性的具体理解和实际操作，构成了一个证据可采性规则的体系或“法定证明”的范畴。虽然美国的证据法在证据可采性等问题上有具体明确的规定，但是在证据价值的评断和运用证据证明案件事实的问题上却赋予法官和陪审员极大的自由裁量权。因此，其证明制度也应属于“自由证明”的范畴，而不应属于“规制证明”。对于专家证言的可采性，美国法律从以下几个方面进行判断：

（1）专家证言的关联性。由于专家证言是针对案件中具有法律意义的待证事实作出的意见或推论，因此，专家证言一般都具有特定的事实指向，即具有关联性所要求的实质性。但专家意见是否具有证明性，或者证明价值的大小会因案而异。如果不具有证明性或者证明性很微弱，专家证言就不具有法律所要求的关联性。而是否具有证明性或证明性的大小，取决于两个方面的因素：一是专家证据与待证事实逻辑关系的远近。如果专家证言与待证事实之间没有逻辑关系或者逻辑关系过于遥远，即使是可靠的，也会因为缺乏证明性而失去相关性。如在环境污染案件中，要证明某一特殊的环境与在该环境中工作过的人患某种疾病之间具有因果关系这一事实，通过动物实验得到的专家证据与待证事实之间就不具有必然的逻辑关联，这样的专家证言就缺乏证明性或者证明性很微弱，因而缺乏法律要求的相关性。二是专家证言是否具有可靠性及可靠性的高低。根据逻辑法则或经验法则，如果专家证言完全不可靠或者可靠程度很低，就不可能达到证明待证事实的目的，因而也就不具有证明性。可见，专家证言并不必然具有关联性，而缺乏关联性的专家证据就失去了可采性的前提。

（2）专家证言的可靠性。专家证言的可靠性是指专家证言所依据的“理论和方法的确实性”，即科学上的有效性。理论的正确性是结论可靠性的前提，如果专家证言依据的理论本身缺乏可靠性，方法再有效，也不能得出可靠的结论；反过来，即使一项理论被认为是可靠的，如果方法不正确，其结果也会失去客观性。

2. 专家证言的采信规则。

（1）常识性意见排除。专家意见不应当是依靠一般人所具有的常识所作出的，而是依靠其专门性知识、技能和经验作出的。专家辅助人出庭的目的在于出具专门性问题的意见，如果其陈述常识性意见将构成对法官司法判断权的侵害，也就违背《联邦证据规则》的本意。

（2）猜测性意见排除。专家证人不得出具猜测性意见和使用猜测性的语言，否则不具有可采信性。专家证人必须对有关案件事实、证据作出确定的意见、推论或结论，并对作出以上意见、推论或结论的过程提供合理的科学的证明。

（3）书面意见排除。由于涉及案件的专门性问题，仅出具书面意见的专家证言无法使法官、各方当事人完全理解专家意见的具体含义，更重要的是无从了解专家证人在得出该专家意见过程中的推理过程，从而失去了使各方质证其意见合法性、合理性的机会，不利于查明案情、维护当事人的诉讼权利，也使法官的审判权受到削弱。所以，应当确立对专家证人出具的专家意见适用书面意见排除规则，而采用当庭质证的方式。

（4）科学性原则。能否采信专家证人的专家意见，最主要的原则就是科学真实性原则，而不在于专家证人在专业领域内的权威性和知名度。要求科学性并不是要求专家辅助人能够使法官理解某一领域内专家所做研究的全部评论以判断其意见是否科学，这是不现实的。虽然法官并不具备对案件所涉及的某一专门问题的知识，但是其有足够的能力判断专家证人得出专家意见的逻辑推理过程的科学性、真实性。这就是说，科学性原则的重点在于查明专家证人逻辑推理过程的科学性，进行判断所依据的事实资料的真实性和客观性。所以，在经过充分质证的基础上，只有那些满足科学性原则的专家意见才可采信。在发生各方当事人提供的专家辅助人各自提供的专家意见发生冲突、专家意见与鉴定结论发生冲突时，科学性原则是问题的最佳解决方式。

（七）专家证人在法庭上的诉讼地位和权利义务

对于专家证人，《联邦证据规则》第702条规定，一个人如果要以专家身份进入司法程序，必须在知识、技能、经验、训练或者教育等方面具有优胜于常人之处。美国《布莱克法律大辞典》将专家证人定义为：经过该学科科学教育的男人（或女人），或者掌握有从实践中获得的特别的或专有知识的人。可见，专家证人是具有普通证人一般不具有的一定知识或专长的人，不受性别、年龄、学历等的限制。

1. 专家证人在法庭上的诉讼地位。专家证人的地位是依赖于当事人的，其意见也必然依赖于这一方当事人的诉讼请求，充当着一方当事人科技辩护者的角色，因此他的意见不是结论，并非理所当然为事实审理者接受。他必须出庭作证，与普通证人一样适用宣誓和郑重陈述制度，意见只有经过交叉询问，才能作为认定案件事实的证据。在美国宪法所规定的法院里，有半数的案件，专家证人所提的证据对陪审团的公正审判有着举足轻重的地位。如何面对这些证人，也益显重要。

在英美法系国家，鉴定人与证人一般没有严格的区分。法律把鉴定人规定为一种特殊的证人，理论上称之为“专家证人”，普通证人则被称为“外行证人”，也就是说，鉴定人和证人的诉讼地位是大致相同的，两者有其共同点，具体表现在：对鉴定人的口头询问，在程序上与询问普通证人规则基本相同，只有少数例外情形；鉴定人由当事人带上法庭，像对待普通证人那样由控辩双方对其主询问和交叉询问，对专家证言进行质证等。按照美国的法律原则，专家证人的鉴定结论对法官和陪审团没有约束力，即法官和陪审团在判断案件事实时可以自由决定是否采纳专家证人的意见或推论。因为认定案件事实是法官和陪审团的职责，不是专家证人的职责。而且鉴定结论或专家证言只是一种证据。

不过，英美法律也承认专家证人和普通证人之间有所差别，因而在适用法律规

则上略有不同。比如，专家证人要求具备相关的知识或经验，可以向法庭陈述自己的看法或见解，并作出有结论性的意见，同时还可向法官和陪审团阐述作出结论的根据；而普通证人作证时只能陈述自己了解的案件事实，不能发表自己根据这些事实得出的结论或意见，否则根据传闻规则将被排除，即一个普通证人只能在法庭上陈述自己直接了解的事实，不能发表关于案件事实的意见或推论，因为普通证人并不具备超出陪审团知识范围的“专门知识”，关于这一规则的重要判例是1875年的索普案。但不少美国学者认为，专家证人和普通证人之间的区别仅在于其掌握的知识多寡不同，二者的陈述无论在逻辑上还是心理学上，无论在诉讼地位上还是在法律意义上，都没有本质的差异。实际上，英美法律并没有形成独立的鉴定制度，其有关鉴定的法律规则基本上都包括在证人制度中。

2. 专家证人在法庭上的权利、义务。

（1）专家证人可发表意见证据。意见证据规则是一个否定式的规则，它所指向的实际是排除意见证据，这与英美法国家证据规则的传统有关。由于英美法的法律渊源为判例法，因此其肯定性的规范大多存在于判例之中。而证据规则的重要宗旨是防止那些会引起偏见的非法证据进入陪审团的视野。因此，英美证据规则多为否定性和排除性的法律规范，正如哈佛大学法学教授塞耶所说：“在众多繁杂的证明事项中，证据法主要确定何种类型的事物不能接受。这一排除性功能正是我们的证据法之特质。”

（2）举证。专家证人出庭，以口头证言的形式提出专家意见是专家证人的举证方式。依传闻证据规则，专家证人必须以口头的形式表达，并通过交叉询问，将其意见证据的内容、形成过程和依据表达出来，而不能以报告来代替。虽然专家证人一般均要提交专家报告，但报告只是证据开示的手段和庭审中口头报告的准备。专家证人出庭接受质证不仅是传闻证据规则的需要，从认识角度看，专家证言与普通证言不同。专家证言不是对自身经历事实的描述，而是基于专业知识和经验对案件事实作出的意见性结论，这种证言由于其专业性要想被事实裁判者理解，需要专家证人解释和说明其结论所依据的专业知识和原理，以及得出结论的推理过程。在绝大多数英美法系国家，专家报告不能直接在庭审中作为证据使用，因而陪审团永远都不可能看到专家报告。此外，如果不对专家进行当庭询问而直接采纳专家报告，将被视为辩护律师被剥夺了审查庭外陈述者或行为者的感知能力、记忆力、是否诚实以及语言表达能力的机会，而这些方面的可靠性正是法庭上证言的可靠性所依据的因素。

（3）质证。英美法系国家将鉴定结论称为专家证言，与证人证言共用同一个质证程序规则，主要是采取交叉询问的方式进行质证。对专家证言的质证是在控辩双方提证阶段进行的，控方专家证人和辩方专家证人先后提证后，先接受提出该证人的一方当事人的立证询问（直接询问、主询问），再由对方当事人对该证人进行反对询问；然后原直接询问当事人可以再行直接询问，之后，反对询问者可以再行反对询问，依次进行。庭审双方律师对专家证人以“主询问—反询问—再主询问—再反询问”的方式交叉进行询问。主询问是指当事人对自己聘请的专家证人进行询问，目的是向法庭出示或说明对自己有利的证据和意见并对本方证人的陈述进行澄清和补充，以使法庭对本方的立场有更清楚的认识。反询问则是当事人对对方当事人所聘请的专家证人进行询问，目的是为了削弱被询问的证人在陪审团心目中的可靠程度或诚实程度，此外还可以对对方专家的陈述进行限制和质疑。在交叉询问过程中，双方当事人还必须遵守一系列规则，例如主询问方一般不得进行诱导性询问。

（4）专家意见所依赖的事实或资料的开示。美国《联邦证据规则》第705条规定，专家证人在以意见或推论的形式作证时，不必要在其陈述时提出作为其意见或推论基础的事实或资料，虽然法院有权力命令专家以另外不同的方式作证，但在交叉询问时，专家证人则可以被要求将其证言所依据的事实基础或资料予以开示。这主要是为了让反对询问的一方当事人了解其所依据的事实基础或资料是源自科学依据基础之上，还是建立在凭空想象上，是否客观、全面，是否具有科学性，专家证人对此必须心证公开，从而达到削弱证据力的目的。

（八）法证科学在美国国家安全战略中的地位和作用

法证科学是20世纪中期兴起于美国的新型科学，主要由法医学家和实验室研究员利用先进的DNA检测技术、指纹识别技术、枪支工具痕迹调查技术、文档鉴定标准技术来破案。法证科学是犯罪司法程序的一个完整而重要的部分，对犯罪的物证调查、分析、比对、研究是法证科学必备的环节。美国犯罪现场调查（Crime Scene Investigation，CSI）是在美国警察局里设立的调查犯罪现场各种证据的部门，该部门中的工作人员并不是探员而是科技人员。有专门从事DNA检测技术、指纹识别技术、枪支工具痕迹调查技术以及文档鉴定标准技术等科技工作者。

美国国家安全局拥有遍布世界各地固定的和机动的无线电拦截和定位站及中心（包括美国驻各国使馆），负责协调美国情报部门的电子间谍活动，并同北约国家的无线电侦查和无线电谍报机关进行合作。国防部中央安全局的任务是保障电讯安全和收集国外情报；借助地面、海上、空中和宇宙手段进行全球无线电和无线电技术

侦查；负责破译世界各国的密码信息；编制美国国家机关和五角大楼秘密线路中使用的密码并保持密码的稳定；控制着整个间谍卫星网和世界各地的监听站；负责协调美国情报部门的电子间谍活动。可以说，它控制着整个美国的间谍卫星网和设在世界各地的监听站。它为美国联邦调查局（FBI）、美国中央情报局（CIA）等政府机构提供可靠情报，帮助其破获重大恐怖犯罪和刑事案件，并为美国政府守护尖端机密，例如在外特工名单、高度危险的证人的姓名地址资料、军事武器的设计图、监测卫星的发回数据、总统的原子弹发射密码等。

本次培训过程中，我们考察了伊利诺伊州香槟郡警察局，Troy Damiels 警官给大家作了关于“调查和证据监管技术”的报告，带领我们观看了 CSI 实验室，介绍了美国警察的基本职能、犯罪现场勘验内容、指纹提取技术及人类学研究基地等。

## 三、美国司法鉴定的管理体制

### （一）美国的司法鉴定机构设置概况

美国既有属于公权力机关的司法鉴定机构，专为执法活动服务，也有医疗卫生部门、大学、私人机构等设立的面向社会服务的鉴定组织。从鉴定机构资金来源划分，有政府投资的官方实验室和私人投资的私人实验室。官方的实验室分别隶属于联邦、州、县、地方政府部门，其中大部分实验室设在警察机构或执法机构，其他的则分属公共安全部门、医疗卫生部门等。美国警察机构内设立的司法鉴定机构与警察局在行政关系上并不隶属，他们之间是相互独立的部门，这些鉴定机构一般称为实验室，由政府直接拨款进行建设和运作。警察部门根据需要，按照适当集中的原则设置实验室。这些设置在警察局内部的实验室主要为执法机关提供服务，一般不接受私人委托鉴定。美国法院、检察院不设置鉴定机构。

此次考察的伊利诺伊州警察法证科学实验室是一家美国官方的法证科学实验室，实验室设在芝加哥警察局内部，由州政府拨款建立。实验室主任拉瑞韦森先生向我们介绍了这家实验室的概况。实验室分四个部门：执行部、法医学部、内部调查部和管理部门。其中的法医学部又分为法医学小组和犯罪现场服务小组。这个法医学部的法医学小组共有 7 所区域运营的实验室，除芝加哥外另外 6 家分别设在罗克福德、乔利埃特、莫顿、斯普林菲尔德、费尔维尤海茨、卡本代尔。伊利诺伊州警察局法医学部可向警察局提供的服务有：药物化学分析如毒品案件，毒理学，枪械、工具痕迹，潜在指纹如鞋印，显微镜/微量化学如头发/纤维，纵火，油漆，玻璃，法医生物学如 DNA 以及一些问题文件的检验。附近地区的警察局一般有数名现场技术人员，当有刑事案件发生时负责现场勘查工作，在遇到疑难现场或需要检验物证鉴定时，多求助于伊利诺伊州警察局实验室。这个实验室的法医学专家属于政府雇员，每位法医学家只擅长于某一专业领域。在实际接触案件鉴定前都需要接受 12 ~ 24 个月的专业培训，并且在需要时出庭作证。对这家官方实验室的综合观感是，实验室规模较大，设备先进齐全，部门分工明确，鉴定专家不隶属于警察局，由政府直接划拨经费运作，地位独立。

美国个人投资设立的鉴定机构或在大学内设立的实验室规模相对较小一些，鉴定人员也相对少一些，但是他们在美国的司法鉴定活动中也发挥着重要作用，为司法机构、律师以及私人侦探服务提供专业服务。

（二）美国的死亡调查系统

美国的死亡调查通常是以人体作为证据。关于死亡调查有两项州系统，即验尸官制度与法医局制度。美国的法医学鉴定体制是独立的，法医不属于法庭科学实验室或犯罪侦查实验室，也不隶属于警察系统、高等院校及科研机构，而是由统一独立的验尸官办公室或法医局负责管理，只有验尸官办公室或法医局的法医鉴定人才可以出具法医学鉴定书，其他任何鉴定机构和个人无权出具法医学鉴定书。

1. 美国的法医局制度。1877 年，马萨诸塞州最先施行法医局制度。1915 年，纽约市通过法案废除验尸官制度，建立法医局（医师鉴定人制度）。现在美国已有二十多个州废除了验尸官制度，实行法医局鉴定制度（首席法医制或医师鉴定人制度）。美国法医局的隶属关系各州也不完全一样，一般有三种形式：一种是作为政府的一个机构直属于县或市；一种是作为由当地卫生局领导的一个独立机构；还有一种由警察局领导的警察法医局。

美国的首席法医是法医的业务主管，必须由法医担当。法医局的法医负责检验及解剖尸体，有权出具死亡证明书，确定死因及死亡方式。若发现死亡与犯罪有关，则立即通知州检察官。如发现死亡与工业危害、传染病、有害毒物及交通事故等有关，则通知有关政府部门。法医局接到警察通知后，其调查部门派出调查员了解案情，进行现场勘查。有的法医局有警察局的警察常驻，负责此项工作。在法医到达现场以前，任何人都不能移动尸体。全美最大的法医局在洛杉矶郡，这里的法医主要负责意外、自然死亡案件和非自然死亡案件的死因鉴定。所有法医均参加尸体解剖、法医鉴定。在刑事案件中，法医还需到法院出庭，来陈述他们对尸体的死因判断、尸体检验所见，并作出相关医学解释。美国的验尸官在实际的法医学业务上是外行，近年来在美国法医局制度有逐渐取代验尸官制度的趋势。

2. 美国的验尸官制度。美国验尸官制度是从英国传入的。美国因为州或郡的法律不同，有的地区实行验尸官制，有的地区实行首席法医制。美国有验尸方面的专门法典，具体规定了验尸官的责任、验尸的程序和验尸的范围。其验尸官制度规定验尸官实质上是验尸决定官，并不直接从事验尸工作。

验尸官由政府任命或公民选举产生，大多数不考虑其法律与医学背景，任期2～4年。验尸官本身不是法医，不具体执行尸体的剖验工作，在死亡案件发生时负责联系和组织法医局的法医进行尸体解剖、死因判断，若得到杀人证据，发出命令拘捕罪犯。

此次考察我们参观了伊利诺伊州香槟郡验尸官办公室，首席验尸官 Duane E. Northrup 先生介绍了验尸官办公室的总体情况。其本人由郡内的公民选举产生，两年一个任期，他已经连任了三届。他的教育经历是学习法律专业出身，无任何医学背景。验尸官办公室日常工作人员共有3人：首席验尸官、验尸官助理、秘书。验尸官办公室负责整个香槟郡的非正常死亡案件的死因确认和死亡报告书的出具。其办公室是香槟郡政府下设的职能部门，独立于警察局、检察部门、法院等司法机关，和警察局同属平级部门，是香槟郡唯一官方法医鉴定机构。对死因不明的尸体，大部分由这个实验室承担。我们参观了该实验室的陈尸库、解剖室及其他一些设备，并了解了验尸流程。

（三）美国司法鉴定机构的特点

1. 保持司法鉴定机构的独立性和中立性。美国司法鉴定机构的设置是分散和独立的。这基于美国的联邦制，基于其50个州政府、2个特区（华盛顿和哥伦比亚特区政府），7万余个县、市、镇政府都具有较大的独立性。这些设置在执法机关内的公立鉴定机构与这些执法机关之间并不隶属，其以服务的形式接受执法机关的委托，为执法机关提供鉴定服务并出庭作证。公立鉴定机构的鉴定人属政府雇员，而私立鉴定机构的鉴定人仅以科学工作者的身份为解决诉讼涉及的科技问题提供服务。这种中立的地位无疑提高了鉴定意见的公信力。如前介绍，美国的法医学鉴定管理体制也是一个独立的体系，法医学鉴定通常是解决人体死亡的问题，包括死亡方式和致死原因。法医学不属于法庭科学实验室或犯罪侦查实验室，也不隶属于警察系统、高等院校及科研机构，而是统一由验尸官办公室或法医局负责管理。此外，因为司法鉴定机构是由政府直接对实验室进行投资，而不是投资给某部门，这种由政府直接拨款的方式能够更好地保证其独立性和中立性，使司法鉴定机构在财政上不依赖和隶属于任何一个部门，且有利于集中财力、物力、人力。

2. 实现司法鉴定机构资源的共享性。美国成熟的市场经济体制下的专业化分工协作和资源合理配置与共享对于司法鉴定的长远发展起到了关键的作用。美国的司法鉴定机构无论是政府出资设立，还是私人出资设立，资源有偿共享是其突出特点。司法鉴定机构之间的科研联系沟通密切，通过协作建立合作伙伴关系，互相扬长避短，最大限度地发挥人力和仪器的作用以实现共同发展的目标。美国十分重视司法鉴定学科发展及司法鉴定专业人员的教育和培养工作，司法鉴定机构与大学的密切合作，为司法鉴定事业发展提供了强大的队伍保障与智力支持。美国众多大学开设法医学专业或实践课程，法庭科学相关专业的大学生可以到警察局的实验室实习，培养自身的研究型和实践型学习能力。同时，学校的专业实验室承担大量司法鉴定领域的科研项目，形成了实践与理论研究的良性互动关系。此次培训学习我们来到美国伊利诺伊大学芝加哥分校药学院，亚当尼格斯博士向我们介绍了该校的理学硕士项目，该项目每批申请人约百人，其中最顶尖的20~25名可以进入候选名单，因要求苛刻近期的候选人数低至5~10人。通常收到录取信的会有十五六人。他们的核心课程有：毒理学和药物化学、生物物证分析、追踪和物证分析、法医显微镜、模式证据分析（文档、指纹、枪支、工具痕迹）、法律与科学、专家证人证词、法庭行为以及其他一些校内研究生基础科学课程。其课程设计致力于将实践和教育最好的方面融合为一体，为刑事学家入门提供最好的准备，同时他们也和执法机构的法庭科学实验室建立良好的合作伙伴关系，为公共法医实验室和私人化验实验室提供优秀的专业人才。

（四）美国司法鉴定的管理模式

美国的司法制度是世界上较为复杂的司法体系之一。其执法权力由联邦政府下放到各部门和地方机构，具有分散型体制的特点。

美国是一个联邦制的国家，每个州向联邦负责。根据美国宪法第十修正案，每个州有权并且有责任建立和管理本州的刑事司法体系，其中包括界定和惩罚犯罪行为。联邦政府和州政府都实行三权分立，即行政、立法和司法分立，三权之间相互制约，避免由某一方控制政府。

从比较法的视角观之，在司法系统管理类型方面，大陆法系的鉴定机构属于集中型管理模式，而英美法系的鉴定机构属于分散型管理模式。集中型的司法鉴定管理模式将现有各种鉴定组织形式，包括执法部门的鉴定机构和社会性的专门鉴定机构，集中起来由司法机关对其实施统一的管理，以提高司法效率、优化资源配置。在分散型的管理模式中，司法行政机关不对司法鉴定机构实施统一管理，且各类鉴

定机构间无隶属关系，保持相对独立。

美国属于集中与分散、行政权力与社会权力相结合的混合型管理模式。美国司法鉴定管理体制与美国的联邦制、当事人主义诉讼模式相适应，具有分散性。近年来，美国出现了一些趋于集中的改革。有些地区建立了多县联合实验室，如美国加利福尼亚州有一个县、市实验室合并计划，二者合并在大学里设立新的鉴定机构。美国各私立司法鉴定机构及各类试验室都是中立的，不附属在执法机构内，具有法人资格，能够独立对外承担责任，以委托方式提供鉴定服务，鉴定人不具备官方身份，作为专家证人出庭作证。而公立实验室分别由联邦、州政府直接投资，这些实验室都是非营利性的，鉴定人属于政府雇员。这种财政直接投资给实验室的模式有利于人、财、物集中使用，从而可以使得实验室设备精良、人员结构合理、业务素质较高。另一方面，直接投资减少鉴定机构对隶属部门的依赖性，保证鉴定机构的中立性和独立性。

在行政权力和社会权利相结合的模式下，美国对鉴定机构的管理实行政府管理和行业自律管理相结合的方式。美国的司法鉴定机构管理由司法部来负责，这说明司法鉴定管理权是司法行政权的一个重要组成部分，即使是自律性较高的社会，也离不开政府的宏观指导。同时各行业协会对鉴定组织和鉴定人进行规制和指导。美国司法部的国家执法与矫正技术中心负责建立统一的司法鉴定标准，对鉴定机构进行评估和认证。鉴定人资格主要由行业协会确定，美国没有全国统一的鉴定人资格确认制度，也没有鉴定人注册登记制度。实际上任何人都可以就案件中的专门问题向法庭提供专家证言。鉴定人可分别为诉讼一方提供鉴定结论，该结论必须在法庭上经过质证后，由法官认定应采用哪一种鉴定结论。

从司法鉴定的标准化建设来看，在美国，无论是搜集证据还是在实验室做样品检测，均有严格的法定程序和统一的标准，涉及程序的法律由联邦制定，但鉴定标准和程序有的是由国家制定，有的是由行业协会制定。一旦出现程序违法，证据就彻底失去效力，也失去了法官对其进行采信的资格及可能性。

从司法鉴定意见的证据采信方式来看，美国的司法鉴定意见属于法定证据的一种，必须经过法庭质证才能采用。美国在对司法鉴定意见的审查和采信过程中，一般都需要鉴定人以专业人员身份出庭作证，向法官、陪审团就其鉴定过程及鉴定意见进行明确的解释，并接受对方辩护人或者聘请的鉴定人的当面质证。这种质证机制，有利于排除司法鉴定过程中的各种干扰，剔除各种伪证和虚假的证据，有利于鉴定人提高鉴定的法律意识、责任意识和质量意识，对于保证司法鉴定结论的真实性、提高司法鉴定质量、保障司法公正都是十分必要的。

## 四、关于美国的司法鉴定质量管理

通过在课堂上的学习以及与美国法官、检察官、律师、法学教授及法庭科学家的交流，我们了解到美国的司法鉴定（即专家证人）制度在一定程度上存在问题，美国有关部门已经开始着手采取措施，加强司法鉴定管理工作以提高司法鉴定质量。

### （一）美国司法鉴定（专家证人）制度存在的问题

2005 年 11 月 22 日，美国国会授权国家科学院按照参议院报告就司法鉴定进行研究。国家科学院成立的委员会审阅了无数发表的与司法鉴定相关的材料、研究和报告，就该问题进行了独立的研究，发现了一些的问题。

1. 司法鉴定广泛应用于诉讼中，起到了积极的作用，但也有一些鉴定意见造成了错案。几十年来，法庭科学学科提供了有价值的证据，为成功地对罪犯进行起诉和定罪并解脱无辜者做出了贡献。在过去的 20 年中，某些法庭科学学科的进步，特别是 DNA 技术的使用，已经表明法庭科学的某些领域在诉讼过程中具有巨大的潜能。许多过去不能解决的犯罪问题，现在因为法庭科学能够帮助识别犯罪人而得到了解决。然而，在某些案件中，基于有瑕疵的法庭科学分析而得出的鉴定意见，可能会造成无辜者被错误定罪。这一事实表明，对于不完美的检测和分析所产生的证据和证言而言，赋予其过度的证明力存在潜在的危险。此外，不准确的或者夸大的专家证言在有的时候也促成了对错误的或者误导性的证据的采纳。

2. 不同州之间以及州与联邦之间司法鉴定标准、规范以及水平不统一。在美国，联邦、州与地方执法辖区和机构在现有法庭科学运作方面存在巨大的差异。在资金、分析仪器的使用、受过训练的熟练人员的数量、认证、认可和监督方面都是如此。虽然绝大多数刑事执法活动是在州和地方司法辖区进行的，但这些地方的实验室常常严重缺乏必要的资源（资金、人员、培训和设备）来维护；而与之相对的是，联邦系统处理的案件并不是很多，但却常常能得到更多的资金和人员。同样值得注意的是，在不同的州与州之间，专家证人的资源、服务范围和提供的专业知识的数量方面也存在很大差别。因此，从全国来看，司法鉴定为诉讼活动提供的科学证据的科学性、可靠性和全面性差别巨大。

3. 部分司法鉴定项目没有进行认证认可，使鉴定意见的可信性受到严重威胁。在司法鉴定从业人员认证和犯罪实验室认可方面，美国各州没有统一做法。大多数司法辖区并不要求法庭科学从业人员取得资格证书，大多数法庭科学学科并没有强制性的认证项目。此外，大多数司法辖区并不要求对犯罪实验室进行认可。在特定

的学科，常常没有标准的实验方案来规制法庭科学活动。即使有了实验方案（例如科学工作组标准），它们也常常很含混，不能以有意义的方式加以执行。总之，大多数学科的鉴定质量因为缺乏严格的强制性认证和认可项目、对平稳运行标准的坚持和有效的监督有很大差别。这些缺陷显然给法庭科学活动的质量和可信性造成了持续和严重的威胁。

针对司法鉴定领域的研究项目的资金资助严重不足，影响到司法鉴定基础研究和基本需求。

司法鉴定领域的研究没有得到很好的重视和支持，在联邦机构之间，没有制定司法鉴定研究计划的统一策略。相对于其他科学领域，司法鉴定领域在获得研究资助方面的机会是极其有限的。尽管美国联邦调查局（FBI）和美国国家司法研究院（NOJ）支持了司法鉴定的某些研究，但是支持的水平远不足以满足司法鉴定的发展所需。此外，关于学术研究的资助是有限的，并且要求执法协作，而这会抑制对建立司法鉴定的基础而言至关重要的对根本性科学问题的探索。资金的缺乏很难吸引其他技术领域的科学家参与到司法鉴定相关领域的研究，从而制约了司法鉴定专业的进一步发展。

4. 司法鉴定人员所接受的教育和培训尚不足以胜任日益复杂的司法鉴定工作。美国的司法鉴定人员由多种类型的从业人员组成，而这些人员有着不同的教育和培训水平，以及不同的职业文化和业绩标准，依赖于学徒式的训练和行会型的学科结构，而这种学科结构是与单一的司法鉴定职业的目标相悖的。司法鉴定人员需要理解科学方法的原则、实践、背景以及其专业的特殊性。理想情况下，培训应当从学徒式的实践经验传承转变为建立在科学有效性原则基础上的教育。除了在实习期间学得的实践经验和学识，受训人员应当就构成特定法庭科学学科的基础的科学领域获得严格的跨学科教育和培训，并就如何记录和报告分析获得指导。受训人员还应当就相关学科所需要的定量计算掌握所需要的知识，包括统计学和概率论。司法鉴定执业活动的合理性必须建立在已经证实的科学知识、原理和实践的基础上。这些只有通过正规教育才能最好地获得。学徒扮演着附属角色，在任何情况下都不能取代科学基础教育和司法鉴定实践的需要。

此外，律师和法官在科学方法的培训和背景方面常常不足，他们常常不能充分理解各种司法鉴定使用的方法以及在审判时提出的科学证据的可靠性。法学院应当通过提供司法鉴定学科方面的课程为学生参加其他学院的法庭科学司法鉴定课程提供学分、设立联合学位项目，加强这种联系。法官也需要在司法鉴定方法和实践方面获得更好的再教育。

（二）美国关于司法鉴定（专家证人）制度改进的措施

为了有效解决美国司法鉴定（专家证人）制度中存在的问题，最大限度的发挥鉴定意见在诉讼活动中的作用，美国准备采取以下一些措施进行改进。

1. 为了促进司法鉴定发展成为一个成熟的跨学科研究和实践领域，国家应当建立一个独立的部门负责管理和领导司法鉴定工作。这个部门必须由在确定标准、管理认可和检测过程、制定和贯彻规则、监督和惩戒程序方面具有制定和执行全国性策略与计划的技能和经验的人来领导，同时应当有专职管理人员，并设立由研究和教育、法庭科学学科、物理和生命科学、法医病理学、工程学、信息技术、量度与标准、检测与评估、法律等方面的专家组成的咨询委员会。司法鉴定活动应当独立于执法活动，无论是起诉犯罪嫌疑人的活动，还是确定是否发生了犯罪行为的活动。在管理上，这意味着法庭科学工作者应当独立于执法管理人员而运作。最好的科学是在科学背景而不是执法背景下进行的，它必须有资金、独立性和足够的杰出性来提高司法鉴定的整体素质并推进有效的改进。由一个强有力的、独立的、战略性的、一贯的和资金充裕的部门来支持和监督美国的司法鉴定工作，所带来的好处是显而易见的。

2. 建立全国范围内统一的司法鉴定方法标准和操作规范，以保障鉴定意见的有效性、可靠性和准确性。目前虽然在某些司法鉴定领域的方法、标准方面取得了令人瞩目的成绩，但大多数学科仍然缺乏全国范围内统一的方法、标准或者操作规范。在某些领域，大多数地方和州司法辖区，缺少对操作标准、认证、认可和道德规则统一的监督和执行。建立全国性的司法鉴定方法、标准和操作规范有助于事实裁判者在不同地区、不同案件中正确采信司法鉴定意见。

3. 应对司法鉴定实验室的认证工作和专业人员的资格认证强制进行，从而保证不同实验室提供的报告具有同样的质量。司法鉴定实验室认可和专业人员的个人认证应当是强制性的，所有的法庭科学专业人员都应当接受认证过程。在确定认可和认证的适当标准时，国家法庭科学研究院应当考虑确立和认可国际标准，如国际标准化组织（ISO）公布的标准。不得允许任何人（无论公职人员还是非公职人员）未经认证而在司法鉴定领域执业或者作为司法鉴定人作证。认证要求至少应当包括书面考试、受监督的执业活动、能力验证、继续教育、重新认证程序、遵守道德守则和有效的惩戒程序。所有的实验室和研究机构（公立或者私立）都应当通过认可，所有的法庭科学专业人员应当在有资格的情况下，在国家法庭科学研究院确定的期

限内通过认证。

4. 应加大对司法鉴定领域科研项目的投入，以便于对司法鉴定的方法、标准展开研究，同时吸收移植其他科学领域的先进成果来为司法鉴定工作服务，保证其科学性。如前所述，某些司法鉴定学科缺乏严格系统研究的支持，以确认该学科的基本前提和方法。没有明显的理由说明为什么不能进行这样的研究。需要更多的联邦资助来支持致力于该工作的大学和私立实验室在司法鉴定领域方面所进行的研究。为了便于开展工作，国会应当批准拨付资金，使政府实验室、大学和私立实验室一起，设计司法鉴定领域内的度量、确认、可靠性、信息共享和能力验证的机制，建立关于司法鉴定的检验、方法和做法的实验方案。司法鉴定工作将因有机会与更广泛的科学和工程共同体协作而得以改善。特别是应当在各领域专家共同参与下制定标准操作程序，以在最大合理范围内，最小化司法鉴定活动中潜在的偏见和人为误差。这些标准操作程序应当适用于可能在诉讼中使用的所有法庭科学分析。

5. 应采取措施增强司法鉴定专业教育项目的吸引力，以吸收其他专业的优秀人才从事司法鉴定工作，从根本上提升司法鉴定的质量。司法鉴定人需要理解科学方法的原则、实践和背景以及其专业的特殊性。这些只有通过正规教育才能最好地获得。学徒扮演着附属角色，在任何情况下都不能满足科学基础教育和法庭科学实践的需要。为了矫正某些现有的缺陷，很重要的一点是要改进大学生和研究生司法鉴定的领域。为了吸引数学、物理学和生命科学等自然科学领域的优秀学生从事对于司法鉴定实践而言至关重要的跨学科领域的研究生研究，国会应当批准拨款，使其与适当的组织和教育机构一道，改进和创设旨在跨越组织、项目和行业界限的研究生教育项目。为了使这些项目对于潜在的学生具有吸引力，它们必须提供具有吸引力的奖学金。重点应当放在制定和改进适用于司法鉴定实践的研究方法和方法论上，以及资助能够吸引与司法鉴定相关的领域内的研究大学和学生的研究项目上。有关部门还应当支持法学院管理者和司法教育组织为法学院学生、从业人员和法官建立继续法律教育项目，普及推广司法鉴定知识。

## 五、几点启示

司法鉴定机构是司法鉴定人依法执业的场所，是为诉讼活动提供科学证据的组织。它的工作性质要求其在机构性质方面必须具备特殊的属性。

通过此次学习与考察，我们发现，美国对司法鉴定机构的管理属于集中型管理和分散型管理相结合的混合型管理模式，公立和私立的实验室各自承担不同的职责，行政权力和社会权利共同对其进行管理和调节。虽然美国法律没有关于司法鉴定从业的法律限制，但是这并不意味着国家对司法鉴定放任自流或实行松散管理。美国司法鉴定机构无论是政府投资的鉴定机构，还是民间设立的实验室，也不论其规模大小和服务面向，都要接受行业管理部门的评估测试。行业管理部门主要是通过设计评估指标体系，对鉴定机构人员组成、学术成就、仪器设备数量与质量、内部管理制度、技术标准与技术含量等进行量化打分，并面向社会公布。实行鉴定机构的评估制度，实现鉴定机构的后置化管理，提高了鉴定工作的社会认知度，强化了鉴定机构的自律意识，促使鉴定机构不断加强自身各项建设，以期不被激烈的市场竞争淘汰，有助于从制度上实现司法鉴定质量控制。

我国与美国在法系、司法体制、经济发展程度等方面有很大差异，在对司法鉴定的理论与实践上也有区别，但是对加强司法鉴定意见的公平、公正、公开及可靠性、提升公众认可度及公信力、确保司法鉴定质量，切实有效地为诉讼活动服务的价值追求上是一致的。虽然我们两个国家的制度不同，但是美国在司法鉴定管理方面有许多值得我们借鉴的地方，如他们鉴定机构严格的中立性，政府直接投资，鉴定机构非营利性。因此，当我们历经司法鉴定体制改革，着力构建与我国司法改革发展相适应的职责明晰、结构合理、管理有序、运行高效、统一独立的司法鉴定体制时，借鉴美国成功的做法和经验，吸收其合理内容以及为纠正司法鉴定行业存在的问题提出的改进措施，对于推动我国司法鉴定法制建设和加强对司法鉴定机构的管理是大有益处的。

1. 我国应建立一批隶属于政府的独立的司法鉴定机构。长期以来，我国的司法鉴定管理工作由司法行政部门和公安部门分别管理。从鉴定人员的资格认证、鉴定方法标准的制定到司法鉴定操作程序都很难统一。长此以往，不利于整个司法鉴定行业的健康持续发展。我国应建立一个独立于司法部门、直接隶属于政府的司法鉴定机构，这样既能保证全国范围内相关标准的统一，也利于司法鉴定工作的规范管理。其实香港政府化验所的模式就给我们提供了很好的一个模板。

2. 我国应确立司法鉴定学的一级学科地位。随着我国诉讼案件的井喷式发展，大量的案件需要进行司法鉴定。而长期以来，我国司法鉴定人员的培养集中在少数医学院校、公安政法院校，不论从人才来源还是专业构成都存在着严重问题，以至于现在绝大多数面向社会服务的鉴定机构的鉴定人多数均由原公、检、法系统的退休技术人员担任，处在严重的“青黄不接”的状态，严重的限制了司法鉴定行业的可持续发展。出现这种状况的主要原因之一就是学科地位没有树立起来，人才培养跟不上，以至于别说优秀人才引进不来，就是现有人员全部成为司法鉴定人也很难

满足工作需要。所以建议相关部门从战略的角度出发尽快协调以确立司法鉴定的一级学科地位。

3. 我国应加大司法鉴定领域科研项目的扶持力度。虽然司法鉴定学科有着很强的实践性，但实践离开理论的支持是很难有强劲的生命力的。所以应该鼓励和强化关于司法鉴定领域的科学研究。在我国，一方面，司法鉴定领域的科研经费经常局限于某些部门和某些单位，具有一定的封闭性，不利于其他学科与司法鉴定领域的合作；另一方面，司法鉴定科研项目的来源有限，没有纳入国家重大和新项目的资助计划，因而存在项目申请难、资金数量少等问题。建议相关部门能够认识到司法鉴定工作的重要性，尽快协调力争在国家自然科学基金项目中增加“法庭科学分部”，从全国范围内资助司法鉴定科研工作。

4. 我国应继续重视加强司法鉴定实验室认证认可工作。司法鉴定实验室认证认可工作是保证鉴定质量的关键。经过认可的实验室具有完备的质量保证和质量控制程序，以保证司法鉴定工作的准确、鉴定标准操作程序和实验方案的持续有效性和可靠性，确保遵循最优方法，矫正被发现需要改进的程序和实验方案。应该说，我国是比较重视司法鉴定实验室的认证认可工作的。早在2005年全国人大常委会颁布的《关于司法鉴定管理问题的决定》中就明确从事司法鉴定工作的实验室必须经过实验室认可或资质认定。近几年，不论是公安机关的鉴定机构还是社会司法鉴定机构都逐渐纳入了认证认可。但一项好的制度贵在坚持，实验室认证认可是一项需要长期坚持的事业。实验室经过初评之后还要经过复评审、监督评审等工作。司法鉴定实验室认可在我国是一个新型产业，有许多方面需要完善。